REVUE SPIRITE

JOURNAL

D'ETUDES PSYCHOLOGIQUES

CONTENANT

Le récit des manifestations matérielles ou intelligentes des Esprits, apparitions, évocations, etc., ainsi que toutes les nouvelles relatives au Spiritisme. - L'enseignement des Esprits sur les choses du monde visible et du monde invisible ; sur les sciences, la morale, l'immortalité de l'âme, la nature de l'homme et son avenir. - L'histoire du Spiritisme dans l'antiquité ; ses rapports avec le magnétisme et le somnambulisme ; l'explication des légendes et croyances populaires, de la mythologie de tous les peuples, etc.

FONDE PAR

ALLAN KARDEC

Tout effet a une cause. Tout effet intelligent a une cause intelligente. La puissance de la cause intelligente est en raison de la grandeur de l'effet.

PREMIERE ANNEE

1858

NOUVELLE EDITION

CONFORME A L'ÉDITION ORIGINALE DE 1858

REVUE SPIRITE

JOURNAL

D'ETUDES PSYCHOLOGIQUES

Janvier 1858

Introduction

La rapidité avec laquelle se sont propagés dans toutes les parties du monde les phénomènes étranges des manifestations spirites est une preuve de l'intérêt qu'ils excitent. Simple objet de curiosité dans le principe, ils n'ont pas tardé à éveiller l'attention des hommes sérieux qui ont entrevu, dès l'abord, l'influence inévitable qu'ils doivent avoir sur l'état moral de la société.

Les idées nouvelles qui en surgissent se popularisent chaque jour davantage, et rien n'en saurait arrêter le progrès, par la raison bien simple que ces phénomènes sont à la portée de tout le monde, ou à peu près, et que nulle puissance humaine ne peut les empêcher de se produire. Si on les étouffe sur un point, ils reparaissent en cent autres. Ceux donc qui pourraient y voir un inconvénient quelconque seront contraints, par la force des choses, d'en subir les conséquences, comme cela a lieu pour les industries nouvelles qui, à leur origine, froissent des intérêts privés, et avec lesquelles tout le monde finit par s'arranger, parce qu'on ne peut faire autrement. Que n'a-t-on pas fait et dit contre le magnétisme ! et pourtant toutes les foudres qu'on a lancées contre lui, toutes les armes dont on l'a frappé, même le ridicule, se sont émoussés devant la réalité, et n'ont servi qu'à le mettre de plus en plus en évidence.

C'est que le magnétisme est une puissance naturelle, et que devant les forces de la nature, l'homme est un pygmée semblable à ces petits roquets qui aboient inutilement contre ce qui les effraie. Il en est des manifestations spirites comme du somnambulisme ; si elles ne se produisent pas au grand jour, publiquement, nul ne peut s'opposer à ce qu'elles aient lieu dans l'intimité, puisque chaque famille peut trouver un médium parmi ses membres, depuis l'enfant jusqu'au vieillard, comme elle peut trouver un somnambule. Qui donc pourrait empêcher la première personne venue d'être médium et somnambule ? Ceux qui combattent la chose n'ont sans doute pas réfléchi à cela. Encore une fois, quand une force est dans la nature, on peut l'arrêter un instant : l'anéantir, jamais ! on ne fait qu'en détourner le cours. Or la puissance qui se révèle dans le phénomène des manifestations, quelle qu'en soit la cause, est dans la nature, comme celle du magnétisme ; on ne l'anéantira donc pas plus qu'on ne peut anéantir la puissance électrique. Ce qu'il faut faire, c'est de l'observer, d'en étudier toutes les phases pour en déduire les lois qui la régissent. Si c'est une erreur, une illusion, le temps en fera justice ; si c'est la vérité, la vérité est comme la vapeur : plus on la comprime, plus grande est sa force d'expansion.

On s'étonne avec raison que, tandis qu'en Amérique, les Etats-Unis seuls possèdent dix-sept journaux consacrés à ces matières, sans compter une foule d'écrits non périodiques, la France, celle des contrées de l'Europe où ces idées se sont le plus promptement acclimatées, n'en possède pas un seul[1]. On ne saurait donc contester l'utilité d'un organe spécial qui tienne le public au courant des progrès de cette science nouvelle, et le prémunisse contre l'exagération de la crédulité, aussi bien que contre celle du scepticisme. C'est cette lacune que nous nous proposons de remplir par la publication de cette Revue, dans le but d'offrir un moyen de communication à tous ceux qui s'intéressent à ces questions, et de rattacher par un lien commun ceux qui comprennent la doctrine spirite sous son véritable point de vue moral : la pratique du bien et la charité évangélique à l'égard de tout le monde.

S'il ne s'agissait que d'un recueil de faits, la tâche serait facile ; ils se multiplient sur tous les points avec une telle rapidité, que la matière ne ferait pas défaut ; mais des faits seuls deviendraient monotones par suite même de leur nombre et surtout de leur similitude. Ce qu'il faut à l'homme qui réfléchit, c'est quelque chose qui parle à son intelligence. Peu d'années se sont écoulées depuis l'apparition des premiers phénomènes, et déjà nous sommes loin des tables tournantes et parlantes, qui n'en étaient que l'enfance. Aujourd'hui c'est une science qui dévoile tout un monde de mystères, qui rend patentes les vérités éternelles qu'il n'était donné qu'à notre esprit de pressentir ; c'est une doctrine sublime qui montre à l'homme la route du devoir, et qui ouvre le champ le plus vaste qui ait encore été donné à l'observation du philosophe. Notre œuvre serait donc incomplète et stérile si nous restions dans les étroites limites d'une revue anecdotique dont l'intérêt serait bien vite épuisé.

On nous contestera peut-être la qualification de *science* que nous donnons au Spiritisme. Il ne saurait sans doute, *dans aucun cas*, avoir les caractères d'une science exacte, et c'est précisément là le tort de ceux qui prétendent le juger et l'expérimenter comme une analyse chimique ou un problème mathématique ; c'est déjà beaucoup qu'il ait celui d'une science philosophique. Toute science doit être basée sur des faits ; mais les faits seuls ne constituent pas la science ; la science naît de la coordination et de la déduction logique des faits : c'est l'ensemble des lois qui les régissent. Le Spiritisme est-il arrivé à l'état de science ? Si l'on entend une science parfaite, il serait sans doute prématuré de répondre affirmativement ; mais les observations sont dès aujourd'hui assez nombreuses pour pouvoir en déduire au moins des principes généraux, et c'est là que commence la science.

L'appréciation raisonnée des faits et des conséquences qui en découlent est donc un complément sans lequel notre publication serait d'une médiocre utilité, et n'offrirait qu'un intérêt très secondaire pour quiconque réfléchit et veut se rendre compte de ce qu'il voit. Toutefois, comme notre but est d'arriver à la vérité, nous accueillerons toutes les observations qui nous seront adressées, et nous essaierons, autant que nous le permettra l'état des connaissances acquises, soit de lever les doutes, soit d'éclairer les points encore

[1] Il n'existe jusqu'à présent en Europe qu'un seul journal consacré à la doctrine spirite, c'est le *Journal de l'âme*, publié à Genève par le docteur Boessinger. En Amérique, le seul journal français est le *Spiritualiste de la Nouvelle Orléans*, publié par M. Barthès.

obscurs.

Notre Revue sera ainsi une tribune ouverte, mais où la discussion ne devra jamais s'écarter des lois les plus strictes des convenances. En un mot, nous discuterons, mais nous ne *disputerons* pas. Les inconvenances de langage n'ont jamais été de bonnes raisons aux yeux des gens sensés ; c'est l'arme de ceux qui n'en ont pas de meilleure, et cette arme retourne contre celui qui s'en sert. Bien que les phénomènes dont nous aurons à nous occuper se soient produits en ces derniers temps d'une manière plus générale, tout prouve qu'ils ont eu lieu dès les temps les plus reculés.

Il n'en est point des phénomènes naturels comme des inventions qui suivent le progrès de l'esprit humain ; dès lors qu'ils sont dans l'ordre des choses, la cause en est aussi vieille que le monde, et les effets ont dû se produire à toutes les époques. Ce dont nous sommes témoins aujourd'hui n'est donc point une découverte moderne : c'est le réveil de l'antiquité, mais de l'antiquité dégagée de l'entourage mystique qui a engendré les superstitions, de l'antiquité éclairée par la civilisation et le progrès dans les choses positives. La conséquence capitale qui ressort de ces phénomènes est la communication que les hommes peuvent établir avec les êtres du monde incorporel, et la connaissance qu'ils peuvent, dans certaines limites, acquérir sur leur état futur. Le fait des communications avec le monde invisible se trouve, en termes non équivoques, dans les livres bibliques ; mais d'un côté, pour certains sceptiques, la Bible n'est point une autorité suffisante ; de l'autre, pour les croyants, ce sont des faits surnaturels, suscités par une faveur spéciale de la Divinité.

Ce ne serait point là, pour tout le monde, une preuve de la généralité de ces manifestations, si nous ne les trouvions à mille autres sources différentes. L'existence des Esprits, et leur intervention dans le monde corporel, est attestée et démontrée, non plus comme un fait exceptionnel, mais comme un principe général, dans saint Augustin, saint Jérôme, saint Chrysostome, saint Grégoire de Nazianze et beaucoup d'autres Pères de l'Eglise. Cette croyance forme en outre la base de tous les systèmes religieux. Les plus savants philosophes de l'antiquité l'ont admise : Platon, Zoroastre, Confucius, Apulée, Pythagore, Apollonius de Tyane et tant d'autres. Nous la trouvons dans les mystères et les oracles, chez les Grecs, les Egyptiens, les Indiens, les Chaldéens, les Romains, les Perses, les Chinois. Nous la voyons survivre à toutes les vicissitudes des peuples, à toutes les persécutions, braver toutes les révolutions physiques et morales de l'humanité. Plus tard nous la trouvons dans les devins et sorciers du moyen âge, dans les Willis et les Walkiries des Scandinaves, les Elfes des Teutons, les Leschies et les Domeschnies Doughi des Slaves, les Ourisks et les Brownies de l'Ecosse, les Poulpicans et les Tensarpoulicts des Bretons, les Cémis des Caraïbes, en un mot dans toute la phalange des nymphes, des génies bons et mauvais, des sylphes, des gnomes, des fées, des lutins dont toutes les nations ont peuplé l'espace. Nous trouvons la pratique des évocations chez les peuples de la Sibérie, au Kamtchatka, en Islande, chez les Indiens de l'Amérique du Nord, chez les aborigènes du Mexique et du Pérou, dans la Polynésie et jusque chez les stupides sauvages de la Nouvelle-Hollande.

De quelques absurdités que cette croyance soit entourée et travestie selon les temps et les lieux, on ne peut disconvenir qu'elle part d'un même principe, plus ou moins défiguré ; or, une doctrine ne devient pas universelle, ne survit pas à des milliers de générations, ne s'implante pas d'un pôle à l'autre chez les peuples les plus dissemblables, et à tous les degrés de l'échelle sociale, sans être fondée sur quelque chose de positif. Quel est ce quelque chose ? C'est ce que nous démontrent les récentes manifestations. Chercher les rapports qu'il peut y avoir entre ces manifestations et toutes ces croyances, c'est chercher la vérité. L'histoire de la doctrine spirite est en quelque sorte celle de l'esprit humain ; nous aurons à l'étudier à toutes ses sources, qui nous fourniront une mine inépuisable d'observations aussi instructives qu'intéressantes sur des faits généralement peu connus. Cette partie nous donnera l'occasion d'expliquer l'origine d'une foule de légendes et de croyances populaires, en faisant la part de la vérité, de l'allégorie et de la superstition.

Pour ce qui concerne les manifestations actuelles, nous rendrons compte de tous les phénomènes patents dont nous serons témoin, ou qui viendront à notre connaissance, lorsqu'ils nous paraîtront mériter l'attention de nos lecteurs. Il en sera de même des effets spontanés qui se produisent souvent chez les personnes même les plus étrangères à la pratique des manifestations spirites, et qui révèlent soit l'action d'une puissance occulte, soit l'indépendance de l'âme ; tels sont les faits de visions, apparitions, double vue, pressentiments, avertissements intimes, voix secrètes, etc. A la relation des faits nous ajouterons l'explication telle qu'elle ressort de l'ensemble des principes. Nous ferons remarquer à ce sujet que ces principes sont ceux qui découlent de l'enseignement même donné par les Esprits, et que nous ferons toujours abstraction de nos propres idées. Ce n'est donc point une théorie personnelle que nous exposerons, mais celle qui nous aura été communiquée, et dont nous ne serons que l'interprète.

Une large part sera également réservée aux communications écrites ou verbales des Esprits toutes les fois qu'elles auront un but utile, ainsi qu'aux évocations des personnages anciens ou modernes, connus ou obscurs, sans négliger les évocations intimes qui souvent ne sont pas les moins instructives ; nous embrasserons, en un mot, toutes les phases des manifestations matérielles et intelligentes du monde incorporel.

La doctrine spirite nous offre enfin la seule solution possible et rationnelle d'une foule de phénomènes moraux et anthropologiques dont nous sommes journellement. témoins, et dont on chercherait vainement l'explication dans toutes les doctrines connues. Nous rangerons dans cette catégorie, par exemple, la simultanéité des pensées, l'anomalie de certains caractères, les sympathies et les antipathies, les connaissances intuitives, les aptitudes, les propensions, les destinées qui semblent empreintes de fatalité, et dans un cadre plus général, le caractère distinctif des peuples, leur progrès ou leur dégénérescence, etc. A la citation des faits nous ajouterons la recherche des causes qui ont pu les produire. De l'appréciation des actes, il ressortira naturellement d'utiles enseignements sur la ligne de conduite la plus conforme à la saine morale. Dans leurs instructions, les Esprits supérieurs ont toujours pour but d'exciter chez les hommes l'amour du bien par la pratique des préceptes évangéliques ; ils nous tracent par cela même la pensée qui doit présider à la rédaction de ce recueil.

Notre cadre, comme on le voit, comprend tout ce qui se rattache à la connaissance de la partie métaphysique de l'homme ; nous l'étudierons dans son état présent et dans son état futur, car étudier la nature des Esprits, c'est étudier l'homme, puisqu'il doit faire un jour partie du monde des Esprits ; c'est pourquoi nous avons ajouté à notre titre principal celui de *journal d'études psychologiques*, afin d'en faire comprendre toute la portée.

Nota. Quelque multipliées que soient nos observations personnelles, et les sources où nous avons puisé, nous ne nous dissimulons ni les difficultés de la tâche, ni notre insuffisance. Nous avons compté, pour y suppléer, sur le concours bienveillant de tous ceux qui s'intéressent à ces questions ; nous serons donc très reconnaissant des communications qu'ils voudront bien nous transmettre sur les divers objets de nos études ; nous appelons à cet effet leur attention sur ceux des points suivants sur lesquels ils pourront nous fournir des documents :

1° Manifestations matérielles ou intelligentes obtenues dans les réunions auxquelles ils sont à même d'assister ;

2° Faits de lucidité somnambulique et d'extase ;

3° Faits de seconde vue, prévisions, pressentiments, etc. ;

4° Faits relatifs au pouvoir occulte attribué, à tort ou à raison, à certains individus ;

5° Légendes et croyances populaires ;

6° Faits de visions et apparitions ;

7° Phénomènes psychologiques particuliers qui s'accomplissent quelquefois à l'instant de la mort ;

8° Problèmes moraux et psychologiques à résoudre ;

9° Faits moraux, actes remarquables de dévouement et d'abnégation dont il peut être utile de propager l'exemple ;

10° Indication d'ouvrages anciens ou modernes, français ou étrangers, où se trouvent des faits relatifs à la manifestation des intelligences occultes, avec la désignation et, s'il se peut, la citation des passages. Il en est de même en ce qui concerne l'opinion émise sur l'existence des Esprits et leurs rapports avec les hommes par les auteurs anciens ou modernes dont le nom et le savoir peuvent faire autorité.

Nous ne ferons connaître les noms des personnes qui voudront bien nous adresser des communications qu'autant que nous y serons formellement autorisé.

Différentes natures de manifestations

Les Esprits attestent leur présence de diverses manières, selon leur aptitude, leur volonté et leur plus ou moins grand degré d'élévation. Tous les phénomènes dont nous aurons occasion de nous occuper se rapportent naturellement à l'un ou à l'autre de ces modes de communication. Nous croyons donc devoir, pour faciliter l'intelligence des faits, ouvrir la série de nos articles par le tableau des différentes natures de manifestations. On peut les résumer ainsi :

1° Action occulte, quand elle n'a rien d'ostensible. Telles sont, par exemple, les inspirations ou suggestions de pensées, les avertissements intimes, l'influence sur les événements, etc.

2° *Action patente* ou *manifestation*, quand elle est appréciable d'une manière quelconque.

3° *Manifestations physiques* ou *matérielles* ; ce sont celles qui se traduisent par des phénomènes sensibles, tels que les bruits, le mouvement et le déplacement des objets. Ces manifestations ne comportent très souvent aucun sens direct ; elles n'ont pour but que d'appeler notre attention sur quelque chose, et de nous convaincre de la présence d'une puissance extra-humaine.

4° *Manifestations visuelles*, ou *apparitions*, quand l'Esprit se produit à la vue sous une forme quelconque, sans avoir rien des propriétés connues de la matière.

5° *Manifestations intelligentes*, quand elles révèlent une pensée. Toute manifestation qui comporte un sens, ne fût-ce qu'un simple mouvement ou un bruit qui accuse une certaine liberté d'action, répond à une pensée ou obéit à une volonté, est une manifestation intelligente. Il y en a de tous les degrés.

6° Les *communications* ; ce sont les manifestations intelligentes qui ont pour objet un échange suivi de pensée entre l'homme et les Esprits.

La nature des communications varie selon le degré d'élévation ou d'infériorité, de savoir ou d'ignorance de l'Esprit qui se manifeste, et selon la nature du sujet que l'on traite. Elles peuvent être : *frivoles*, *grossières*, *sérieuses* ou *instructives*.

Les communications frivoles émanent d'Esprits légers, moqueurs et espiègles, plus malins que méchants, qui n'attachent aucune importance à ce qu'ils disent.

Les communications grossières se traduisent par des expressions qui choquent les bienséances. Elles n'émanent que d'Esprits inférieurs ou qui n'ont pas encore dépouillé toutes les impuretés de la matière.

Les communications sérieuses sont graves quant au sujet et à la manière dont elles sont faites. Le langage des Esprits supérieurs est toujours digne et pur de toute trivialité. Toute communication qui exclut la frivolité et la grossièreté, et qui a un but utile, fût-il d'intérêt privé, est par cela même sérieuse.

Les communications instructives sont les communications sérieuses qui ont pour objet principal un enseignement quelconque donné par les Esprits sur les sciences, la morale, la philosophie, etc. Elles sont plus ou moins profondes et plus ou moins dans *le vrai*, selon le degré d'élévation et de *dématérialisation* de l'Esprit. Pour retirer de ces communications un fruit réel, il faut qu'elles soient régulières et suivies avec persévérance. Les Esprits sérieux s'attachent à ceux qui veulent s'instruire et ils les secondent, tandis qu'ils laissent aux Esprits légers le soin d'amuser par des facéties ceux qui ne voient dans ces manifestations qu'une distraction passagère. Ce n'est que par la régularité et la fréquence des communications qu'on peut apprécier la valeur morale et intellectuelle des

Esprits avec lesquels on s'entretient, et le degré de confiance qu'ils méritent. S'il faut de l'expérience pour juger les hommes, il en faut plus encore peut-être pour juger les Esprits.

Différents modes de communications

Les communications intelligentes entre les Esprits et les hommes peuvent avoir lieu par les signes, par l'écriture et par la parole.

Les signes consistent dans le mouvement significatif de certains objets, et plus souvent dans les bruits ou coups frappés. Lorsque ces phénomènes comportent un sens, ils ne permettent pas de douter de l'intervention d'une intelligence occulte, par la raison que *si tout effet a une cause, tout effet intelligent doit avoir une cause intelligente*.

Sous l'influence de certaines personnes, désignées sous le nom de *médiums*, et quelquefois spontanément, un objet quelconque peut exécuter des mouvements de convention, frapper un nombre déterminé de coups et transmettre ainsi des réponses par *oui* et par *non* ou par la désignation des lettres de l'alphabet.

Les coups peuvent aussi se faire entendre sans aucun mouvement apparent et sans cause ostensible, soit à la surface, soit dans les *tissus* même des corps inertes, dans un mur, dans une pierre, dans un meuble ou tout autre objet. De tous ces objets les tables étant les plus commodes par leur mobilité et par la facilité qu'on a de se placer autour, c'est le moyen dont on s'est le plus fréquemment servi : de là la désignation du phénomène en général par les expressions assez triviales de *tables parlantes* et de *danse des tables* ; expressions qu'il convient de bannir, d'abord parce qu'elles prêtent au ridicule, secondement parce qu'elles peuvent induire en erreur en faisant croire que les tables ont à cet égard une influence spéciale.

Nous donnerons à ce mode de communication le nom de *sématologie spirite*, mot qui rend parfaitement l'idée et comprend toutes les variétés de communications par signes, mouvement des corps ou coups frappés. Un de nos correspondants nous proposait même de désigner spécialement ce dernier moyen, celui des coups, par le mot *typtologie*.

Le second mode de communication est l'écriture ; nous le désignerons sous le nom de *psychographie*, également employé par un correspondant.

Pour se communiquer par l'écriture, les Esprits emploient, comme intermédiaires, certaines personnes douées de la faculté d'écrire sous l'influence de la puissance occulte qui les dirige, et qui cèdent à un pouvoir évidemment en dehors de leur contrôle ; car elles ne peuvent ni s'arrêter, ni poursuivre à volonté, et le plus souvent n'ont pas conscience de ce qu'elles écrivent. Leur main est agitée par un mouvement involontaire, presque fébrile ; elles saisissent le crayon malgré elles, et le quittent de même ; ni la volonté, ni le désir ne peuvent le faire marcher s'il ne le doit pas. C'est la *psychographie directe*.

L'écriture s'obtient aussi par la seule imposition des mains sur un objet convenablement disposé et muni d'un crayon ou de tout autre instrument propre à écrire. Les objets le plus généralement employés sont des planchettes ou des corbeilles disposées à cet effet. La puissance occulte qui agit sur la personne se transmet à l'objet, qui devient ainsi un appendice de la main, et lui imprime le mouvement nécessaire pour tracer des caractères. C'est la *psychographie indirecte.*

Les communications transmises par la psychographie sont plus ou moins étendues, selon le degré de la faculté médiatrice. Quelques-uns n'obtiennent que des mots ; chez d'autres la faculté se développe par l'exercice, et ils écrivent des phrases complètes, et souvent des dissertations développées sur des sujets proposés, ou traités spontanément par les Esprits sans être provoqués par aucune question.

L'écriture est quelquefois nette et très lisible ; d'autres fois elle n'est déchiffrable que pour celui qui écrit, et qui la lit alors par une sorte d'intuition ou de double vue.

Sous la main de la même personne l'écriture change en général d'une manière complète avec l'intelligence occulte qui se manifeste, et le même caractère d'écriture se reproduit chaque fois que la même intelligence se manifeste de nouveau. Ce fait, cependant, n'a rien d'absolu.

Les Esprits transmettent quelquefois certaines communications écrites sans intermédiaire direct. Les caractères, dans ce cas, sont tracés spontanément par une puissance extra-humaine, visible ou invisible. Comme il est utile que chaque chose ait un nom, afin de pouvoir s'entendre, nous donnerons à ce mode de communication écrite celui de *spiritographie*, pour le distinguer de la *psychographie* ou écriture obtenue par un médium. La différence de ces deux mots est facile à saisir. Dans la psychographie, l'âme du médium joue nécessairement un certain rôle, au moins comme intermédiaire, tandis que dans la spiritographie c'est l'Esprit qui agit directement par lui-même.

Le troisième mode de communication est la parole. Certaines personnes subissent dans les organes de la voix l'influence de la puissance occulte qui se fait sentir dans la main de celles qui écrivent. Elles transmettent par la parole tout ce que d'autres transmettent par l'écriture.

Les communications verbales, comme les communications écrites, ont quelquefois lieu sans intermédiaire corporel. Des mots et des phrases peuvent retentir à nos oreilles ou dans notre cerveau, sans cause physique apparente. Des Esprits peuvent également nous apparaître en songe ou dans l'état de veille, et nous adresser la parole pour nous donner des avertissements ou des instructions.

Pour suivre le même système de nomenclature que nous avons adopté pour les communications écrites, nous devrions appeler la parole transmise par le médium *psychologie*, et celle provenant directement de l'Esprit *spiritologie*. Mais le mot *psychologie* ayant déjà une acception connue, nous ne pouvons l'en détourner. Nous désignerons donc toutes les communications verbales sous le nom de *spiritologie*, les premières par les mots de *spiritologie médiate*, et les secondes par ceux de *spiritologie directe.*

Des différents modes de communication, la *sématologie* est le plus incomplet ; il est très lent et ne se prête qu'avec difficulté à des développements d'une certaine étendue. Les Esprits supérieurs ne s'en servent pas volontiers, soit à cause de la lenteur, soit parce que les réponses par *oui* et par *non* sont incomplètes et sujettes à erreur. Pour l'enseignement, ils préfèrent les plus prompts : l'écriture et la parole.

L'écriture et la parole sont en effet les moyens les plus complets pour la transmission de la pensée des Esprits, soit par la précision des réponses, soit par l'étendue des développements qu'elles comportent. L'écriture a l'avantage de laisser des traces matérielles, et d'être un des moyens les plus propres à combattre le doute. Du reste, on n'est pas libre de choisir ; les esprits se communiquent par les moyens qu'ils jugent à propos : cela dépend des aptitudes.

Réponses des Esprits à quelques questions

Dem. Comment des Esprits peuvent-ils agir sur la matière ? cela semble contraire à toutes les idées que nous nous faisons de la nature des Esprits.

Rép. « Selon vous, l'Esprit n'est rien, c'est une erreur ; nous l'avons dit, l'Esprit est quelque chose, c'est pourquoi il peut agir par lui-même : mais votre monde est trop grossier pour qu'il puisse le faire sans intermédiaire, c'est-à-dire sans le lien qui unit l'Esprit à la matière. »

Observation. Le lien qui unit l'Esprit à la matière étant lui-même, sinon immatériel, du moins impalpable, cette réponse ne résoudrait pas la question si nous n'avions l'exemple de puissances également insaisissables agissant sur la matière ; c'est ainsi que la pensée est la cause première de tous nos mouvements volontaires ; que l'électricité renverse, soulève et transporte des masses inertes. De ce qu'on ne connaît pas le ressort, il serait illogique de conclure qu'il n'existe pas. L'Esprit peut donc avoir des leviers qui nous sont inconnus ; la nature nous prouve tous les jours que sa puissance ne s'arrête pas au témoignage des sens. Dans les phénomènes spirites, la cause immédiate est sans contredit un agent physique ; mais la cause première est une intelligence qui agit sur cet agent, comme notre pensée agit sur nos membres. Quand nous voulons frapper, c'est notre bras qui agit, ce n'est pas la pensée qui frappe : elle dirige le bras.

Dem. Parmi les Esprits qui produisent des effets matériels, ceux que l'on appelle *frappeurs* forment-ils une catégorie spéciale, ou bien sont-ce les mêmes qui produisent les mouvements et les bruits ?

Rép. « Le même Esprit peut certainement produire des effets très différents, mais il y en a qui s'occupent plus particulièrement de certaines choses, comme, parmi vous, vous avez des forgerons et des faiseurs de tours de force. »

Dem. L'Esprit qui agit sur les corps solides, soit pour les mouvoir, soit pour frapper, est-il dans la substance même du corps, ou bien en dehors de cette substance ?

Rép. « L'un et l'autre ; nous avons dit que la matière n'est point un obstacle pour les Esprits : ils pénètrent tout. »

Dem. Les manifestations matérielles, telles que les bruits, le mouvement des objets et tous ces phénomènes que l'on se plaît souvent à provoquer, sont-elles produites indistinctement par les Esprits supérieurs et par les Esprits inférieurs ?

Rép. « Ce ne sont que les Esprits inférieurs qui s'occupent de ces choses. Les Esprits supérieurs s'en servent quelquefois comme tu ferais d'un portefaix, afin d'amener à les écouter. Peux-tu croire que les Esprits d'un ordre supérieur soient à vos ordres pour vous amuser par des pasquinades ? C'est comme si tu demandais si, dans ton monde, ce sont des hommes savants et sérieux qui font les jongleurs et les bateleurs. »

Remarque. Les Esprits qui se révèlent par des effets matériels sont en général d'un ordre inférieur. Ils amusent ou étonnent ceux pour qui le spectacle des yeux a plus d'attrait que l'exercice de l'intelligence ; ce sont en quelque sorte les saltimbanques du monde spirite. Ils agissent quelquefois spontanément ; d'autres fois, par l'ordre d'Esprits supérieurs.

Si les communications des Esprits supérieurs offrent un intérêt plus sérieux, les manifestations physiques ont également leur utilité pour l'observateur ; elles nous révèlent des forces inconnues dans la nature, et nous donnent le moyen d'étudier le caractère, et, si nous pouvons nous exprimer ainsi, les moeurs de toutes les classes de la population spirite.

Dem. Comment prouver que la puissance occulte qui agit dans les manifestations spirites est en dehors de l'homme ? Ne pourrait-on pas penser qu'elle réside en lui-même, c'est-à-dire qu'il agit sous l'impulsion de son propre Esprit ?

Rép. « Quand une chose se fait contre ta volonté et ton désir, il est certain que ce n'est pas toi qui la produis ; mais souvent tu es le levier dont l'Esprit se sert pour agir, et ta volonté lui vient en aide ; tu peux être un instrument plus ou moins commode pour lui. »

Remarque. C'est surtout dans les communications intelligentes que l'intervention d'une puissance étrangère devient patente. Lorsque ces communications sont spontanées et en dehors de notre pensée et de notre contrôle, lorsqu'elles répondent à des questions dont la solution est inconnue des assistants, il faut bien en chercher la cause en dehors de nous. Cela, devient évident pour quiconque observe les faits avec attention et persévérance ; les nuances de détail échappent à l'observateur superficiel.

Dem. Tous les Esprits sont-ils aptes à donner des manifestations intelligentes ?

Rép. « Oui, puisque tous les Esprits sont des intelligences ; mais, comme il y en a de tous les degrés, c'est comme parmi vous ; les uns disent des choses insignifiantes ou stupides, les autres des choses sensées. »

Dem. Tous les Esprits sont-ils aptes à comprendre les questions qu'on leur pose ?

Rép. « Non ; les Esprits inférieurs sont incapables de comprendre certaines questions, ce qui ne les empêche pas de répondre bien ou mal ; c'est encore comme parmi vous. »

Remarque. On voit par là combien il est essentiel de se mettre en garde contre la croyance au savoir indéfini des Esprits. Il en est d'eux comme des hommes ; il ne suffit pas d'interroger le premier venu pour avoir une réponse sensée, il faut savoir à qui l'on s'adresse.

Quiconque veut connaître les mœurs d'un peuple doit l'étudier depuis le bas jusqu'au sommet de l'échelle ; n'en voir qu'une classe, c'est s'en faire une idée fausse si l'on juge le tout par la partie. Le peuple des Esprits est comme les nôtres ; il y a de tout, du bon, du mauvais, du sublime, du trivial, du savoir et de l'ignorance. Quiconque ne l'a pas observé en philosophe à tous les degrés ne peut se flatter de le connaître. Les manifestations physiques nous font connaître les Esprits de bas étage ; c'est la rue et la chaumière. Les communications instructives et savantes nous mettent en rapport avec les Esprits élevés ; c'est l'élite de la société : le château, l'institut.

Manifestations physiques

Nous lisons ce qui suit dans le *Spiritualiste de la Nouvelle Orléans* du mois de février 1857 :

« Dernièrement nous demandâmes si tous les Esprits indistinctement faisaient mouvoir les tables, produisaient des bruits, etc. ; et aussitôt la main d'une dame, trop sérieuse pour jouer avec ces choses, traça violemment ces mots :

- Qui est-ce qui fait danser les singes dans vos rues ? Sont-ce des hommes supérieurs ?

Un ami, Espagnol de naissance, qui était spiritualiste, et qui mourut l'été dernier, nous a fait diverses communications ; dans l'une d'elles on trouve ce passage :

Les manifestations que vous cherchez ne sont pas au nombre de celles qui plaisent le plus aux Esprits sérieux et élevés. Nous avouerons néanmoins qu'elles ont leur utilité, parce que, plus qu'aucune autre peut-être, elles peuvent servir à convaincre les hommes d'aujourd'hui.

Pour obtenir ces manifestations, il faut nécessairement qu'il se développe certains médiums dont la constitution physique soit en harmonie avec les Esprits qui peuvent les produire. Nul doute que vous n'en voyiez plus tard se développer parmi vous ; et alors ce ne seront plus des petits coups que vous entendrez, mais bien des bruits semblables à un feu roulant de mousqueterie entremêlé de coups de canon. »

« Dans une partie reculée de la ville, se trouve une maison habitée par une famille allemande ; on y entend des bruits étranges, en même temps que certains objets y sont déplacés ; on nous l'a du moins assuré, car nous ne l'avons pas vérifié ; mais pensant que le chef de cette famille pourrait nous être utile, nous l'avons invité à quelques-unes des séances qui ont pour but ce genre de manifestations, et plus tard la femme de ce brave homme n'a pas voulu qu'il continuât à être des nôtres, parce que, nous a dit ce dernier, le tapage s'est accru chez eux. A ce propos, voici ce qui nous a été écrit par la main de Madame ...

« Nous ne pouvons pas empêcher les Esprits imparfaits de faire du bruit ou autres choses gênantes et même effrayantes ; mais le fait d'être en rapport avec nous, qui sommes bien intentionnés, ne peut que diminuer l'influence qu'ils exercent sur le médium dont il est question. »

Nous ferons remarquer la concordance parfaite qui existe entre ce que les Esprits ont dit à la Nouvelle Orléans touchant la source des manifestations physiques et ce qui nous a été dit à nous-mêmes. Rien ne saurait, en effet, peindre cette origine avec plus d'énergie que cette réponse à la fois si spirituelle et si profonde : « *Qui est-ce qui fait danser les singes dans vos rues ? sont-ce des hommes supérieurs ?* »

Nous aurons occasion de rapporter, d'après les journaux d'Amérique, de nombreux exemples de ces sortes de manifestations, bien autrement extraordinaires que ceux que nous venons de citer. On nous répondra, sans doute, par ce proverbe : « A beau mentir qui vient de loin. » Quand des choses aussi merveilleuses nous viennent de 2,000 lieues, et qu'on n'a pu les vérifier, on conçoit le doute ; mais ces phénomènes ont franchi les mers avec M. Home, qui nous en a donné des échantillons. Il est vrai que M. Home ne s'est pas mis sur un théâtre pour opérer ses prodiges, et que tout le monde, moyennant un prix d'entrée, n'a pu les voir ; c'est pourquoi beaucoup de gens le traitent d'habile prestidigitateur, sans réfléchir que l'élite de la société qui a été témoin de ces phénomènes ne se serait pas bénévolement prêtée à lui servir de compère. Si M. Home avait été un charlatan, il n'aurait eu garde de refuser les offres brillantes de maints établissements publics et aurait ramassé l'or à pleines mains. Son désintéressement est la réponse la plus péremptoire qu'on puisse faire à ses détracteurs. Un charlatanisme désintéressé serait un non-sens et une monstruosité. Nous parlerons plus tard et plus en détail de M. Home et de la mission qui l'a conduit en France. Voici, en attendant, un fait de manifestation spontanée qu'un médecin distingué, digne de toute confiance, nous a rapporté, et qui est d'autant plus authentique que les choses se sont passées à sa connaissance personnelle.

Une famille respectable avait pour bonne une jeune orpheline de quatorze ans dont le bon naturel et la douceur de caractère lui avaient concilié l'affection de ses maîtres. Sur le même carré habitait une autre famille dont la femme avait, on ne sait pourquoi, pris cette jeune fille en grippe, au point qu'il n'est sorte de mauvais procédés dont elle ne fût l'objet. Un jour qu'elle rentrait, la voisine sort en fureur, armée d'un balai, et veut la frapper. Effrayée, elle se précipite contre la porte, veut sonner : malheureusement, le cordon se trouve coupé, et elle ne peut y atteindre ; mais voilà que la sonnette s'agite d'elle-même, et l'on vient ouvrir. Dans son trouble elle ne se rendit point compte de ce qui s'était passé ; mais depuis, la sonnette continua de sonner de temps à autre, sans motif connu, tantôt le jour, tantôt la nuit, et quand on allait voir à la porte on ne trouvait personne. Les voisins du carré furent accusés de jouer ces mauvais tours ; plainte fut portée devant le commissaire de police, qui fit une enquête, chercha si quelque cordon secret communiquait au-dehors, et ne put rien découvrir ; cependant la chose continuait de plus belle au détriment du repos de tout le monde, et surtout de la petite bonne accusée d'être la cause de ce tapage. D'après le conseil qui leur fut donné, les maîtres de la jeune fille se décidèrent à l'éloigner de chez eux, et la placèrent chez des amis à la campagne. Depuis lors la sonnette resta tranquille, et rien de semblable ne se produisit au nouveau domicile de l'orpheline.

Ce fait, comme beaucoup d'autres que nous aurons à relater, ne se passait pas sur les bords du Missouri ou de l'Ohio, mais à Paris, passage des Panoramas. Reste maintenant à l'expliquer. La jeune fille ne touchait pas à la sonnette, c'est positif ; elle était trop terrifiée de ce qui se passait pour songer à une espièglerie dont elle eût été la première victime. Une chose non moins positive, c'est que l'agitation de la sonnette était due à sa présence, puisque l'effet cessa quand elle fut partie. Le médecin qui a été témoin du fait l'explique par une puissante action magnétique exercée par la jeune fille à son insu. Cette raison ne nous paraît nullement concluante, car pourquoi aurait-elle perdu cette puissance après son départ ? Il dit à cela que la terreur inspirée par la présence de la voisine devait produire chez la jeune fille une surexcitation de nature à développer l'action magnétique, et que l'effet cessa avec la cause. Nous avouons n'être point convaincu par ce raisonnement. Si l'intervention d'une puissance occulte n'est pas ici démontrée d'une manière péremptoire, elle est au moins probable, d'après les faits analogues que nous connaissons. Admettant donc cette intervention, nous dirons que dans la circonstance où le fait s'est produit pour la première fois, un Esprit protecteur a probablement voulu faire échapper la jeune fille au danger qu'elle courait ; que, malgré l'affection que ses maîtres avaient pour elle, il était peut-être de son intérêt qu'elle sortit de cette maison ; c'est pourquoi le bruit a continué jusqu'à ce qu'elle en fût partie.

Les Gobelins

L'intervention d'êtres incorporels dans le détail de la vie privée a fait partie des croyances populaires de tous les temps. Il ne peut sans doute entrer dans la pensée d'aucune personne sensée de prendre à la lettre toutes les légendes, toutes les histoires diaboliques et tous les contes ridicules que l'on se plaît à raconter au coin du feu. Cependant les phénomènes dont nous sommes témoins prouvent que ces contes mêmes reposent sur quelque chose, car ce qui se passe de nos jours a pu et dû se passer à d'autres époques. Que l'on dégage ces contes du merveilleux et du fantastique dont la superstition les a affublés, et l'on trouvera tous les caractères, faits et gestes de nos Esprits modernes ; les uns bons, bienveillants, obligeants, se plaisant à rendre service, comme les bons *Brownies* ; d'autres, plus ou moins malins, espiègles, capricieux, et même méchants, comme les *Gobelins* de la Normandie, que l'on retrouve sous les noms de *Bogles* en Ecosse, de *Boghańts* en Angleterre, de *Cluricaunes* en Irlande, de *Pucks* en Allemagne. Selon la tradition populaire, ces lutins s'introduisent dans les maisons, où ils cherchent toutes les occasions de jouer de mauvais tours. « Ils frappent aux portes, remuent les meubles, donnent des coups sur les tonneaux, cognent contre les plafonds et planchers, sifflent à mi-voix, poussent des soupirs lamentables, tirent les couvertures et les rideaux de ceux qui sont couchés, etc. »

Le Boghart des Anglais exerce particulièrement ses malices contre les enfants, qu'il semble avoir en aversion. « Il leur arrache souvent leur tartine de beurre et leur écuelle de lait, agite pendant la nuit les rideaux de leur lit ; il monte et descend les escaliers avec grand bruit, jette sur le plancher les plats et les assiettes, et cause beaucoup d'autres dégâts dans les maisons. »

Dans quelques endroits de la France, les Gobelins sont considérés comme une espèce de lutins domestiques, que l'on a soin de nourrir des mets les plus délicats, parce qu'ils apportent à leurs maîtres du blé volé dans les greniers d'autrui. Il est vraiment curieux de retrouver cette vieille superstition de l'ancienne Gaule chez les Borussiens du dixième siècle (les Prussiens d'aujourd'hui). Leurs *Koltkys*, ou génies domestiques, allaient aussi dérober du blé dans les greniers pour l'apporter à ceux qu'ils affectionnaient.

Qui ne reconnaîtra dans ces lutineries, - à part l'indélicatesse du blé volé, dont il est probable que les fauteurs se disculpaient au détriment de la réputation des Esprits - qui, disons-nous, ne reconnaîtra nos Esprits frappeurs et ceux qu'on peut, sans leur faire injure, appeler perturbateurs ? Qu'un fait semblable à celui que nous avons rapporté plus haut de cette jeune fille du passage des Panoramas se soit passé dans une campagne, il sera sans aucun doute mis sur le compte du Gobelin de l'endroit, puis amplifié par l'imagination féconde des commères ; on ne manquera pas d'avoir vu le petit démon accroché à la sonnette, ricanant, et faisant des grimaces aux dupes qui allaient ouvrir la porte.

Evocations particulières

Mère, je suis là !

Madame *** venait de perdre depuis quelques mois sa fille unique, âgée de quatorze ans, objet de toute sa tendresse, et bien digne de ses regrets par les qualités qui promettaient d'en faire une femme accomplie. Cette jeune personne avait succombé à une longue et douloureuse maladie. La mère, inconsolable de cette perte, voyait de jour en jour sa santé s'altérer, et répétait sans cesse qu'elle irait bientôt rejoindre sa fille. Instruite de la possibilité de communiquer avec les êtres d'outre-tombe, Madame *** résolut de chercher, dans un entretien avec son enfant, un adoucissement à sa peine. Une dame de sa connaissance était médium ; mais, peu expérimentées l'une et l'autre pour de semblables évocations, surtout dans une circonstance aussi solennelle, on me pria d'y assister. Nous n'étions que trois : la mère, le médium et moi. Voici le résultat de cette première séance.

LA MERE. Au nom de Dieu Tout-Puissant, Esprit de Julie ***, ma fille chérie, je te prie de venir si Dieu le permet.

JULIE. Mère ! je suis là.

LA MERE. Est-ce bien toi, mon enfant, qui me réponds ? Comment puis-je savoir que c'est toi ?

JULIE. Lili.

(C'était un petit nom familier donné à la jeune fille dans son enfance ; il n'était connu ni du médium ni de moi, attendu que depuis plusieurs années on ne l'appelait que par son nom de Julie. A ce signe, l'identité était évidente ; la mère, ne pouvant maîtriser son émotion, éclata en sanglots.)

JULIE. Mère ! pourquoi t'affliger ? Je suis heureuse, bien heureuse ; je ne souffre plus et je te vois toujours.

LA MERE. Mais moi je ne te vois pas. Où es-tu ?

JULIE. Là, à côté de toi, ma main sur Madame *** (le médium) pour lui faire écrire ce que je te dis. Vois mon écriture. (L'écriture était en effet celle de sa fille.)

LA MERE. Tu dis : ma main ; tu as donc un corps ?

JULIE. Je n'ai plus ce corps qui me faisait tant souffrir ; mais j'en ai l'apparence. N'es-tu pas contente que je ne souffre plus, puisque je puis causer avec toi ?

LA MERE. Si je te voyais je te reconnaîtrais donc !

JULIE. Oui, sans doute, et tu m'as déjà vue souvent dans tes rêves.

LA MERE. Je t'ai revue en effet dans mes rêves, mais j'ai cru que c'était un effet de mon imagination, un souvenir.

JULIE. Non ; c'est bien moi qui suis toujours avec toi et qui cherche à te consoler ; c'est moi qui t'ai inspiré l'idée de m'évoquer. J'ai bien des choses à te dire. Défie-toi de M. *** ; il n'est pas franc.

(Ce monsieur, connu de la mère seule, et nommé ainsi spontanément, était une nouvelle preuve de l'identité de l'Esprit qui se manifestait.)

LA MERE. Que peut donc faire contre moi Monsieur *** ?

JULIE. Je ne puis te le dire ; cela m'est défendu. Je ne puis que t'avertir de t'en méfier.

LA MERE. Es-tu parmi les anges ?

JULIE. Oh ! pas encore ; je ne suis pas assez parfaite.

LA MERE. Je ne te connaissais cependant aucun défaut ; tu étais bonne, douce, aimante et bienveillante pour tout le monde ; est-ce que cela, ne suffit pas ?

JULIE. Pour toi, mère chérie, je n'avais aucun défaut ; je le croyais : tu me le disais si souvent ! Mais à présent, je vois ce qui me manque pour être parfaite.

LA MERE. Comment acquerras-tu les qualités qui te manquent ?

JULIE. Dans de nouvelles existences qui seront de plus en plus heureuses.

LA MERE. Est-ce sur la terre que tu auras ces nouvelles existences ?

JULIE. Je n'en sais rien.

LA MERE. Puisque tu n'avais point fait de mal pendant ta vie, pourquoi as-tu tant souffert ?

JULIE. Epreuve ! Epreuve ! Je l'ai supportée avec patience, par ma confiance en Dieu ; j'en suis bien heureuse aujourd'hui. A bientôt, mère chérie !

En présence de pareils faits, qui oserait parler du néant de la tombe quand la vie future se révèle à nous pour ainsi dire palpable ? Cette mère, minée par le chagrin, éprouve aujourd'hui un bonheur ineffable à pouvoir s'entretenir avec son enfant ; il n'y a plus entre elles de séparation ; leurs âmes se confondent et s'épanchent dans le sein l'une de l'autre par l'échange de leurs pensées.

Malgré le voile dont nous avons entouré cette relation, nous ne nous serions pas permis de la publier, si nous n'y étions formellement autorisé. Puissent, nous disait cette mère, tous ceux qui ont perdu leurs affections sur la terre, éprouver la même consolation que moi !

Nous n'ajouterons qu'un mot à l'adresse de ceux qui nient l'existence des bons Esprits ; nous leur demanderons comment ils pourraient prouver que l'Esprit de cette jeune fille était un démon malfaisant.

Une conversion.

L'évocation suivante n'offre pas un moindre intérêt, quoique à un autre point de vue.

Un monsieur que nous désignerons sous le nom de Georges, pharmacien dans une ville du midi, avait depuis peu perdu son père, objet de toute sa tendresse et d'une profonde vénération. M. Georges père joignait à une instruction fort étendue toutes les qualités qui font l'homme de bien, quoique professant des opinions très matérialistes. Son fils partageait à cet égard et même dépassait les idées de son père ; il doutait de tout, de Dieu, de l'âme, de la vie future. Le Spiritisme ne pouvait s'accorder avec de telles pensées. La lecture du *Livre des Esprits* produisit cependant chez lui une certaine réaction, corroborée par un entretien direct que nous eûmes avec lui. « Si, dit-il, mon père pouvait me répondre, je ne douterais plus. » C'est alors qu'eut lieu l'évocation que nous allons rapporter, et dans laquelle nous trouverons plus d'un enseignement.

- Au nom du Tout-Puissant, Esprit de mon père, je vous prie de vous manifester. Etes-vous près de moi ? « Oui. » - Pourquoi ne pas vous manifester à moi directement, lorsque nous nous sommes tant aimés ? « Plus tard. » - Pourrons-nous nous retrouver un jour ? « Oui, bientôt. » - Nous aimerons-nous comme dans cette vie ? « Plus. » - Dans quel milieu êtes-vous ? « Je suis heureux. » Etes-vous réincarné ou errant ? « Errant pour peu de temps. »

- Quelle sensation avez-vous éprouvée lorsque vous avez quitté votre enveloppe corporelle ? « Du trouble. » - Combien de temps a duré ce trouble ? « Peu pour moi, beaucoup pour toi. » - Pouvez-vous apprécier la durée de ce trouble selon notre manière de compter ? « Dix ans pour toi, dix minutes pour moi. » - Mais il n'y a pas ce temps que je vous ai perdu, puisqu'il n'y a que quatre mois ? « Si toi, vivant, tu avais été à ma place, tu aurais ressenti ce temps. »

- Croyez-vous maintenant en un Dieu juste et bon ? « Oui. » - Y croyiez-vous de votre vivant sur la terre ? « J'en avais la prescience, mais je n'y croyais pas. » - Dieu est-il tout-puissant ? « Je ne me suis pas élevé jusqu'à lui pour mesurer sa puissance ; lui seul connaît les bornes de sa puissance, car *lui seul est son égal.* » - S'occupe-t-il des hommes ?

« Oui. » - Serons-nous punis ou récompensés suivant nos actes ? « Si tu fais le mal, tu en souffriras. »

- Serai-je récompensé si je fais bien ? « *Tu avanceras dans ta voie.* » - Suis-je dans la bonne voie ? « Fais le bien et tu y seras. » - Je crois être bon, mais je serais meilleur si je devais un jour vous retrouver comme récompense. « Que cette pensée te soutienne et t'encourage ! » - Mon fils sera-t-il bon comme son grand-père ? « Développe ses vertus, étouffe ses vices. »

- Je ne puis croire que nous communiquions ainsi en ce moment, tant cela me paraît merveilleux. « D'où vient ton doute ? » - De ce qu'en partageant vos opinions philosophiques, je suis porté à tout attribuer à la matière. « *Vois-tu la nuit ce que tu vois le jour* ? » - Je suis donc dans la nuit, ô mon père ? « Oui. » - Que voyez-vous de plus merveilleux ? « Explique-toi mieux. » - Avez-vous retrouvé ma mère, ma soeur, et Anna, la bonne Anna ? « Je les ai revues. » - Les voyez-vous quand vous voulez ? « Oui. »

- Vous est-il pénible ou agréable que je communique avec vous ? « C'est un bonheur pour moi si je puis te porter au bien. » - Comment pourrai-je faire, rentré chez moi, pour communiquer avec vous, ce qui me rend si heureux ? cela servirait à me mieux conduire et m'aiderait à mieux élever mes enfants. « Chaque fois qu'un mouvement te portera au bien, suis-le ; c'est moi qui t'inspirerai. »

- Je me tais, de crainte de vous importuner. « Parle encore si tu veux. » - Puisque vous le permettez, je vous adresserai encore quelques questions. De quelle affection êtes-vous mort ? « Mon épreuve était à son terme. » - Où aviez-vous contracté le dépôt pulmonaire qui s'était produit ? « Peu importe ; le corps n'est rien, l'Esprit est tout. » - Quelle est la nature de la maladie qui me réveille si souvent la nuit ? « Tu le sauras plus tard. » - Je crois mon affection grave, et je voudrais encore vivre pour mes enfants. « Elle ne l'est pas ; *le coeur de l'homme est une machine à vie* ; laisse faire la nature. »

- Puisque vous êtes ici présent, sous quelle forme y êtes-vous ? « Sous l'apparence de ma forme corporelle. » - Etes-vous à une place déterminée ? « Oui, derrière Ermance » (le médium). - Pourriez-vous nous apparaître visiblement ? « A quoi bon ! Vous auriez peur. »

- Nous voyez-vous tous ici présents ? « Oui. » - Avez-vous une opinion sur chacun de nous ici présents ? « Oui. » - Voudriez-vous nous dire quelque chose à chacun de nous ? « Dans quel sens me fais-tu cette question ? » - J'entends au point de vue moral. « Une autre fois ; assez pour aujourd'hui. »

L'effet produit sur M. Georges par cette communication fut immense, et une lumière toute nouvelle semblait déjà éclairer ses idées ; une séance qu'il eut le lendemain chez madame Roger, somnambule, acheva de dissiper le peu de doutes qui pouvaient lui rester. Voici un extrait de la lettre qu'il nous a écrite à ce sujet.

« Cette dame est entrée spontanément avec moi dans des détails si précis touchant mon père, ma mère, mes enfants, ma santé ; elle a décrit avec une telle exactitude toutes les circonstances de ma vie, rappelant même des faits qui étaient depuis longtemps sortis de ma mémoire ; elle me donna, en un mot, des preuves si patentes de cette merveilleuse faculté dont sont doués les somnambules lucides, que la réaction des idées a été complète chez moi dès ce moment. Dans l'évocation, mon père m'avait révélé sa présence ; dans la séance somnambulique, j'étais pour ainsi dire témoin oculaire de la vie extra-corporelle, de la vie de l'âme. Pour décrire avec tant de minutie et d'exactitude, et à deux cents lieues de distance, ce qui n'était connu que de moi, il fallait le voir ; or, puisque ce ne pouvait être avec les yeux du corps, il y avait donc un lien mystérieux, invisible, qui rattachait la somnambule aux personnes et aux choses absentes et qu'elle n'avait jamais vues ; il y avait donc quelque chose en dehors de la matière ; que pouvait être ce quelque chose, si ce n'est ce qu'on appelle l'âme, l'être intelligent dont le corps n'est que l'enveloppe, mais dont l'action s'étend bien au-delà de notre sphère d'activité ? »

Aujourd'hui M. Georges non seulement n'est plus matérialiste, mais c'est un des adeptes les plus fervents et les plus zélés du Spiritisme, ce dont il est doublement heureux, et par la confiance que lui inspire maintenant l'avenir, et par le plaisir motivé qu'il trouve à faire le bien.

Cette évocation, bien simple au premier abord, n'en est pas moins très remarquable à plus d'un égard. Le caractère de M. Georges père se reflète dans ces réponses brèves et sentencieuses qui étaient dans ses habitudes ; il parlait peu, il ne disait jamais une parole inutile ; mais ce n'est plus le sceptique qui parle : il reconnaît son erreur ; c'est son Esprit plus libre, plus clairvoyant, qui peint l'unité et la puissance de Dieu par ces admirables paroles : *Lui seul est son égal* ; c'est celui qui, de son vivant, rapportait tout à la matière, et qui dit maintenant : *Le corps n'est rien, l'Esprit est tout* ; et cette autre phrase sublime : *Vois-tu la nuit ce que tu vois le jour ?* Pour l'observateur attentif tout a une portée, et c'est ainsi qu'il trouve à chaque pas la confirmation des grandes vérités enseignées par les Esprits.

Les médiums jugés

Les antagonistes de la doctrine spirite se sont emparés avec empressement d'un article publié par le *Scientific american* du 11 juillet dernier, sous le titre de : *Les Médiums jugés*. Plusieurs journaux français l'ont reproduit comme un argument sans réplique ; nous le reproduisons nous-même, en le faisant suivre de quelques observations qui en montreront la valeur.

« Il y a quelque temps, une offre de 500 dollars (2,500 fr.) avait été faite, par l'intermédiaire du *Boston Courier*, à toute personne qui, en présence et à la satisfaction d'un certain nombre de professeurs de l'Université de Cambridge, reproduirait quelques-uns de ces phénomènes mystérieux que les Spiritualistes disent communément avoir été produits par l'intermédiaire des agents appelés *médiums*.

« Le défi fut accepté par le docteur Gardner, et par plusieurs personnes qui se vantaient d'être en communication avec les Esprits. Les concurrents se réunirent dans les bâtiments d'Albion, à Boston, la dernière semaine de juin, tout prêts à faire la preuve de leur puissance surnaturelle. Parmi eux on remarquait les jeunes filles Fox, devenues si célèbres par leur supériorité en ce genre. La commission chargée d'examiner les prétentions des aspirants au prix se composait des professeurs Pierce, Agassiz, Gould et Horsford, de Cambridge, tous quatre savants très distingués. Les essais spiritualistes durèrent plusieurs jours ; jamais les médiums n'avaient trouvé une plus belle occasion de mettre en évidence leur talent ou leur inspiration ; mais, comme les prêtres de Baal aux jours d'Elie, ils invoquèrent en vain leurs divinités, ainsi que le prouve le passage suivant du rapport de la commission :

« La commission déclare que le docteur Gardner, n'ayant pas réussi à lui présenter un agent ou médium qui révélât le mot confié aux Esprits dans une chambre voisine ; qui lût le mot anglais écrit à l'intérieur d'un livre ou sur une feuille de papier pliée ; qui répondît à une question que les intelligences supérieures peuvent seules savoir ; qui fît résonner un piano sans le toucher ou avancer une table d'un pied sans l'impulsion des mains ; s'étant montré impuissant à rendre la commission témoin d'un phénomène que l'on pût, même en usant d'une interprétation large et bienveillante, regarder comme l'équivalent des épreuves proposées ; d'un phénomène exigeant pour sa production l'intervention d'un Esprit, supposant ou impliquant du moins cette intervention ; d'un phénomène inconnu jusqu'ici à la science ou dont la cause ne fût pas immédiatement assignable par la commission, palpable pour elle, n'a aucun titre pour exiger du *Courrier* de Boston la remise de la somme proposée de 2,500 fr. »

L'expérience faite aux Etats-Unis à propos des médiums rappelle celle que l'on fit, il y a une dizaine d'années, en France, pour ou contre les somnambules lucides, c'est-à-dire magnétisés. L'Académie des sciences reçut mission de décerner un prix de 2,500 fr. au *sujet* magnétique qui lirait les yeux bandés. Tous les somnambules faisaient volontiers cet exercice dans les salons ou sur les tréteaux ; ils lisaient dans des livres fermés et déchiffraient toute une lettre en s'asseyant dessus ou en la posant bien pliée et fermée sur leur ventre ; mais devant l'Académie on ne put rien lire du tout, et le prix ne fut pas gagné.

Cet essai prouve une fois de plus, de la part de nos antagonistes, leur ignorance absolue des principes sur lesquels reposent les phénomènes des manifestations spirites. C'est chez eux une idée fixe que ces phénomènes doivent obéir à la volonté, et se produire avec la précision d'une mécanique. Ils oublient totalement, ou, pour mieux dire, ils ne savent pas que la cause de ces phénomènes est entièrement morale, et que les intelligences qui en sont les premiers agents ne sont au caprice de qui que ce soit, pas plus des médiums que d'autres personnes. Les Esprits agissent quand il leur plaît, et devant qui il leur plaît ; c'est souvent quand on s'y attend le moins que leur manifestation a lieu avec le plus d'énergie, et quand on la sollicite qu'elle ne vient pas. Les Esprits ont des conditions d'être qui nous sont inconnues ; ce qui est en dehors de la matière ne peut être soumis au creuset de la matière. C'est donc s'égarer que de les juger à notre point de vue. S'ils croient utile de se révéler par des signes particuliers, ils le font ; mais ce n'est jamais à notre volonté, ni pour satisfaire une vaine curiosité. Il faut, en outre, tenir compte d'une cause bien connue qui éloigne les Esprits : c'est leur antipathie pour certaines personnes, principalement pour celles qui, par des questions sur des choses connues, veulent mettre leur perspicacité à l'épreuve. Quand une chose existe, dit-on, ils doivent la savoir ; or, c'est précisément parce que la chose est connue de vous, ou que vous avez les moyens de la vérifier vous-même, qu'ils ne se donnent pas la peine de répondre ; cette suspicion les irrite et l'on n'obtient rien de satisfaisant ; elle éloigne toujours les Esprits sérieux qui ne parlent volontiers qu'aux personnes qui s'adressent à eux avec confiance et sans arrière-pensée. N'en avons-nous pas tous les jours l'exemple parmi nous ? Des hommes supérieurs, et qui ont conscience de leur valeur, s'amuseraient-ils à répondre à toutes les sottes questions qui tendraient à les soumettre à un examen comme des écoliers ? Que diraient-ils si on leur disait : « Mais si vous ne répondez pas, c'est que vous ne savez pas ? » Ils vous tourneraient le dos : c'est ce que font les Esprits.

S'il en est ainsi, direz-vous, quel moyen avons-nous de nous convaincre ? Dans l'intérêt même de la doctrine des Esprits, ne doivent-ils pas désirer faire des prosélytes ? Nous répondrons que c'est avoir bien de l'orgueil de se croire indispensable au succès d'une cause ; or les Esprits n'aiment pas les orgueilleux. Ils convainquent ceux qu'ils veulent ; quant à ceux qui croient à leur importance personnelle, ils leur prouvent le cas qu'ils en font en ne les écoutant pas. Voilà, du reste, leur réponse à deux questions sur ce sujet :

Peut-on demander aux Esprits des signes matériels comme preuve de leur existence et de leur puissance ? *Rép.* « On peut sans doute provoquer certaines manifestations, mais tout le monde n'est pas apte à cela, et souvent ce que vous demandez, vous ne l'obtenez pas ; ils ne sont pas au caprice des hommes. »

Mais lorsqu'une personne demande ces signes pour se convaincre, n'y aurait-il pas utilité à la satisfaire, puisque ce serait un adepte de plus ? *Rép.* « Les Esprits ne font que ce qu'ils veulent et ce qui leur est permis. En vous parlant et en répondant à vos questions, ils attestent leur présence : cela doit suffire à l'homme sérieux qui cherche la vérité dans la parole. »

Des scribes et des pharisiens dirent à Jésus : Maître, nous voudrions bien que vous nous fissiez voir quelque prodige. Jésus répondit : « Cette race méchante et adultère demande un prodige, et on ne lui en donnera point d'autre que celui de Jonas » (saint Matthieu).

Nous ajouterons encore que c'est bien peu connaître la nature et la cause des manifestations que de croire les exciter par une prime quelconque. Les Esprits méprisent la cupidité autant que l'orgueil et l'égoïsme. Et cette seule condition peut être pour eux un motif de s'abstenir de se manifester. Sachez donc que vous obtiendrez cent fois plus d'un médium désintéressé que de celui qui est mû par l'appât du gain, et qu'un million ne ferait pas faire ce qui ne doit pas être. Si nous nous étonnons d'une chose, c'est qu'il se soit trouvé des médiums capables de se soumettre à une épreuve qui avait pour enjeu une somme d'argent.

Visions

On lit dans le *Courrier de Lyon* :

« Dans la nuit du 27 au 28 août 1857, un cas singulier de vision intuitive s'est produit à la Croix-Rousse, dans les circonstances suivantes :

Il y a trois mois environ, les époux B..., honnêtes ouvriers tisseurs, mus par un sentiment de louable commisération, recueillaient chez eux, en qualité de domestique, une jeune fille un peu idiote et qui habite les environs de Bourgoing.

Dimanche dernier, entre deux et trois heures du matin, les époux B... furent réveillés en sursaut par les cris perçants poussés par leur domestique, qui couchait sur une soupente contiguë à leur chambre.

Madame B..., allumant une lampe, monta sur la soupente et trouva sa domestique qui, fondant en larmes, et dans un état d'exaltation d'esprit difficile à décrire, appelait, en se tordant les bras dans d'affreuses convulsions, sa mère qu'elle venait de voir mourir, disait-elle, devant ses yeux.

Après avoir de son mieux consolé la jeune fille, Madame B... regagna sa chambre. Cet incident était presque oublié, lorsque hier mardi, dans l'après-midi, un facteur de la poste remit à M. B... une lettre du tuteur de la jeune fille, qui apprenait à cette dernière que, dans la nuit de dimanche à lundi, entre deux et trois heures du matin, sa mère était morte des suites d'une chute qu'elle avait faite en tombant du haut d'une échelle.

La pauvre idiote est partie hier matin même pour Bourgoing, accompagnée de M. B..., son patron, pour y recueillir la part de succession qui lui revient dans l'héritage de sa mère, dont elle avait si tristement vu en songe la fin déplorable. »

Les faits de cette nature ne sont pas rares, et nous aurons souvent occasion d'en rapporter, dont l'authenticité ne saurait être contestée. Ils se produisent quelquefois pendant le sommeil, dans l'état de rêve ; or, comme les rêves ne sont autre chose qu'un état de somnambulisme naturel incomplet, nous désignerons les visions qui ont lieu dans cet état sous le nom de *visions somnambuliques*, pour les distinguer de celles qui ont lieu à l'état de veille et que nous appellerons *visions par double vue*. Nous appellerons enfin *visions extatiques* celles qui ont lieu dans l'extase ; elles ont généralement pour objet les êtres et les choses du monde incorporel. Le fait suivant appartient à la seconde catégorie.

Un armateur de notre connaissance, habitant Paris, nous racontait il y a peu de jours ce qui suit : « Au mois d'avril dernier, étant un peu souffrant, je fus me promener aux Tuileries avec mon associé. Il faisait un temps superbe ; le jardin était rempli de monde. Tout à coup la foule disparaît à mes yeux ; je ne sens plus mon corps, je suis comme transporté, et je vois distinctement un navire entrant dans le port du Havre. Je le reconnais pour *la Clémence*, que nous attendions des Antilles ; je le vis s'amarrer au quai, distinguant clairement les mâts, les voiles, les matelots et tous les plus minutieux détails, comme si j'étais sur les lieux. Je dis alors à mon compagnon : « Voilà la *Clémence* qui arrive ; nous en recevrons la nouvelle aujourd'hui même ; sa traversée a été heureuse. » Rentré chez moi, on me remit une dépêche télégraphique. Avant d'en prendre connaissance, je dis : « C'est l'annonce de l'arrivée de la *Clémence*, qui est rentrée au Havre à trois heures. » La dépêche confirmait, en effet, cette entrée à l'heure même où je l'avais vue aux Tuileries. »

Lorsque les visions ont pour objet les êtres du monde incorporel, on pourrait, avec quelque apparence de raison, les mettre sur le compte de l'imagination, et les qualifier d'hallucinations, parce que rien ne peut en démontrer l'exactitude ; mais dans les deux faits que nous venons de rapporter, c'est la réalité la plus matérielle et la plus positive qui est apparue. Nous défions tous les physiologistes et tous les philosophes de nous les expliquer par les systèmes ordinaires. La doctrine spirite peut seule en rendre compte par le phénomène de l'émancipation de l'âme, qui, s'échappant momentanément de ses langes matériels, se transporte hors de la sphère d'activité corporelle. Dans le premier fait ci-dessus, il est probable que l'âme de la mère est venue trouver sa fille pour l'avertir de sa mort ; mais, dans le second, il est certain que ce n'est pas le navire qui est venu trouver l'armateur aux Tuileries ; il faut donc que ce soit l'âme de celui-ci qui soit allée le trouver au Havre.

Reconnaissance de l'existence des Esprits et de leurs manifestations

Si les premières manifestations spirites ont fait de nombreux adeptes, elles ont rencontré non seulement beaucoup d'incrédules, mais des adversaires acharnés, et souvent même intéressés à leur discrédit. Aujourd'hui les faits ont parlé si haut que force demeure à l'évidence, et s'il y a encore des incrédules systématiques, nous pouvons leur prédire avec certitude que peu d'années ne se passeront pas sans qu'il en soit des Esprits comme de la plupart des découvertes qui ont été combattues à outrance ou regardées comme des utopies par ceux mêmes que leur savoir aurait dû rendre moins sceptiques en ce qui touche le progrès. Déjà nous voyons bien des gens, parmi ceux qui n'ont pas été à même d'approfondir ces étranges phénomènes, convenir que notre siècle est si fécond en choses extraordinaires, et que la nature a tant de ressources inconnues, qu'il y aurait plus que de la légèreté à nier la possibilité de ce que l'on ne comprend pas. Ceux-là font preuve de sagesse. Voici, en attendant, une autorité qui ne saurait être suspecte de se prêter légèrement à une mystification, c'est un des principaux journaux ecclésiastiques de Rome, la *Civilta Cattolica*. Nous reproduisons ci-après un article que ce journal publia au mois du mars dernier, et l'on verra qu'il serait difficile de prouver l'existence et la manifestation des Esprits par des arguments plus péremptoires. Il est vrai que nous différons avec lui sur la nature des Esprits ; il n'en admet que de mauvais, tandis que nous en admettons de bons et de mauvais : c'est un point que nous traiterons plus tard avec tous les développements nécessaires. La reconnaissance des manifestations spirites par une autorité aussi grave et aussi respectable est un point capital ; reste donc à les juger : c'est ce que nous ferons dans le prochain numéro. L'*Univers*, en reproduisant cet article, le fait précéder des sages réflexions suivantes :

« A l'occasion d'un ouvrage publié à Ferrare, sur la pratique du *magnétisme animal*, nous parlions dernièrement à nos lecteurs des savants articles qui venaient de paraître dans la *Civilta cattolica*, de Rome, sur la *Nécromancie moderne*, nous réservant de les leur faire plus amplement connaître. Nous donnons aujourd'hui le dernier de ces articles, qui contient en quelques pages les conclusions de la revue romaine. Outre l'intérêt qui s'attache naturellement à ces matières et la confiance que doit inspirer un travail publié par la *Civilta*, l'opportunité particulière de la question en ce moment nous dispense d'appeler l'attention sur un sujet que beaucoup de personnes ont traité en théorie et en pratique d'une manière trop peu sérieuse, en dépit de cette règle de vulgaire prudence qui veut que plus les faits sont extraordinaires, plus on procède avec circonspection. »

Voici cet article : « De toutes les théories qu'on a mises en avant pour expliquer *naturellement* les divers phénomènes connus sous le nom de *spiritualisme américain*, il n'en est pas une seule qui atteigne le but, et encore moins qui parvienne à donner raison de tous ces phénomènes. Si l'une ou l'autre de ces hypothèses suffit à en expliquer quelques-uns, il en restera toujours beaucoup qui demeureront inexpliqués et inexplicables. La supercherie, le mensonge, l'exagération, les hallucinations doivent assurément avoir une large part dans les faits que l'on rapporte ; mais après avoir fait ce décompte, il en reste encore une masse telle que, pour en nier la réalité, il faudrait refuser toute créance à l'autorité des sens et du témoignage humain. Parmi les faits en question, un certain nombre peuvent s'expliquer à l'aide de la théorie mécanique ou mécanico-physiologique ; mais il en est une partie, et c'est de beaucoup la plus considérable, qui ne peut en aucune manière se prêter à une explication de ce genre. A cet ordre de faits se rattachent tous les phénomènes dans lesquels les effets obtenus dépassent évidemment l'intensité de la force motrice qui devrait, dit-on, les produire, Tels sont : 1° les mouvements, les soubresauts violents de masses pesantes et solidement équilibrées, à la simple pression, au seul attouchement des mains ; 2° les effets et les mouvements qui se produisent sans aucun contact, par conséquent sans aucune impulsion mécanique soit immédiate, soit médiate ; et enfin ces autres effets qui sont de nature à manifester en qui les produit une intelligence et une volonté distinctes de celles des expérimentateurs. Pour rendre raison de ces trois ordres de faits divers, nous avons encore la théorie du magnétisme ; mais quelque larges concessions qu'on soit disposé à lui faire, et en admettant même les yeux fermés, toutes les hypothèses gratuites sur lesquelles elle se fonde, toutes les erreurs et les absurdités dont elle est pleine, et les facultés miraculeuses attribuées par elle à la volonté humaine, au fluide nerveux, à d'autres agents magnétiques quelconques, cette théorie ne pourra jamais, à l'aide de ses principes, expliquer comment une table magnétisée par un *médium* manifeste dans ses mouvements une intelligence et une volonté propres, c'est-à-dire distinctes de celles du *médium*, et qui parfois sont contraires et supérieures à l'intelligence, à la volonté de celui-ci.

Comment rendre raison de pareils phénomènes ? Voudrons-nous recourir, nous aussi, à je ne sais quelles causes occultes, quelles forces encore inconnues de la nature ? à des explications nouvelles de certaines facultés, de certaines lois qui jusqu'à présent étaient demeurées inertes et comme endormies au sein de la création ! Autant vaudrait confesser ouvertement notre ignorance et envoyer le problème grossir le nombre de tant d'énigmes dont le pauvre esprit humain n'a pu jusqu'à présent et ne pourra jamais trouver le mot. Du reste, nous n'hésitons pas, pour notre compte, à confesser notre ignorance à l'égard de plusieurs des phénomènes en question, dont la nature est si équivoque et si obscure, que le parti le plus sage nous paraît être de ne pas chercher à les expliquer. En revanche, il en est d'autres pour lesquels il ne nous paraît pas difficile de trouver la solution ; il est vrai qu'il est impossible de la chercher dans les causes naturelles ; mais pourquoi alors hésiterions-nous à la demander à ces causes qui appartiennent à l'ordre surnaturel ? Peut-être en serions-nous détournés par les objections que nous opposent les sceptiques et ceux qui, niant cet ordre surnaturel, nous disent qu'on ne peut définir jusqu'où s'étendent les forces de la nature, que le champ qui reste à découvrir aux sciences physiques n'a point de limites, que nul ne sait assez bien quelles sont les bornes de l'ordre naturel pour pouvoir indiquer avec précision le point où finit celui-ci et où commence l'autre. La réponse à une pareille objection nous paraît facile : en admettant qu'on ne puisse déterminer d'une manière précise le point de division de ces deux ordres opposés, l'ordre naturel et l'ordre surnaturel, il ne s'ensuit pas qu'on ne puisse jamais définir avec certitude si tel effet donné appartient à l'un ou à l'autre de ces ordres. Qui peut, dans l'arc-en-ciel, distinguer le point précis où finit une des couleurs et où commence la couleur suivante ? Qui peut fixer l'instant exact où finit le jour et où commence la nuit ? Et cependant il ne se trouve pas un homme assez borné pour en conclure qu'on ne puisse pas savoir si telle zone de l'arc-en-ciel est rouge ou jaune, si à telle heure il fait jour ou nuit. Qui ne voit que pour connaître la nature d'un fait, il n'est aucunement nécessaire de passer par la limite où commence, où finit la catégorie à laquelle il appartient, et qu'il suffit de constater s'il a les caractères qui sont propres à cette catégorie.

Appliquons cette remarque si simple à la question présente : nous ne pouvons dire jusqu'où vont les forces de la nature ; mais néanmoins, un fait étant donné, nous pouvons souvent, d'après ses caractères certains, prononcer avec certitude qu'il appartient à l'ordre surnaturel. Et pour ne pas sortir de notre problème, parmi les phénomènes des tables parlantes, il en est plusieurs qui, selon nous, manifestent ces caractères de la manière la plus évidente ; tels sont ceux dans lesquels l'agent qui remue les tables agit comme cause intelligente et libre, en même temps qu'il montre une intelligence et une volonté qui lui sont propres, c'est-à-dire supérieures ou contraires à l'intelligence et à la volonté des *médiums*, des expérimentateurs, des assistants ; distinctes, en un mot, de celles-ci, quel que puisse être le mode qui atteste cette distinction. En des cas semblables on est bien forcé, quoi qu'on en ait, d'admettre que cet agent est un Esprit et n'est pas un esprit humain, et que dès lors il est en dehors de cet ordre, de ces causes que nous avons coutume d'appeler naturelles, de celles, disons nous, qui n'outrepassent pas les forces de l'homme.

Tels sont précisément les phénomènes qui, ainsi que nous l'avons dit plus haut, ont résisté à toute autre théorie fondée sur les principes purement naturels, tandis que dans la nôtre ils trouvent leur explication la plus facile et la plus claire, puisque chacun sait que la puissance des Esprits sur la matière dépasse de beaucoup les forces de l'homme ; et puisqu'il n'y a pas d'effet merveilleux, parmi ceux que l'on cite de la nécromancie moderne, qui ne puisse être attribué à leur action.

Nous savons très bien qu'en nous voyant mettre ici les Esprits en scène, plus d'un lecteur sourira de pitié. Sans parler de ces gens qui, en vrais matérialistes, ne croient point à l'existence des Esprits et rejettent comme une fable tout ce qui n'est pas matière pondérable et palpable, non plus que de ceux qui, tout en admettant qu'il existe des Esprits, leur refusent toute influence, toute intervention en ce qui touche notre monde ; il est, de nos jours, beaucoup d'hommes qui, tout en accordant aux Esprits ce qu'aucun bon catholique ne saurait leur refuser, à savoir l'existence et la faculté d'intervenir dans les faits de la vie humaine d'une manière occulte ou patente, ordinaire ou extraordinaire, semblent démentir néanmoins leur foi dans la pratique, et regarder comme une honte, comme un excès de crédulité, comme une superstition de vieille femme, d'admettre l'action de ces mêmes Esprits dans certains cas spéciaux, se contentant de ne pas la nier en thèse générale. Et, à dire vrai, depuis un siècle, on s'est tant moqué de la simplicité du moyen âge, en l'accusant de voir partout des Esprits, des maléfices et des sorciers, et on a tant déclamé à ce sujet, que ce n'est pas merveille si tant de têtes faibles, qui veulent paraître fortes, éprouvent désormais de la répugnance et comme une sorte de honte à croire à l'intervention des Esprits. Mais cet excès d'incrédulité n'est en rien moins déraisonnable que n'a pu l'être à d'autres époques l'excès contraire, et si, en pareille matière, trop croire mène à des superstitions vaines, ne vouloir rien admettre, en revanche, va droit à l'impiété du naturalisme. L'homme sage, le chrétien prudent, doivent donc éviter également ces deux extrêmes et se tenir fermes sur la ligne intermédiaire : car c'est là que se trouvent la vérité et la vertu. Maintenant, dans cette question des tables parlantes, de quel côté une foi prudente nous fera-t-elle incliner ?

La première, la plus sage des règles que nous impose cette prudence, nous enseigne que pour expliquer les phénomènes qui offrent un caractère extraordinaire, on ne doit avoir recours aux causes surnaturelles qu'autant que celles qui appartiennent à l'ordre naturel ne suffisent pas à en rendre compte. D'où suit, en revanche, l'obligation d'admettre les premières, lorsque les secondes sont insuffisantes. Et c'est là justement notre cas ; en effet, parmi les phénomènes dont nous parlons, il en est dont aucune théorie, aucune cause purement naturelle ne saurait rendre raison. Il est donc non seulement prudent, mais encore nécessaire d'en chercher l'explication dans l'ordre surnaturel, ou, en d'autres termes, de les attribuer à de purs Esprits, puisque, en dehors et au-dessus de la nature, il n'existe pas d'autre cause possible.

Voici une seconde règle, un *critérium* infaillible pour prononcer, au sujet d'un fait quelconque, s'il appartient à l'ordre naturel ou surnaturel : c'est d'en bien examiner les caractères, et de déterminer d'après eux la nature de la cause qui l'a produit. Or, les faits de ce genre les plus merveilleux, ceux que ne peut expliquer aucune autre théorie, offrent des caractères tels, qu'ils démontrent une cause, non seulement intelligente et libre, mais encore douée d'une intelligence et d'une volonté qui n'ont rien d'humain ; donc cette cause ne peut être qu'un pur Esprit.

Ainsi, par deux voies, l'une indirecte et négative, qui procède par exclusion, l'autre directe et positive, en ce qu'elle est fondée sur la nature même des faits observés, nous arrivons à cette même conclusion, savoir : que parmi les phénomènes de la nécromancie moderne, il est au moins une catégorie de faits qui, sans nul doute, sont produits par des Esprits. Nous sommes conduits à cette conclusion par un raisonnement si simple, si naturel, que loin de craindre, en l'acceptant, de céder à une imprudente crédulité, nous croirions au contraire faire preuve, en refusant de l'admettre, d'une faiblesse et d'une incohérence d'esprit inexcusables. Pour confirmer notre assertion, les arguments ne nous feraient pas défaut ; mais l'espace et le temps nous manquent pour les développer ici. Ce que nous avons dit jusqu'à présent suffit pleinement, et peut se résumer dans les quatre propositions suivantes :

1° Entre les phénomènes en question, la part une fois faite à ce qu'on peut raisonnablement attribuer à l'imposture, aux hallucinations et aux exagérations, il en existe encore un grand nombre dont on ne peut mettre en doute la réalité sans violer toutes les lois d'une saine critique.

2° Toutes les théories naturelles que nous avons exposées et discutées plus haut sont impuissantes à donner une explication satisfaisante de tous ces faits. Si elles en expliquent quelques-uns, elles en laissent un plus grand nombre (et ce sont les plus difficiles) totalement inexpliqués et inexplicables.

3° Les phénomènes de ce dernier ordre, impliquant l'action d'une cause intelligente autre que l'homme, ne peuvent s'expliquer que par l'intervention des Esprits, quel que soit d'ailleurs le caractère de ces Esprits, question qui nous occupera tout à l'heure.

4° Tous ces fruits peuvent se diviser en quatre catégories : beaucoup d'entre eux doivent être rejetés ou comme faux ou comme produits par la supercherie ; quant aux autres, les plus simples, les plus faciles à concevoir, tels que les tables tournantes, admettent en certaines circonstances une explication purement naturelle ; celle, par exemple, d'une impulsion mécanique ; une troisième classe se compose de phénomènes plus extraordinaires et plus mystérieux, sur la nature desquels on reste dans le doute, car, bien qu'ils semblent dépasser les forces de la nature, ils ne présentent pas néanmoins des caractères tels qu'on doive évidemment recourir, pour les expliquer, à une cause surnaturelle. Nous rangeons enfin dans la quatrième catégorie les faits qui, offrant d'une manière évidente ces caractères, doivent être attribués à l'opération invisible de purs Esprits.

Mais ces Esprits, quels sont-ils ? Sont-ce de bons ou de mauvais Esprits ? des anges ou des démons ? des âmes bienheureuses ou des âmes réprouvées ? La réponse à cette dernière partie de notre problème ne saurait être douteuse, pour peu que l'on considère, d'une part, la nature de ces divers Esprits, de l'autre, le caractère de leurs manifestations. C'est ce qu'il nous reste à faire voir. »

Histoire de Jeanne d'Arc dictée par elle-même

à mademoiselle Ermance Dufaux

C'est une question que l'on nous a bien souvent posée, de savoir si les Esprits, qui répondent avec plus ou moins de précision aux demandes qu'on leur adresse, pourraient faire un travail de longue haleine. La preuve en est dans l'ouvrage dont nous parlons ; car ici ce n'est plus une série de demandes et de réponses, c'est une narration complète et suivie comme aurait pu le faire un historien, et contenant une foule de détails peu ou point connus sur la vie de l'héroïne. A ceux qui pourraient croire que mademoiselle Dufaux s'est inspirée de ses connaissances personnelles, nous répondrions qu'elle a écrit ce livre à l'âge de quatorze ans ; qu'elle avait reçu l'instruction que reçoivent toutes les jeunes personnes de bonne famille, élevées avec soin, mais qu'eût-elle une mémoire phénoménale, ce n'est pas dans les livres classiques qu'on peut puiser des documents intimes que l'on trouverait peut-être difficilement dans les archives du temps. Les incrédules, nous le savons, auront toujours mille objections à faire ; mais pour nous, qui avons vu le médium à l'oeuvre, l'origine du livre ne saurait faire aucun doute.

Bien que la faculté de mademoiselle Dufaux se prête à l'évocation de tout Esprit quelconque, ce dont nous avons acquis la preuve par nous-mêmes dans les communications personnelles qu'elle nous a transmises, sa spécialité est l'histoire. Elle a écrit de la même manière celle de Louis XI et celle de Charles VIII, qui seront publiées comme celle de Jeanne d'Arc. Il s'est présenté chez elle un phénomène assez curieux. Elle était, dans le principe, très bon médium psychographe, écrivant avec une grande facilité ; peu à peu elle est devenue médium parlant, et à mesure que cette nouvelle faculté s'est développée, la première s'est affaiblie ; aujourd'hui elle écrit peu ou très difficilement ; mais ce qu'il y a de bizarre, c'est qu'en parlant elle a besoin d'avoir un crayon à la main faisant le simulacre d'écrire ; il faut une tierce personne pour recueillir ses paroles, comme celles de la Sibylle. De même que tous les médiums favorisés des bons Esprits, elle n'a jamais eu que des communications d'un ordre élevé.

Nous aurons occasion de revenir sur l'histoire de Jeanne d'Arc pour expliquer les faits de sa vie relatifs à ses rapports avec le monde invisible, et nous citerons ce qu'elle a dicté à son interprète de plus remarquable à ce sujet. (1 vol. in-12, 3 fr.; Dentu, Palais-Royal.)

Le Livre des Esprits[2]

CONTENANT

LES PRINCIPES DE LA DOCTRINE SPIRITE

Sur la nature des êtres du monde incorporel, leurs manifestations et leurs rapports avec les Hommes, les lois morales, la vie présente, la vie future et l'avenir de l'humanité.

ECRIT SOUS LA DICTEE ET PUBLIE PAR L'ORDRE D'ESPRITS SUPERIEURS,

Par ALLAN KARDEC.

Cet ouvrage, ainsi que l'indique son titre, n'est point une doctrine personnelle : c'est le résultat de l'enseignement direct des Esprits eux-mêmes sur les mystères du monde où nous serons un jour, et sur toutes les questions qui intéressent l'humanité ; ils nous donnent en quelque sorte le code de la vie en nous traçant la route du bonheur à venir. Ce livre n'étant point le fruit de nos propres idées, puisque sur beaucoup de points importants nous avions une manière de voir toute différente, notre modestie n'aurait point à souffrir de nos éloges ; nous aimons mieux cependant laisser parler ceux qui sont tout à fait désintéressés dans la question.

Le *Courrier de Paris* du 11 juillet 1857 contenait sur ce livre l'article suivant :

LA DOCTRINE SPIRITE.

L'éditeur Dentu vient de publier, il y a peu de temps, un ouvrage fort remarquable ; nous allions dire fort curieux, mais il y a de ces choses qui repoussent toute qualification banale.

Le *Livre des Esprits*, de M. Allan Kardec, est une page nouvelle du grand livre lui-même de l'infini, et nous sommes persuadé qu'on mettra un signet à cette page. Nous serions désolé qu'on crût que nous venons faire ici une réclame bibliographique ; si nous pouvions supposer qu'il en fût ainsi, nous briserions notre plume immédiatement. Nous ne connaissons nullement l'auteur, mais nous avouons hautement que nous serions heureux de le connaître. Celui qui écrivit l'introduction placée en tête du *Livre des Esprits* doit avoir l'âme ouverte à tous les nobles sentiments.

Pour qu'on ne puisse pas d'ailleurs suspecter notre bonne foi et nous accuser de parti pris, nous dirons en toute sincérité que nous n'avons jamais fait une étude approfondie des questions surnaturelles. Seulement, si les faits qui se sont produits nous ont étonné, ils ne nous ont, du moins, jamais fait hausser les épaules. Nous sommes un peu de ces gens qu'on appelle rêveurs, parce qu'ils ne pensent pas tout à fait comme tout le monde. A vingt lieues de Paris, le soir, sous les grands arbres, quand nous n'avions autour de nous que quelques chaumières disséminées, nous avons naturellement pensé à toute autre chose qu'à la Bourse, au macadam des boulevards ou aux courses de Longchamp. Nous nous sommes

[2] 1 vol. in-8° à 2 col., 3 fr.; chez Dentu, Palais-Royal, et au Bureau du journal, rue et passage Sainte-Anne, 59 (anciennement rue des Martyrs, n° 8).

demandé bien souvent, et cela longtemps avant d'avoir entendu parler des médiums, ce qui se passait dans ce qu'on est convenu d'appeler là-haut. Nous avons même ébauché jadis une théorie sur les mondes invisibles, que nous avions soigneusement gardée pour nous, et que nous avons été bien heureux de retrouver presque tout entière dans le livre de M. Allan Kardec.

A tous les déshérités de la terre, à tous ceux qui marchent ou qui tombent en arrosant de leurs larmes la poussière du chemin, nous dirons : Lisez le *Livre des Esprits*, cela vous rendra plus forts. Aux heureux aussi, à ceux qui ne rencontrent soir leur route que les acclamations de la foule ou les sourires de la fortune, nous dirons : Etudiez-le, il vous rendra meilleurs.

Le corps de l'ouvrage, dit M. Allan Kardec, doit être revendiqué tout entier par les Esprits qui l'ont dicté. Il est admirablement classé par demandes et par réponses. Ces dernières sont quelquefois tout bonnement sublimes : cela ne nous surprend pas ; mais n'a-t-il pas fallu un grand mérite à qui sut les provoquer ?

Nous défions le plus incrédule de rire en lisant ce livre dans le silence et la solitude. Tout le monde honorera l'homme qui en a écrit la préface.

La doctrine se résume en deux mots : *Ne faites pas aux autres ce que vous ne voudriez pas qu'on vous fît*. Nous sommes fâché que M. Allan Kardec n'ait pas ajouté : *et faites aux autres ce que vous voudriez qui vous fût fait*. Le livre, du reste, le dit clairement, et d'ailleurs la doctrine ne serait pas complète sans cela. Il ne suffit pas de ne jamais faire de mal, il faut aussi faire le bien. Si vous n'êtes qu'un honnête homme, vous n'avez rempli que la moitié de votre devoir. Vous êtes un atome imperceptible de cette grande machine qu'on appelle le monde, et où rien ne doit être inutile. Ne nous dites pas surtout qu'on peut être utile sans faire le bien ; nous nous verrions forcé de vous riposter par un volume.

En lisant les admirables réponses des Esprits dans l'ouvrage de M. Kardec, nous nous sommes dit qu'il y aurait là un beau livre à écrire. Nous avons bien vite reconnu que nous nous étions trompé : le livre est tout fait. On ne pourrait que le gâter en cherchant à le compléter.

Etes-vous homme d'étude et possédez-vous la bonne foi qui ne demande qu'à s'instruire ? Lisez le livre premier sur la doctrine spirite.

Etes-vous rangé dans la classe des gens qui ne s'occupent que d'eux-mèmes, font, comme on dit, leurs petites affaires tout tranquillement et ne voient rien autour de leurs intérêts ? Lisez les *Lois morales*.

Le malheur vous poursuit-il avec acharnement, et le doute vous entoure-t-il parfois de son étreinte glacée ? Etudiez le livre troisième : *Espérances et Consolations*.

Vous tous qui avez de nobles pensées au coeur et qui croyez au bien, lien le livre tout entier.

S'il se trouvait quelqu'un qui trouvât là-dedans matière à plaisanteries, nous le plaindrions sincèrement.

G. DU CHALARD.

Parmi les nombreuses lettres qui nous ont été adressées depuis la publication du *Livre des Esprits*, nous n'en citerons que deux, parce qu'elles résument en quelque sorte l'impression que ce livre a produite, et le but essentiellement moral des principes qu'il renferme.

Bordeaux, le 25 avril 1857.

MONSIEUR,

Vous avez mis ma patience à une bien grande épreuve par le retard apporté dans la publication du *Livre des Esprits*, annoncé depuis si longtemps ; heureusement je n'ai pas perdu pour attendre, car il dépasse toutes les idées que j'avais pu m'en former d'après le prospectus. Vous peindre l'effet qu'il a produit en moi serait impossible : je suis comme un homme sorti de l'obscurité ; il me semble qu'une porte fermée jusqu'à ce jour vient d'être subitement ouverte ; mes idées ont grandi en quelques heures ! Oh ! combien l'humanité et toutes ses misérables préoccupations me semblent mesquines et puériles auprès de cet avenir, dont je ne doutais pas, mais qui était pour moi tellement obscurci par les préjugés que j'y songeais à peine ! Grâce à l'enseignement des Esprits, il se présente sous une forme définie, saisissable, mais grande, belle, et en harmonie avec la majesté du Créateur. Quiconque lira, comme moi, ce livre en le méditant, y trouvera des trésors inépuisables de consolations, car il embrasse toutes les phases de l'existence. J'ai fait, dans ma vie, des pertes qui m'ont vivement affecté ; aujourd'hui elles ne me laissent aucun regret, et toute ma préoccupation est d'employer utilement mon temps et mes facultés pour hâter mon avancement, car le bien a maintenant un but pour moi, et je comprends qu'une vie inutile est une vie d'égoïste qui ne peut nous faire faire un pas dans la vie à venir.

Si tous les hommes qui pensent comme vous et moi, et vous en trouverez beaucoup, je l'espère pour l'honneur de l'humanité, pouvaient s'entendre, se réunir, agir de concert, quelle puissance n'auraient-ils pas pour hâter cette régénération qui nous est annoncée ! Lorsque j'irai à Paris, j'aurai l'honneur de vous voir, et si ce n'est pas abuser de vos moments, je vous demanderai quelques développements sur certains passages, et quelques conseils sur l'application des lois morales à des circonstances qui me sont personnelles. Recevez en attendant, je vous prie, monsieur, l'expression de toute ma reconnaissance, car vous m'avez procuré un grand bien en me montrant la route du seul bonheur réel en ce monde, et peut-être vous devrai-je, en outre, une meilleure place dans l'autre.

Votre tout dévoué. D..., *capitaine en retraite.*

Lyon, 4 juillet 1857.

MONSIEUR,

Je ne sais comment vous exprimer toute ma reconnaissance sur la publication du *Livre des Esprits*, que je suis après relire. Combien ce que vous nous faites savoir est consolant pour notre pauvre humanité ! Je vous avoue que, pour ma part, je suis plus fort et plus courageux à supporter les peines et les ennuis attachés à ma pauvre existence. Je fais partager à plusieurs de mes amis les convictions que j'ai puisées dans la lecture de votre ouvrage : ils en sont tous très heureux ; ils comprennent maintenant les inégalités des positions dans la société et ne *murmurent* plus contre la Providence ; l'espoir certain d'un avenir plus heureux, s'ils se comportent bien, les console et leur donne du courage. Je voudrais, monsieur, vous être utile ; je ne suis qu'un pauvre enfant du peuple qui s'est fait une petite position par son travail, mais qui manque d'instruction, ayant été obligé de travailler bien jeune ; pourtant j'ai toujours bien aimé Dieu, et j'ai fait tout ce que j'ai pu pour être utile à mes semblables ; c'est pour cela que je recherche tout ce qui peut aider au bonheur de mes frères. Nous allons nous réunir plusieurs adeptes qui étions épars ; nous ferons tous nos efforts pour vous seconder : vous avez levé l'étendard, c'est à nous de vous suivre ; nous comptons sur votre appui et vos conseils.

Je suis, monsieur, si j'ose dire mon confrère, votre tout dévoué. - C...

On nous a souvent adressé des questions sur la manière dont nous avons obtenu les communications qui font l'objet du *Livre des Esprits*. Nous résumons ici d'autant plus volontiers les réponses que nous avons faites à ce sujet, que cela nous fournira l'occasion d'accomplir un devoir de gratitude envers les personnes qui ont bien voulu nous prêter leur concours.

Comme nous l'avons expliqué, les communications par coups frappés, autrement dit par la typtologie, sont trop lentes et trop incomplètes pour un travail d'aussi longue haleine ; aussi n'avons-nous jamais employé ce moyen : tout a été obtenu par l'écriture et par l'intermédiaire de plusieurs médiums psychographes. Nous avons nous-même préparé les questions et coordonné l'ensemble de l'ouvrage ; les réponses sont textuellement celles qui ont été données par les Esprits ; la plupart ont été écrites sous nos yeux, quelques-unes sont puisées dans des communications qui nous ont été adressées par des correspondants, ou que nous avons recueillies partout où nous avons été à même de faire des études : les Esprits semblent à cet effet multiplier à nos yeux les sujets d'observation.

Les premiers médiums qui ont concouru à notre travail sont mesdemoiselles B***, dont la complaisance ne nous a jamais fait défaut : le livre a été écrit presque en entier par leur entremise et en présence d'un nombreux auditoire qui assistait aux séances et y prenait le plus vif intérêt. Plus tard, les Esprits en ont prescrit la révision complète dans des entretiens particuliers, pour y faire toutes les additions et corrections qu'ils ont jugées nécessaires. Cette partie essentielle du travail a été faite avec le concours de mademoiselle Japhet[3], qui s'est prêtée avec la plus grande complaisance et le plus complet désintéressement à toutes les exigences des Esprits, car ce sont eux qui assignaient les jours et heures de leurs leçons. Le désintéressement ne serait point ici un mérite particulier, puisque les Esprits réprouvent tout trafic que l'on peut faire de leur présence ; mais mademoiselle Japhet, qui est également somnambule fort remarquable, avait son temps utilement employé : elle a compris que c'est également en faire un emploi profitable que de le consacrer à la propagation de la doctrine. Quant à nous, nous avons déclaré dès le principe, et nous nous plaisons à le confirmer ici, que nous n'avons jamais entendu faire du *Livre des Esprits* l'objet d'une spéculation, les produits devant être appliqués à des choses d'utilité générale ; c'est pour cela que nous serons toujours reconnaissant envers ceux qui s'associeront de coeur, et par amour du bien, à l'oeuvre à laquelle nous nous sommes consacré.

ALLAN KARDEC.

---

[3] Rue Tiquetonne, 14.

REVUE SPIRITE

JOURNAL

D'ETUDES PSYCHOLOGIQUES

Février 1858

Différents ordres d'Esprits

Un point capital dans la doctrine spirite est celui des différences qui existent entre les Esprits sous le double rapport intellectuel et moral ; leur enseignement à cet égard n'a jamais varié ; mais il n'est pas moins essentiel de savoir qu'ils n'appartiennent pas perpétuellement au même ordre, et que, par conséquent, ces ordres ne constituent pas des *espèces distinctes :* ce sont différents degrés de développement. Les Esprits suivent la marche progressive de la nature ; ceux des ordres inférieurs sont encore imparfaits ; ils atteignent les degrés supérieurs après s'être épurés ; ils avancent dans la hiérarchie à mesure qu'ils acquièrent les qualités, l'expérience et les connaissances qui leur manquent. L'enfant au berceau ne ressemble pas à ce qu'il sera dans l'âge mûr, et pourtant c'est toujours le même être.

La classification des Esprits est basée sur le degré de leur avancement, sur les qualités qu'ils ont acquises, et sur les imperfections dont ils ont encore à se dépouiller. Cette classification, du reste, n'a rien d'absolu ; chaque catégorie ne présente un caractère tranché que dans son ensemble ; mais d'un degré à l'autre la transition est insensible, et, sur les limites, la nuance s'efface comme dans les règnes de la nature, comme dans les couleurs de l'arc-en-ciel, ou bien encore comme dans les différentes périodes de la vie de l'homme. On peut donc former un plus ou moins grand nombre de classes selon le point de vue sous lequel on considère la chose. Il en est ici comme dans tous les systèmes de classifications scientifiques ; ces systèmes peuvent être plus ou moins complets, plus ou moins rationnels, plus ou moins commodes pour l'intelligence, mais, quels qu'ils soient, ils ne changent rien au fond de la science. Les Esprits interrogés sur ce point ont donc pu varier dans le nombre des catégories, sans que cela tire à conséquence. On s'est armé de cette contradiction apparente, sans réfléchir qu'ils n'attachent aucune importance à ce qui est purement de convention ; pour eux la pensée est tout ; ils nous abandonnent la forme, le choix des termes, les classifications, en un mot les systèmes.

Ajoutons encore cette considération que l'on ne doit jamais perdre de vue, c'est que parmi les Esprits, aussi bien que parmi les hommes, il en est de fort ignorants, et qu'on ne saurait trop se mettre en garde contre la tendance à croire que tous doivent tout savoir parce qu'ils sont Esprits. Toute classification exige de la méthode, de l'analyse, et la connaissance approfondie du sujet. Or, dans le monde des Esprits, ceux qui ont des connaissances bornées sont, comme ici-bas les ignorants, inhabiles à embrasser un ensemble, à formuler un système ; ceux mêmes qui en sont capables peuvent varier dans les détails selon leur point de vue, surtout quand une division n'a rien d'absolu. Linnée, Jussieu, Tournefort, ont eu chacun leur méthode, et la botanique n'a pas changé pour cela ; c'est qu'ils n'ont inventé ni les plantes, ni leurs caractères ; ils ont observé les analogies d'après lesquelles ils ont formé les groupes ou classes. C'est ainsi que nous avons procédé ; nous n'avons inventé ni les Esprits ni leurs caractères ; nous avons vu et observé, nous les avons jugés à leurs paroles et à leurs actes, puis classés par similitudes ; c'est ce que chacun eût pu faire à notre place.

Nous ne pouvons cependant revendiquer la totalité de ce travail comme étant notre fait. Si le tableau que nous donnons ci-après n'a pas été textuellement tracé par les Esprits, et si nous en avons l'initiative, tous les éléments dont il se compose ont été puisés dans leurs enseignements ; il ne nous restait plus qu'à en formuler la disposition matérielle.

Les Esprits admettent généralement trois catégories principales ou trois grandes divisions. Dans la dernière, celle qui est au bas de l'échelle, sont les Esprits imparfaits qui ont encore tous ou presque tous les degrés à parcourir ; ils sont caractérisés par la prédominance de la matière sur l'Esprit et la propension au mal. Ceux de la seconde sont caractérisés par la prédominance de l'Esprit sur la matière et par le désir du bien : ce sont les bons Esprits. La première enfin comprend les Purs Esprits, ceux qui ont atteint le suprême degré de perfection.

Cette division nous semble parfaitement rationnelle et présenter des caractères bien tranchés ; il ne nous restait plus qu'à faire ressortir, par un nombre suffisant de subdivisions, les nuances principales de l'ensemble ; c'est ce que nous avons fait avec le concours des Esprits, dont les instructions bienveillantes ne nous ont jamais fait défaut.

A l'aide de ce tableau il sera facile de déterminer le rang et le degré de supériorité ou d'infériorité des Esprits avec lesquels nous pouvons entrer en rapport, et, par conséquent, le degré de confiance et d'estime qu'ils méritent. Il nous intéresse en outre personnellement, car, comme nous appartenons par notre âme au monde spirite dans lequel nous rentrons en quittant notre enveloppe mortelle, il nous montre ce qui nous reste à faire pour arriver à la perfection et au bien suprême. Nous ferons observer, toutefois, que les Esprits n'appartiennent pas toujours exclusivement à telle ou telle classe ; leur progrès ne s'accomplissant que graduellement, et souvent plus dans un sens que dans un autre, ils peuvent réunir les caractères de plusieurs catégories, ce qu'il est aisé d'apprécier à leur langage et à leurs actes.

Echelle spirite

TROISIEME ORDRE. - ESPRITS IMPARFAITS.

Caractères généraux. - Prédominance de la matière sur l'esprit. Propension au mal. Ignorance, orgueil, égoïsme, et toutes les mauvaises passions qui en sont la suite.

Ils ont l'intuition de Dieu, mais ils ne le comprennent pas.

Tous ne sont pas essentiellement mauvais ; chez quelques-uns il y a plus de légèreté, d'inconséquence et de malice que de véritable méchanceté. Les uns ne font ni bien ni mal ; mais par cela seul qu'ils ne font point de bien, ils dénotent leur infériorité. D'autres, au contraire, se plaisent au mal, et sont satisfaits quand ils trouvent l'occasion de le faire.

Ils peuvent allier l'intelligence à la méchanceté ou à la malice ; mais quel que soit leur développement intellectuel, leurs idées sont peu élevées et leurs sentiments plus ou moins abjects.

Leurs connaissances sur les choses du monde spirite sont bornées, et le peu qu'ils en savent se confond avec les idées et les préjugés de la vie corporelle. Ils ne peuvent nous en donner que des notions fausses et incomplètes ; mais l'observateur attentif trouve souvent dans leurs communications, même imparfaites, la confirmation des grandes vérités enseignées par les Esprits supérieurs.

Leur caractère se révèle par leur langage. Tout Esprit qui, dans ses communications, trahit une mauvaise pensée, peut être rangé dans le troisième ordre ; par conséquent toute mauvaise pensée qui nous est suggérée nous vient d'un Esprit de cet ordre.

Ils voient le bonheur des bons, et cette vue est pour eux un tourment incessant, car ils éprouvent toutes les angoisses que peuvent produire l'envie et la jalousie.

Ils conservent le souvenir et la perception des souffrances de la vie corporelle, et cette impression est souvent plus pénible que la réalité. Ils souffrent donc véritablement et des maux qu'ils ont endurés, et de ceux qu'ils ont fait endurer aux autres ; et comme ils souffrent longtemps, ils croient souffrir toujours ; Dieu, pour les punir, veut qu'ils le croient ainsi.

On peut les diviser en quatre groupes principaux.

Neuvième classe. ESPRITS IMPURS. - Ils sont enclins au mal et en font l'objet de leurs préoccupations. Comme Esprits, ils donnent des conseils perfides, soufflent la discorde et la défiance, et prennent tous les masques pour mieux tromper. Ils s'attachent aux caractères assez faibles pour céder à leurs suggestions afin de les pousser à leur perte, satisfaits de pouvoir retarder leur avancement en les faisant succomber dans les épreuves qu'ils subissent.

Dans les manifestations on les reconnaît à leur langage ; la trivialité et la grossièreté des expressions, chez les Esprits comme chez les hommes, est toujours un indice d'infériorité morale sinon intellectuelle. Leurs communications décèlent la bassesse de leurs inclinations, et s'ils veulent faire prendre le change en parlant d'une manière sensée, ils ne peuvent longtemps soutenir leur rôle et finissent toujours par trahir leur origine.

Certains peuples en ont fait des divinités malfaisantes, d'autres les désignent sous les noms de démons, mauvais génies, Esprits du mal.

Les êtres vivants qu'ils animent, quand ils sont incarnés, sont enclins à tous les vices qu'engendrent les passions viles et dégradantes : la sensualité, la cruauté, la fourberie, l'hypocrisie, la cupidité, l'avarice sordide.

Ils font le mal pour le plaisir de le faire, le plus souvent sans motifs, et par haine du bien ils choisissent presque toujours leurs victimes parmi les honnêtes gens. Ce sont des fléaux pour l'humanité, à quelque rang de la société qu'ils appartiennent, et le vernis de la civilisation ne les garantit pas de l'opprobre et de l'ignominie.

Huitième classe. ESPRITS LEGERS. - Ils sont ignorants, malins, inconséquents et moqueurs. Ils se mêlent de tout, répondent à tout, sans se soucier de la vérité. Ils se plaisent à causer de petites peines et de petites joies, à faire des tracasseries, à induire malicieusement en erreur par des mystifications et des espiègleries. A cette classe appartiennent les Esprits vulgairement désignés sous les noms de *follets, lutins, gnomes, farfadets.* Ils sont sous la dépendance des Esprits supérieurs, qui les emploient souvent comme nous le faisons des serviteurs et des manoeuvres.

Ils paraissent, plus que d'autres, attachés à la matière, et semblent être les agents principaux des vicissitudes des éléments du globe, soit qu'ils habitent l'air, l'eau, le feu, les corps durs ou les entrailles de la terre. Ils manifestent souvent leur présence par des effets sensibles, tels que les coups, le mouvement et le déplacement anormal des corps solides, l'agitation de l'air, etc., ce qui leur a fait donner le nom d'Esprits frappeurs ou perturbateurs. On reconnaît que ces phénomènes ne sont point dus à une cause fortuite et naturelle, quand ils ont un caractère intentionnel et intelligent. Tous les Esprits peuvent produire ces phénomènes, mais les Esprits élevés les laissent en général dans les attributions des Esprits inférieurs plus aptes aux choses matérielles qu'aux choses intelligentes.

Dans leurs communications avec les hommes, leur langage est quelquefois spirituel et facétieux, mais presque toujours sans profondeur ; ils saisissent les travers et les ridicules qu'ils expriment en traits mordants et satiriques. S'ils empruntent des noms supposés, c'est plus souvent par malice que par méchanceté.

Septième classe. ESPRITS FAUX-SAVANTS. - Leurs connaissances sont assez étendues, mais ils croient savoir plus qu'ils ne savent en réalité. Ayant accompli quelques progrès à divers points de vue, leur langage a un caractère sérieux qui peut donner le change sur leurs capacités et leurs lumières ; mais ce n'est le plus souvent qu'un reflet des préjugés et des idées systématiques de la vie terrestre ; c'est un mélange de quelques vérités à côté des erreurs les plus absurdes, au milieu desquelles percent la présomption, l'orgueil, la jalousie et l'entêtement dont ils n'ont pu se dépouiller.

Sixième classe. ESPRITS NEUTRES. - Ils ne sont ni assez bons pour faire le bien, ni assez mauvais pour faire le mal ; ils penchent autant vers l'un que vers l'autre, et ne s'élèvent pas au-dessus de la condition vulgaire de l'humanité tant pour le moral que pour l'intelligence. Ils tiennent aux choses de ce monde, dont ils regrettent les joies grossières.

SECOND ORDRE. - BONS ESPRITS.

Caractères généraux. - Prédominance de l'Esprit sur la matière ; désir du bien. Leurs qualités et leur pouvoir pour faire le bien sont en raison du degré auquel ils sont parvenus : les uns ont la science, les autres la sagesse et la bonté ; les plus avancés réunissent le savoir aux qualités morales. N'étant point encore complètement dématérialisés, ils conservent plus ou moins, selon leur rang, les traces de l'existence corporelle, soit dans la forme du langage, soit dans leurs habitudes où l'on retrouve même quelques-unes de leurs manies, autrement ils seraient Esprits parfaits.

Ils comprennent Dieu et l'infini, et jouissent déjà de la félicité des bons. Ils sont heureux du bien qu'ils font et du mal qu'ils empêchent. L'amour qui les unit est pour eux la source d'un bonheur ineffable que n'altèrent ni l'envie, ni les regrets, ni les remords, ni aucune des mauvaises passions qui font le tourment des Esprits imparfaits, mais tous ont encore des épreuves à subir jusqu'à ce qu'ils aient atteint la perfection absolue.

Comme Esprits, ils suscitent de bonnes pensées, détournent les hommes de la voie du mal, protègent dans la vie ceux qui s'en rendent dignes, et neutralisent l'influence des Esprits imparfaits chez ceux qui ne se complaisent pas à la subir.

Ceux en qui ils sont incarnés sont bons et bienveillants pour leurs semblables ; ils ne sont mus ni par l'orgueil, ni par l'égoïsme, ni par l'ambition ; ils n'éprouvent ni haine, ni rancune, ni envie, ni jalousie et font le bien pour le bien.

A cet ordre appartiennent les Esprits désignés dans les croyances vulgaires sous les noms de *bons génies, génies protecteurs, Esprits du bien*. Dans les temps de superstition et d'ignorance on en a fait des divinités bienfaisantes.

On peut également les diviser en quatre groupes principaux.

Cinquième classe. ESPRITS BIENVEILLANTS. - Leur qualité dominante est la bonté ; ils se plaisent à rendre service aux hommes et à les protéger, mais leur savoir est borné : leur progrès s'est plus accompli dans le sens moral que dans le sens intellectuel.

Quatrième classe. ESPRITS SAVANTS. - Ce qui les distingue spécialement, c'est l'étendue de leurs connaissances. Ils se préoccupent moins des questions morales que des questions scientifiques, pour lesquelles ils ont plus d'aptitude ; mais ils n'envisagent la science qu'au point de vue de l'utilité, et n'y mêlent aucune des passions qui sont le propre des Esprits imparfaits.

Troisième classe. ESPRITS SAGES. - Les qualités morales de l'ordre le plus élevé forment leur caractère distinctif. Sans avoir des connaissances illimitées, ils sont doués d'une capacité intellectuelle qui leur donne un jugement sain sur les hommes et sur les choses.

Deuxième classe. ESPRITS SUPERIEURS. - Ils réunissent la science, la sagesse et la bonté. Leur langage ne respire que la bienveillance ; il est constamment digne, élevé, souvent sublime. Leur supériorité les rend plus que les autres aptes à nous donner les notions les plus justes sur les choses du monde incorporel dans les limites de ce qu'il est permis à l'homme de connaître. Ils se communiquent volontiers à ceux qui cherchent la vérité de bonne foi, et dont l'âme est assez dégagée des liens terrestres pour la comprendre, mais ils s'éloignent de ceux qu'anime la seule curiosité, ou que l'influence de la matière détourne de la pratique du bien.

Lorsque, par exception, ils s'incarnent sur la terre, c'est pour y accomplir une mission de progrès, et ils nous offrent alors le type de la perfection à laquelle l'humanité peut aspirer ici-bas.

PREMIER ORDRE. - PURS ESPRITS.

Caractères généraux. - Influence de la matière nulle. Supériorité intellectuelle et morale absolue par rapport aux Esprits des autres ordres.

Première classe. Classe unique. - Ils ont parcouru tous les degrés de l'échelle et dépouillé toutes les impuretés de la matière. Ayant atteint la somme de perfection dont est susceptible la créature, ils n'ont plus à subir ni épreuves, ni expiations. N'étant plus sujets à la réincarnation dans des corps périssables, c'est pour eux la vie éternelle qu'ils accomplissent dans le sein de Dieu.

Ils jouissent d'un bonheur inaltérable, parce qu'ils ne sont sujets ni aux besoins, ni aux vicissitudes de la vie matérielle ; mais ce bonheur n'est point celui d'une *oisiveté monotone passée dans une contemplation perpétuelle.* Ils sont les messagers et les ministres de Dieu dont ils exécutent les ordres pour le maintien de l'harmonie universelle. Ils commandent à tous les Esprits qui leur sont inférieurs, les aident à se perfectionner et leur assignent leur mission. Assister les hommes dans leur détresse, les exciter au bien ou à l'expiation des fautes qui les éloignent de la félicité suprême, est pour eux une douce occupation. On les désigne quelquefois sous les noms d'anges, archanges ou séraphins.

Les hommes peuvent entrer en communication avec eux, mais bien présomptueux serait celui qui prétendrait les avoir constamment à ses ordres.

ESPRITS ERRANTS OU INCARNES.

Sous le rapport des qualités intimes, les Esprits sont de différents ordres qu'ils parcourent successivement à mesure qu'ils s'épurent. Comme *état*, ils peuvent être *incarnés*, c'est-à-dire unis à un corps, dans un monde quelconque ; ou *errants*, c'est-à-dire dégagés du corps matériel et attendant une nouvelle incantation pour s'améliorer.

Les Esprits *errants* ne forment point une catégorie spéciale ; c'est un des états dans lesquels ils peuvent se trouver.

L'état *errant* ou *erraticité* ne constitue point une infériorité pour les Esprits, puisqu'il peut y en avoir de tous les degrés. Tout Esprit qui n'est pas incarné est, par cela même, *errant*, à l'exception des *Purs Esprits* qui, n'ayant plus d'incarnation à subir, sont dans leur état définitif.

L'incarnation n'étant qu'un état transitoire, l'*erraticité* est en réalité l'état normal des esprits, et cet état n'est point forcément une expiation pour eux ; ils y sont heureux ou malheureux selon le degré de leur élévation, et selon le bien ou le mal qu'ils ont fait.

Le revenant de mademoiselle Clairon[4]

Cette histoire fit beaucoup de bruit dans le temps, et par la position de l'héroïne, et par le grand nombre de personnes qui en furent témoins. Malgré sa singularité, elle serait probablement oubliée, si mademoiselle Clairon ne l'eût consignée dans ses Mémoires, d'où nous extrayons le récit que nous allons en faire. L'analogie qu'elle présente avec quelques-uns des faits qui se passent de nos jours lui donne une place naturelle dans ce Recueil.

Mademoiselle Clairon, comme on le sait, était aussi remarquable par sa beauté que par son talent comme cantatrice et tragédienne ; elle avait inspiré à un jeune Breton, M. de S..., une de ces passions qui décident souvent de la vie, lorsqu'on n'a pas assez de force de caractère pour en triompher. Mademoiselle Clairon n'y répondit que par de l'amitié ; toutefois les assiduités de M. de S... lui devinrent tellement importunes qu'elle résolut de rompre tout rapport avec lui. Le chagrin qu'il en ressentit lui causa une longue maladie dont il mourut. La chose se passait en 1743. Laissons parler mademoiselle Clairon.

« Deux ans et demi s'étaient écoulés entre notre connaissance et sa mort. Il me fit prier d'accorder, à ses derniers moments, la douceur de me voir encore ; mes entours m'empêchèrent de faire cette démarche. Il mourut, n'ayant auprès de lui que ses domestiques et une vieille dame, seule société qu'il eût depuis longtemps. Il logeait alors sur le Rempart, près la Chaussée d'Antin, où l'on commençait à bâtir ; moi, rue de Bussy, près la rue de Seine et l'abbaye Saint-Germain. J'avais ma mère, et plusieurs amis venaient souper avec moi... Je venais de chanter de fort jolies moutonnades, dont mes amis étaient dans le ravissement, lorsque au coup de onze heures succéda le cri le plus aigu. Sa sombre modulation et sa longueur étonnèrent tout le monde ; je me sentis défaillir, et je fus près d'un quart d'heure sans connaissance...

« Tous mes gens, mes amis, mes voisins, la police même, ont entendu ce même cri, toujours à la même heure, toujours partant sous mes fenêtres, et ne paraissant sortir que du vague de l'air... Je soupais rarement en ville, mais les jours où j'y soupais, l'on n'entendait rien, et plusieurs fois, demandant de ses nouvelles à ma mère, à mes gens, lorsque je rentrais dans ma chambre, il partait au milieu de nous. Une fois, le président de B..., chez lequel j'avais soupé, voulut me reconduire pour s'assurer qu'il ne m'était rien arrivé en chemin. Comme il me souhaitait le bonsoir à ma porte, le cri partit entre lui et moi. Ainsi que tout Paris, il savait cette histoire : cependant on le remit dans son carrosse plus mort que vivant.

« Une autre fois je priai mon camarade Rosely de m'accompagner rue Saint-Honoré pour choisir des étoffes. L'unique sujet de notre entretien fut mon revenant (c'est ainsi qu'on l'appelait). Ce jeune homme, plein d'esprit, ne croyant à rien, était cependant frappé de mon aventure ; il me pressait d'évoquer le fantôme, en me promettant d'y croire s'il me répondait. Soit par faiblesse, soit par audace, je fis ce qu'il me demandait : le cri partit à trois reprises, terribles par leur éclat et leur rapidité. A notre retour, il fallut le secours de

---

[4] Mademoiselle Clairon, née en 1723, mourut en 1803. Elle débuta dans la troupe italienne à l'âge de 13 ans, et à la Comédie française en 1743. Elle se retira du théâtre en 1765, à l'âge de 42 ans.

toute la maison pour nous tirer du carrosse où nous étions sans connaissance l'un et l'autre. Après cette scène je restai quelques mois sans rien entendre. Je me croyais à jamais quitte, je me trompais.

« Tous les spectacles avaient été mandés à Versailles pour le mariage du Dauphin. On m'avait arrangé, dans l'avenue de Saint-Cloud, une chambre que j'occupais avec madame Grandval. A trois heures du matin, je lui dis : Nous sommes au bout du monde ; le cri serait bien embarrassé d'avoir à nous chercher ici... Il partit ! Madame Grandval crut que l'enfer entier était dans la chambre ; elle courut en chemise du haut en bas de la maison, où personne ne put fermer l'oeil de la nuit ; mais ce fut au moins la dernière fois qu'il se fit entendre.

« Sept ou huit jours après, causant avec ma société ordinaire, la cloche de onze heures fut suivie d'un coup de fusil tiré dans une de mes fenêtres. Tous nous entendimes le coup ; tous nous vîmes le feu ; la fenêtre n'avait aucune espèce de dommage. Nous conclûmes tous qu'on en voulait à ma vie, qu'on m'avait manquée, et qu'il fallait prendre des précautions pour l'avenir. M. de Marville, alors lieutenant de police, fit visiter les maisons vis-à-vis la mienne ; la rue fut remplie de tous les espions possibles ; mais, quelques soins que l'on prit, ce coup, pendant trois mois entiers, fut entendu, vu, frappant toujours à la même heure, dans le même carreau de vitre, sans que personne ait jamais pu voir de quel endroit il partait. Ce fait a été constaté sur les registres de la police.

« Accoutumée à mon revenant, que je trouvais assez bon diable, puisqu'il s'en tenait à des tours de passe-passe, ne prenant pas garde à l'heure qu'il était, ayant fort chaud, j'ouvris la fenêtre consacrée, et l'intendant et moi nous appuyâmes sur le balcon. Onze heures sonnent, le coup part, et nous jette tous les deux au milieu de la chambre, où nous tombons comme morts. Revenus à nous-mêmes, sentant que nous n'avions rien, nous regardant, nous avouant que nous avions reçu, lui sur la joue gauche, moi sur la joue droite, le plus terrible soufflet qui se soit jamais appliqué, nous nous mîmes à rire comme deux fous.

« Le surlendemain, priée par mademoiselle Dumesnil d'être d'une petite fête nocturne qu'elle donnait à sa maison de la barrière Blanche, je montai en fiacre à onze heures avec ma femme de chambre. Il faisait le plus beau clair de lune, et l'on nous conduisit par les boulevards qui commençaient à se garnir de maisons. Ma femme de chambre me dit : N'est-ce pas ici qu'est mort M. de S...? - D'après les renseignements qu'on m'a donnés, ce doit être, lui dis-je, en les désignant avec mon doigt, dans l'une des deux maisons que voilà devant nous. D'une des deux partit ce même coup de fusil qui me poursuivait : il traversa notre voiture ; le cocher doubla son train, se croyant attaqué par des voleurs. Nous, nous arrivâmes au rendez-vous, ayant à peine repris nos sens, et, pour ma part, pénétrée d'une terreur que j'ai gardée longtemps, je l'avoue ; mais cet exploit fut le dernier des armes à feu.

« A leur explosion succéda un claquement de mains, ayant une certaine mesure et des redoublements. Ce bruit, auquel les bontés du public m'avaient accoutumée, ne me laissa faire aucune remarque pendant longtemps ; mes amis en firent pour moi. Nous avons guetté, me dirent-ils ; c'est à onze heures, presque sous votre porte, qu'il se fait ; nous l'entendons, nous ne voyons personne ; ce ne peut être qu'une suite de ce que vous avez éprouvé. Comme ce bruit n'avait rien de terrible, je ne conservai point la date de sa durée. Je ne fis pas plus d'attention aux sons mélodieux qui se firent entendre après ; il semblait qu'une voix céleste donnait le canevas de l'air noble et touchant qu'elle allait chanter ; cette voix commençait au carrefour de Bussy et finissait à ma porte ; et, comme il en avait été de tous les sons précédents, on entendait et l'on ne voyait rien. Enfin, tout cessa après un peu plus de deux ans et demi. »

A quelque temps de là, mademoiselle Clairon apprit de la dame âgée qui était restée l'amie dévouée de M. de S..., le récit de ses derniers moments.

« Il comptait, lui dit-elle, toutes les minutes, lorsqu'à dix heures et demie son laquais vint lui dire que, décidément, vous ne viendriez pas. Après un moment de silence, il me prit la main avec un redoublement de désespoir qui m'effraya. *La barbare !... elle n'y gagnera rien ; je la poursuivrai autant après ma mort que je l'ai poursuivie pendant ma vie !...* Je voulus tâcher de le calmer ; il n'était plus. »

Dans l'édition que nous avons sous les yeux, ce récit est précédé de la note suivante sans signature :

« Voici une anecdote bien singulière dont on a porté et dont on portera sans doute bien des jugements différents. On aime le merveilleux, même sans y croire : mademoiselle Clairon paraît convaincue de la réalité des faits qu'elle raconte. Nous nous contenterons de remarquer que dans le temps où elle fut, ou se crut tourmentée par son revenant, elle avait de vingt-deux ans et demi à vingt-cinq ans ; que c'est l'âge de l'imagination, et que cette faculté était continuellement exercée et exaltée en elle par le genre de vie qu'elle menait au théâtre et hors du théâtre. On peut se rappeler encore qu'elle a dit, au commencement de ses Mémoires, que, dans son enfance, on ne l'entretenait que d'aventures de revenants et de sorciers, qu'on lui disait être des histoires véritables. »

Ne connaissant le fait que par le récit de mademoiselle Clairon, nous ne pouvons en juger que par induction ; or, voici notre raisonnement. Cet événement décrit dans ses plus minutieux détails par mademoiselle Clairon elle-même, a plus d'authenticité que s'il eût été rapporté par un tiers. Ajoutons que lorsqu'elle a écrit la lettre dans laquelle il se trouve relaté, elle avait environ soixante ans et passé l'âge de la crédulité dont parle l'auteur de la note. Cet auteur ne révoque pas en doute la bonne foi de mademoiselle Clairon sur son aventure, seulement il pense qu'elle a pu être le jouet d'une illusion. Qu'elle l'ait été une fois, cela n'aurait rien d'étonnant, mais qu'elle l'ait été pendant deux ans et demi, cela nous paraît plus difficile ; il nous paraît plus difficile encore de supposer que cette illusion ait été partagée par tant de personnes, témoins oculaires et auriculaires des faits, et par la police elle-même. Pour nous, qui connaissons ce qui peut se passer dans les manifestations spirites, l'aventure n'a rien qui puisse nous surprendre, et nous la tenons pour *probable.* Dans cette hypothèse, nous n'hésitons pas à penser que l'auteur de tous ces mauvais tours n'était autre que l'âme ou l'esprit de M. de S..., si nous remarquons surtout la coïncidence de ses dernières paroles avec la durée des phénomènes. Il avait dit : Je la poursuivrai autant après ma mort que pendant ma vie. Or, ses rapports avec mademoiselle Clairon avaient duré deux ans et demi, juste autant de temps que les manifestations qui suivirent sa mort.

Quelques mots encore sur la nature de cet Esprit. Il n'était pas méchant, et c'est avec raison que mademoiselle Clairon le qualifie d'assez bon diable ; mais on ne peut pas dire non plus qu'il fût la bonté même. La passion violente à laquelle il a succombé, comme homme, prouve que chez lui les idées terrestres étaient dominantes. Les traces profondes de cette passion, qui survit à la destruction du corps, prouvent que, comme Esprit, il était encore sous l'influence de la matière. Sa vengeance, tout inoffensive qu'elle était, dénote des sentiments peu élevés. Si donc on veut bien se reporter à notre tableau de la classification des Esprits, il ne sera pas difficile de lui assigner son rang ; l'absence de méchanceté réelle l'écarte naturellement de la dernière classe, celle des Esprits impurs ; mais il tenait évidemment des autres classes du même ordre ; rien chez lui ne pourrait justifier un rang supérieur.

Une chose digne de remarque, c'est la succession des différents modes par lesquels il a manifesté sa présence. C'est le jour même et au moment de sa mort qu'il se fait entendre pour la première fois, et cela au milieu d'un joyeux souper. De son vivant, il voyait mademoiselle Clairon par la pensée, entourée de l'auréole que prête l'imagination à l'objet d'une passion ardente ; mais une fois l'âme débarrassée de son voile matériel, l'illusion fait place à la réalité. Il est là, à ses côtés, il la voit entourée d'*amis*, tout devait exciter sa jalousie ; elle semble, par sa gaîté et par ses chants, insulter à son désespoir, et son désespoir se traduit par un cri de rage qu'il répète chaque jour à la même heure, comme pour lui reprocher son refus d'avoir été le consoler à ses derniers moments. Aux cris succèdent des coups de fusil, inoffensifs, il est vrai, mais qui n'en dénotent pas moins une rage impuissante et l'envie de troubler son repos. Plus lard, son désespoir prend un caractère plus calme ; revenu sans doute à des idées plus saines, il semble avoir pris son parti ; il lui reste le souvenir des applaudissements dont elle était l'objet, et il les répète. Plus tard enfin, il lui dit adieu en faisant entendre des sons qui semblaient comme l'écho de cette voix mélodieuse qui l'avait tant charmé de son vivant.

Isolement des corps graves

Le mouvement imprimé aux corps inertes par la volonté est aujourd'hui tellement connu qu'il y aurait presque de la puérilité à rapporter des faits de ce genre ; il n'en est pas de même lorsque ce mouvement est accompagné de certains phénomènes moins vulgaires, tels que celui, par exemple, de la suspension dans l'espace. Bien que les annales du Spiritisme en citent de nombreux exemples, ce phénomène présente une telle dérogation aux lois de la gravitation que le doute paraît très naturel pour quiconque n'en a pas été témoin. Nous-même, nous l'avouons, tout habitué que nous sommes aux choses extraordinaires, avons été bien aise de pouvoir en constater la réalité. Le fait que nous allons rapporter s'est passé plusieurs fois sous nos yeux dans les réunions qui avaient lieu jadis chez M. B***, rue Lamartine, et nous savons qu'il s'est maintes fois produit ailleurs ; nous pouvons donc le certifier comme incontestable. Voici comment les choses se passaient.

Huit ou dix personnes, parmi lesquelles il s'en trouvait de douées d'une puissance spéciale, sans être toutefois des médiums reconnus, se plaçaient autour d'une table de salon lourde et massive, les mains posées sur le bord et toutes unies d'intention et de volonté. Au bout d'un temps plus ou moins long, dix minutes ou un quart d'heure, selon que les dispositions ambiantes étaient plus ou moins favorables, la table, malgré son poids de près de 100 kilos, se mettait en mouvement, glissait à droite ou à gauche sur le parquet, se transportait dans les diverses parties désignées du salon, puis se soulevant, tantôt sur un pied, tantôt sur un autre, jusqu'à former un angle de 45°, se balançait avec rapidité, imitant le tangage et le roulis d'un navire. Si, dans cette position, les assistants redoublaient d'efforts par leur volonté, la table se détachait entièrement du sol, à 10 ou 20 centimètres d'élévation, se soutenait ainsi dans l'espace sans aucun point d'appui, pendant quelques secondes, puis retombait de tout son poids.

Le mouvement de la table, son soulèvement sur un pied, son balancement, se produisaient à peu près à volonté, souvent plusieurs fois dans la soirée, et souvent aussi sans aucun contact des mains ; la volonté seule suffisait pour que la table se dirigeât du côté indiqué. L'isolement complet était plus difficile à obtenir, mais il a été répété assez souvent pour qu'on ne pût le regarder comme un fait exceptionnel. Or ceci ne se passait point en présence d'adeptes seuls qu'on pourrait croire trop accessibles à l'illusion, mais devant vingt ou trente personnes, parmi lesquelles il s'en trouvait quelquefois de fort peu sympathiques qui ne manquaient pas de supposer quelque préparation secrète, sans égard pour les maîtres de la maison, dont le caractère honorable devait éloigner tout soupçon de supercherie, et pour qui d'ailleurs c'eût été un singulier plaisir de passer toutes les semaines plusieurs heures à mystifier une assemblée sans profit.

Nous avons rapporté le fait dans toute sa simplicité, sans restriction ni exagération. Nous ne dirons donc pas que nous avons vu la table voltiger en l'air comme une plume ; mais tel qu'il est, ce fait n'en démontre pas moins la possibilité de l'isolement des corps graves sans point d'appui, au moyen d'une puissance jusqu'alors inconnue. Nous ne dirons pas non plus qu'il suffisait d'étendre la main ou de faire un signe quelconque, pour qu'à l'instant la table se mût et s'enlevât comme par enchantement.

Nous dirons, au contraire, pour être dans le vrai, que les premiers mouvements s'opéraient toujours avec une certaine lenteur, et n'acquéraient que graduellement leur maximum d'intensité. Le soulèvement complet n'avait lieu qu'après plusieurs mouvements préparatoires qui étaient comme des essais et une sorte d'élan. La puissance agissante semblait redoubler d'efforts par les encouragements des assistants, comme un homme ou un cheval qui accomplit une lourde tâche, et que l'on excite de la voix et du geste. L'effet une fois produit, tout retombait dans le calme, et de quelques instants on n'obtenait rien, comme si cette même puissance avait eu besoin de reprendre haleine.

Nous aurons souvent occasion de citer des phénomènes de ce genre, soit spontanés, soit provoqués, et accomplis dans des proportions et avec des circonstances bien autrement extraordinaires ; mais lorsque nous en aurons été témoin, nous les rapporterons toujours de manière à éviter toute interprétation fausse ou exagérée. Si dans le fait raconté plus haut, nous nous fussions contenté de dire que nous avons vu une table de 100 kilos s'enlever au seul contact des mains, nul doute que beaucoup de gens se soient figurés qu'elle s'était enlevée jusqu'au plafond et avec la rapidité d'un changement à vue. C'est ainsi que les choses les plus simples deviennent des prodiges par les proportions que leur prête l'imagination. Que doit-ce être quand les faits ont traversé les siècles et passé par la bouche des poètes ! Si l'on disait que la superstition est la fille de la réalité, on aurait l'air d'avancer un paradoxe, et pourtant rien n'est plus vrai ; il n'y a pas de superstition qui ne repose sur un fond réel ; le tout est de discerner où finit l'un et où commence l'autre. Le véritable moyen de combattre les superstitions n'est pas de les contester d'une manière absolue ; dans l'esprit de certaines gens il est des idées qu'on ne déracine pas facilement, parce qu'ils ont toujours des faits à citer à l'appui de leur opinion ; c'est au contraire de montrer ce qu'il y a de réel ; alors il ne reste que l'exagération ridicule dont le bon sens fait justice.

La forêt de Dodone et la statue de Memnon

Pour arriver à la forêt de Dodone, passons par la rue Lamartine, et arrêtons-nous un instant chez M. B*** où nous avons vu un meuble docile nous poser un nouveau problème de statique.

Les assistants en nombre quelconque sont placés autour de la table en question, dans un ordre également quelconque, car il n'y a ici ni nombres ni places cabalistiques ; ils ont les mains posées sur le bord ; ils font, soit mentalement, soit à haute voix, appel aux Esprits qui ont l'habitude de se rendre à leur invitation. On connaît notre opinion sur ce genre d'Esprits, c'est pourquoi nous les traitons un peu sans cérémonie. Quatre ou cinq minutes sont à peine écoulées qu'un bruit clair de *toc*, *toc*, se fait entendre dans la table, souvent assez fort pour être entendu de la pièce voisine, et se répète aussi longtemps et aussi souvent qu'on le désire. La vibration se fait sentir dans les doigts, et en appliquant l'oreille contre la table, on reconnaît, à ne pas s'y méprendre, que le bruit a sa source dans la substance même du bois, car toute la table vibre depuis les pieds jusqu'à la surface.

Quelle est la cause de ce bruit ? Est-ce le bois qui travaille, ou bien est-ce, comme on dit, un Esprit ? Ecartons d'abord toute idée de supercherie ; nous sommes chez des gens trop sérieux et de trop bonne compagnie pour s'amuser aux dépens de ceux qu'ils veulent bien admettre chez eux ; d'ailleurs cette maison n'est point privilégiée ; les mêmes faits se produisent dans cent autres tout aussi honorables. Permettez-nous, en attendant la réponse, une petite digression.

Un jeune candidat bachelier était dans sa chambre occupé à repasser son examen de rhétorique ; on frappe à sa porte. Vous admettrez bien, je pense, qu'on petit distinguer à la nature du bruit, et surtout à sa répétition, s'il est causé par un craquement du bois, l'agitation du vent ou toute autre cause fortuite, ou bien si c'est quelqu'un qui frappe pour demander à entrer. Dans ce dernier cas le bruit a un caractère intentionnel auquel on ne peut se méprendre ; c'est ce que se dit notre écolier. Cependant, pour ne pas se déranger inutilement, il voulut s'en assurer en mettant le visiteur à l'épreuve. Si c'est quelqu'un, dit-il, frappez un, deux, trois, quatre, cinq, six coups ; frappez en haut, en bas, à droite, à gauche ; battez la mesure ; battez le rappel, etc., et à chacun de ces commandements le bruit obéit avec la plus parfaite ponctualité. Assurément, pensa-t-il, ce ne peut être ni le jeu du bois, ni le vent, ni même un chat, quelque intelligent qu'on le suppose. Voici un fait, voyons à quelle conséquence nous conduiront les arguments syllogistiques. Il fit alors le raisonnement, suivant : J'entends du bruit, donc c'est quelque chose qui le produit ; ce bruit obéit à mon commandement, donc la cause qui le produit me comprend ; or, ce qui comprend a de l'intelligence, donc la cause de ce bruit est intelligente. Si elle est intelligente, ce n'est ni le bois ni le vent ; si ce n'est ni le bois ni le vent, c'est donc quelqu'un. Là-dessus il alla ouvrir la porte. On voit qu'il n'est pas besoin d'être docteur pour tirer cette conclusion, et nous croyons notre apprenti bachelier assez ferré sur ses principes pour tirer la suivante. Supposons qu'en allant ouvrir la porte il ne trouve personne, et que le bruit n'en continue pas moins exactement de la même manière ; il poursuivra son sorite : « Je viens de me prouver sans réplique que le bruit est produit par un être intelligent, puisqu'il répond à ma pensée. J'entends toujours ce bruit devant moi, et il est certain que ce n'est pas moi qui frappe, donc c'est un autre ; or cet autre, je ne le vois pas : donc il est invisible. Les êtres corporels appartenant à l'humanité sont parfaitement visibles ; or celui qui frappe, étant invisible, n'est pas un être corporel humain. Or, puisque nous appelons Esprits les êtres incorporels, celui qui frappe n'étant pas un être corporel, est donc un Esprit. »

Nous croyons les conclusions de notre écolier rigoureusement logiques ; seulement ce que nous avons donné comme une supposition est une réalité, en ce qui concerne les expériences qui se faisaient chez M. B***. Nous ajouterons qu'il n'était pas besoin de l'imposition des mains, tous les phénomènes se produisant également bien alors que la table était isolée de tout contact. Ainsi, suivant le désir exprimé, les coups étaient frappés dans la table, dans la muraille, dans la porte, et à la place désignée verbalement ou mentalement ; ils indiquaient l'heure, le nombre de personnes présentes ; ils battaient la charge, le rappel, le rythme d'un air connu ; ils imitaient le travail du tonnelier, le grincement de la scie, l'écho, les feux de file ou de pelotons et bien d'autres effets trop longs à décrire. On nous a dit avoir entendu dans certains cercles imiter le sifflement du vent, le bruissement des feuilles, le roulement du tonnerre, le clapotement des vagues, ce qui n'a rien de plus surprenant. L'intelligence de la cause devenait patente quand, au moyen de ces mêmes coups, on obtenait des réponses catégoriques à certaines questions ; or c'est cette cause intelligente que nous nommons, ou pour mieux dire qui s'est nommée elle-même *Esprit*. Quand cet Esprit voulait faire une communication plus développée, il indiquait par un signe particulier qu'il voulait écrire ; alors le médium écrivain prenait le crayon, et transmettait sa pensée par écrit.

Parmi les assistants, nous ne parlons pas de ceux qui étaient autour de la table, mais de toutes les personnes qui remplissaient le salon, il y avait des incrédules pur sang, des demi-croyants et des adeptes fervents, mélange peu favorable, comme on le sait. Les premiers, nous les laisserions volontiers, attendant que la lumière se fasse pour eux. Nous respectons toutes les croyances, même l'incrédulité qui est aussi une sorte de croyance lorsqu'elle se respecte assez elle-même pour ne pas froisser les opinions contraires. Nous n'en parlerions donc pas s'ils ne devaient nous fournir une observation qui n'est pas sans utilité. Leur raisonnement, beaucoup moins prolixe que celui de notre écolier, se résume généralement ainsi : Je ne crois pas aux Esprits, donc ce ne doit pas être des Esprits. Puisque ce ne sont pas des Esprits, ce doit être une jonglerie. Cette conclusion les mène naturellement à supposer que la table est machinée à la façon de Robert Houdin. A cela notre réponse est bien simple : c'est d'abord qu'il faudrait que toutes les tables et tous les meubles fussent machinés, puisqu'il n'y en a pas de privilégiés ; seulement, nous ne connaissons pas de mécanisme assez ingénieux pour produire *à volonté* tous les effets que nous avons décrits ; troisièmement, il faudrait que M. B*** eût fait machiner les murailles et les portes de son appartement, ce qui n'est guère probable ; quatrièmement, enfin, il faudrait qu'on eût fait machiner de même les tables, les portes et les murailles de toutes les maisons où de semblables phénomènes se produisent journellement, ce qui n'est pas plus présumable, car on connaîtrait l'habile constructeur de tant de merveilles.

Les demi-croyants admettent tous les phénomènes, mais ils sont indécis sur la cause. Nous les renvoyons aux arguments de notre futur bachelier.

Les croyants présentaient trois nuances bien caractérisées : ceux qui ne voyaient dans ces expériences qu'un amusement et un passe-temps, et dont l'admiration se traduisait par ces mots ou leurs analogues : C'est étonnant ! c'est singulier ! c'est bien drôle ! mais qui n'allaient pas au-delà. Il y avait ensuite les gens sérieux, instruits, observateurs, auxquels nul détail n'échappait et pour qui les moindres choses étaient des sujets d'étude. Venaient ensuite les ultra-croyants, si nous pouvons nous exprimer ainsi, ou pour mieux dire, les croyants aveugles, ceux auxquels on peut reprocher un excès de crédulité ; dont la foi non suffisamment éclairée leur donne une telle confiance dans les Esprits, qu'ils leur prêtent toutes les connaissances et surtout la *prescience* ; aussi était-ce de la meilleure foi du monde qu'ils demandaient des nouvelles de toutes leurs affaires, sans songer qu'ils en auraient su tout autant pour deux sous auprès du premier diseur de bonne aventure. Pour eux, la table parlante n'est pas un objet d'étude et d'observation, c'est un *oracle*. Elle n'a contre elle que sa forme triviale et ses usages trop vulgaires, mais que le bois dont elle est faite, au lieu d'être façonné pour les besoins domestiques, soit sur pied, vous aurez un *arbre parlant* ; qu'il soit taillé en statue, vous aurez une *idole* devant laquelle les peuples crédules viendront se prosterner.

Maintenant franchissons les mers et vingt-cinq siècles, et transportons-nous au pied du mont Tomarus en Epire, nous y trouverons la forêt sacrée dont les chênes rendaient des oracles ; ajoutez-y le prestige du culte et la pompe des cérémonies religieuses, et vous vous expliquerez facilement la vénération d'un peuple ignorant et crédule qui ne pouvait voir la réalité à travers tant de moyens de fascination.

Le bois n'est pas la seule substance qui puisse servir de *véhicule* à la manifestation des Esprits frappeurs. Nous les avons vus se produire dans une muraille, par conséquent dans la pierre. Nous avons donc aussi des *pierres parlantes*. Que ces pierres représentent un personnage sacré, nous aurons la statue de Memnon, ou celle de Jupiter Ammon rendant des oracles comme les arbres de Dodone.

L'histoire, il est vrai, ne nous dit pas que ces oracles étaient rendus par des coups frappés, comme nous le voyons de nos jours. C'était, dans la forêt de Dodone, par le sifflement du vent à travers les arbres, par le bruissement des feuilles, ou le murmure de la fontaine qui jaillissait au pied du chêne consacré à Jupiter. La statue de Memnon rendait, dit-on, des sons mélodieux, aux premiers rayons du soleil. Mais l'histoire nous dit aussi, comme nous aurons occasion de le démontrer, que les anciens connaissaient parfaitement les phénomènes attribués aux Esprits frappeurs. Nul doute que ce ne soit là le principe de leur croyance à l'existence d'êtres animés dans les arbres, les pierres, les eaux, etc. Mais dès que ce genre de manifestation fut exploité, les coups ne suffisaient plus ; les visiteurs étaient trop nombreux pour qu'on pût leur donner à chacun une séance particulière ; c'eût été d'ailleurs, chose trop simple ; il fallait le prestige, et du moment qu'ils enrichissaient le temple par leurs offrandes, il fallait bien leur en donner pour leur argent. L'essentiel était que l'objet fût regardé comme sacré et habité par une divinité ; on pouvait dès lors lui faire dire tout ce qu'on voulait sans prendre tant de précautions.

Les prêtres de Memnon usaient, dit-on, de supercherie ; la statue était creuse, et les sons qu'elle rendait étaient produits par quelque moyen acoustique. Cela est possible et même probable. Les Esprits, même les simples frappeurs, qui sont en général moins scrupuleux que les autres, ne sont pas toujours, comme nous l'avons dit, à la disposition du premier venu ; ils ont leur volonté, leurs occupations, leurs susceptibilités, et ni les uns ni les autres n'aiment à être exploités par la cupidité. Quel discrédit pour les prêtres s'ils n'avaient pu faire parler à propos leur idole ! Il fallait bien suppléer à son silence, et au besoin donner un coup de main ; d'ailleurs il était bien plus commode de ne pas se donner tant de peine, et l'on pouvait formuler la réponse selon les circonstances. Ce que nous voyons de nos jours n'en prouve pas moins que les croyances anciennes avaient pour principe la connaissance des manifestations spirites, et c'est avec raison que nous avons dit que le Spiritisme moderne est le réveil de l'antiquité, mais de l'antiquité éclairée par les lumières de la civilisation et de la réalité.

L'avarice

Dissertation morale dictée par saint Louis à Mlle Ermance Dufaux.

6 janvier 1858.

1.

Toi qui possèdes, écoute-moi. Un jour deux fils d'un même père reçurent chacun un boisseau de blé. L'aîné serra le sien dans un lieu dérobé ; l'autre rencontra sur son chemin un pauvre qui demandait l'aumône ; il courut à lui, et versa dans le pan de son manteau la moitié du blé qui lui était échue, puis il continua sa route, et s'en alla semer le reste dans le champ paternel.

Or vers ce temps-là il vint une grande famine, les oiseaux du ciel mouraient sur le bord du chemin. Le frère aîné courut à sa cachette, mais il n'y trouva que poussière ; le cadet s'en allait tristement contempler son blé séché sur pied, lorsqu'il rencontra le pauvre qu'il avait assisté. Frère, lui dit le mendiant, j'allais mourir, tu m'as secouru ; maintenant que l'espérance est séchée dans ton coeur, suis-moi. Ton demi-boisseau a quintuplé entre mes mains ; j'apaiserai ta faim et tu vivras dans l'abondance.

2.

Ecoute-moi, avare ! connais-tu le bonheur ? oui, n'est-ce pas ! Ton oeil brille d'un sombre éclat dans ton orbite que l'avarice a creusé plus profondément ; tes lèvres se serrent ; ta narine frémit et ton oreille se dresse. Oui, j'entends, c'est le bruit de l'or que ta main caresse en le versant dans la cachette. Tu dis : C'est là la volupté suprême. Silence ! on vient. Ferme vite. Bien ! que tu es pâle ! ton corps frissonne. Rassure-toi ; les pas s'éloignent. Ouvre ; regarde encore ton or. Ouvre ; ne tremble pas ; tu es bien seul.

Entends-tu ! non, rien ; c'est le vent qui gémit en passant sur le seuil. Regarde ; que d'or ! plonge à pleines mains : fais sonner le métal ; tu es heureux.

Heureux, toi ! mais la nuit est sans repos et ton sommeil est obsédé de fantômes.

Tu as froid ! approche-toi de la cheminée ; chauffe-toi à ce feu qui pétille si joyeusement. La neige tombe ; le voyageur s'enveloppe frileusement de son manteau, et le pauvre grelotte sous ses haillons. La flamme du foyer se ralentit ; jette du bois. Mais non ; arrête ! c'est ton or que tu consumes avec ce bois ; c'est ton or qui brûle.

Tu as faim ! tiens, prends ; rassasie-toi ; tout cela est à toi, tu l'as payé de ton or. De ton or ! cette abondance t'indigne, ce superflu est-il nécessaire pour soutenir la vie ? non, ce petit morceau de pain suffira ; encore c'est trop. Tes vêtements tombent en lambeaux ; ta maison se lézarde et menace ruine ; tu souffres du froid et de la faim ; mais que t'importe ! tu as de l'or.

Malheureux ! cet or, la mort t'en séparera. Tu le laisseras sur le bord de la tombe, comme la poussière que le voyageur secoue sur le seuil de la porte où sa famille bien-aimée l'attend pour fêter son retour.

Ton sang appauvri, vieilli par ta misère volontaire, s'est glacé dans tes veines. Des héritiers avides viennent de jeter ton corps dans un coin du cimetière ; te voilà face à face avec l'éternité. Misérable ! qu'as-tu fait de cet or qui t'a été confié pour soulager le pauvre ? Entends-tu ces blasphèmes ? vois-tu ces larmes ! vois-tu ce sang ? Ces blasphèmes sont ceux de la souffrance que tu aurais pu calmer ; ces larmes, tu les as fait couler ; ce sang, c'est toi qui l'as versé. Tu as horreur de toi ; tu voudrais te fuir et tu ne le peux pas. Tu souffres, damné ! et tu te tords dans ta souffrance. Souffre ! point de pitié pour toi. Tu n'as point eu d'entrailles pour ton frère malheureux ; qui en aurait pour toi ? Souffre ! souffre ! toujours ! ton supplice n'aura point de fin. Dieu veut, pour te punir, que tu le CROIES ainsi.

Remarque. En écoutant la fin de ces éloquentes et poétiques paroles, nous étions tous surpris d'entendre saint Louis parler de l'éternité des souffrances, alors que tous les Esprits supérieurs s'accordent à combattre cette croyance, lorsque ces derniers mots : *Dieu veut, pour te punir, que tu le* CROIES *ainsi,* sont venus tout expliquer. Nous les avons reproduits dans les caractères généraux des Esprits du troisième ordre. En effet, plus les Esprits sont imparfaits, plus leurs idées sont restreintes et circonscrites ; l'avenir est pour eux dans le vague : ils ne le comprennent pas. Ils souffrent ; leurs souffrances sont longues ; et pour qui souffre longtemps c'est souffrir toujours. Cette pensée même est un châtiment.

Dans un prochain article nous citerons des faits de manifestations qui pourront nous éclairer sur la nature des souffrances d'outre-tombe.

Entretiens d'outre-tombe

Mlle CLARY D... - EVOCATION.

Nota. Mademoiselle Clary D..., intéressante enfant, morte en 1850, à l'âge de 13 ans, est depuis lors restée comme le génie de sa famille, où elle est fréquemment évoquée, et à laquelle elle a fait un grand nombre de communications du plus haut intérêt. L'entretien que nous rapportons ci-après a eu lieu entre elle et nous le 12 janvier 1857, par l'intermédiaire de son frère médium.

1. *D.* Avez-vous un souvenir précis de votre existence corporelle ? - *R.* L'Esprit voit le présent, le passé et un peu de l'avenir selon sa perfection et son rapprochement de Dieu.

2. *D.* Cette condition de la perfection est-elle seulement relative à l'avenir, ou se rapporte-t-elle également au présent et au passé ? - *R.* L'Esprit voit l'avenir plus clairement à mesure qu'il se rapproche de Dieu. Après la mort, l'âme voit et embrasse d'un coup d'oeil toutes ses *émigrations* passées, mais elle ne peut voir ce que Dieu lui prépare ; il faut pour cela qu'elle soit tout entière en Dieu *après bien des existences.*

3. *D.* Savez-vous à quelle époque vous serez réincarnée ? - *R.* Dans 10 ans ou 100 ans.

4. *D.* Sera-ce sur cette terre, ou dans un autre monde ? - *R.* Un autre monde.

5. *D.* Le monde où vous serez est-il, par rapport à la terre, dans des conditions meilleures, égales ou inférieures ? - *R.* Beaucoup mieux que sur terre ; on y est heureux.

6. *D.* Puisque vous êtes ici parmi nous, y êtes-vous à une place déterminée et en quel endroit ? - *R.* J'y suis en apparence éthéréenne ; je puis dire que mon Esprit proprement dit s'étend beaucoup plus loin ; je vois beaucoup de choses, et je me transporte bien loin d'ici avec la vitesse de la pensée ; mon apparence est à droite de mon frère et guide son bras.

7. *D.* Ce corps éthéréen dont vous êtes revêtue, vous permet-il d'éprouver des sensations physiques, comme par exemple celle du chaud ou du froid ? - *R.* Quand je me souviens trop de mon corps, j'éprouve une sorte d'impression comme lorsqu'on quitte un manteau et que l'on croit encore le porter quelque temps après.

8. *D.* Vous venez de dire que vous pouvez vous transporter avec la rapidité de la pensée ; la pensée n'est-elle pas l'âme elle-même qui se dégage de son enveloppe ? - *R.* Oui.

9. *D.* Lorsque votre pensée se porte quelque part, comment se fait la séparation de votre âme ? - *R.* L'apparence s'évanouit ; la pensée marche seule.

10. *D.* C'est donc une faculté qui se détache ; l'être restant où il est ? - *R.* La forme n'est pas l'être.

11. *D.* Mais comment cette pensée agit-elle ? N'agit-elle pas toujours par l'intermédiaire de la matière ? - *R.* Non.

12. *D.* Lorsque votre faculté de penser se détache, vous n'agissez donc plus par l'intermédiaire de la matière ? - *R.* L'ombre s'évanouit ; elle se reproduit où la pensée la guide.

13. *D.* Puisque vous n'aviez que 13 ans quand votre corps est mort, comment se fait-il que vous puissiez nous donner, sur des questions abstraites, des réponses qui sont hors de la portée d'un enfant de votre âge ? - *R.* Mon âme est si ancienne !

14. *D.* Pouvez-vous nous citer, parmi vos existences antérieures, une de celles qui ont le plus élevé vos connaissances ? - *R.* J'ai été dans le corps d'un homme que j'avais rendu vertueux ; après sa mort je suis allée dans le corps d'une jeune fille dont le visage était l'empreinte de l'âme ; Dieu me récompense.

15. *D.* Pourrait-il nous être donné de vous voir ici telle que vous êtes actuellement ? - *R.* Vous le pourriez.

16. *D.* Comment le pourrions-nous ? Cela dépend-il de nous, de vous ou de personnes plus intimes ? - *R.* De vous.

17. *D.* Quelles conditions devrions-nous remplir pour cela ? - *R.* Vous recueillir quelque temps, avec foi et ferveur ; être moins nombreux, vous isoler un peu, et faire venir un médium dans le genre de Home.

M. Home

Les phénomènes opérés par M. Home ont produit d'autant plus de sensation, qu'ils sont venus confirmer les récits merveilleux apportés d'outre-mer, et à la véracité desquels s'attachait une certaine défiance. Il nous a montré que, tout en faisant la part la plus large possible à l'exagération, il en restait assez pour attester la réalité de faits s'accomplissant en dehors de toutes les lois connues.

On a parlé de M. Home en sens très divers, et nous avouons qu'il s'en faut de beaucoup que tout le monde lui ait été sympathique, les uns par esprit de système, les autres par ignorance. Nous voulons bien admettre chez ces derniers une opinion consciencieuse, faute d'avoir pu constater les faits par eux-mêmes ; mais si, dans ce cas, le doute est permis, une hostilité systématique et passionnée est toujours déplacée. En tout état de cause, juger ce que l'on ne connaît pas est un manque de logique, le décrier sans preuves est un oubli des convenances. Faisons, pour un instant, abstraction de l'intervention des Esprits, et ne voyons dans les faits rapportés que de simples phénomènes physiques. Plus ces faits sont étranges, plus ils méritent d'attention. Expliquez-les comme vous voudrez, mais ne les contestez pas *a priori*, si vous ne voulez pas faire douter de votre jugement. Ce qui doit étonner, et ce qui nous paraît plus anormal encore que les phénomènes en question, c'est de voir ceux mêmes qui déblatèrent sans cesse contre l'opposition de certains corps savants à l'endroit des idées nouvelles, qui leur jettent sans cesse à la face, et cela dans les termes les moins mesurés, les déboires essuyés par les auteurs des découvertes les plus importantes, qui citent, à tout propos, et Fulton, et Jenner, et Galilée, tomber eux-mêmes dans un travers semblable, eux qui disent, avec raison, qu'il y a peu d'années encore, quiconque eût parlé de correspondre en quelques secondes d'un bout du monde à l'autre, eût passé pour un insensé. S'ils croient au progrès dont ils se disent les apôtres, qu'ils soient donc conséquents avec eux-mêmes et ne s'attirent pas le reproche qu'ils adressent aux autres de nier ce qu'ils ne comprennent pas.

Revenons à M. Home. Venu à Paris au mois d'octobre 1855, il s'est trouvé dès le début lancé dans le monde le plus élevé, circonstance qui eût dû imposer plus de circonspection dans le jugement porté sur lui, car plus ce monde est élevé et éclairé, moins il est suspect de s'être bénévolement laissé jouer par un aventurier. Cette position même a suscité des commentaires. On se demande ce qu'est M. Home. Pour vivre dans ce monde, pour faire des voyages coûteux, il faut, dit-on, qu'il ait de la fortune. S'il n'en a pas, il faut qu'il soit soutenu par des personnes puissantes. On a bâti sur ce thème mille suppositions plus ridicules les unes que les autres. Que n'a-t-on pas dit aussi de sa soeur qu'il est allé chercher il y a un an environ ; c'était, disait-on, un médium plus puissant que lui-même ; à eux deux ils devaient accomplir des prodiges à faire pâlir ceux de Moïse. Plus d'une fois des questions nous ont été adressées à ce sujet ; voici notre réponse.

M. Home, en venant en France, ne s'est point adressé au public ; il n'aime ni ne recherche la publicité. S'il fût venu dans un but de spéculation, il eût couru le pays en appelant la réclame à son aide ; il eût cherché toutes les occasions de se produire, tandis qu'il les évite ; il eût mis un prix à ses manifestations, tandis qu'il ne demande rien à personne. Malgré sa réputation, M. Home n'est donc point ce qu'on peut appeler un homme public, sa vie privée n'appartient qu'à lui seul. Du moment qu'il ne demande rien, nul n'a le droit de s'enquérir comment il vit sans commettre une indiscrétion. Est-il soutenu par des gens puissants ? cela ne nous regarde pas ; tout ce que nous pouvons dire, c'est que dans cette société d'élite il a conquis des sympathies réelles et s'est fait des amis dévoués, tandis que d'un faiseur de tours on s'en amuse, on le paie et tout est dit. Nous ne voyons donc en M. Home qu'une chose : un homme doué d'une faculté remarquable. L'étude de cette faculté est tout ce qui nous intéresse, et tout ce qui doit intéresser quiconque n'est pas mû par le seul sentiment de la curiosité. L'histoire n'a point encore ouvert sur lui le livre de ses secrets ; jusque-là il n'appartient qu'à la science. Quant à sa soeur, voici la vérité : C'est une enfant de onze ans, qu'il a amenée à Paris pour son éducation dont s'est chargée une illustre personne. Elle sait à peine en quoi consiste la faculté de son frère. C'est bien simple, comme on le voit, bien prosaïque pour les amateurs du merveilleux.

Maintenant, pourquoi M. Home est-il venu en France ? Ce n'est point pour chercher fortune, nous venons de le prouver. Est-ce pour connaître le pays ? Il ne le parcourt pas ; il sort peu, et n'a nullement les habitudes d'un touriste. Le motif patent a été le conseil des médecins qui ont cru l'air d'Europe nécessaire à sa santé, mais les faits les plus naturels sont souvent providentiels. Nous pensons donc que, s'il y est venu, c'est qu'il devait y venir. La France, encore dans le doute en ce qui concerne les manifestations spirites, avait besoin qu'un grand coup fût frappé ; c'est M. Home qui a reçu cette mission, et plus le coup a frappé haut, plus il a eu de retentissement. La position, le crédit, les lumières de ceux qui l'ont accueilli, et qui ont été convaincus par l'évidence des faits, ont ébranlé les convictions d'une foule de gens, même parmi ceux qui n'ont pu être témoins oculaires. La présence de M. Home aura donc été un puissant auxiliaire pour la propagation des idées spirites ; s'il n'a pas convaincu tout le monde, il a jeté des semences qui fructifieront d'autant plus que les médiums eux-mêmes se multiplieront. Cette faculté, comme nous l'avons dit ailleurs, n'est point un privilège exclusif ; elle existe à l'état latent et à divers degrés chez une foule d'individus, n'attendant qu'une occasion pour se développer ; le principe est en nous par l'effet même de notre organisation ; il est dans la nature ; tous nous en avons le germe, et le jour n'est pas éloigné où nous verrons les médiums surgir sur tous les points, au milieu de nous, dans nos familles, chez le pauvre comme chez le riche, afin que la vérité soit connue de tous, car selon ce qui nous est annoncé, c'est une ère nouvelle, une nouvelle phase qui commence pour l'humanité. L'évidence et la vulgarisation des phénomènes spirites donneront un nouveau cours aux idées morales, comme la vapeur a donné un nouveau cours à l'industrie.

Si la vie privée de M. Home doit être fermée aux investigations d'une indiscrète curiosité, il est certains détails qui peuvent à juste titre intéresser le public et qu'il est même inutile de connaître pour l'appréciation des faits.

M. Daniel Dunglas Home est né le 15 mars 1833 près d'Edimbourg. Il a donc aujourd'hui 24 ans. Il descend de l'ancienne et noble famille des Dunglas d'Ecosse, jadis souveraine. C'est un jeune homme d'une taille moyenne, blond, dont la physionomie mélancolique n'a rien d'excentrique ; il est d'une complexion très délicate, de moeurs simples et douces, d'un caractère affable et bienveillant sur lequel le contact des grandeurs n'a jeté ni morgue ni ostentation. Doué d'une excessive modestie, jamais il ne fait parade de sa merveilleuse faculté, jamais il ne parle de lui-même, et si, dans l'expansion de l'intimité, il raconte les choses qui lui sont personnelles, c'est avec simplicité, et jamais avec l'emphase propre aux gens avec lesquels la malveillance cherche à le comparer. Plusieurs faits intimes, qui sont à notre connaissance personnelle, prouvent chez lui de nobles sentiments et une grande élévation d'âme ; nous le constatons avec d'autant plus de plaisir que l'on connaît l'influence des dispositions morales sur la nature des manifestations.

Les phénomènes dont M. Home est l'instrument involontaire ont parfois été racontés par des amis trop zélés avec un enthousiasme exagéré dont s'est emparée la malveillance. Tels qu'ils sont, ils ne sauraient avoir besoin d'une amplification plus nuisible qu'utile à la cause. Notre but étant l'étude sérieuse de tout ce qui se rattache à la science spirite, nous nous renfermerons dans la stricte réalité des faits constatés par nous-même ou par les témoins oculaires les plus dignes de foi. Nous pourrons donc les commenter avec la certitude de ne pas raisonner sur des choses fantastiques.

M. Home est un médium du genre de ceux qui produisent des manifestations ostensibles, sans exclure pour cela les communications intelligentes ; mais ses prédispositions naturelles lui donnent pour les premières une aptitude plus spéciale. Sous son influence, les bruits les plus étranges se font entendre, l'air s'agite, les corps solides se meuvent, se soulèvent, se transportent d'un endroit à l'autre à travers l'espace, des instruments de musique font entendre des sons mélodieux, des êtres du monde extra-corporel apparaissent, parlent, écrivent et souvent vous étreignent jusqu'à la douleur. Lui-même plusieurs fois s'est vu, en présence de témoins oculaires, enlevé sans soutien à plusieurs mètres de hauteur.

De ce qui nous a été enseigné sur le rang des Esprits qui produisent en général ces sortes de manifestations, il ne faudrait pas en conclure que M. Home n'est en rapport qu'avec la classe infime du monde spirite. Son caractère et les qualités morales qui le distinguent doivent au contraire lui concilier la sympathie des Esprits supérieurs ; il n'est, pour ces derniers, qu'un instrument destiné à dessiller les yeux des aveugles par des moyens énergiques, sans être pour cela privé des communications d'un ordre plus élevé. C'est une mission qu'il a acceptée ; mission qui n'est exempte ni de tribulations, ni de dangers, mais qu'il accomplit avec résignation et persévérance, sous l'égide de l'Esprit de sa mère, son véritable ange gardien.

La cause des manifestations de M. Home est innée en lui ; son âme, qui semble ne tenir au corps que par de faibles liens, a plus d'affinité pour le monde spirite que pour le monde corporel ; c'est pourquoi elle se dégage sans efforts, et entre plus facilement que chez d'autres en communication avec les êtres invisibles. Cette faculté s'est révélée en lui dès la plus tendre enfance. A l'âge de six mois, son berceau se balançait tout seul en l'absence de sa nourrice et changeait de place. Dans ses premières années il était si débile qu'il pouvait à peine se soutenir ; assis sur un tapis, les jouets qu'il ne pouvait atteindre venaient d'eux-mêmes se mettre à sa portée. A trois ans il eut ses premières visions, mais il n'en a pas conservé le souvenir. Il avait neuf ans lorsque sa famille alla se fixer aux Etats-Unis ; là, les mêmes phénomènes continuèrent avec une intensité croissante à mesure qu'il avançait en âge, mais sa réputation comme médium ne s'établit qu'en 1850, vers l'époque où les manifestations spirites commencèrent à devenir populaires dans ce pays. En 1854 il vint en Italie, nous l'avons dit, pour sa santé ; il étonna Florence et Rome par de véritables prodiges. Converti à la foi catholique dans cette dernière ville, il dut prendre l'engagement de rompre ses relations avec le monde des Esprits. Pendant un an, en effet, son pouvoir occulte sembla l'avoir abandonné ; mais comme ce pouvoir est au-dessus de sa volonté, au bout de ce temps, ainsi que le lui avait annoncé l'Esprit de sa mère, les manifestations se reproduisirent avec une nouvelle énergie. Sa mission était tracée ; il devait marquer parmi ceux que la Providence a choisis pour nous révéler par des signes patents la puissance qui domine toutes les grandeurs humaines.

Si M. Home n'était, comme le prétendent certaines personnes qui jugent sans avoir vu, qu'un habile prestidigitateur, il aurait toujours, sans aucun doute, à sa disposition des tours dans sa gibecière, tandis qu'il n'est pas le maître de les produire à volonté. Il lui serait donc impossible d'avoir des séances régulières, car ce serait souvent au moment où il en aurait besoin que sa faculté lui ferait défaut. Les phénomènes se manifestent quelquefois spontanément au moment où il s'y attend le moins, tandis que dans d'autres il est impuissant à les provoquer, circonstance peu favorable à quiconque voudrait faire des exhibitions à heures fixes. Le fait suivant pris entre mille en est la preuve. Depuis plus de quinze jours M. Home n'avait pu obtenir aucune manifestation, lorsque, se trouvant à déjeuner chez un de ses amis avec deux ou trois autres personnes de sa connaissance, des coups se firent soudain entendre dans les murs, les meubles et le plafond. Il paraît, dit-il, que les voilà qui reviennent. M. Home était à ce moment assis sur le canapé avec un ami. Un domestique apporte le plateau à thé et s'apprête à le déposer sur la table placée au milieu du salon ; celle-ci, quoique fort lourde, se soulève subitement en se détachant du sol de 20 à 30 centimètres de hauteur, comme si elle eût été attirée par le plateau ; le domestique effrayé le laisse échapper, et la table d'un bond s'élance vers le canapé et vient retomber devant M. Home et son ami, sans que rien de ce qui était dessus fût dérangé. Ce fait n'est point sans contredit le plus curieux de ceux que nous aurons à rapporter, mais il présente cette particularité digne de remarque, qu'il s'est produit spontanément, sans provocation, dans un cercle intime, dont aucun des assistants, cent fois témoins de faits semblables, n'avait besoin de nouveaux témoignages ; et assurément ce n'était pas le cas pour M. Home de montrer son savoir-faire, si savoir-faire il y a.

Dans un prochain article nous citerons d'autres manifestations.

Les manifestations des Esprits

Réponse à M. Viennet, par Paul Auguez[5].

M. Paul Auguez est un adepte sincère et *éclairé* de la doctrine spirite ; son ouvrage, que nous avons lu avec un grand intérêt, et où l'on reconnaît la plume élégante de l'auteur des *Elus de l'avenir*, est une démonstration logique et savante des points fondamentaux de cette doctrine, c'est-à-dire de l'existence des Esprits, de leurs relations avec les hommes, et, par conséquent, de l'immortalité de l'âme et de son individualité après la mort. Son but principal étant de répondre aux agressions sarcastiques de M. Viennet, il n'aborde que les points capitaux et se borne à prouver par les faits, le raisonnement et les autorités les plus respectables, que cette croyance n'est point fondée sur des idées systématiques ou des préjugés vulgaires, mais qu'elle repose sur des bases solides. L'arme de M. Viennet est le ridicule, celle de M. Auguez est la science. Par de nombreuses citations, qui attestent une étude sérieuse et une profonde érudition, il prouve que si les adeptes d'aujourd'hui, malgré leur nombre sans cesse croissant, et les gens éclairés de tous les pays qu'ils se rallient, sont, comme le prétend l'illustre académicien, des cerveaux détraqués, cette infirmité leur est commune avec les plus grands génies dont l'humanité s'honore.

Dans ses réfutations, M. Auguez a toujours su conserver la dignité du langage, et c'est un mérite dont nous ne saurions trop le louer ; on n'y trouve nulle part ces diatribes déplacées, devenues des lieux communs de mauvais goût, et qui ne prouvent rien, sinon un manque de savoir-vivre. Tout ce qu'il dit est grave, sérieux, profond, et à la hauteur du savant auquel il s'adresse. L'a-t-il convaincu ? nous l'ignorons ; nous en doutons même, à parler franchement ; mais comme en définitive son livre est fait pour tout le monde, les semences qu'il jette ne seront pas toutes perdues. Nous aurons plus d'une fois l'occasion d'en citer des passages dans le cours de cette publication à mesure que nous y serons amenés par la nature du sujet.

La théorie développée par M. Auguez étant, sauf peut-être quelques points secondaires, celle que nous professons nous-mêmes, nous ne ferons à cet égard aucune critique de son ouvrage, qui marquera et sera lu avec fruit. Nous n'aurions désiré qu'une chose, c'est un peu plus de clarté dans les démonstrations, et de la méthode dans l'ordre des matières. M. Auguez a traité la question en savant, parce qu'il s'adressait à un savant capable assurément de comprendre les choses les plus abstraites, mais il aurait dû songer qu'il écrivait moins pour un homme que pour le public, qui lit toujours avec plus de plaisir

---

5 Brochure in-12 ; prix 2 fr.50 c., chez Dentu, Palais-Royal, et chez Germer Baillière, rue de l'Ecole de médecine, 4.

et de profit ce qu'il comprend sans efforts. ALLAN KARDEC.

Aux lecteurs de la Revue Spirite

Plusieurs de nos lecteurs ont bien voulu répondre à l'appel que nous avons fait dans notre 1° numéro au sujet des renseignements à nous fournir. Un grand nombre de faits nous ont été signalés parmi lesquels il en est de fort importants, ce dont nous leur en sommes infiniment reconnaissants ; nous ne le sommes pas moins des réflexions qui les accompagnent quelquefois, alors même qu'elles décèlent une connaissance incomplète de la matière : elles donneront lieu à des éclaircissements sur les points qui n'auront pas été bien compris. Si nous ne faisons pas une mention immédiate des documents qui nous sont fournis, ils ne passent pas inaperçus pour cela ; il en est toujours pris bonne note pour être mis à profit tôt ou tard.

Le défaut d'espace n'est pas la seule cause qui puisse retarder la publication, mais bien aussi l'opportunité des circonstances et la nécessité de les rattacher aux articles dont ils peuvent être d'utiles compléments.

La multiplicité de nos occupations, jointe à l'étendue de la correspondance, nous met souvent dans l'impossibilité matérielle de répondre comme nous le voudrions, et comme nous le devrions, aux personnes qui nous font l'honneur de nous écrire. Nous les prions donc instamment de ne point prendre en mauvaise part un silence indépendant de notre volonté. Nous espérons que leur bon vouloir n'en sera pas refroidi, et qu'elles voudront bien ne point interrompre leurs intéressantes communications ; à cet effet nous appelons de nouveau leur attention sur la note que nous donnons à la fin de l'introduction de notre 1° numéro, au sujet des renseignements que nous sollicitons de leur obligeance, les priant en outre de ne pas omettre de nous dire lorsque nous pourrons, sans inconvénient, faire mention des lieux et des personnes.

Les observations ci-dessus s'appliquent également aux questions qui nous sont adressées sur divers points de la doctrine. Lorsqu'elles nécessitent des développements d'une certaine étendue, il nous est d'autant moins possible de les donner par écrit que bien souvent la même chose devrait être répétée à un grand nombre de personnes. Notre revue étant destinée à nous servir de moyen de correspondance, ces réponses y trouveront naturellement leur place, à mesure que les sujets traités nous en fourniront l'occasion, et cela avec d'autant plus d'avantage, que les explications pourront être plus complètes et profiteront à tous.

ALLAN KARDEC.

REVUE SPIRITE

JOURNAL

D'ETUDES PSYCHOLOGIQUES

Mars 1858

La pluralité des mondes

Qui est-ce qui ne s'est pas demandé, en considérant la lune et les autres astres, si ces globes sont habités ? Avant que la science nous eût initiés à la nature de ces astres, on pouvait en douter ; aujourd'hui, dans l'état actuel de nos connaissances, il y a au moins probabilité ; mais on fait à cette idée, vraiment séduisante, des objections tirées de la science même. La lune, dit-on, paraît n'avoir pas d'atmosphère, et peut-être pas d'eau. Dans Mercure, vu son rapprochement du soleil, la température moyenne doit être celle du plomb fondu, de sorte que, s'il y a du plomb, il doit couler comme l'eau de nos rivières. Dans Saturne, c'est tout l'opposé ; nous n'avons pas de terme de comparaison pour le froid qui doit y régner ; la lumière du soleil doit y être très faible, malgré la réflexion de ses sept lunes et de son anneau, car à cette distance le soleil ne doit paraître que comme une étoile de première grandeur. Dans de telles conditions, on se demande s'il serait possible de vivre.

On ne conçoit pas qu'une pareille objection puisse être faite par des hommes sérieux. Si l'atmosphère de la lune n'a pu être aperçue, est-il rationnel d'en inférer qu'elle n'existe pas ? Ne peut-elle être formée d'éléments inconnus ou assez raréfiés pour ne pas produire de réfraction sensible ? Nous dirons la même chose de l'eau ou des liquides qui en tiennent lieu. A l'égard des êtres vivants, ne serait-ce pas nier la puissance divine que de croire impossible une organisation différente de celle que nous connaissons, alors que sous nos yeux la prévoyance de la nature s'étend avec une sollicitude si admirable jusqu'au plus petit insecte, et donne à tous les êtres les organes appropriés au milieu qu'ils doivent habiter, que ce soit l'eau, l'air ou la terre, qu'ils soient plongés dans l'obscurité ou exposés à l'éclat du soleil. Si nous n'avions jamais vu de poissons, nous ne pourrions concevoir des êtres vivant dans l'eau ; nous ne nous ferions pas une idée de leur structure. Qui aurait cru, il y a peu de temps encore, qu'un animal pût vivre un temps indéfini au sein d'une pierre ! Mais sans parler de ces extrêmes, les êtres vivant sous les feux de la zone torride pourraient-ils exister dans les glaces polaires ? et pourtant dans ces glaces il y a des êtres organisés pour ce climat rigoureux, et qui ne pourraient supporter l'ardeur d'un soleil vertical. Pourquoi donc n'admettrions-nous pas que des êtres pussent être constitués de manière à vivre sur d'autres globes et dans un milieu tout différent du nôtre ? Assurément, sans connaître à fond la constitution physique de la lune, nous en savons assez pour être certains que, tels que nous sommes, nous n'y pourrions pas plus vivre que nous ne le pouvons au sein de l'Océan, en compagnie des poissons. Par la même raison, les habitants de la lune, si jamais il en pouvait venir sur la terre, constitués pour vivre sans air ou dans un air très raréfié, peut-être tout différent du nôtre, seraient asphyxiés dans notre épaisse atmosphère, comme nous le sommes quand nous tombons dans l'eau. Encore une fois, si nous n'avons pas la preuve matérielle et *de visu* de la présence d'êtres vivants dans les autres mondes, rien ne prouve qu'il ne puisse en exister dont l'organisme soit approprié à un milieu ou à un climat quelconque. Le simple bon sens nous dit au contraire qu'il en doit être ainsi, car il répugne à la raison de croire que ces innombrables globes qui circulent dans l'espace ne sont que des masses inertes et improductives. L'observation nous y montre des surfaces accidentées comme ici par des montagnes, des vallées, des ravins, des volcans éteints ou en activité ; pourquoi donc n'y aurait-il pas des êtres organiques ? Soit, dira-t-on ; qu'il y ait des plantes, même des animaux, cela peut être ; mais des êtres humains, des hommes civilisés comme nous, connaissant Dieu, cultivant les arts, les sciences, cela est-il possible ?

Assurément rien ne prouve mathématiquement que les êtres qui habitent les autres mondes soient des hommes comme nous, ni qu'ils soient plus ou moins avancés que nous, moralement parlant ; mais quand les sauvages de l'Amérique virent débarquer les Espagnols, ils ne se doutaient pas non plus qu'au-delà des mers il existait un autre monde cultivant des arts qui leur étaient inconnus. La terre est parsemée d'une innombrable quantité d'îles, petites ou grandes, et tout ce qui est habitable est habité ; il ne surgit pas un rocher de la mer que l'homme n'y plante à l'instant son drapeau. Que dirions-nous si les habitants d'une des plus petites de ces îles, connaissant parfaitement l'existence des autres îles et continents, mais n'ayant jamais eu de relations avec ceux qui les habitent, se croyaient les seuls êtres vivants du globe ? Nous leur dirions : Comment pouvez-vous croire que Dieu ait fait le monde pour vous seuls ? par quelle étrange bizarrerie votre petite île, perdue dans un coin de l'Océan, aurait-elle le privilège d'être seule habitée ? Nous pouvons en dire autant de nous à l'égard des autres sphères. Pourquoi la terre, petit globe imperceptible dans l'immensité de l'univers, qui n'est distinguée des autres planètes ni par sa position, ni par son volume, ni par sa structure, car elle n'est ni la plus petite ni la plus grosse, ni au centre ni à l'extrémité, pourquoi, dis-je, serait-elle parmi tant d'autres l'unique résidence d'êtres raisonnables et pensants ? quel homme sensé pourrait croire que ces millions d'astres qui brillent sur nos têtes n'ont été faits que pour récréer notre vue ? quelle serait alors l'utilité de ces autres millions de globes imperceptibles à l'oeil nu et qui ne servent même pas à nous éclairer ? n'y aurait-il pas à la fois orgueil et impiété à penser qu'il en doit être ainsi ? A ceux que l'impiété touche peu, nous dirons que c'est illogique.

Nous arrivons donc, par un simple raisonnement que bien d'autres ont fait avant nous, à conclure à la pluralité des mondes, et ce raisonnement se trouve confirmé par les révélations des Esprits. Ils nous apprennent en effet que tous ces mondes sont habités par des êtres corporels appropriés à la constitution physique de chaque globe ; que parmi les habitants de ces mondes les uns sont plus, les autres sont moins avancés que nous au point de vue intellectuel, moral et même physique. Il y a plus, nous savons aujourd'hui que nous pouvons entrer en relation avec eux et en obtenir des renseignements sur leur état ; nous savons encore que non seulement tous les globes sont habités par des êtres corporels, mais que l'espace est peuplé d'êtres intelligents, invisible pour nous à cause du voile matériel jeté sur notre âme, et qui révèlent leur existence par des moyens occultes ou patents. Ainsi tout est peuplé dans l'univers, la vie et l'intelligence sont partout : sur les globes solides, dans l'air, dans les entrailles de la terre, et jusque dans les profondeurs éthéréennes. Y a-t-il dans cette doctrine quelque chose qui répugne à la raison ? N'est-elle pas à la fois grandiose et sublime ? Elle nous élève par notre petitesse même, bien autrement que cette pensée égoïste et mesquine qui nous place comme les seuls êtres dignes d'occuper la pensée de Dieu.

Jupiter et quelques autres mondes

Avant d'entrer dans le détail des révélations que les Esprits nous ont faites sur l'état des différents mondes, voyons à quelle conséquence logique nous pourrons arriver par nous-mêmes et par le seul raisonnement. Qu'on veuille bien se reporter à l'échelle spirite que nous avons donnée dans le précédent numéro ; nous prions les personnes désireuses d'approfondir sérieusement cette science nouvelle, d'étudier avec soin ce tableau et de s'en pénétrer ; elles y trouveront la clef de plus d'un mystère.

Le monde des Esprits se compose des âmes de tous les humains de cette terre et des autres sphères, dégagées des liens corporels ; de même tous les humains sont animés par les Esprits incarnés en eux. Il y a donc solidarité entre ces deux mondes : les hommes auront les qualités et les imperfections des Esprits avec lesquels ils sont unis ; les Esprits seront plus ou moins bons ou mauvais, selon les progrès qu'ils auront faits pendant leur existence corporelle. Ces quelques mots résument toute la doctrine. Comme les actes des hommes sont le produit de leur libre arbitre, ils portent le cachet de la perfection ou de l'imperfection de l'Esprit qui les sollicite. Il nous sera donc très facile de nous faire une idée de l'état moral d'un monde quelconque, selon la nature des Esprits qui l'habitent ; nous pourrions, en quelque sorte, décrire sa législation, tracer le tableau de ses moeurs, de ses usages, de ses rapports sociaux.

Supposons donc un globe exclusivement habité par des Esprits de la neuvième classe, par des Esprits impurs, et transportons-nous-y par la pensée. Nous y verrons toutes les passions déchaînées et sans frein ; l'état moral au dernier degré d'abrutissement ; la vie animale dans toute sa brutalité ; point de liens sociaux, car chacun ne vit et n'agit que pour soi et pour satisfaire ses appétits grossiers ; l'égoïsme y règne en souverain absolu et traîne à sa suite la haine, l'envie, la jalousie, la cupidité, le meurtre.

Passons maintenant dans une autre sphère, où se trouvent des Esprits de toutes les classes du troisième ordre : Esprits impurs, Esprits légers, Esprits faux-savants, Esprits neutres. Nous savons que dans toutes les classes de cet ordre le mal domine ; mais sans avoir la pensée du bien, celle du mal décroît à mesure qu'on s'éloigne du dernier rang. L'égoïsme est toujours le mobile principal des actions, mais les moeurs sont plus douces, l'intelligence plus développée ; le mal y est un peu déguisé, il est paré et fardé. Ces qualités mêmes engendrent un autre défaut, c'est l'orgueil ; car les classes les plus élevées sont assez éclairées pour avoir conscience de leur supériorité, mais pas assez pour comprendre ce qui leur manque ; de là leur tendance à l'asservissement des classes inférieures ou des races les plus faibles qu'elles tiennent sous le joug. N'ayant pas le sentiment du bien, elles n'ont que l'instinct du *moi* et mettent leur intelligence à profit pour satisfaire leurs passions. Dans une telle société, si l'élément impur domine il écrasera l'autre ; dans le cas contraire, les moins mauvais chercheront à détruire leurs adversaires ; dans tous les cas, il y aura lutte, lutte sanglante, lutte d'extermination, car ce sont deux éléments qui ont des intérêts opposés. Pour protéger les biens et les personnes, il faudra des lois ; mais ces lois seront dictées par l'intérêt personnel et non par la justice ; c'est le fort qui les fera au détriment du faible.

Supposons maintenant un monde où, parmi les éléments mauvais que nous venons de voir, se trouvent quelques-uns de ceux du second ordre ; alors au milieu de la perversité nous verrons apparaître quelques vertus. Si les bons sont en minorité, ils seront la victime des méchants ; mais à mesure que s'accroîtra leur prépondérance, la législation sera plus humaine, plus équitable et la charité chrétienne ne sera pas pour tous une lettre morte. De ce bien même va naître un autre vice. Malgré la guerre que les mauvais déclarent sans cesse aux bons, ils ne peuvent s'empêcher de les estimer dans leur for intérieur ; voyant l'ascendant de la vertu sur le vice, et n'ayant ni la force ni la volonté de la pratiquer, ils cherchent à la parodier ; ils en prennent le masque ; de là les hypocrites, si nombreux dans toute société où la civilisation est imparfaite.

Continuons notre route à travers les mondes, et arrêtons-nous dans celui-ci, qui va nous reposer un peu du triste spectacle que nous venons de voir. Il n'est habité que par des Esprits du second ordre. Quelle différence ! Le degré d'épuration auquel ils sont arrivés exclut chez eux toute pensée du mal, et ce seul mot nous donne l'idée de l'état moral de cet heureux pays. La législation y est bien simple, car les hommes n'ont point à se défendre les uns contre les autres ; nul ne veut du mal à son prochain, nul ne s'approprie ce qui ne lui appartient pas, nul ne cherche à vivre au détriment de son voisin. Tout respire la bienveillance et l'amour ; les hommes ne cherchant point à se nuire, il n'y a point de haines ; l'égoïsme y est inconnu, et l'hypocrisie y serait sans but. Là, pourtant, ne règne point l'égalité absolue, car l'égalité absolue suppose une identité parfaite dans le développement intellectuel et moral ; or nous voyons, par l'échelle spirituelle, que le deuxième ordre comprend plusieurs degrés de développement ; il y aura donc dans ce monde des inégalités, parce que les uns seront plus avancés que les autres ; mais comme il n'y a chez eux que la pensée du bien, les plus élevés n'en concevront point d'orgueil, et les autres point de jalousie. L'inférieur comprend l'ascendant du supérieur et s'y soumet, parce que cet ascendant est purement moral et que nul ne s'en sert pour opprimer.

Les conséquences que nous tirons de ces tableaux, quoique présentées d'une manière hypothétique, n'en sont pas moins parfaitement rationnelles, et chacun peut déduire l'état social d'un monde quelconque selon la proportion des éléments moraux dont on le suppose composé. Nous avons vu qu'abstraction faite de la révélation des Esprits, toutes les probabilités sont pour la pluralité des mondes ; or il n'est pas moins rationnel de penser que tous ne sont pas au même degré de perfection, et que, par cela même, nos suppositions peuvent bien être des réalités. Nous n'en connaissons qu'un d'une manière positive, le nôtre. Quel rang occupe-t-il dans cette hiérarchie ? Hélas ! il suffit de considérer ce qui s'y passe pour voir qu'il est loin de mériter le premier rang, et nous sommes convaincus qu'en lisant ces lignes on lui a déjà marqué sa place. Quand les Esprits nous disent qu'il est, sinon à la dernière, du moins dans les dernières, le simple bon sens nous dit malheureusement qu'ils ne se trompent pas ; nous avons bien à faire pour l'élever au rang de celui que nous avons décrit en dernier lieu, et nous avions bien besoin que le Christ vînt nous en montrer le chemin.

Quant à l'application que nous pouvons faire de notre raisonnement aux différents globes de notre tourbillon planétaire, nous n'avons que l'enseignement des Esprits ; or, pour quiconque n'admet que les preuves palpables, il est positif que leur assertion, à cet égard, n'a pas la certitude de l'expérimentation directe. Cependant n'acceptons-nous pas tous les jours de confiance les descriptions que les voyageurs nous font des contrées que nous n'avons jamais vues ? Si nous ne devions croire que par nos yeux, nous ne croirions pas grand chose. Ce qui donne ici un certain poids au dire des Esprits, c'est la corrélation qui existe entre eux, au moins quant aux points principaux. Pour nous qui avons été cent fois témoins de ces communications, qui avons pu les apprécier dans les moindres détails, qui en avons scruté le fort et le faible, observé les similitudes et les contradictions, nous y trouvons tous les caractères de la probabilité ; toutefois, nous ne les donnons que sous bénéfice d'inventaire, à titre de renseignements auxquels chacun sera libre d'attacher l'importance qu'il jugera à propos.

Selon les Esprits, la planète de *Mars* serait encore moins avancée que la *Terre* ; les Esprits qui y sont incarnés sembleraient appartenir à peu près exclusivement à la neuvième classe, à celle des Esprits impurs, de sorte que le premier tableau que nous avons donné ci-dessus serait l'image de ce monde. Plusieurs autres petits globes sont, à quelques nuances près, dans la même catégorie. La *Terre* viendrait ensuite ; la majorité de ses habitants appartient incontestablement à toutes les classes du troisième ordre, et la plus faible partie aux dernières classes du second ordre. Les Esprits supérieurs, ceux de la deuxième et de la troisième classe, y accomplissent quelquefois une mission de civilisation et de progrès, et y sont des exceptions. *Mercure* et *Saturne* viennent après la Terre. La supériorité numérique des bons Esprits leur donne la prépondérance sur les Esprits inférieurs, d'où résulte un ordre social plus parfait, des rapports moins égoïstes, et par conséquent une condition d'existence plus heureuse. La *Lune* et *Vénus* sont à peu près au même degré et sous tous les rapports plus avancés que Mercure et Saturne. *Junon* et *Uranus* seraient encore supérieurs à ces dernières. On peut supposer que les éléments moraux de ces deux planètes sont formés des premières classes du troisième ordre et en grande majorité d'esprits du deuxième ordre. Les hommes y sont infiniment plus heureux que sur la Terre, par la raison qu'ils n'ont ni les mêmes luttes à soutenir, ni les mêmes tribulations à endurer, et qu'ils ne sont point exposés aux mêmes vicissitudes physiques et morales.

De toutes les planètes, la plus avancée, sous tous les rapports, est *Jupiter*. Là, est le règne exclusif du bien et de la justice, car il n'y a que de *bons Esprits*. On peut se faire une idée de l'heureux état de ses habitants par le tableau que nous avons donné d'un monde habité sans partage par les Esprits du second ordre.

La supériorité de Jupiter n'est pas seulement dans l'état moral de ses habitants ; elle est aussi dans leur constitution physique. Voici la description qui nous a été donnée de ce monde privilégié, où nous retrouvons la plupart des hommes de bien qui ont honoré notre terre par leurs vertus et leurs talents.

La conformation du corps est à peu près la même qu'ici-bas, mais il est moins matériel, moins dense et d'une plus grande légèreté spécifique. Tandis que nous rampons péniblement sur la Terre, l'habitant de Jupiter se transporte d'un lieu à un autre en effleurant la surface du sol, presque sans fatigue, comme l'oiseau dans l'air ou le poisson dans l'eau. La matière dont le corps est formé étant plus épurée, elle se dissipe après la mort sans être soumise à la décomposition putride. On n'y connaît point la plupart des maladies qui nous affligent, celles surtout qui ont leur source dans les excès de tous genres et dans le ravage des passions. La nourriture est en rapport avec cette organisation éthérée ; elle ne serait point assez substantielle pour nos estomacs grossiers, et la nôtre serait trop lourde pour eux ; elle se compose de fruits et de plantes, et d'ailleurs ils en puisent en quelque sorte la plus grande partie dans le milieu ambiant dont ils aspirent les émanations nutritives. La durée de la vie est proportionnellement beaucoup plus grande que sur la Terre ; la moyenne équivaut environ à cinq de nos siècles. Le développement y est aussi beaucoup plus rapide, et l'enfance y dure à peine quelques-uns de nos mois.

Sous cette enveloppe légère les Esprits se dégagent facilement et entrent en communication réciproque par la seule pensée, sans exclure toutefois le langage articulé ; aussi la seconde vue est-elle pour la plupart une faculté permanente ; leur état normal peut être comparé à celui de nos somnambules lucides ; et c'est aussi pourquoi ils se manifestent à nous plus facilement que ceux qui sont incarnés dans des mondes plus grossiers et plus matériels. L'intuition qu'ils ont de leur avenir, la sécurité que leur donne une conscience exempte de remords, font que la mort ne leur cause aucune appréhension ; ils la voient venir sans crainte et comme une simple transformation.

Les animaux ne sont pas exclus de cet état progressif, sans approcher cependant de l'homme, même sous le rapport physique ; leur corps, plus matériel, tient au sol, comme nous à la Terre. Leur intelligence est plus développée que chez les nôtres ; la structure de leurs membres se plie à toutes les exigences du travail ; ils sont chargés de l'exécution des ouvrages manuels ; ce sont les serviteurs et les manoeuvres : les occupations des hommes sont purement intellectuelles. L'homme est pour eux une divinité, mais une divinité tutélaire qui jamais n'abuse de sa puissance pour les opprimer.

Les Esprits qui habitent Jupiter se complaisent assez généralement, quand ils veulent bien se communiquer à nous, dans la description de leur planète, et quand on leur en demande la raison, ils répondent que c'est afin de nous inspirer l'amour du bien par l'espoir d'y aller un jour. C'est dans ce but que l'un d'eux, qui a vécu sur la terre sous le nom de Bernard Palissy, le célèbre potier du seizième siècle, a entrepris spontanément et sans y être sollicité une série de dessins aussi remarquables par leur singularité que par le talent d'exécution, et destinés à nous faire connaître, jusque dans les moindres détails, ce monde si étrange et si nouveau pour nous. Quelques-uns retracent des personnages, des animaux, des scènes de la vie privée ; mais les plus remarquables sont ceux qui représentent des habitations, véritables chefs-d'oeuvre dont rien sur la Terre ne saurait nous donner une idée, car cela ne ressemble à rien de ce que nous connaissons ; c'est un genre d'architecture indescriptible, si original et pourtant si harmonieux, d'une ornementation si riche et si gracieuse, qu'il défie l'imagination la plus féconde. M. Victorien Sardou, jeune littérateur de nos amis, plein de talent et d'avenir, mais nullement dessinateur, lui a servi d'intermédiaire. Palissy nous promet une suite qui nous donnera en quelque sorte la monographie illustrée de ce monde merveilleux. Espérons que ce curieux et intéressant recueil, sur lequel nous reviendrons dans un article spécial consacré aux médiums dessinateurs, pourra un jour être livré au public.

La planète de Jupiter, malgré le tableau séduisant qui nous en est donné, n'est point le plus parfait d'entre les mondes. Il en est d'autres, inconnus pour nous, qui lui sont bien supérieurs au physique et au moral et dont les habitants jouissent d'une félicité encore plus parfaite ; là est le séjour des Esprits les plus élevés, dont l'enveloppe éthérée n'a plus rien des propriétés connues de la matière.

On nous a plusieurs fois demandé si nous pensions que la condition de l'homme ici-bas était un obstacle absolu à ce qu'il pût passer sans intermédiaire de la Terre dans Jupiter. A toutes les questions qui touchent à la doctrine spirite nous ne répondons jamais d'après nos propres idées, contre lesquelles nous sommes toujours en défiance. Nous nous bornons à transmettre l'enseignement qui nous est donné, enseignement que nous n'acceptons point à la légère et avec un enthousiasme irréfléchi. A la question ci-dessus nous répondons nettement, parce que tel est le sens formel de nos instructions et le résultat de nos propres observations : OUI, l'homme en quittant la Terre peut aller immédiatement dans Jupiter, ou dans un monde analogue, car ce n'est pas le seul de cette catégorie. Peut-il en avoir la certitude ? NON. Il peut y aller, parce qu'il y a sur la Terre, quoique en petit nombre, des Esprits assez bons et assez dématérialisés pour n'être point déplacés dans un monde où le mal n'a point d'accès. Il n'en a pas la certitude, parce qu'il peut se faire illusion sur son mérite personnel et qu'il peut d'ailleurs avoir une autre mission à remplir. Ceux qui peuvent espérer cette faveur ne sont assurément ni les égoïstes, ni les ambitieux, ni les avares, ni les ingrats, ni les jaloux, ni les orgueilleux, ni les vaniteux, ni les hypocrites, ni les sensualistes, ni aucun de ceux qui sont dominés par l'amour des biens terrestres ; à ceux-là il faudra peut-être encore de longues et rudes épreuves. Cela dépend de leur volonté.

Confessions de Louis XI

Histoire de sa vie dictée par lui-même à mademoiselle Ermance Dufaux.

En parlant de l'*Histoire de Jeanne d'Arc dictée par elle-même*, et dont nous nous proposons de citer divers passages, nous avons dit que mademoiselle Dufaux avait écrit de la même manière l'*Histoire de Louis XI*. Ce travail, l'un des plus complets en ce genre, contient des documents précieux au point de vue historique. Louis XI s'y montre le profond politique que nous connaissons ; mais, de plus, il nous donne la clef de plusieurs faits jusqu'alors inexpliqués. Au point de vue spirite, c'est un des plus curieux échantillons des travaux de longue haleine produits par les Esprits. A cet égard, deux choses sont particulièrement remarquables : la rapidité de l'exécution (quinze jours ont suffi pour dicter la matière d'un fort volume) ; secondement, le souvenir si précis qu'un Esprit peut conserver des événements de la vie terrestre. A ceux qui douteraient de l'origine de ce travail et en feraient honneur à la mémoire de mademoiselle Dufaux, nous répondrons qu'il faudrait, en effet, de la part d'une enfant de quatorze ans, une mémoire bien phénoménale et un talent d'une précocité non moins extraordinaire pour écrire d'un seul trait un ouvrage de cette nature ; mais, à supposer que cela fût, nous demanderons où cette enfant aurait puisé les explications inédites de l'ombrageuse politique de Louis XI, et s'il n'eût pas été plus habile à ses parents de lui en laisser le mérite. Des diverses histoires écrites par son entremise, celle de Jeanne d'Arc est la seule qui ait été publiée. Nous faisons des voeux pour que les autres le soient bientôt, et nous leur prédisons un succès d'autant plus grand, que les idées spirites sont aujourd'hui infiniment plus répandues. Nous extrayons de celle de Louis XI le passage relatif à la mort du comte de Charolais :

Les historiens arrivés à ce fait historique : « Louis XI donna au comte de Charolais la lieutenance générale de Normandie, » avouent qu'ils ne comprennent pas qu'un roi si grand politique ait fait une si grande faute[6].

Les explications données par Louis XI sont difficiles à contredire, attendu qu'elles sont confirmées par trois actes connus de tout le monde : la conspiration de Constain, le voyage du comte de Charolais, qui suivit l'exécution du coupable, et enfin l'obtention par ce prince de la lieutenance générale de la Normandie, province qui réunissait les Etats des ducs de Bourgogne et de Bretagne, ennemis toujours ligués contre Louis XI.

Louis XI s'exprime ainsi :

« Le comte de Charolais fut gratifié de la lieutenance générale de la Normandie et d'une pension de trente-six mille livres. C'était une imprudence bien grande d'augmenter ainsi la puissance de la maison de Bourgogne. Quoique cette digression nous éloigne de la suite des affaires d'Angleterre, je crois devoir indiquer ici les motifs qui me faisaient agir ainsi.

« Quelque temps après son retour dans les Pays-Bas, le duc Philippe de Bourgogne était tombé dangereusement malade. Le comte de Charolais aimait vraiment son père malgré les chagrins qu'il lui avait causés : il est vrai que son caractère bouillant et impétueux et surtout mes perfides insinuations pouvaient l'excuser. Il le soigna avec une affection toute filiale et ne quitta, ni jour ni nuit, le chevet de son lit.

« Le danger du vieux duc m'avait fait faire de sérieuses réflexions ; je haïssais le comte et je croyais avoir tout à craindre de lui ; d'ailleurs il n'avait qu'une fille en bas âge, ce qui eût produit, après la mort du duc, qui ne paraissait pas devoir vivre longtemps, une minorité que les Flamands, toujours turbulents, auraient rendue extrêmement orageuse. J'aurais pu alors m'emparer facilement, si ce n'est de tous les biens de la maison de Bourgogne, du moins d'une partie, soit en couvrant cette usurpation d'une alliance, soit en lui laissant tout ce que la force lui donnait d'odieux. C'était plus de raisons qu'il ne m'en fallait pour faire empoisonner le comte de Charolais ; d'ailleurs la pensée d'un crime ne m'étonnait plus.

« Je parvins à séduire le sommelier du prince, Jean Constain. L'Italie était en quelque sorte le laboratoire des empoisonneurs : ce fut là que Constain envoya Jean d'Ivy, qu'il avait gagné à l'aide d'une somme considérable qu'il devait lui payer à son retour. D'Ivy voulut savoir à qui ce poison était destiné ; le sommelier eut l'imprudence d'avouer que c'était pour le comte de Charolais.

---

6 *Histoire de France*, par Velly et continuateurs.

« Après avoir fait sa commission, d'Ivy se présenta pour recevoir la somme promise ; mais, loin de la lui donner, Constain l'accabla d'injures. Furieux de cette réception, d'Ivy jura d'en tirer vengeance. Il alla trouver le comte de Charolais et lui avoua tout ce qu'il savait. Constain fut arrêté et conduit au château de Rippemonde. La crainte de la torture lui fit tout avouer, excepté ma complicité, espérant peut-être que j'intercéderais pour lui. Il était déjà au haut de la tour, lieu destiné à son supplice, et l'on s'apprêtait à le décapiter, lorsqu'il témoigna le désir de parler au comte. Il lui raconta alors le rôle que j'avais joué dans cette tentative. Le comte de Charolais, malgré l'étonnement et la colère qu'il éprouvait, se tut, et les personnes présentes ne purent former que de vagues conjectures fondées sur les mouvements de surprise que ce récit lui arracha. Malgré l'importance de cette révélation, Constain fut décapité et ses biens furent confisqués, mais rendus à sa famille par le duc de Bourgogne.

« Son dénonciateur éprouva le même sort, qu'il dut en partie à l'imprudente réponse qu'il fit au prince de Bourgogne ; celui-ci lui ayant demandé s'il eût dénoncé le complot si on lui eût payé la somme promise, il eut l'inconcevable témérité de répondre que non.

« Quand le comte vint à Tours, il me demanda une entrevue particulière ; là il laissa éclater toute sa fureur et m'accabla de reproches. Je l'apaisai en lui donnant la lieutenance générale de Normandie et la pension de trente-six mille livres ; la lieutenance générale ne fut qu'un vain titre ; quant à la pension, il n'en reçut que le premier terme. »

La fatalité et les pressentiments

Instruction donnée par saint Louis.

Un de nos correspondants nous écrit ce qui suit :

« Au mois de septembre dernier, une embarcation légère, faisant la traversée de Dunkerque à Ostende, fut surprise par un gros temps et par la nuit ; l'esquif chavira, et des huit personnes qui le montaient, quatre périrent ; les quatre autres, au nombre desquelles je me trouvais, parvinrent à se maintenir sur la quille. Nous restâmes toute la nuit dans cette affreuse position, sans autre perspective que la mort, qui nous paraissait inévitable et dont nous éprouvâmes toutes les angoisses. Au point du jour, le vent nous ayant poussés à la côte, nous pûmes gagner la terre à la nage.

« Pourquoi dans ce danger, *égal pour tous*, quatre personnes seulement ont-elles succombé ? Remarquez que, pour mon compte, c'est la sixième ou septième fois que j'échappe à un péril aussi imminent, et à peu près dans les mêmes circonstances. Je suis vraiment porté à croire qu'une main invisible me protège. Qu'ai-je fait pour cela ? Je ne sais trop ; je suis sans importance et sans utilité dans ce monde, et ne me flatte pas de valoir mieux que les autres ; loin de là : il y avait parmi les victimes de l'accident un digne ecclésiastique, modèle des vertus évangéliques, et une vénérable soeur de Saint-Vincent de Paul qui allaient accomplir une sainte mission de charité chrétienne. La fatalité me semble jouer un grand rôle dans ma destinée. Les Esprits n'y seraient-ils pas pour quelque chose ? Serait-il possible d'avoir par eux une explication à ce sujet, en leur demandant, par exemple, si ce sont eux qui provoquent ou détournent les dangers qui nous menacent ?... »

Conformément au désir de notre correspondant, nous adressâmes les questions suivantes à l'Esprit de saint Louis, qui veut bien se communiquer à nous toutes les fois qu'il y a une instruction utile à donner.

1. Lorsqu'un danger imminent menace quelqu'un, est-ce un Esprit qui dirige le danger, et lorsqu'on y échappe, est-ce un autre Esprit qui le détourne ?

Rép. Lorsqu'un Esprit s'incarne, il choisit une épreuve ; en la choisissant il se fait une sorte de destin qu'il ne peut plus conjurer une fois qu'il s'y est soumis ; je parle des épreuves physiques. L'Esprit conservant son libre arbitre sur le bien et le mal, il est toujours le maître de supporter ou de repousser l'épreuve ; un bon Esprit, en le voyant faiblir, peut venir à son aide, mais ne peut influer sur lui de manière à maîtriser sa volonté. Un Esprit mauvais, c'est-à-dire inférieur, en lui montrant, en lui exagérant un péril physique, peut l'ébranler et l'effrayer, mais la volonté de l'Esprit incarné n'en reste pas moins libre de toute entrave.

2. Lorsqu'un homme est sur le point de périr par accident, il me semble que le libre arbitre n'y est pour rien. Je demande donc si c'est un mauvais Esprit qui provoque cet accident, qui en est en quelque sorte l'agent ; et, dans le cas où il se tire de péril, si un bon Esprit est venu à son aide.

Rép. Le bon Esprit ou le mauvais Esprit ne peut que suggérer des pensées bonnes ou mauvaises, selon sa nature. L'accident est marqué dans le destin de l'homme. Lorsque ta vie a été mise en péril, c'est un avertissement que toi-même as désiré, afin de te détourner du mal et de te rendre meilleur. Lorsque tu échappes à ce péril, encore sous l'influence du danger que tu as couru, tu songes plus ou moins fortement, selon l'action plus ou moins forte des bons Esprits, à devenir meilleur. Le mauvais Esprit survenant (je dis mauvais, sous-entendant le mal qui est encore en lui), tu penses que tu échapperas de même à d'autres dangers, et tu laisses de nouveau tes passions se déchaîner.

3. La fatalité qui semble présider aux destinées matérielles de notre vie serait donc encore l'effet de notre libre arbitre ?

Rép. Toi-même as choisi ton épreuve : plus elle est rude, mieux tu la supportes, plus tu t'élèves. Ceux-là qui passent leur vie dans l'abondance et le bonheur humain sont de lâches Esprits qui demeurent stationnaires. Ainsi le nombre des infortunés l'emporte de beaucoup sur celui des heureux de ce monde, attendu que les Esprits cherchent pour la plupart l'épreuve qui leur sera la plus fructueuse. Ils voient trop bien la futilité de vos grandeurs et de vos jouissances. D'ailleurs, la vie la plus heureuse est toujours agitée, toujours troublée, ne serait-ce que par l'absence de la douleur.

4. Nous comprenons parfaitement cette doctrine, mais cela ne nous explique pas si certains Esprits ont une action directe sur la cause matérielle de l'accident. Je suppose qu'au moment où un homme passe sur un pont, le pont s'écroule. Qui a poussé l'homme à passer sur ce pont ?

Rép. Lorsqu'un homme passe sur un pont qui doit se rompre, ce n'est pas un Esprit qui le pousse à passer sur ce pont, c'est l'instinct de sa destinée qui l'y porte.

5. Qui a fait rompre le pont ?

Rép. Les circonstances naturelles. La matière a en elle ses causes de destruction. Dans le cas dont il s'agit, l'Esprit, ayant besoin d'avoir recours à un élément étranger à sa nature pour mouvoir des forces matérielles, aura plutôt recours à l'intuition spirituelle. Ainsi tel pont devant se rompre, l'eau ayant disjoint les pierres qui le composent, la rouille ayant rongé les chaînes qui le suspendent, l'Esprit, dis-je, insinuera plutôt à l'homme de passer par ce pont que d'en faire rompre un autre sous ses pas. D'ailleurs, vous avez une preuve matérielle de ce que j'avance : quelque accident que ce soit arrive toujours naturellement, c'est-à-dire que des causes qui se lient l'une à l'autre l'ont amené insensiblement.

6. Prenons un autre cas où la destruction de la matière ne soit pas la cause de l'accident. Un homme mal intentionné tire sur moi, la balle m'effleure, elle ne m'atteint pas. Un Esprit bienveillant peut-il l'avoir détournée ? - *Rép.* Non.

7. Les Esprits peuvent-ils nous avertir directement d'un danger ? Voici un fait qui semblerait le confirmer : Une femme sortait de chez elle et suivait le boulevard. Une voix intime lui dit : Va-t'en ; retourne chez toi. Elle hésite. La même voix se fait entendre à plusieurs reprises ; alors elle revient sur ses pas ; mais, se ravisant, elle se dit : Qu'ai-je à faire chez moi ? j'en sors ; c'est sans doute un effet de mon imagination. Alors elle continue son chemin. A quelques pas de là une poutre que l'on sortait d'une maison la frappe à la tête et la renverse sans connaissance. Quelle était cette voix ? N'était-ce pas un pressentiment de ce qui allait arriver à cette femme ? - *Rép.* Celle de l'instinct ; d'ailleurs aucun pressentiment n'a de tels caractères : toujours ils sont vagues.

8. Qu'entendez-vous par la voix de l'instinct ? - *Rép.* J'entends que l'Esprit, avant de s'incarner, a connaissance de toutes les phases de son existence ; lorsque celles-ci ont un caractère saillant, il en conserve une sorte d'impression dans son for intérieur, et cette impression, se réveillant quand le moment approche, devient pressentiment.

NOTA. Les explications ci-dessus ont rapport à la fatalité des événements matériels. La fatalité morale est traitée d'une manière complète dans le *Livre des Esprits*.

Utilité de certaines évocations particulières

Les communications que l'on obtient des Esprits très supérieurs ou de ceux qui ont animé les grands personnages de l'antiquité sont précieuses par le haut enseignement qu'elles renferment. Ces Esprits ont acquis un degré de perfection qui leur permet d'embrasser une sphère d'idées plus étendue, de pénétrer des mystères qui dépassent la portée vulgaire de l'humanité, et par conséquent de nous initier mieux que d'autres à certaines choses. Il ne s'ensuit pas de là que les communications des Esprits d'un ordre moins élevé soient sans utilité ; loin de là : l'observateur y puise plus d'une instruction. Pour connaître les moeurs d'un peuple, il faut l'étudier à tous les degrés de l'échelle. Quiconque ne l'aurait vu que sous une face le connaîtrait mal. L'histoire d'un peuple n'est pas celle de ses rois et des sommités sociales ; pour le juger, il faut le voir dans la vie intime, dans ses habitudes privées. Or, les Esprits supérieurs sont les sommités du monde spirite ;

leur élévation même les place tellement au-dessus de nous que nous sommes effrayés de la distance qui nous sépare. Des Esprits plus bourgeois (qu'on nous passe cette expression) nous en rendent plus palpables les circonstances de leur nouvelle existence. Chez eux, la liaison entre la vie corporelle et la vie spirite est plus intime, nous la comprenons mieux, parce qu'elle nous touche de plus près. En apprenant par eux-mêmes ce que sont devenus, ce que pensent, ce qu'éprouvent les hommes de toutes conditions et de tous caractères, les hommes de bien comme les vicieux, les grands et les petits, les heureux et les malheureux du siècle, en un mot les hommes qui ont vécu parmi nous, que nous avons vus et connus, dont nous connaissons la vie réelle, les vertus et les travers, nous comprenons leurs joies et leurs souffrances, nous nous y associons et nous y puisons un enseignement moral d'autant plus profitable que les rapports entre eux et nous sont plus intimes. Nous nous mettons plus facilement à la place de celui qui a été notre égal que de celui que nous ne voyons qu'à travers le mirage d'une gloire céleste. Les Esprits vulgaires nous montrent l'application pratique des grandes et sublimes vérités dont les Esprits supérieurs nous enseignent la théorie. D'ailleurs dans l'étude d'une science rien n'est inutile : Newton a trouvé la loi des forces de l'univers dans le phénomène le plus simple.

Ces communications ont un autre avantage, c'est de constater l'identité des Esprits d'une manière plus précise. Quand un Esprit nous dit avoir été Socrate ou Platon, nous sommes obligés de le croire sur parole, car il n'apporte pas avec lui un certificat d'authenticité ; nous pouvons voir à ses discours s'il dément ou non l'origine qu'il se donne : nous le jugeons Esprit élevé, voilà tout ; qu'il ait été en réalité Socrate ou Platon, peu nous importe. Mais quand l'Esprit de nos proches, de nos amis ou de ceux que nous avons connus se manifeste à nous, il se présente mille circonstances de détails intimes où l'identité ne saurait être révoquée en doute : on en acquiert en quelque sorte la preuve matérielle. Nous pensons donc qu'on nous saura gré de donner de temps en temps quelques-unes de ces évocations intimes : c'est le roman de moeurs de la vie spirite, moins la fiction.

Entretiens familiers d'outre-tombe

L'assassin Lemaire.

Condamné par la Cour d'assises de l'Aisne à la peine de mort et exécuté le 31 décembre 1857, évoqué le 29 janvier 1858.

1. Je prie Dieu tout-puissant de permettre à l'assassin Lemaire, exécuté le 31 décembre 1857, de venir parmi nous. - *Rép.* Je suis là.

2. Comment se fait-il que tu sois venu si promptement à notre appel ? - *Rép.* Rachel l'a dit[7].

[7] Mademoiselle Rachel, ayant été évoquée quelques jours auparavant par l'intermédiaire du même médium, se présenta instantanément. On lui fit, à ce sujet, les questions suivantes :

3. Quel sentiment éprouves-tu à notre vue ? - *Rép.* La honte.

4. Comment une jeune fille, douce comme un agneau, peut-elle servir d'intermédiaire à un être sanguinaire comme toi ? - *Rép.* Dieu l'a permis.

5. As-tu conservé toute ta connaissance jusqu'au dernier moment ? *Rép.* Oui.

6. Et immédiatement après ton exécution, as-tu eu la conscience de ta nouvelle existence ? - *Rép.* J'étais plongé dans un trouble immense dont je ne suis pas encore sorti. J'ai senti une immense douleur ; il m'a semblé que mon coeur la souffrait. J'ai vu je ne sais quoi rouler au pied de l'échafaud ; j'ai vu du sang couler, et ma douleur n'en est devenue que plus poignante.

7. Etait-ce une douleur purement physique, analogue à celle qui serait causée par une grave blessure : par l'amputation d'un membre, par exemple ? - *Rép.* Non ; figure-toi un remords, une grande douleur morale.

8. Quand as-tu commencé à ressentir cette douleur ? - *Rép.* Dès que j'ai été libre.

9. La douleur physique causée par le supplice était-elle ressentie par le corps ou par l'Esprit ? - *Rép.* La douleur morale était dans mon esprit ; le corps a ressenti la douleur physique ; mais l'Esprit séparé s'en ressentait encore.

10. As-tu vu ton corps mutilé ? - *Rép.* J'ai vu je ne sais quoi d'informe qu'il me semblait n'avoir pas quitté ; cependant je me sentais encore entier : j'étais moi-même.

11. Quelle impression cette vue a-t-elle faite sur toi ? - *Rép.* Je sentais trop ma douleur ; j'étais perdu en elle.

12. Est-il vrai que le corps vive encore quelques instants après la décapitation, et que le supplicié ait la conscience de ses idées ? - *Rép.* L'Esprit se retire peu à peu ; plus les liens de la matière l'enlacent, moins la séparation est prompte.

13. Combien de temps cela dure-t-il ? - *Rép.* Plus ou moins. (Voir la réponse précédente.)

14. On dit avoir remarqué sur la figure de certains suppliciés l'expression de la colère, et des mouvements comme s'ils voulaient parler ; est-ce l'effet d'une contraction nerveuse, ou bien la volonté y avait-elle part ? - *Rép.* La volonté ; car l'Esprit ne s'en était pas encore retiré.

- Comment se fait-il que vous soyez venue si promptement, à l'instant même où nous vous avons évoquée ; on dirait que vous étiez toute prête ? - *Rép.* Lorsque Ermance (le médium) nous appelle, nous venons vite.

- Vous avez donc beaucoup de sympathie pour mademoiselle Ermance ? *Rép.* Il y a un lien entre elle et nous. Elle venait à nous ; nous venons à elle.

- Il n'y a cependant aucune similitude entre son caractère et le vôtre ; comment se fait-il alors qu'il y ait sympathie ? - *Rép.* Elle n'a jamais quitté entièrement le monde des Esprits.

15. Quel est le premier sentiment que tu as éprouvé en entrant dans ta nouvelle existence ? - *Rép.* Une intolérable souffrance ; une sorte de remords poignant dont j'ignorais la cause.

16. T'es-tu trouvé réuni à tes complices exécutés en même temps que toi ? - *Rép.* Pour notre malheur ; notre vue est un supplice continuel ; chacun de nous reproche à l'autre son crime.

17. Rencontres-tu tes victimes ? - *Rép.* Je les vois... elles sont heureuses... leur regard me poursuit... je le sens qui plonge jusqu'au fond de mon être... en vain je veux le fuir.

18. Quel sentiment éprouves-tu à leur vue ? - *Rép.* La honte et le remords. Je les ai élevées de mes propres mains, et je les hais encore.

19. Quel sentiment éprouvent-elles à ta vue ? - *Rép.* La pitié !

20. Ont-elles de la haine et le désir de la vengeance ? - *Rép.* Non ; leurs voeux appellent pour moi l'expiation. Vous ne sauriez sentir quel horrible supplice de tout devoir à qui l'on hait.

21. Regrettes-tu la vie terrestre ? - *Rép.* Je ne regrette que mes crimes ; si l'événement était encore dans mes mains, je ne succomberais plus.

22. Comment as-tu été conduit à la vie criminelle que tu as menée ? - *Rép.* Ecoute ! Je me suis cru fort ; j'ai choisi une rude épreuve ; j'ai cédé aux tentations du mal.

23. Le penchant au crime était-il dans ta nature, ou bien as-tu été entraîné par le milieu dans lequel tu as vécu ? - *Rép.* Le penchant au crime était dans ma nature, car je n'étais qu'un Esprit inférieur. J'ai voulu m'élever promptement, mais j'ai demandé plus que mes forces.

24. Si tu avais reçu de bons principes d'éducation, aurais-tu pu être détourné de la vie criminelle ? - *Rép.* Oui ; mais j'ai choisi la position où je suis né.

25. Aurais-tu pu faire un homme de bien ? - *Rép.* Un homme faible, incapable du bien comme du mal. Je pouvais paralyser le mal de ma nature pendant mon existence, mais je ne pouvais m'élever jusqu'à faire le bien.

26. De ton vivant croyais-tu en Dieu ? - *Rép.* Non.

27. On dit qu'au moment de mourir tu t'es repenti ; est-ce vrai ? - *Rép.* J'ai cru à un Dieu vengeur... j'ai eu peur de sa justice.

28. En ce moment ton repentir est-il plus sincère ? - *Rép.* Hélas ! je vois ce que j'ai fait.

29. Que penses-tu de Dieu maintenant ? - *Rép.* Je le sens et ne le comprends pas.

30. Trouves-tu juste le châtiment qui t'a été infligé sur la terre ? - *Rép.* Oui.

31. Espères-tu obtenir le pardon de tes crimes ? - *Rép.* Je ne sais.

32. Comment espères-tu racheter tes crimes ? - *Rép.* Par de nouvelles épreuves ; mais il me semble que l'Eternité est entre elles et moi.

33. Ces épreuves s'accompliront-elles sur la terre ou dans un autre monde ? - *Rép.* Je ne sais pas.

34. Comment pourras-tu expier tes fautes passées dans une nouvelle existence si tu n'en as pas le souvenir ? - *Rép.* J'en aurai la prescience.

35. Où es-tu maintenant ? - *Rép.* Je suis dans ma souffrance.

36. Je demande dans quel lieu tu es ? - *Rép.* Près d'Ermance.

37. Es-tu réincarné ou errant ? - *Rép.* Errant ; si j'étais réincarné, j'aurais l'espoir. J'ai dit : l'Eternité me semble entre l'expiation et moi.

38. Puisque tu es ici, si nous pouvions te voir, sous quelle forme nous apparaîtrais-tu ? - *Rép.* Sous ma forme corporelle, ma tête séparée du tronc.

39. Pourrais-tu nous apparaître ? - *Rép.* Non ; laissez-moi.

40. Voudrais-tu nous dire comment tu t'es évadé de la prison de Montdidier ? - *Rép.* Je ne sais plus... Ma souffrance est si grande que je n'ai plus que le souvenir du crime... Laissez-moi.

41. Pourrions-nous apporter quelque soulagement à tes souffrances ? - *Rép.* Faites des voeux pour que l'expiation arrive.

La reine d'Oude.

Nota. - Dans ces entretiens, nous supprimerons dorénavant la formule d'évocation, qui est toujours la même, à moins qu'elle ne présente, par la réponse, quelque particularité.

1. Quelle sensation avez-vous éprouvée en quittant la vie terrestre ? - *Rép.* Je ne saurais le dire ; j'éprouve encore du trouble.

2. Etes-vous heureuse ? - *Rép.* Non.

3. Pourquoi n'êtes-vous pas heureuse ? - *Rép.* Je regrette la vie... je ne sais... j'éprouve une poignante douleur ; la vie m'en aurait délivrée... je voudrais que mon corps se levât de son sépulcre.

4. Regrettez-vous de n'avoir pas été ensevelie dans votre pays et de l'être parmi des chrétiens ? - *Rép.* Oui ; la terre indienne pèserait moins sur mon corps.

5. Que pensez-vous des honneurs funèbres rendus à votre dépouille ? - *Rép.* Ils ont été bien peu de chose ; j'étais reine, et tous n'ont pas ployé les genoux devant moi... Laissez-moi... On me force à parler... Je ne veux pas que vous sachiez ce que je suis maintenant... J'ai été reine, sachez-le bien.

6. Nous respectons votre rang, et nous vous prions de nous répondre pour notre instruction.

Pensez-vous que votre fils recouvrera un jour les Etats de son père ? - *Rép.* Certes mon sang régnera ; il en est digne.

7. Attachez-vous à la réintégration de votre fils sur le trône d'Oude la même importance que de votre vivant ? - *Rép.* Mon sang ne peut être confondu dans la foule.

8. Quelle est votre opinion actuelle sur la véritable cause de la révolte des Indes ? - *Rép.* L'Indien est fait pour être maître chez lui.

9. Que pensez-vous de l'avenir qui est réservé à ce pays ? - *Rép.* L'Inde sera grande parmi les nations.

10. On n'a pu inscrire sur votre acte de décès le lieu de votre naissance ; pourriez-vous le dire maintenant ? - *Rép.* Je suis née du plus noble sang de l'Inde. Je crois que je suis née à Delhy.

11. Vous qui avez vécu dans les splendeurs du luxe et qui avez été entourée d'honneurs, qu'en pensez-vous maintenant ? - *Rép.* Ils m'étaient dus.

12. Le rang que vous avez occupé sur la terre vous en donne-t-il un plus élevé dans le monde où vous êtes aujourd'hui ? - *Rép.* Je suis toujours reine... Qu'on m'envoie des esclaves pour me servir !... Je ne sais ; on ne semble pas se soucier de moi ici... Pourtant, je suis toujours moi.

13. Apparteniez-vous à la religion musulmane, ou à une religion hindoue ? - *Rép.* Musulmane ; mais j'étais trop grande pour m'occuper de Dieu.

14. Quelle différence faites-vous entre la religion que vous professiez et la religion chrétienne, pour le bonheur à venir de l'homme ? - *Rép.* La religion chrétienne est absurde ; elle dit que tous sont frères.

15. Quelle est votre opinion sur Mahomet ? - *Rép.* Il n'était pas fils de roi.

16. Avait-il une mission divine ? - *Rép.* Que m'importe cela !

17. Quelle est votre opinion sur le Christ ? - *Rép.* Le fils du charpentier n'est pas digne d'occuper ma pensée.

18. Que pensez-vous de l'usage, qui soustrait les femmes musulmanes aux regards des hommes ? - *Rép.* Je pense que les femmes sont faites pour dominer : moi, j'étais femme.

19. Avez-vous quelquefois envié la liberté dont jouissent les femmes en Europe ? - *Rép.* Non ; que m'importait leur liberté ! les sert-on à genoux ?

20. Quelle est votre opinion sur la condition de la femme en général dans l'espèce humaine ? - *Rép.* Que m'importent les femmes ! Si tu me parlais des reines !

21. Vous rappelez-vous avoir eu d'autres existences sur la terre avant celle que vous venez de quitter ? - *Rép.* J'ai dû toujours être reine.

22. Pourquoi êtes-vous venue si promptement à notre appel ? - *Rép.* Je ne l'ai pas voulu ; on m'y a forcée... Penses-tu donc que j'eusse daigné répondre ? Qu'êtes-vous donc près de moi ?

23. Qui vous a forcée à venir ? - *Rép.* Je ne le sais pas... Cependant, il ne doit pas y en avoir de plus grand que moi.

24. Dans quel endroit êtes-vous ici ? - *Rép.* Près d'Ermance.

25. Sous quelle forme y êtes-vous ? - *Rép.* Je suis toujours reine... Penses-tu donc que j'aie cessé de l'être ? Vous êtes peu respectueux... Sachez que l'on parle autrement à des reines.

26. Pourquoi ne pouvons-nous pas vous voir ? - *Rép.* Je ne le veux pas.

27. Si nous pouvions nous voir, est-ce que nous vous verrions avec vos vêtements, vos parures et vos bijoux ? - *Rép.* Certes !

28. Comment se fait-il qu'ayant quitté tout cela, votre Esprit en ait conservé l'apparence, surtout de vos parures ? - *Rép.* Elles ne m'ont pas quittée... Je suis toujours aussi belle que j'étais... Je ne sais quelle idée vous vous faites de moi ! Il est vrai que vous ne m'avez jamais vue.

29. Quelle impression éprouvez-vous de vous trouver au milieu de nous ? - *Rép.* Si je le pouvais, je n'y serais pas : vous me traitez avec si peu de respect ! Je ne veux pas que l'on me tutoie... Nommez-moi Majesté, ou je ne réponds plus.

30. Votre Majesté *comprenait*-elle la langue française ? - *Rép.* Pourquoi ne l'aurais-je pas comprise ? Je savais tout.

31. Votre Majesté voudrait-elle nous répondre en anglais ? - *Rép.* Non... Ne me laisserez-vous donc pas tranquille ?... Je veux m'en aller... Laissez-moi... Me pensez-vous soumise à vos caprices ?... Je suis reine et ne suis pas esclave.

32. Nous vous prions seulement de vouloir bien répondre encore à deux ou trois questions.

Réponse de saint Louis, qui était présent : Laissez-la, la pauvre égarée ; ayez pitié de son aveuglement. Qu'elle vous serve d'exemple ! Vous ne savez pas combien souffre son orgueil.

Remarque. - Cet entretien offre plus d'un enseignement. En évoquant cette grandeur déchue, maintenant dans la tombe, nous n'espérions pas des réponses d'une grande profondeur, vu le genre d'éducation des femmes de ce pays ; mais nous pensions trouver en cet Esprit, sinon de la philosophie, du moins un sentiment plus vrai de la réalité, et des idées plus saines sur les vanités et les grandeurs d'ici-bas. Loin de là : chez lui les idées terrestres ont conservé toute leur force ; c'est l'orgueil qui n'a rien perdu de ses illusions, qui lutte contre sa propre faiblesse, et qui doit en effet bien souffrir de son impuissance. Dans la prévision de réponses d'une tout autre nature, nous avions préparé diverses questions qui sont devenues sans objet. Ces réponses sont si différentes de celles que nous attendions, ainsi que les personnes présentes, qu'on ne saurait y voir l'influence d'une pensée étrangère. Elles ont en outre un cachet de personnalité si caractérisé, qu'elles accusent clairement l'identité de l'Esprit qui s'est manifesté.

On pourrait s'étonner avec raison de voir Lemaire, homme dégradé et souillé de tous les crimes, manifester par son langage d'outre-tombe des sentiments qui dénotent une certaine élévation et une appréciation assez exacte de sa situation, tandis que chez la reine d'Oude, dont le rang qu'elle occupait aurait dû développer le sens moral, les idées terrestres n'ont subi aucune modification. La cause de cette anomalie nous paraît facile à expliquer. Lemaire, tout dégradé qu'il était, vivait au milieu d'une société civilisée et éclairée qui avait réagi sur sa nature grossière ; il avait absorbé à son insu quelques rayons de la lumière qui l'entourait, et cette lumière a dû faire naître en lui des pensées étouffées par son abjection, mais dont le germe n'en subsistait pas moins. Il en est tout autrement de la reine d'Oude : le milieu où elle a vécu, les habitudes, le défaut absolu de culture intellectuelle, tout a dû contribuer à maintenir dans toute leur force les idées dont elle était imbue dès l'enfance ; rien n'est venu modifier cette nature primitive, sur laquelle les préjugés ont conservé tout leur empire.

Le Docteur Xavier

Sur diverses questions Psycho-Physiologiques

Un médecin de grand talent, que nous désignerons sous le nom de Xavier, mort il y a quelques mois, et qui s'était beaucoup occupé de magnétisme, avait laissé un manuscrit destiné, pensait-il, à faire une révolution dans la science. Avant de mourir il avait lu le *Livre des Esprits* et désiré se mettre en rapport avec l'auteur. La maladie à laquelle il a succombé ne lui en a pas laissé le temps. Son évocation a eu lieu sur la demande de sa famille, et les réponses, éminemment instructives, qu'elle renferme nous ont engagé à en insérer un extrait dans notre recueil, en supprimant tout ce qui est d'un intérêt privé.

1. Vous rappelez-vous le manuscrit que vous avez laissé ? - *Rép.* J'y attache peu d'importance.

2. Quelle est votre opinion actuelle sur ce manuscrit ? - *Rép.* Vaine oeuvre d'un être qui s'ignorait lui-même.

3. Vous pensiez cependant que cet ouvrage pourrait faire une révolution dans la science ? - *Rép.* Je vois trop clair maintenant.

4. Pourriez-vous, comme Esprit, corriger et achever ce manuscrit ? - *Rép.* Je suis parti d'un point que je connaissais mal ; peut-être faudrait-il tout refaire.

5. Etes-vous heureux ou malheureux ? - *Rép.* J'attends et je souffre.

6. Qu'attendez-vous ? - *Rép.* De nouvelles épreuves.

7. Quelle est la cause de vos souffrances ? - *Rép.* Le mal que j'ai fait.

8. Vous n'avez cependant pas fait de mal avec intention ? - *Rép.* Connais-tu bien le coeur de l'homme ?

9. Etes-vous errant ou incarné ? - *Rép.* Errant.

10. Quel était, de votre vivant, votre opinion sur la Divinité ? - *Rép.* Je n'y croyais pas.

11. Quelle est-elle maintenant ? - *Rép.* Je n'y crois que trop.

12. Vous aviez le désir de vous mettre en rapport avec moi ; vous le rappelez-vous ? - *Rép.* Oui.

13. Me voyez-vous et me reconnaissez-vous pour la personne avec qui vous vouliez entrer en relation ? - *Rép.* Oui.

14. Quelle impression le *Livre des Esprits* a-t-il faite sur vous ? - *Rép.* Il m'a bouleversé.

15. Qu'en pensez-vous maintenant ? - *Rép.* C'est une grande oeuvre.

16. Que pensez-vous de l'avenir de la doctrine spirite ? - *Rép.* Il est grand, mais certains disciples la gâtent.

17. Quels sont ceux qui la gâtent ? - *Rép.* Ceux qui attaquent ce qui existe : les religions, les premières et les plus simples croyances des hommes.

18. Comme médecin, et en raison des études que vous avez faites, vous pourrez sans doute répondre aux questions suivantes :

Le corps peut-il conserver quelques instants la vie organique après la séparation de l'âme ? - *Rép.* Oui.

19. Combien de temps ? - *Rép.* Il n'y a pas de temps.

20. Précisez votre réponse, je vous prie. - *Rép.* Cela ne dure que quelques instants.

21. Comment s'opère la séparation de l'âme du corps ? - *Rép.* Comme un fluide qui s'échappe d'un vase quelconque.

22. Y a-t-il une ligne de démarcation réellement tranchée entre la vie et la mort ? - *Rép.* Ces deux états se touchent et se confondent ; ainsi l'Esprit se dégage peu à peu de ses liens ; il se dénoue et ne se brise pas.

23. Ce dégagement de l'âme s'opère-t-il plus promptement chez les uns que chez les autres ? - *Rép.* Oui : ceux qui, de leur vivant, se sont déjà élevés au-dessus de la matière, car alors leur âme appartient plus au monde des Esprits qu'au monde terrestre.

24. A quel moment s'opère l'union de l'âme et du corps chez l'enfant ? - *Rép.* Lorsque l'enfant respire ; comme s'il recevait l'âme avec l'air extérieur.

Remarque. Cette opinion est la conséquence du dogme catholique. En effet, l'Eglise enseigne que l'âme ne peut être sauvée que par le baptême ; or, comme la mort naturelle intra-utérine est très fréquente, que deviendrait cette âme privée, selon elle, de cet unique moyen de salut, si elle existait dans le corps avant la naissance ? Pour être conséquent, il faudrait que le baptême eût lieu, sinon de fait, du moins d'intention, dès l'instant de la conception.

25. Comment expliquez-vous alors la vie intra-utérine ? - *Rép.* Comme la plante qui végète. L'enfant vit de sa vie animale.

26. Y a-t-il crime à priver un enfant de la vie avant sa naissance, puisque, avant cette époque, l'enfant n'ayant pas d'âme n'est point en quelque sorte un être humain ? - *Rép.* La mère, ou tout autre commettra toujours un crime en ôtant la vie à l'enfant avant sa naissance, car c'est empêcher l'âme de supporter les épreuves dont le corps devait être l'instrument.

27. L'expiation qui devait être subie par l'âme empêchée de s'incarner aura-t-elle lieu néanmoins ? - *Rép.* Oui, mais Dieu savait que l'âme ne s'unirait pas à ce corps ; ainsi aucune âme ne devait s'unir à cette enveloppe corporelle : *c'était l'épreuve de la mère.*

28. Dans le cas où la vie de la mère serait en danger par la naissance de l'enfant, y a-t-il crime à sacrifier l'enfant pour sauver sa mère ? - *Rép.* Non ; il faut sacrifier l'être qui n'existe pas à l'être qui existe.

29. L'union de l'âme et du corps s'opère-t-elle instantanément ou graduellement ; c'est-à-dire faut-il un temps appréciable pour que cette union soit complète ? - *Rép.* L'Esprit n'entre pas brusquement dans le corps. Pour mesurer ce temps, imaginez-vous que le premier souffle que l'enfant reçoit est l'âme qui entre dans le corps : le temps que la poitrine se soulève et s'abaisse.

30. L'union d'une âme avec tel ou tel corps est-elle prédestinée, ou bien n'est-ce qu'au moment de la naissance que le choix se fait ? - *Rép.* Dieu l'a marqué ; cette question demande de plus longs développements. L'Esprit en choisissant l'épreuve qu'il veut subir demande à s'incarner ; or Dieu, qui sait tout et voit tout, a su et vu d'avance que telle âme s'unirait à tel corps. Lorsque l'Esprit naît dans les basses classes de la société, il sait que sa vie ne sera que labeur et souffrances. L'enfant qui va naître a une existence qui résulte, jusqu'à un certain point, de la position de ses parents.

31. Pourquoi des parents bons et vertueux donnent-ils naissance à des enfants d'une nature perverse ? autrement dit, pourquoi les bonnes qualités des parents n'attirent-elles pas toujours, par sympathie, un bon Esprit pour animer leur enfant ? - *Rép.* Un mauvais Esprit demande de bons parents, dans l'espérance que leurs conseils le dirigeront dans une voie meilleure.

32. Les parents peuvent-ils, par leurs pensées et leurs prières, attirer dans le corps de l'enfant un bon Esprit plutôt qu'un Esprit inférieur ? - *Rép.* Non ; mais ils peuvent améliorer l'Esprit de l'enfant qu'ils ont fait naître : c'est leur devoir ; de mauvais enfants sont une épreuve pour les parents.

33. On conçoit l'amour maternel pour la conservation de la vie de l'enfant, mais puisque cet amour est dans la nature, pourquoi y a-t-il des mères qui haïssent leurs enfants, et cela souvent dès leur naissance ? -*Rép.* Mauvais Esprits qui tâchent d'entraver l'Esprit de l'enfant, afin qu'il succombe sous l'épreuve qu'il a voulue.

34. Nous vous remercions des explications que vous avez bien voulu nous donner. - *Rép.* Pour vous instruire, je ferai tout.

Remarque. La théorie donnée par cet Esprit sur l'instant de l'union de l'âme et du corps n'est pas tout à fait exacte. L'union commence dès la conception ; c'est-à-dire que, dès ce moment, l'Esprit, sans être incarné, tient au corps par un lien fluidique qui va se resserrant de plus en plus jusqu'à la naissance ; l'incarnation n'est complète que lorsque l'enfant respire. (Voy. le *Livre des Esprits*, n° 344 et suiv.)

M. Home

(Deuxième article. - Voir le numéro de février 1858.)

M. Home, ainsi que nous l'avons dit, est un médium du genre de ceux sous l'influence desquels se produisent plus spécialement des phénomènes physiques, sans exclure pour cela les manifestations intelligentes. Tout effet qui révèle l'action d'une volonté libre est par cela même intelligent ; c'est-à-dire qu'il n'est pas purement mécanique et qu'il ne saurait être attribué à un agent exclusivement matériel ; mais de là aux communications instructives d'une haute portée morale et philosophique, il y a une grande distance, et il n'est pas à notre connaissance que M. Home en obtienne de cette nature. N'étant pas médium écrivain, la plupart des réponses sont données par des coups frappés indiquant les lettres de l'alphabet, moyen toujours imparfait et trop lent, qui se prête difficilement à des développements d'une certaine étendue. Il obtient pourtant aussi l'écriture, mais par un autre moyen dont nous parlerons tout à l'heure.

Disons d'abord, comme principe général, que les manifestations ostensibles, celles qui frappent nos sens, peuvent être spontanées ou provoquées. Les premières sont indépendantes de la volonté ; elles ont même souvent lieu contre la volonté de celui qui en est l'objet, et auquel elles ne sont pas toujours agréables. Les faits de ce genre sont fréquents, et, sans remonter aux récits plus ou moins authentiques des temps reculés, l'histoire contemporaine nous en offre de nombreux exemples dont la cause, ignorée dans le principe, est aujourd'hui parfaitement connue : tels sont, par exemple, les bruits insolites, le mouvement désordonné des objets, les rideaux tirés, les couvertures arrachées, certaines apparitions, etc. Quelques personnes sont douées d'une faculté spéciale qui leur donne le pouvoir de provoquer ces phénomènes, au moins en partie, pour ainsi dire à volonté.

Cette faculté n'est point très rare, et, sur cent personnes, cinquante au moins la possèdent à un degré plus ou moins grand. Ce qui distingue M. Home, c'est qu'elle est développée en lui, comme chez les médiums de sa force, d'une manière pour ainsi dire exceptionnelle. Tel n'obtiendra que des coups légers, ou le déplacement insignifiant d'une table, alors que sous l'influence de M. Home les bruits les plus retentissants se font entendre, et tout le mobilier d'une chambre peut être bouleversé, les meubles montant les uns sur les autres. Quelque étranges que soient ces phénomènes, l'enthousiasme de quelques admirateurs trop zélés a encore trouvé moyen de les amplifier par des faits de pure invention. D'un autre côté, les détracteurs ne sont pas restés inactifs ; ils ont raconté sur lui toutes sortes d'anecdotes qui n'ont existé que dans leur imagination. En voici un exemple. M. le marquis de ..., un des personnages qui ont porté le plus d'intérêt à M. Home, et chez lequel il était reçu dans l'intimité, se trouvait un jour à l'Opéra avec ce dernier. A l'orchestre était M. de P..., un de nos abonnés, qui les connaît personnellement l'un et l'autre. Son voisin lie conversation avec lui ; elle tombe sur M. Home. « Croiriez-vous, dit-il, que ce prétendu sorcier, ce charlatan, a trouvé moyen de s'introduire chez le marquis de... ; mais ses artifices ont été découverts, et il a été mis à la porte à coups de pieds comme un vil intrigant. - En êtes-vous bien sûr ? dit M. de P... et connaissez-vous M. le marquis de... ? - Certainement, reprend l'interlocuteur. - En ce cas, dit M. de P... regardez dans cette loge, vous pouvez le voir en compagnie de M. Home lui-même, auquel il n'a pas l'air de donner des coups de pied. » Là-dessus, notre malencontreux narrateur, ne jugeant pas à propos de poursuivre l'entretien, prit son chapeau et ne reparut plus. On peut juger par là de la valeur de certaines assertions.

Assurément, si certains faits colportés par la malveillance étaient réels, ils lui auraient fait fermer plus d'une porte ; mais comme les maisons les plus honorables lui ont toujours été ouvertes, on doit en conclure qu'il s'est toujours et partout conduit en galant homme. Il suffit d'ailleurs d'avoir causé quelquefois avec M. Home, pour voir qu'avec sa timidité et la simplicité de son caractère, il serait le plus maladroit de tous les intrigants ; nous insistons sur ce point pour la moralité de la cause. Revenons à ses manifestations. Notre but étant de faire connaître la vérité dans l'intérêt de la science, tout ce que nous rapporterons est puisé à des sources tellement authentiques que nous pouvons en garantir la plus scrupuleuse exactitude ; nous le tenons de témoins oculaires trop graves, trop éclairés et trop haut placés pour que leur sincérité puisse être révoquée en doute. Si l'on disait que ces personnes ont pu, de bonne foi, être dupes d'une illusion, nous répondrions qu'il est des circonstances qui échappent à toute supposition de ce genre ; d'ailleurs ces personnes étaient trop intéressées à connaître la vérité pour ne pas se prémunir contre toute fausse apparence.

Home commence généralement ses séances par les faits connus : des coups frappés dans une table ou dans toute autre partie de l'appartement, en procédant comme nous l'avons dit ailleurs. Vient ensuite le mouvement de la table, qui s'opère d'abord par l'imposition des mains de lui seul ou de plusieurs personnes réunies, puis à distance et sans contact ; c'est une sorte de mise en train. Très souvent il n'obtient rien de plus ; cela dépend de la disposition où il se trouve et quelquefois aussi de celle des assistants ; il est telles personnes devant lesquelles il n'a jamais rien produit, fussent-elles de ses amis. Nous ne nous étendrons pas sur ces phénomènes aujourd'hui si connus et qui ne se distinguent que par leur rapidité et leur énergie. Souvent après plusieurs oscillations et balancements, la table se détache du sol, s'élève graduellement, lentement, par petites saccades, non plus de quelques centimètres, mais jusqu'au plafond, et hors de la portée des mains ; après être restée suspendue quelques secondes dans l'espace, elle descend comme elle était montée, lentement, graduellement.

La suspension d'un corps inerte, et d'une pesanteur spécifique incomparablement plus grande que celle de l'air, étant un fait acquis, on conçoit qu'il peut en être de même d'un corps animé. Nous n'avons pas appris que M. Home eût opéré sur aucune autre personne que sur lui-même, et encore ce fait ne s'est point produit à Paris, mais il est avéré qu'il a eu lieu plusieurs fois tant à Florence qu'en France, et notamment à Bordeaux, en présence des témoins les plus respectables que nous pourrions citer au besoin. Il s'est, comme la table, élevé jusqu'au plafond, puis est redescendu de même. Ce qu'il y a de bizarre dans ce phénomène, c'est que, quand il se produit, ce n'est point par un acte de sa volonté, et il nous a dit lui-même qu'il ne s'en aperçoit pas et croit toujours être sur le sol, à moins qu'il ne regarde en bas ; les témoins seuls le voient s'enlever ; quant à lui, il éprouve à ce moment la sensation produite par le soulèvement d'un navire sur les vagues. Du reste, le fait que nous rapportons n'est point personnel à M. Home. L'histoire en cite plus d'un exemple authentique que nous relaterons ultérieurement.

De toutes les manifestations produites par M. Home, la plus extraordinaire est sans contredit celle des apparitions, c'est pourquoi nous y insisterons davantage, en raison des graves conséquences qui en découlent et de la lumière qu'elles jettent sur une foule d'autres faits. Il en est de même des sons produits dans l'air, des instruments de musique qui jouent seuls, etc. Nous examinerons ces phénomènes en détail dans notre prochain numéro.

M. Home, de retour d'un voyage en Hollande où il a produit à la cour et dans la haute société une profonde sensation, vient de partir pour l'Italie. Sa santé, gravement altérée, lui rendait nécessaire un climat plus doux.

Nous confirmons avec plaisir ce que certains journaux ont rapporté d'un legs de 6 000 fr. de rente qui lui a été fait par une dame anglaise convertie par lui à la doctrine spirite, et en reconnaissance de la satisfaction qu'elle en a éprouvée. M. Home méritait à tous égards cet honorable témoignage. Cet acte, de la part de la donatrice, est un précédent auquel applaudiront tous ceux qui partagent nos convictions ; espérons qu'un jour la doctrine aura son Mécène : la postérité inscrira son nom parmi les bienfaiteurs de l'humanité. La religion nous enseigne l'existence de l'âme et son immortalité ; le Spiritisme nous en donne la preuve palpable et vivante, non plus par le raisonnement, mais par des faits. Le matérialisme est un des vices de la société actuelle, parce qu'il engendre l'égoïsme. Qu'y a-t-il, en effet, en dehors du *moi* pour quiconque rapporte tout à la matière et à la vie présente ? La doctrine spirite, intimement liée aux idées religieuses, en nous éclairant sur notre nature, nous montre le bonheur dans la pratique des vertus évangéliques ; elle rappelle l'homme à ses devoirs envers Dieu, la société et lui-même ; aider à sa propagation, c'est porter le coup mortel à la plaie du scepticisme qui nous envahit comme un mal contagieux ; honneur donc à ceux qui emploient à cette oeuvre les biens dont Dieu les a favorisés sur la terre !

Le Magnétisme et le Spiritisme

Lorsque parurent les premiers phénomènes spirites, quelques personnes ont pensé que cette découverte (si on peut y appliquer ce nom) allait porter un coup fatal au magnétisme, et qu'il en serait de cela comme des inventions, dont la plus perfectionnée fait oublier sa devancière. Cette erreur n'a pas tardé à se dissiper, et l'on a promptement reconnu la proche parenté de ces deux sciences. Toutes deux, en effet, basées sur l'existence et la manifestation de l'âme, loin de se combattre, peuvent et doivent se prêter un mutuel appui : elles se complètent et s'expliquent l'une par l'autre.

Leurs adeptes respectifs diffèrent pourtant sur quelques points : certains magnétistes[8] n'admettent pas encore l'existence, ou tout au moins la manifestation des Esprits : ils croient pouvoir tout expliquer par la seule action du fluide magnétique, opinion que nous nous bornons à constater, nous réservant de la discuter plus tard. Nous-même l'avons partagée dans le principe ; mais nous avons dû, comme tant d'autres, nous rendre à l'évidence des faits. Les adeptes du Spiritisme, au contraire, sont tous ralliés au magnétisme ; tous admettent son action et reconnaissent dans les phénomènes somnambuliques une manifestation de l'âme. Cette opposition, du reste, s'affaiblit de jour en jour, et il est aisé de prévoir que le temps n'est pas loin où toute distinction aura cessé. Cette divergence d'opinions n'a rien qui doive surprendre. Au début d'une science encore si nouvelle, il est tout simple que chacun, envisageant la chose à son point de vue, s'en soit formé une idée différente. Les sciences les plus positives ont eu, et ont encore, leurs sectes qui soutiennent avec ardeur des théories contraires ; les savants ont élevé écoles contre écoles, drapeau contre drapeau, et, trop souvent pour leur dignité, leur polémique, devenue irritante et agressive par l'amour-propre froissé, est sortie des limites d'une sage discussion. Espérons que les sectateurs du magnétisme et du Spiritisme, mieux inspirés, ne donneront pas au monde le scandale de discussions fort peu édifiantes et toujours fatales à la propagation de la vérité, de quelque côté qu'elle soit. On peut avoir son opinion, la soutenir, la discuter ; mais le moyen de s'éclairer n'est pas de se déchirer, procédé toujours peu digne d'hommes graves et qui devient ignoble si l'intérêt personnel est en jeu.

Le magnétisme a préparé les voies du Spiritisme, et les rapides progrès de cette dernière doctrine sont incontestablement dus à la vulgarisation des idées sur la première. Des phénomènes magnétiques, du somnambulisme et de l'extase aux manifestations spirites, il n'y a qu'un pas ; leur connexion est telle, qu'il est pour ainsi dire impossible de parler de l'un sans parler de l'autre. Si nous devions rester en dehors de la science magnétique, notre cadre serait incomplet, et l'on pourrait nous comparer à un professeur de physique qui s'abstiendrait de parler de la lumière. Toutefois, comme le magnétisme a déjà parmi nous des organes spéciaux justement accrédités, il deviendrait superflu de nous

[8] Le magnétiseur est celui qui pratique le magnétisme ; magnétiste se dit de quiconque en adopte les principes. On peut être magnétiste sans être magnétiseur ; mais on ne peut pas être magnétiseur sans être magnétiste.

appesantir sur un sujet traité avec la supériorité du talent et de l'expérience ; nous n'en parlerons donc qu'accessoirement, mais suffisamment pour montrer les rapports intimes de deux sciences qui, en réalité, n'en font qu'une.

Nous devions à nos lecteurs cette profession de foi, que nous terminons en rendant un juste hommage aux hommes de conviction qui, bravant le ridicule, les sarcasmes et les déboires, se sont courageusement dévoués pour la défense d'une cause tout humanitaire. Quelle que soit l'opinion des contemporains sur leur compte personnel, opinion qui est toujours plus ou moins le reflet des passions vivantes, la postérité leur rendra justice ; elle placera les noms du baron Du Potet, directeur du *Journal du Magnétisme,* de M. Millet, directeur de l'*Union magnétique*, à côté de leurs illustres devanciers, le marquis de Puységur et le savant Deleuze. Grâce à leurs efforts persévérants, le magnétisme, devenu populaire, a mis un pied dans la science officielle, où l'on en parle déjà à voix basse. Ce mot est passé dans la langue usuelle ; il n'effarouche plus, et lorsque quelqu'un se dit magnétiseur, on ne lui rit plus au nez.

ALLAN KARDEC.

REVUE SPIRITE

JOURNAL

D'ETUDES PSYCHOLOGIQUES

Avril 1858

Période psychologique

Bien que les manifestations spirites aient eu lieu à toutes les époques, il est incontestable qu'elles se produisent aujourd'hui d'une manière exceptionnelle. Les Esprits, interrogés sur ce fait, ont été unanimes dans leur réponse : « Les temps, disent-ils, marqués par la Providence pour une manifestation universelle sont arrivés. Ils sont chargés de dissiper les ténèbres de l'ignorance et des préjugés ; c'est une ère nouvelle qui commence et prépare la régénération de l'humanité. » Cette pensée se trouve développée d'une manière remarquable dans une lettre que nous recevons d'un de nos abonnés et dont nous extrayons le passage suivant :

« Chaque chose a son temps ; la période qui vient de s'écouler semble avoir été spécialement destinée par le Tout-Puissant au progrès des sciences mathématiques et physiques, et c'est probablement en vue de disposer les hommes aux connaissances exactes qu'il se sera opposé pendant longtemps à la manifestation des Esprits, comme si cette manifestation eût dû nuire au positivisme que demande l'étude des sciences ; il a voulu, en un mot, habituer l'homme à demander aux sciences d'observation l'explication de tous les phénomènes qui devaient se produire à ses yeux.

« La période scientifique semble aujourd'hui s'épuiser, et, après les progrès immenses qu'elle a vus s'accomplir, il ne serait pas impossible que la nouvelle période qui doit lui succéder fût consacrée par le Créateur à des initiations de l'ordre psychologique. Dans l'immuable loi de perfectibilité qu'il a posée pour les humains, que peut-il faire après les avoir initiés aux lois physiques du mouvement et leur avoir révélé des moteurs avec lesquels ils changent la face du globe ? L'homme a sondé les profondeurs les plus reculées de l'espace ; la marche des astres et le mouvement général de l'univers n'ont plus de secrets pour lui ; il lit dans les couches géologiques l'histoire de la formation du globe ; la lumière, à son gré, se transforme en images durables ; il maîtrise la foudre ; avec la vapeur et l'électricité il supprime les distances, et la pensée franchit l'espace avec la rapidité de l'éclair. Arrivé à ce point culminant dont l'histoire de l'humanité n'offre aucun exemple, quel qu'ait pu être le degré de son avancement dans les siècles reculés, il me semble rationnel de penser que l'ordre psychologique lui ouvre une nouvelle carrière dans la voie du progrès. C'est du moins ce qu'on pourrait induire des faits qui se produisent de nos jours et se répètent de tous côtés. Espérons donc que le moment approche, s'il n'est pas encore arrivé, où le Tout-Puissant va nous initier à de nouvelles, grandes et sublimes vérités. C'est à nous de le comprendre et de le seconder dans l'oeuvre de la régénération. »

Cette lettre est de M. Georges dont nous avons parlé dans notre premier numéro. Nous ne pouvons que le féliciter de ses progrès dans la doctrine ; les vues élevées qu'il développe montrent qu'il la comprend sous son véritable point de vue ; pour lui elle ne se résume pas dans la croyance aux Esprits et à leurs manifestations : c'est toute une philosophie. Nous admettons, comme lui, que nous entrons dans la période psychologique et nous trouvons les raisons qu'il nous donne parfaitement rationnelles, sans croire toutefois que la période scientifique ait dit son dernier mot ; nous croyons au contraire quelle nous réserve bien d'autres prodiges. Nous sommes à une époque de transition où les caractères des deux périodes se confondent.

Les connaissances que les Anciens possédaient sur la manifestation des Esprits ne seraient point un argument contre l'idée de la période psychologique qui se prépare. Remarquons en effet que dans l'antiquité ces connaissances étaient circonscrites dans le cercle étroit des hommes d'élite ; le peuple n'avait à ce sujet que des idées faussées par les préjugés et défigurées par le charlatanisme des prêtres, qui s'en servaient comme d'un moyen de domination. Comme nous l'avons dit autre part, ces connaissances ne se sont jamais perdues et les manifestations se sont toujours produites ; mais elles sont restées à l'état de faits isolés, sans doute parce que le temps de les comprendre n'était pas venu. Ce qui se passe aujourd'hui a un tout autre caractère ; les manifestations sont générales ; elles frappent la société depuis la base jusqu'au sommet. Les Esprits n'enseignent plus dans l'enceinte mystérieuse d'un temple inaccessible au vulgaire. Ces faits se passent au grand jour ; ils parlent à tous un langage intelligible pour tous ; tout annonce donc une phase nouvelle pour l'humanité au point de vue moral.

Le Spiritisme chez les Druides

Sous ce titre : *Le vieux neuf*, M. Edouard Fournier a publié dans le *Siècle*, il y a quelque dix ans, une série d'articles aussi remarquables au point de vue de l'érudition qu'intéressants sous le rapport historique. L'auteur, passant en revue toutes les inventions et découvertes modernes, prouve que si notre siècle a le mérite de l'application et du développement, il n'a pas, pour la plupart du moins, celui de la priorité. A l'époque où M. Edouard Fournier écrivait ces savants feuilletons, il n'était pas encore question des Esprits, sans quoi il n'eût pas manqué de nous montrer que tout ce qui se passe aujourd'hui n'est qu'une répétition de ce que les Anciens savaient aussi bien et peut-être mieux que nous. Nous le regrettons pour notre compte, car ses profondes investigations lui eussent permis de fouiller l'antiquité mystique, comme il a fouillé l'antiquité industrielle ; nous faisons des voeux pour qu'un jour il dirige de ce côté ses laborieuses recherches. Quant à nous, nos observations personnelles ne nous laissent aucun doute sur l'ancienneté et l'universalité de la doctrine que nous enseignent les Esprits. Cette coïncidence entre ce qu'ils nous disent aujourd'hui et les croyances des temps les plus reculés est un fait significatif d'une haute portée. Nous ferons remarquer toutefois que, si nous trouvons partout des traces de la doctrine spirite, nous ne la voyons nulle part complète : il semble avoir été réservé à notre époque de coordonner ces fragments épars chez tous les peuples, pour arriver à l'unité de principes au moyen d'un ensemble plus complet et surtout plus général de manifestations qui semblent donner raison à l'auteur de l'article que nous citons plus haut sur la période psychologique dans laquelle l'humanité paraît entrer.

L'ignorance et les préjugés ont presque partout défiguré cette doctrine dont les principes fondamentaux sont mêlés aux pratiques superstitieuses de tout temps exploitées pour étouffer la raison. Mais sous cet amas d'absurdités germaient les idées les plus sublimes, comme des semences précieuses cachées sous les broussailles, et n'attendant que la lumière vivifiante du soleil pour prendre leur essor. Notre génération, plus universellement éclairée, écarte les broussailles, mais un tel défrichement ne peut s'accomplir sans transition. Laissons donc aux bonnes semences le temps de se développer, et aux mauvaises herbes celui de disparaître. La doctrine druidique nous offre un curieux exemple de ce que nous venons de dire. Cette doctrine, dont nous ne connaissons guère que les pratiques extérieures, s'élevait, sous certains rapports, jusqu'aux plus sublimes vérités ; mais ces vérités étaient pour les seuls initiés : le vulgaire, terrifié par les sanglants sacrifices, cueillait avec un saint respect le gui sacré du chêne et ne voyait que la fantasmagorie. On en pourra juger par la citation suivante extraite d'un document d'autant plus précieux qu'il est peu connu, et qui jette un jour tout nouveau sur la véritable théologie de nos pères.

« Nous livrons aux réflexions de nos lecteurs un texte celtique publié depuis peu et dont l'apparition a causé une certaine émotion dans le monde savant. Il est impossible de savoir au juste quel en est l'auteur, ni même à quel siècle il remonte. Mais ce qui est incontestable, c'est qu'il appartient à la tradition des bardes du pays de Galles, et cette origine suffit pour lui conférer une valeur de premier ordre.

« On sait, en effet, que le pays de Galles forme encore de nos jours l'asile le plus fidèle de la nationalité gauloise, qui, chez nous, a éprouvé des modifications si profondes. A peine effleuré par la domination romaine, qui n'y tint que peu de temps et faiblement ; préservé de l'invasion des barbares par l'énergie de ses habitants et les difficultés de son territoire ; soumis plus tard par la dynastie normande, qui dut toutefois lui laisser un certain degré d'indépendance, le nom de Galles, *Gallia*, qu'il a toujours porté, est un trait distinctif par lequel il se rattache, sans discontinuité, à la période antique. La langue kymrique, parlée jadis dans toute la partie septentrionale de la Gaule, n'a jamais cessé non plus d'y être en usage, et bien des coutumes y sont également gauloises. De toutes les influences étrangères, celle du christianisme est la seule qui ait trouvé moyen d'y triompher pleinement ; mais ce n'a pas été sans de longues difficultés relativement à la suprématie de l'Eglise romaine, dont la réforme du seizième siècle n'a fait que déterminer la chute depuis longtemps préparée dans ces régions pleines d'un sentiment indéfectible d'indépendance.

« On peut même dire que les druides, tout en se convertissant au christianisme, ne se sont pas éteints totalement dans le pays de Galles, comme dans notre Bretagne et dans les autres pays de sang gaulois. Ils ont eu pour suite immédiate une société très solidement constituée, vouée principalement, en apparence, au culte de la poésie nationale, mais qui, sous le manteau poétique, a conservé avec une fidélité remarquable l'héritage intellectuel de l'ancienne Gaule : c'est la Société bardique du pays de Galles, qui, après s'être maintenue comme société secrète pendant toute la durée du moyen âge, par une transmission orale de ses monuments littéraires et de sa doctrine, à l'imitation de la pratique des druides, s'est décidée, vers le seizième et le dix-septième siècle, à confier à l'écriture les parties les plus essentielles de cet héritage. De ce fond, dont l'authenticité est ainsi attestée par une chaîne traditionnelle non interrompue, procède le texte dont nous parlons ; et sa valeur, en raison de ces circonstances, ne dépend, comme on le voit, ni de la main qui a eu le mérite de le mettre par écrit, ni de l'époque à laquelle sa rédaction a pu contracter sa dernière forme. Ce qui y respire par-dessus tout, c'est l'esprit des bardes du moyen âge, qui, eux-mêmes, étaient les derniers disciples de cette corporation savante et religieuse qui, sous le nom de druides, domina la Gaule durant la première période de son histoire, à peu près de la même manière que le clergé latin durant celle du moyen âge.

« Serait-on même privé de toute lumière sur l'origine du texte dont il s'agit, que l'on serait mis assez clairement sur la voie par son accord avec les renseignements que les auteurs grecs et latins nous ont laissés relativement à la doctrine religieuse des druides. Cet accord constitue des points de solidarité qui ne souffrent aucun doute, car ils s'appuient sur des raisons tirées de la substance même de l'écrit ; et la solidarité ainsi démontrée pour les articles capitaux, les seuls dont les Anciens nous aient parlé, s'étend naturellement aux développements secondaires. En effet, ces développements, pénétrés du même esprit, dérivent nécessairement de la même source ; ils font corps avec le fond, et ne peuvent s'expliquer que par lui. Et en même temps qu'ils remontent, par une génération si logique, aux dépositaires primitifs de la religion druidique, il est impossible de leur assigner aucun autre point de départ ; car, en dehors de l'influence druidique, le pays d'où ils proviennent n'a connu que l'influence chrétienne, laquelle est totalement étrangère à de telles doctrines.

« Les développements contenus dans les triades sont même si parfaitement en dehors du christianisme, que le peu d'émotions chrétiennes qui se sont glissées çà et là dans leur ensemble se distinguent du fond primitif à première vue. Ces émanations, naïvement sorties de la conscience des bardes chrétiens, ont bien pu, si l'on peut ainsi dire, s'intercaler dans les interstices de la tradition, mais elles n'ont pu s'y fondre. L'analyse du texte est donc aussi simple que rigoureuse, puisqu'elle peut se réduire à mettre à part tout ce qui porte l'empreinte du christianisme, et, le triage une fois opéré, à considérer comme d'origine druidique tout ce qui demeure visiblement caractérisé par une religion différente de celle de l'Evangile et des conciles. Ainsi, pour ne citer que l'essentiel, en partant de ce principe si connu que le dogme de la charité en Dieu et dans l'homme est aussi spécial au christianisme que celui de la migration des âmes l'est à l'antique druidisme, un certain nombre de triades, dans lesquelles respire un esprit d'amour que n'a jamais connu la Gaule primitive, se trahissent immédiatement comme empreintes d'un caractère comparativement moderne ; tandis que les autres, animées d'un tout autre souffle, laissent voir d'autant mieux le cachet de haute antiquité qui les distingue.

« Enfin, il n'est pas inutile de faire observer que la forme même de l'enseignement contenu dans les triades est d'origine druidique. On sait que les druides avaient une prédilection particulière pour le nombre trois, et ils l'employaient spécialement, ainsi que nous le montrent la plupart des monuments gallois, pour la transmission de leurs leçons qui, moyennant cette coupe précise, se gravaient plus facilement dans la mémoire. Diogène Laërce nous a conservé une de ces triades qui résume succinctement l'ensemble des devoirs de l'homme envers la Divinité, envers ses semblables et envers lui-même : « Honorer les êtres supérieurs, ne point commettre d'injustice, et cultiver en soi la vertu virile. » La littérature des bardes a propagé jusqu'à nous une multitude d'aphorismes du même genre, touchant à toutes les branches du savoir humain : sciences, histoire, morale, droit, poésie. Il n'en est pas de plus intéressantes ni de plus propres à inspirer de grandes réflexions que celles dont nous publions ici le texte, d'après la traduction qui en a été faite par M. Adolphe Pictet.

« De cette série de triades, les onze premières sont consacrées à l'exposé des attributs caractéristiques de la Divinité. C'est dans cette section que les influences chrétiennes, comme il était aisé de le prévoir, ont eu le plus d'action. Si l'on ne peut nier que le druidisme ait connu le principe de l'unité de Dieu, peut-être même que, par suite de sa prédilection pour le nombre ternaire, il a pu s'élever à concevoir confusément quelque chose de la divine triplicité ; il est toutefois incontestable que ce qui complète cette haute conception théologique, savoir la distinction des personnes et particulièrement de la troisième, a dû rester parfaitement étranger à cette antique religion. Tout s'accorde à prouver que ses sectateurs étaient bien plus préoccupés de fonder la liberté de l'homme que de fonder la charité ; et c'est même par suite de cette fausse position de son point de départ qu'elle a péri. Aussi semble-t-il permis de rapporter à une influence chrétienne plus ou moins déterminée tout ce début, particulièrement à partir de la cinquième triade.

« A la suite des principes généraux relatifs à la nature de Dieu, le texte passe à l'exposé de la constitution de l'univers. L'ensemble de cette constitution est supérieurement formulé dans trois triades qui, en montrant les êtres particuliers dans un ordre absolument différent de celui de Dieu, complètent l'idée qu'on doit se former de l'Etre unique et immuable. Sous des formules plus explicites, ces triades ne font, du reste, que reproduire ce que l'on savait déjà, par le témoignage des Anciens, de la doctrine sur la circulation des âmes passant alternativement de la vie à la mort et de la mort à la vie. On peut les regarder comme le commentaire d'un vers célèbre de *la Pharsale* dans lequel le poète s'écrie, en s'adressant aux prêtres de la Gaule, que, si ce qu'ils enseignent est vrai, la mort n'est que le milieu d'une longue vie : *Longoe vitoe mors media est.*

DIEU ET L'UNIVERS.

I. - Il y a trois unités primitives, et de chacune il ne saurait y avoir qu'une seule : un Dieu, une vérité et un point de liberté, c'est-à-dire le point où se trouve l'équilibre de toute opposition.

II. - Trois choses procèdent des trois unités primitives : toute vie, tout bien et toute puissance.

III. - Dieu est nécessairement trois choses, savoir : la plus grande part de vie, la plus grande part de science, et la plus grande part de puissance ; et il ne saurait y avoir une plus grande part de chaque chose.

IV. - Trois choses que Dieu ne peut pas ne pas être : ce qui doit constituer le bien parfait, ce qui doit vouloir le bien parfait, et ce qui doit accomplir le bien parfait.

V. - Trois garanties de ce que Dieu fait et fera : sa puissance infinie, sa sagesse infinie, son amour infini ; car il n'y a rien qui ne puisse être effectué, qui ne puisse devenir vrai, et qui ne puisse être voulu par un attribut.

VI. - Trois fins principales de l'oeuvre de Dieu, comme créateur de toutes choses : amoindrir le mal, renforcer le bien, et mettre en lumière toute différence ; de telle sorte que l'on puisse savoir ce qui doit être, ou, au contraire, ce qui ne doit pas être.

VII. - Trois choses que Dieu ne peut pas ne pas accorder : ce qu'il y a de plus avantageux, ce qu'il y a de plus nécessaire, et ce qu'il y a de plus beau pour chaque chose.

VIII. - Trois puissances de l'existence : ne pas pouvoir être autrement, ne pas être nécessairement autre, et ne pas pouvoir être mieux par la conception ; et c'est en cela qu'est la perfection de toute chose.

IX. - Trois choses prévaudront nécessairement : la suprême puissance, la suprême intelligence, et le suprême amour de Dieu.

X. - Les trois grandeurs de Dieu : vie parfaite, science parfaite, puissance parfaite.

XI. - Trois causes originelles des êtres vivants : l'amour divin en accord avec la suprême intelligence, la sagesse suprême par la connaissance parfaite de tous les moyens, et la puissance divine en accord avec la volonté, l'amour et la sagesse de Dieu.

LES TROIS CERCLES.

XII. - Il y a trois cercles de l'existence : *le cercle de la région vide* (*ceugant*), où, excepté Dieu, il n'y a rien ni de vivant, ni de mort, et nul être que Dieu ne peut le traverser ; le *cercle de la migration* (*abred*), où tout être animé procède de la mort, et l'homme l'a traversé ; et le *cercle de la félicité* (*gwynfyd*), où tout être animé procède de la vie, et l'homme le traversera dans le ciel.

XIII. - Trois états successifs des êtres animés : l'état d'abaissement dans l'abîme (*annoufn*), l'état de liberté dans l'humanité, et l'état de félicité dans le ciel.

XIV. - Trois phases nécessaires de toute existence par rapport à la vie : le commencement dans *annoufn*, la transmigration dans *abred*, et la plénitude dans *gwynfyd* ; et sans ces trois choses nul ne peut être, excepté Dieu.

« Ainsi, en résumé, sur ce point capital de la théologie chrétienne, que Dieu, par sa puissance créatrice, tire les âmes du néant, les triades ne se prononcent pas d'une manière précise. Après avoir montré Dieu dans sa sphère éternelle et inaccessible, elles montrent simplement les âmes prenant naissance dans le bas-fond de l'univers, dans l'abîme (*annoufn*) ; de là, ces âmes passent dans le cercle des migrations (*abred*), où leur destinée se détermine à travers une série d'existences, conformément à l'usage bon ou mauvais qu'elles font de leur liberté ; enfin elles s'élèvent dans le cercle suprême (*gwynfyd*), où les migrations cessent, où l'on ne meurt plus, où la vie s'écoule désormais dans la félicité, tout en conservant son activité perpétuelle et la pleine conscience de son individualité. Il s'en faut, en effet, que le druidisme tombe dans l'erreur des théologies orientales, qui amènent l'homme à s'absorber finalement dans le sein immuable de la Divinité ; car il distingue, au contraire, un cercle spécial, le cercle du vide ou de l'infini (*ceugant*), qui forme le privilège incommunicable de l'Etre suprême, et dans lequel aucun être, quel que soit son degré de sainteté, n'est jamais admis à pénétrer. C'est le point le plus élevé de la religion, car il marque la limite posée à l'essor des créatures.

« Le trait le plus caractéristique de cette théologie, bien que ce soit un trait purement négatif, consiste dans l'absence d'un cercle particulier, tel que le Tartare de l'antiquité païenne, destiné à la punition sans fin des âmes criminelles. Chez les druides, l'enfer proprement dit n'existe pas. *La distribution des châtiments s'effectue, à leurs yeux dans le cercle des migrations par l'engagement des âmes dans des conditions d'existence plus ou moins malheureuses, où, toujours maîtresses de leur liberté, elles expient leurs fautes par la souffrance, et se disposent, par la réforme de leurs vices, à un meilleur avenir*. Dans certains cas, il peut même arriver que les âmes rétrogradent jusque dans cette région d'*annoufn*, où elles prennent naissance, et à laquelle il ne semble guère possible de donner une autre signification que celle de l'animalité. Par ce côté dangereux (la rétrogradation), et que rien ne justifie, puisque la diversité des conditions d'existence dans le cercle de l'humanité suffit parfaitement à la pénalité de tous les degrés, le druidisme serait donc arrivé à glisser jusque dans la métempsycose. Mais cette extrémité fâcheuse, *à laquelle ne conduit aucune nécessité de la doctrine du développement des âmes par voie de migrations*, paraît, comme on en jugera par la suite des triades relatives au régime du cercle d'*abred*, n'avoir occupé dans le système de la religion qu'une place secondaire.

« A part quelques obscurités qui tiennent peut-être aux difficultés d'une langue dont les profondeurs métaphysiques ne nous sont pas encore bien connues, les déclarations des triades touchant les conditions inhérentes au cercle d'*abred* répandent les plus vives lumières sur l'ensemble de la religion druidique. On y sent respirer le souffle d'une originalité supérieure. Le mystère qu'offre à notre intelligence le spectacle de notre existence présente y prend un tour singulier qui ne se voit nulle part ailleurs, et l'on dirait qu'un grand voile se déchirant en avant et en arrière de la vie, l'âme se sente tout à coup nager, avec une puissance inattendue, à travers une étendue indéfinie que, dans son emprisonnement entre les portes épaisses de la naissance et de la mort, elle n'était pas capable de soupçonner d'elle-même. A quelque jugement que l'on s'arrête sur la vérité de cette doctrine, on ne peut disconvenir que ce ne soit une doctrine puissante ; et en réfléchissant à l'effet que devaient inévitablement produire sur des âmes naïves de telles ouvertures sur leur origine et leur destinée, il est facile de se rendre compte de l'immense influence que les druides avaient naturellement acquise sur l'esprit de nos pères. Au milieu des ténèbres de l'antiquité, ces ministres sacrés ne pouvaient manquer d'apparaître aux yeux des populations comme les révélateurs du ciel et de la terre.

« Voici le texte remarquable dont il s'agit :

LE CERCLE D'ABRED.

XV. - Trois choses nécessaires dans le cercle d'*abred* : le moindre degré possible de toute vie, et de là son commencement ; la matière de toutes les choses, et de là accroissement progressif, lequel ne peut s'opérer que dans l'état de nécessité ; et la formation de toutes choses de la mort, et de là la débilité des existences.

XVI. - Trois choses auxquelles tout être vivant participe nécessairement par la justice de Dieu : le secours de Dieu dans *abred*, car sans cela nul ne pourrait connaître aucune chose, le privilège d'avoir part à l'amour de Dieu ; et l'accord avec Dieu quant à l'accomplissement par la puissance de Dieu, en tant qu'il est juste et miséricordieux.

XVII. - Trois causes de la nécessité du cercle d'*abred* : le développement de la substance matérielle de tout être animé ; le développement de la connaissance de toute chose ; et le développement de la force morale pour surmonter tout contraire et *Cythraul* (le mauvais Esprit) et pour se délivrer de *Droug* (le mal). Et sans cette transition de chaque état de vie, il ne saurait y avoir d'accomplissement pour aucun être.

XVIII. - Trois calamités primitives d'*abred* : la nécessité, l'absence de mémoire, et la mort.

XIX. - Trois conditions nécessaires pour arriver à la plénitude de la science : transmigrer dans *abred*, transmigrer dans *gwynfyd*, et se ressouvenir de toutes choses passées, jusque dans *annoufn*.

XX. - Trois choses indispensables dans le cercle d'*abred* : la transgression de la loi, car il n'en peut être autrement ; la délivrance par la mort devant *Droug* et *Cythraul* ; l'accroissement de la vie et du bien par l'éloignement de *Droug* dans la délivrance de la mort ; et cela pour l'amour de Dieu, qui embrasse toutes choses.

XXI. - Trois moyens efficaces de Dieu dans *abred* pour dominer *Droug* et *Cythraul* et surmonter leur opposition par rapport au cercle de *gwynfyd* : la nécessité, la perte de la mémoire, et la mort.

XXII. - Trois choses sont primitivement contemporaines : l'homme, la liberté, et la lumière.

XXIII. - Trois choses nécessaires pour le triomphe de l'homme sur le mal : la fermeté contre la douleur, le changement, *la liberté de choisir ; et avec le pouvoir qu'a l'homme de choisir on ne peut savoir à l'avance avec certitude où il ira.*

XXIV. - Trois alternatives offertes à l'homme : *abred* et *gwynfyd*, nécessité et liberté, mal et bien ; le tout en équilibre, et l'homme peut à volonté s'attacher à l'un ou à l'autre.

XXV. - Par trois choses, l'homme tombe sous la nécessité d'*abred* : par l'absence d'effort vers la connaissance, par le non-attachement au bien, par l'attachement au mal. En conséquence de ces choses, il descend dans *abred* jusqu'à son analogue, et il recommence le cours de sa transmigration.

XXVI. - Par trois choses, l'homme redescend nécessairement dans *abred*, bien qu'à tout autre égard il se soit attaché à ce qui est bon : par l'orgueil, il tombe jusque dans *annoufn* ; par la fausseté, jusqu'au point de démérite équivalent, et par la cruauté, jusqu'au degré correspondant d'animalité. De là il transmigre de nouveau vers l'humanité, comme auparavant.

XXVII. - Les trois choses principales à obtenir dans l'état d'humanité : la science, l'amour, la force morale, au plus haut degré possible de développement avant que la mort ne survienne. Cela ne peut être obtenu antérieurement à l'état d'humanité, et ne peut l'être que par le privilège de la liberté et du choix. Ces trois choses sont appelées les trois victoires.

XXVIII. - Il y a trois victoires sur *Croug* et *Cythraul* : la science, l'amour, et la force morale ; car le savoir, le vouloir et le pouvoir, accomplissent quoi que ce soit dans leur connexion avec les choses. Ces trois victoires commencent dans la condition d'humanité et se continuent éternellement.

XXIX. - Trois privilèges de la condition de l'homme : l'équilibre du bien et du mal, et de là la faculté de comparer ; la liberté dans le choix, et de là le jugement et la préférence ; et le développement de la force morale par suite du jugement, et de là la préférence. Ces trois choses sont nécessaires pour accomplir quoi que ce soit.

« Ainsi, en résumé, le début des êtres dans le sein de l'univers se fait au point le plus bas de l'échelle de la vie ; et si ce n'est pas pousser trop loin les conséquences de la déclaration contenue dans la vingt-sixième triade, on peut conjecturer que, dans la doctrine druidique, ce point initial était censé situé dans l'abîme confus et mystérieux de l'animalité. De là, par conséquent, dès l'origine même de l'histoire de l'âme, nécessité logique du progrès, puisque les êtres ne sont pas destinés par Dieu à demeurer dans une condition si basse et si obscure. Toutefois, dans les étages inférieurs de l'univers, ce progrès ne se déroule pas suivant une ligne continue ; cette longue vie, née si bas pour s'élever si haut, se brise par fragments, solidaires dans le fond de leur succession, mais dont, grâce au défaut de mémoire, la mystérieuse solidarité échappe, au moins pour un temps, à la conscience de l'individu. Ce sont ces interruptions périodiques dans le cours séculaire de la vie qui constituent ce que nous nommons la mort ; de sorte que la mort et la naissance qui, pour un regard superficiel, forment des événements si divers, ne sont en réalité que les deux faces du même phénomène, l'une tournée vers la période qui s'achève, l'autre vers la période qui suit.

« Dès lors la mort, considérée en elle-même, n'est donc pas une calamité véritable, mais un bienfait de Dieu, qui, en rompant les habitudes trop étroites que nous avions contractées avec notre vie présente, nous transporte dans de nouvelles conditions et donne lieu par là de nous élever plus librement à de nouveaux progrès.

« De même que la mort, la perte de mémoire qui l'accompagne ne doit être prise non plus que pour un bienfait. C'est une conséquence du premier point ; car si l'âme, dans le cours de cette longue vie, conservait clairement ses souvenirs d'une période à l'autre, l'interruption ne serait plus qu'accidentelle, il n'y aurait, à proprement dire, ni mort, ni naissance, puisque ces deux événements perdraient dès lors le caractère absolu qui les distingue et fait leur force. Et même, il ne semble pas difficile d'apercevoir directement, en prenant le point de vue de cette théologie, en quoi la perte de la mémoire, en ce qui touche aux périodes passées, peut être considérée comme un bienfait relativement à l'homme dans sa condition présente ; car si ces périodes passées, comme la position actuelle de l'homme dans un monde de souffrances en devient la preuve, ont été malheureusement souillées d'erreurs et de crimes, cause première des misères et des expiations d'aujourd'hui, c'est évidemment un avantage pour l'âme de se trouver déchargée de la vue d'une si grande multitude de fautes et, du même coup, des remords trop accablants qui en naîtraient. En ne l'obligeant à un repentir formel que relativement aux culpabilités de sa vie actuelle, et en compatissant ainsi à sa faiblesse, Dieu lui fait effectivement une grande grâce.

« Enfin, selon cette même manière de considérer le mystère de la vie, les nécessités de toute nature auxquelles nous sommes assujettis ici-bas, et qui, dès notre naissance, déterminent, par un arrêt pour ainsi dire fatal, la forme de notre existence dans la présente période, constituent un dernier bienfait tout aussi sensible que les deux autres ; car ce sont, en définitive, ces nécessités qui donnent à notre vie le caractère qui convient le mieux à nos expiations et à nos épreuves, et par conséquent à notre développement moral ; et ce sont aussi ces mêmes nécessités, soit de notre organisation physique, soit des circonstances extérieures au milieu desquelles nous sommes placés, qui, en nous amenant forcément au terme de la mort, nous amènent par là même à notre suprême délivrance. En résumé, comme le disent les triades dans leur énergique concision, ce soit là tout ensemble et les trois calamités primitives et les trois moyens efficaces de Dieu dans *abred.*

« Mais moyennant quelle conduite l'âme s'élève-t-elle réellement dans cette vie, et mérite-t-elle de parvenir, après la mort, à un mode supérieur d'existence ? La réponse que fait le christianisme à cette question fondamentale est connue de tous : c'est à condition de défaire en soi l'égoïsme et l'orgueil, de développer dans l'intimité de sa substance les puissances de l'humilité et de la charité, seules efficaces, seules méritoires devant Dieu : Bienheureux les doux, dit l'Evangile, bienheureux les humbles ! La réponse du druidisme est tout autre et contraste nettement avec celle-ci. Suivant ses leçons, l'âme s'élève dans l'échelle des existences à condition de fortifier par son travail sur elle-même sa propre personnalité, et c'est un résultat qu'elle obtient naturellement par le développement de la force du caractère joint au développement du savoir. C'est ce qu'exprime la vingt-cinquième triade, qui déclare que l'âme retombe dans la nécessité des transmigrations, c'est-à-dire dans les vies confuses et mortelles, non seulement par l'entretien des mauvaises passions, mais par l'habitude de la lâcheté dans l'accomplissement des actions justes, par le défaut de fermeté dans l'attachement à ce que prescrit la conscience, en un mot par la faiblesse de caractère ; et outre ce défaut de vertu morale, l'âme est encore retenue dans son essor vers le ciel par le défaut du perfectionnement de l'esprit. L'illumination intellectuelle, nécessaire pour la plénitude de la félicité, ne s'opère pas simplement dans l'âme bienheureuse par un rayonnement d'en haut tout gratuit ; elle ne se produit dans la vie céleste que si l'âme elle-même a su faire effort dès cette vie pour l'acquérir. Aussi la triade ne parle-t-elle pas seulement du défaut de savoir, mais du défaut d'effort vers le savoir, ce qui est, au fond, comme pour la précédente vertu, un précepte d'activité et de mouvement.

« A la vérité, dans les triades suivantes, la charité se trouve recommandée au même titre que la science et la force morale ; mais ici encore, comme en ce qui touche à la nature divine, l'influence du christianisme est sensible. C'est à lui, et non point à la forte mais dure religion de nos pères, qu'appartient la prédication et l'intronisation dans le monde de la loi de la charité en Dieu et dans l'homme ; et si cette loi brille dans les triades, c'est par l'effet d'une alliance avec l'Evangile, ou, pour mieux dire, d'un heureux perfectionnement de la théologie des druides par l'action de celle des apôtres, et non par une tradition primitive. Enlevons ce divin rayon, et nous aurons, dans sa rude grandeur, la morale de la Gaule, morale qui a pu produire, dans l'ordre de l'héroïsme et de la science, de puissantes personnalités, mais qui n'a su les unir ni entre elles ni avec la multitude des humbles[9]. »

La doctrine spirite ne consiste pas seulement dans la croyance aux manifestations des Esprits, mais dans tout ce qu'ils nous enseignent sur la nature et la destinée de l'âme. Si

[9] Tiré du *Magasin pittoresque*, 1857.

donc on veut bien se reporter aux préceptes contenus dans le *Livre des Esprits* où se trouve formulé tout leur enseignement, on sera frappé de l'identité de quelques-uns des principes fondamentaux avec ceux de la doctrine druidique, dont un des plus saillants est sans contredit celui de la réincarnation. Dans les trois cercles, dans les trois états successifs des êtres animés, nous retrouvons toutes les phases que présente notre échelle spirite. Qu'est-ce, un effet, que le cercle d'*abred* ou celui de la *migration*, sinon les deux ordres d'Esprits qui s'épurent par leurs existences successives ? Dans le cercle de *gwynfyd*, l'homme ne transmigre plus, il jouit de la suprême félicité. N'est-ce pas le premier ordre de l'échelle, celui des purs Esprits qui, ayant accompli toutes les épreuves, n'ont plus besoin d'incarnation et jouissent de la vie éternelle ?

Remarquons encore que, selon la doctrine druidique, l'homme conserve son libre arbitre ; qu'il s'élève graduellement par sa volonté, sa perfection progressive et les épreuves qu'il subit, d'*annoufn* ou l'abîme, jusqu'au parfait bonheur dans *gwynfyd*, avec cette différence toutefois que le druidisme admet le retour possible dans les rangs inférieurs, tandis que, selon le Spiritisme, l'Esprit peut rester stationnaire, mais ne peut dégénérer. Pour compléter l'analogie, nous n'aurions qu'à ajouter à notre échelle, au-dessous du troisième ordre, le cercle d'*annoufn* pour caractériser l'abîme ou l'origine inconnue des âmes, et au-dessus du premier ordre le cercle de *ceugant*, séjour de Dieu inaccessible aux créatures. Le tableau suivant rendra cette comparaison plus sensible.

<table>
<tr><th colspan="4">ECHELLE SPIRITE</th><th>ECHELLE DRUIDIQUE</th></tr>
<tr><td>1° ORDRE.</td><td>1° classe.</td><td colspan="2">Purs Esprits. (Plus de réincarnation.)</td><td>Ceugant. Séjour de Dieu.
Gwynfyd. Séjour des Bienheureux. Vie éternelle.</td></tr>
<tr><td>2° ORDRE.
Bons Esprits.</td><td>2° classe.
3° classe.
4° classe.
5° classe.</td><td>Esprits supérieurs.
Esprits sages.
Esprits savants.
Esprits bienveillants.</td><td rowspan="2">S'éprouvant et s'élevant par les épreuves

de la réincarnation</td><td>Abred, cercle des migrations ou des différentes existences corporelles que les âmes parcourent pour arriver d'annoufn dans gwynfyd.</td></tr>
<tr><td>3° ORDRE.
Esprits imparfaits</td><td>6° classe.
7° classe.
8° classe.
9° classe.</td><td>Esprits neutres.
Esprits faux savants.
Esprits légers.
Esprits impurs.</td><td>Annoufn, abîme ; point de départ des âmes.</td></tr>
</table>

L'Evocation des Esprits en Abyssinie

James Bruce, dans son *Voyage aux sources du Nil, en* 1768, raconte ce qui suit au sujet de Gingiro, petit royaume situé dans la partie méridionale de l'Abyssinie, à l'est du royaume d'Adel. Il s'agit de deux ambassadeurs que Socinios, roi d'Abyssinie, envoyait au pape, vers 1625, et qui durent traverser le Gingiro.

« Il fut alors nécessaire, dit Bruce, d'avertir le roi de Gingiro de l'arrivée de la caravane et de lui demander audience ; mais il se trouvait en ce moment occupé d'une importante opération de magie, sans laquelle ce souverain n'ose jamais entreprendre rien.

« Le royaume de Gingiro peut être regardé comme le premier de ce côté de l'Afrique où soit établie l'étrange pratique de prédire l'avenir par l'*évocation des Esprits* et par une communication directe avec le diable.

« Le roi de Gingiro trouva qu'il devait laisser écouler huit jours avant que d'admettre à son audience l'ambassadeur et son compagnon, le jésuite Fernandez. En conséquence, le neuvième jour, ceux-ci reçurent la permission de se rendre à la cour, où ils arrivèrent le soir même.

« Rien ne se fait dans le pays de Gingiro sans le secours de la magie. On voit par là combien la raison humaine se trouve dégradée à quelques lieues de distance. Qu'on ne vienne plus nous dire qu'on doit attribuer cette faiblesse à l'ignorance ou à la chaleur du climat. Pourquoi un climat chaud induirait-il les hommes à devenir magiciens plutôt que ne le ferait un climat froid ? Pourquoi l'ignorance étendrait-elle le pouvoir de l'homme au point de lui faire franchir les bornes de l'intelligence ordinaire, et de lui donner la faculté de correspondre avec un nouvel ordre d'êtres habitants d'un autre monde ? Les Ethiopiens qui entourent presque toute l'Abyssinie sont plus noirs que les Gingiriens ; leur pays est plus chaud, et ils sont, comme eux, indigènes dans les lieux qu'ils habitent depuis le commencement des siècles ; cependant ils n'adorent pas le diable, ni ne prétendent avoir aucune communication avec lui ; ils ne sacrifient point des hommes sur leurs autels ; enfin on ne trouve chez eux aucune trace de cette révoltante atrocité.

« Dans les parties de l'Afrique qui ont une communication ouverte avec la mer, le commerce des esclaves est en usage depuis les siècles les plus reculés ; mais le roi de Gingiro, dont les Etats se trouvent renfermés presque dans le centre du continent, sacrifie au diable les esclaves qu'il ne peut vendre à l'homme. C'est là que commence cette horrible coutume de répandre le sang humain dans toutes les solennités. J'ignore, dit M. Bruce, jusqu'où elle s'étend au midi de l'Afrique, mais je regarde le Gingiro comme la borne géographique du règne du diable du côté septentrional de la Péninsule. »

Si M. Bruce avait vu ce dont nous sommes témoins aujourd'hui, il ne trouverait rien d'étonnant dans la pratique des évocations en usage dans le Gingiro. Il n'y voit qu'une croyance superstitieuse, tandis que nous en trouvons la cause dans des faits de manifestations faussement interprétés qui ont pu se produire là comme ailleurs. Le rôle que la crédulité fait ici jouer au diable n'a rien de surprenant. Il est d'abord à remarquer que tous les peuples barbares attribuent à une puissance malfaisante les phénomènes qu'ils ne peuvent expliquer. En second lieu, un peuple assez arriéré pour sacrifier des êtres humains ne peut guère attirer à lui des Esprits supérieurs. La nature de ceux qui le visitent ne peut donc que le confirmer dans sa croyance. Il faut considérer, en outre, que les peuples de cette partie de l'Afrique ont conservé un grand nombre de traditions juives mêlées plus tard à quelques idées informes de christianisme, source où, par suite de leur ignorance, ils n'ont puisé que la doctrine du diable et des démons.

Entretiens familiers d'outre-tombe

Bernard Palissy (9 mars 1858)

DESCRIPTION DE JUPITER

NOTA. - Nous savions, par des évocations antérieures, que Bernard Palissy, le célèbre potier du seizième siècle, habite Jupiter. Ses réponses suivantes confirment de tous points ce qui nous a été dit sur cette planète à diverses époques, par d'autres Esprits, et par l'intermédiaire de différents médiums. Nous pensons qu'on les lira avec intérêt, comme complément du tableau que nous avons tracé dans notre dernier numéro. L'identité qu'elles présentent avec les descriptions antérieures, est un fait remarquable qui est tout au moins une présomption d'exactitude.

1. Où t'es-tu trouvé en quittant la terre ? - R. J'y ai encore demeuré.

2. Dans quelle condition y étais-tu ? - R. Sous les traits d'une femme aimante et dévouée ; ce n'était qu'une mission.

3. Cette mission a-t-elle duré longtemps ? - R. Trente ans.

4. Te rappelles-tu le nom de cette femme ? - R. Il est obscur.

5. L'estime que l'on a pour tes œuvres te satisfait-elle, et cela te dédommage-t-il des souffrances que tu as endurées ? - R. Que m'importent les oeuvres matérielles de mes mains ! *Ce qui m'importe, c'est la souffrance qui m'a élevé.*

6. Dans quel but as-tu tracé, par la main de M. Victorien Sardou, les admirables dessins que tu nous as donnés sur la planète de Jupiter que tu habites ? - R. Dans le but de vous inspirer le désir de devenir meilleurs.

7. Puisque tu reviens souvent sur cette Terre que tu as habitée à diverses reprises, tu dois en connaître assez l'état physique et moral pour établir une comparaison entre elle et Jupiter ; nous te prions donc de vouloir bien nous éclairer sur divers points. - R. Sur votre globe, je ne viens qu'en Esprit ; l'Esprit n'a plus de sensations matérielles.

ETAT PHYSIQUE DU GLOBE

8. Peut-on comparer la température de Jupiter à celle de l'une de nos latitudes ? - R. Non ; elle est douce et tempérée ; toujours égale, et la vôtre varie. Rappelez-vous les champs Elyséens que l'on vous a décrits.

9. Le tableau que les Anciens nous ont donné des champs Elysées serait-il le résultat de la connaissance intuitive qu'ils avaient d'un monde supérieur, tel que Jupiter par exemple ? - R. De la connaissance positive ; l'évocation était restée dans les mains des prêtres.

10. La température varie-t-elle selon les latitudes, comme ici ? - R. Non.

11. D'après nos calculs le soleil doit paraître aux habitants de Jupiter sous un angle très petit, et y donner par conséquent peu de lumière. Peux-tu nous dire si l'intensité de la lumière y est égale à celle de la terre, ou si elle y est moins forte ? - R. Jupiter est entouré d'une sorte de lumière spirituelle en rapport avec l'essence de ses habitants. La grossière lumière de votre soleil n'est pas faite pour eux.

12. Y a-t-il une atmosphère ? - R. Oui.

13. L'atmosphère est-elle formée des mêmes éléments que l'atmosphère terrestre ? - R. Non ; les hommes ne sont pas les mêmes ; leurs besoins ont changé.

14. Y a-t-il de l'eau et des mers ? - R. Oui.

15. L'eau est-elle formée des mêmes éléments que la nôtre ? - R. Plus éthérée.

16. Y a-t-il des volcans ? - R. Non ; notre globe n'est pas tourmenté comme le vôtre ; la nature n'y a pas eu ses grandes crises ; c'est le séjour des bienheureux. La matière y touche à peine.

17. Les plantes ont-elles de l'analogie avec les nôtres ? - R. Oui, mais plus belles.

ETAT PHYSIQUE DES HABITANTS

18. La conformation du corps des habitants a-t-elle du rapport avec la nôtre ? - R. Oui ; elle est la même.

19. Peux-tu nous donner une idée de leur taille comparée à celle des habitants de la Terre ? - R. Grands et bien proportionnés. Plus grands que vos hommes les plus grands. Le corps de l'homme est comme l'empreinte de son esprit : belle où il est bon ; l'enveloppe est digne de lui ; ce n'est plus une prison.

20. Les corps y sont-ils opaques, diaphanes ou translucides ? - R. Il y en a des uns et des autres. Les uns ont telle propriété, les autres en ont telle autre, selon leur destination.

21. Nous concevons cela pour les corps inertes, mais notre question est relative aux corps Humains ? - R. Le corps enveloppe l'Esprit sans le cacher, comme un voile léger jeté sur une statue. Dans les mondes inférieurs l'enveloppe grossière dérobe l'Esprit à ses

semblables ; mais les bons n'ont plus rien à se cacher : ils peuvent lire dans le coeur les uns des autres. Que serait-ce s'il en était ainsi ici-bas !

22. Y a-t-il des sexes différents ? - R. Oui ; il y en a partout où la matière existe ; c'est une loi de la matière.

23. Quelle est la base de la nourriture des habitants ? Est-elle animale et végétale comme ici ? - R. Purement végétale ; l'homme est le protecteur des animaux.

24. Il nous a été dit qu'ils puisent une partie de leur nourriture dans le milieu ambiant dont ils aspirent les émanations ; cela est-il exact ? - R. Oui.

25. La durée de la vie, comparée à la nôtre, est-elle plus longue ou plus courte ? - R. Plus longue.

26. De combien de temps est la vie moyenne ? - R. Comment mesurer le temps ?

27. Ne peux-tu prendre un de nos siècles pour terme de comparaison ? - R. Je crois que c'est environ cinq siècles.

28. Le développement de l'enfance est-il proportionnellement plus rapide que chez nous ? - R. L'homme conserve sa supériorité ; l'enfance ne comprime pas son intelligence, la vieillesse ne l'éteint pas.

29. Les hommes sont-ils sujets aux maladies ? - R. Ils ne sont point sujets à vos maux.

30. La vie se partage-t-elle entre la veille et le sommeil ? - R. Entre l'action et le repos.

31. Pourrais-tu nous donner une idée des diverses occupations des hommes ? - R. Il en faudrait trop dire. Leur principale occupation est d'encourager les Esprits qui habitent les mondes inférieurs à persévérer dans la bonne voie. N'ayant pas d'infortune à soulager chez eux, ils en vont chercher où l'on souffre ; ce sont les bons Esprits qui vous soutiennent et vous attirent dans la bonne voie.

32. Y cultive-t-on certains arts ? - R. Ils y sont inutiles. Vos arts sont des hochets qui amusent vos douleurs.

33. La densité spécifique du corps de l'homme lui permet-elle de se transporter d'un lieu à un autre sans rester, comme ici, attaché au sol ? - R. Oui.

34. Y éprouve-t-on l'ennui et le dégoût de la vie ? - R. Non ; le dégoût de la vie ne vient que du mépris de soi.

35. Le corps des habitants de Jupiter étant moins dense que les nôtres, est-il formé de matière compacte et condensée ou vaporeuse ? - R. Compacte pour nous ; mais, pour vous, elle ne le serait pas ; elle est moins condensée.

36. Le corps, considéré comme formé de matière, est-il impénétrable ? - R. Oui.

37. Les habitants ont-ils un langage articulé comme nous ? - R. Non ; il y a entre eux communication de pensées.

38. La seconde vue est-elle, comme on nous l'a dit, une faculté normale et permanente parmi vous ? - R. Oui, l'Esprit n'a pas d'entraves ; rien n'est caché pour lui.

39. Si rien n'est caché pour l'Esprit, il connaît donc l'avenir ? (Nous voulons parler des Esprits incarnés dans Jupiter.) - R. La connaissance de l'avenir dépend de la perfection de l'Esprit ; elle a moins d'inconvénients pour nous que pour vous ; elle nous est même nécessaire, jusqu'à un certain point, pour l'accomplissement des missions que nous avons à remplir ; mais dire que nous connaissons l'avenir sans restriction serait nous mettre au même rang que Dieu.

40. Pouvez-vous révéler tout ce que vous savez de l'avenir ? - R. Non ; attendez pour le savoir de l'avoir mérité.

41. Communiquez-vous plus facilement que nous avec les autres Esprits ? - R. Oui ! toujours : la matière n'est plus entre eux et nous.

42. La mort inspire-t-elle l'horreur et l'effroi qu'elle cause parmi nous ? - R. Pourquoi serait-elle effrayante ? Le mal n'est plus parmi nous. Le méchant seul voit son dernier moment avec effroi ; il craint son juge.

43. Que deviennent les habitants de Jupiter après la mort ? - R. Ils croissent toujours en perfection sans plus subir d'épreuves.

44. N'y a-t-il pas dans Jupiter des Esprits qui se soumettent à des épreuves pour remplir une mission ? - R. Oui, mais ce n'est plus une épreuve ; l'amour du bien les porte seul à souffrir.

45. Peuvent-ils faillir à leur mission ? - R. Non, puisqu'ils sont bons ; il n'y a faiblesse qu'où il y a défaut.

46. Pourrais-tu nous nommer quelques-uns des Esprits habitants de Jupiter qui ont rempli une grande mission sur la terre ? - R. Saint Louis.

47. Ne pourrais-tu pas nous en nommer d'autres ? - R. Que vous importe ! Il y a des missions inconnues qui n'ont pour but que le bonheur d'un seul ; celles-là sont parfois plus grandes : elles sont plus douloureuses.

DES ANIMAUX

48. Le corps des animaux est-il plus matériel que celui des hommes ? - R. Oui ; l'homme est le roi, le dieu terrestre.

49. Parmi les animaux en est-il de carnassiers ? - R. Les animaux ne se déchirent pas entre eux ; tous vivent soumis à l'homme, s'aimant entre eux.

50. Mais n'y a-t-il pas des animaux qui échappent à l'action de l'homme, comme les insectes, les poissons, les oiseaux ? - R. Non ; tous lui sont utiles.

51. On nous a dit que les animaux sont les serviteurs et les manoeuvres qui exécutent les travaux matériels, construisent les habitations, etc., cela est-il vrai ? - R. Oui ; l'homme ne s'abaisse plus en servant son semblable.

52. Les animaux serviteurs sont-ils attachés à une personne ou à une famille, ou bien en prend-on et en change-t-on à volonté comme ici ? -R. Tous sont attachés à une famille particulière : vous changez pour trouver mieux.

53. Les animaux serviteurs y sont-ils à l'état d'esclavage ou de liberté ; sont-ils une propriété, ou peuvent-ils changer de maître à volonté ? - R. Ils y sont à l'état de soumission.

54. Les animaux travailleurs reçoivent-ils une rémunération quelconque pour leurs peines ? - R. Non.

55. Développe-t-on les facultés des animaux par une sorte d'éducation ? - R. Ils le font d'eux-mêmes.

56. Les animaux ont-ils un langage plus précis et plus caractérisé que celui des animaux terrestres ? - R. Certes.

ETAT MORAL DES HABITANTS

57. Les habitations dont tu nous as donné un échantillon par tes dessins sont-elles réunies en villes comme ici ? - R. Oui ; ceux qui s'aiment se réunissent ; les passions seules font solitude autour de l'homme. Si l'homme encore méchant recherche son semblable, qui n'est pour lui qu'un instrument de douleur, pourquoi l'homme pur et vertueux fuirait-il son frère ?

58. Les Esprits y sont-ils égaux ou de différents degrés ? - R. De différents degrés, mais du même ordre.

59. Nous te prions de vouloir bien te reporter à l'échelle spirite que nous avons donnée dans le deuxième numéro de la *Revue*, et de nous dire à quel ordre appartiennent les Esprits incarnés dans Jupiter ? - R. Tous bons, tous supérieurs ; le bien descend quelquefois dans le mal ; mais jamais le mal ne se mêle au bien.

60. Les habitants forment-ils différents peuples comme sur la terre ? - R. Oui ; mais tous unis entre eux par des liens d'amour.

61. D'après cela les guerres y sont inconnues ? - R. Question inutile.

62. L'homme pourra-t-il arriver sur la terre à un assez grand degré de perfection pour se passer de guerres ? - R. Assurément il y arrivera ; la guerre disparaît avec l'égoïsme des peuples et à mesure qu'ils comprennent mieux la fraternité.

63. Les peuples sont-ils gouvernés par des chefs ? - R. Oui.

64. En quoi consiste l'autorité des chefs ? - R. Dans le degré supérieur de perfection.

65. En quoi consiste la supériorité et l'infériorité des Esprits dans Jupiter, puisqu'ils sont tous bons ? - R. Ils ont plus ou moins de connaissances et d'expérience ; ils s'épurent en s'éclairant.

66. Y a-t-il, comme sur la terre, des peuples plus ou moins avancés que les autres ? - R. Non ; mais dans les peuples il y a différents degrés.

67. Si le peuple le plus avancé de la terre se trouvait transporté dans Jupiter, quel rang y occuperait-il ? - R. Le rang de singes parmi vous.

68. Les peuples y sont-ils gouvernés par des lois ? - R. Oui.

69. Y a-t-il des lois pénales ? - R. Il n'y a plus de crimes.

70. Qui est-ce qui fait les lois ? - R. Dieu les a faites.

71. Y a-t-il des riches et des pauvres, c'est-à-dire des hommes qui ont l'abondance et le superflu, et d'autres qui manquent du nécessaire ? - R. Non ; tous sont frères ; si l'un avait plus que l'autre, il partagerait ; il ne jouirait pas quand son frère désirerait.

72. D'après cela les fortunes y seraient égales pour tous ? - R. Je n'ai pas dit que tous étaient riches au même degré ; vous m'avez demandé s'il y en a qui ont le superflu et d'autres qui manquent du nécessaire.

73. Ces deux réponses nous paraissent contradictoires ; nous te prions de les accorder. - R. Personne ne manque du nécessaire ; personne n'a le superflu, c'est-à-dire que la fortune de chacun est en rapport avec sa condition. Vous ai-je satisfait ?

74. Nous comprenons maintenant ; mais nous demanderons encore si celui qui a le moins n'est pas malheureux relativement à celui qui a le plus ? - R. Il ne peut être malheureux du moment qu'il n'est ni envieux ni jaloux. L'envie et la jalousie font plus de malheureux que la misère.

75. En quoi consiste la richesse dans Jupiter ? - R. Que vous importe !

76. Y a-t-il des inégalités de position sociale ? - R. Oui.

77. Sur quoi sont-elles fondées ? - R. Sur les lois de la société. Les uns sont plus ou moins avancés dans la perfection. Ceux qui sont supérieurs ont sur les autres une sorte d'autorité, comme un père sur ses enfants.

78. Développe-t-on les facultés de l'homme par l'éducation ? - R. Oui.

79. L'homme peut-il acquérir assez de perfection sur la terre pour mériter de passer immédiatement dans Jupiter ? - R. Oui, mais l'homme, sur la terre, est soumis à des imperfections pour qu'il soit en rapport avec ses semblables.

80. Lorsqu'un Esprit qui quitte la terre doit être réincarné dans Jupiter, y est-il errant pendant quelque temps avant d'avoir trouvé le corps auquel il doit s'unir ? - R. Il l'est pendant un certain temps, jusqu'à ce qu'il se soit dégagé de ses imperfections terrestres.

81. Y a-t-il plusieurs religions ? - R. Non ; tous professent le bien, et tous adorent un seul Dieu.

82. Y a-t-il des temples et un culte ? - R. Pour temple il y a le coeur de l'homme ; pour culte le bien qu'il fait.

Méhémet-Ali, ancien pacha d'Egypte (16 mars 1858)

1. Qui vous a engagé à venir à notre appel ? - R. Pour vous instruire.

2. Etes-vous contrarié d'être venu parmi nous, et de répondre aux questions que nous désirons vous adresser ? - R. Non ; celles qui auront pour but votre instruction, je le veux bien.

3. Quelle preuve pouvons-nous avoir de votre identité, et comment pouvons-nous savoir que ce n'est pas un autre Esprit qui prend votre nom ? - R. A quoi cela servirait-il ?

4. Nous savons par expérience que des Esprits inférieurs empruntent souvent des noms supposés, et c'est pour cela que nous vous avons fait cette demande. - R. Ils en empruntent aussi les preuves ; mais l'Esprit qui prend un masque se dévoile aussi lui-même par ses paroles.

5. Sous quelle forme et à quelle place êtes-vous parmi nous ? - R. Sous celle qui porte le nom de Méhémet-Ali, près d'Ermance.

6. Seriez-vous satisfait si nous vous cédions une place spéciale ? - R. Sur la chaise vide.

Remarque. Il y avait près de là une chaise vacante à laquelle on n'avait pas fait attention.

7. Avez-vous un souvenir précis de votre dernière existence corporelle ? - R. Je ne l'ai pas encore précis ; la mort m'a laissé son trouble.

8. Etes-vous heureux ? - R. Non ; malheureux.

9. Etes-vous errant ou réincarné ? - R. Errant.

10. Vous rappelez-vous ce que vous étiez avant votre dernière existence ? - R. J'étais pauvre sur la terre ; j'ai envié les terrestres grandeurs : je suis monté pour souffrir.

11. Si vous pouviez renaître sur la terre, quelle condition choisiriez-vous de préférence ? - R. Obscure ; les devoirs sont moins grands.

12. Que pensez-vous maintenant du rang que vous avez occupé en dernier lieu sur la terre ? - R. Vanité du néant ! J'ai voulu conduire les hommes ; savais-je me conduire moi-même !

13. On dit que votre raison était altérée depuis quelque temps ; cela est-il vrai ? - R. Non.

14. L'opinion publique apprécie ce que vous avez fait pour la civilisation de l'Egypte, et elle vous place au rang des plus grands princes. En éprouvez-vous de la satisfaction ? - R. Que m'importe ! L'opinion des hommes est le vent du désert qui soulève la poussière.

15. Voyez-vous avec plaisir vos descendants marcher dans la même voie, et vous intéressez-vous à leurs efforts ? - R. Oui, puisqu'ils ont pour but le bien commun.

16. On vous reproche cependant des actes d'une grande cruauté : les blâmez-vous maintenant ? - R. Je les expie.

17. Voyez-vous ceux que vous avez fait massacrer ? - R. Oui.

18. Quel sentiment éprouvent-ils pour vous ? - R. La haine et la pitié.

19. Depuis que vous avez quitté cette vie avez-vous revu le sultan Mahmoud ? - R. Oui : en vain nous nous fuyons.

20. Quel sentiment éprouvez-vous l'un pour l'autre maintenant ? - R. L'aversion.

21. Quelle est votre opinion actuelle sur les peines et les récompenses qui nous attendent après la mort ? - R. L'expiation est juste.

22. Quel est le plus grand obstacle que vous avez eu à combattre pour l'accomplissement de vos vues progressives ? - R. Je régnais sur des esclaves.

23. Pensez-vous que si le peuple que vous aviez à gouverner eût été chrétien, il eût été moins rebelle à la civilisation ? - R. Oui ; la religion chrétienne élève l'âme ; la religion mahométane ne parle qu'à la matière.

24. De votre vivant, votre foi en la religion musulmane était-elle absolue ? - R. Non ; je croyais Dieu plus grand.

25. Qu'en pensez-vous maintenant ?- R. Elle ne fait pas des hommes.

26. Mahomet avait-il, selon vous, une mission divine ? - R. Oui, mais qu'il a gâtée.

27. En quoi l'a-t-il gâtée ? - R. Il a voulu régner.

28. Que pensez-vous de Jésus ? - R. Celui-là venait de Dieu.

29. Quel est celui des deux, de Jésus ou de Mahomet, qui, selon vous, a le plus fait pour le bonheur de l'humanité ? - R. Pouvez-vous le demander ? Quel peuple Mahomet a-t-il régénéré ? La religion chrétienne est sortie pure de la main de Dieu : la religion mahométane est l'oeuvre d'un homme.

30. Croyez-vous l'une de ces deux religions destinée à s'effacer de dessus la terre ? - R. L'homme progresse toujours ; la meilleure restera.

31. Que pensez-vous de la polygamie consacrée par la religion musulmane ? - R. C'est un des liens qui retiennent dans la barbarie les peuples qui la professent.

32. Croyez-vous que l'asservissement de la femme soit conforme aux vues de Dieu ? - R. Non ; la femme est l'égale de l'homme, puisque l'esprit n'a pas de sexe.

33. On dit que le peuple arabe ne peut être conduit que par la rigueur ; ne croyez-vous pas que les mauvais traitements l'abrutissent plus qu'ils ne le soumettent ? - R. Oui, c'est la destinée de l'homme ; il s'avilit lorsqu'il est esclave.

34. Pouvez-vous vous reporter aux temps de l'antiquité où l'Egypte était florissante, et nous dire quelles ont été les causes de sa décadence morale ? - R. La corruption des moeurs.

35. Il paraît que vous faisiez peu de cas des monuments historiques qui couvrent le sol de l'Egypte ; nous ne nous expliquons pas cette indifférence de la part d'un prince ami du progrès ? - R. Qu'importe le passé ! Le présent ne le remplacerait pas.

36. Veuillez-vous expliquer plus clairement. - R. Oui. Il ne fallait pas rappeler à l'Egyptien dégradé un passé trop brillant : il ne l'eût pas compris. J'ai dédaigné ce qui m'a paru inutile ; ne pouvais-je me tromper ?

37. Les prêtres de l'ancienne Egypte avaient-ils connaissance de la doctrine spirite ? - R. C'était la leur.

38. Recevaient-ils des manifestations ? - R. Oui.

39. Les manifestations qu'obtenaient les prêtres égyptiens avaient-elles la même source que celles qu'obtenait Moïse ? - R. Oui, il fut initié par eux.

40. D'où vient que les manifestations de Moïse étaient plus puissantes que celles des prêtres égyptiens ? - R. Moïse voulait révéler ; les prêtres égyptiens ne tendaient qu'à cacher.

41. Pensez-vous que la doctrine des prêtres Egyptiens eût quelques rapports avec celle des Indiens ? - R. Oui ; toutes les religions mères sont reliées entre elles par des liens presque invisibles ; elles découlent d'une même source.

42. Quelle est celle de ces deux religions, celle des Egyptiens et celle des indiens, qui est la mère de l'autre ? - R. Elles sont soeurs.

43. Comment se fait-il que vous, de votre vivant si peu éclairé sur ces questions, puissiez y répondre avec autant de profondeur ? - R. D'autres existences me l'ont appris.

44. Dans l'état errant où vous êtes maintenant, vous avez donc une pleine connaissance de vos existences antérieures ? - R. Oui, sauf de la dernière.

45. Vous avez donc vécu du temps des Pharaons ? - R. Oui ; trois fois j'ai vécu sur le sol égyptien : prêtre, gueux et prince.

46. Sous quel règne avez-vous été prêtre ? - R. C'est si vieux ! Le prince était votre Sésostris.

47. Il semblerait, d'après cela, que vous n'avez pas progressé, puisque vous expiez maintenant les erreurs de votre dernière existence ? - R. Si, j'ai progressé lentement ; étais-je parfait pour être prêtre ?

48. Est-ce parce que vous avez été prêtre dans ce temps-là que vous avez pu nous parler en connaissance de cause de l'antique religion des Egyptiens ? - R. Oui ; mais je ne suis pas assez parfait pour tout savoir ; d'autres lisent dans le passé comme dans un livre ouvert.

49. Pourriez-vous nous donner une explication sur le motif de la construction des pyramides ? - R. Il est trop tard.

(NOTA. - Il était près de onze heures du soir.)

50. Nous ne vous ferons plus que cette demande ; veuillez y répondre, je vous prie. - R. Non, il est trop tard, cette question en entraînerait d'autres.

51. Aurez-vous la bonté de nous y répondre une autre fois ? - R. Je ne m'engage pas.

52. Nous vous remercions néanmoins de la complaisance avec laquelle vous avez bien voulu répondre aux autres questions. - R. Bien ! Je reviendrai.

M. Home

(Troisième article. - Voir les numéros de février et de mars 1858.)

Il n'est pas à notre connaissance que M. Home ait fait apparaître, du moins visiblement pour tout le monde, d'autres parties du corps que des mains. On cite cependant un général mort en Crimée, qui serait apparu à sa veuve et visible pour elle seule ; mais nous n'avons pas été à même de constater la réalité du fait, en ce qui concerne surtout l'intervention de M. Home dans cette circonstance. Nous nous bornons à ce que nous pouvons affirmer. Pourquoi des mains plutôt que des pieds ou une tête ? C'est ce que nous ignorons et ce qu'il ignore lui-même. Les Esprits interrogés à ce sujet ont répondu que d'autres médiums pourraient faire apparaître la totalité du corps ; du reste, ce n'est pas là le point le plus important ; si les mains seules apparaissent, les autres parties du corps n'en sont pas moins patentes, comme on le verra tout à l'heure.

L'apparition d'une main se manifeste généralement en premier lieu sous le tapis de la table, par les ondulations qu'elle produit en en parcourant toute la surface ; puis elle se montre sur le bord du tapis qu'elle soulève ; quelquefois elle vient se poser sur le tapis au milieu même de la table ; souvent elle saisit un objet qu'elle emporte dessous. Cette main, visible pour tout le monde, n'est ni vaporeuse ni translucide ; elle a la couleur et l'opacité naturelles ; au poignet, elle se termine par le vague. Si on la touche avec précaution, confiance et sans arrière-pensée hostile, elle offre la résistance, la solidité et l'impression d'une main vivante ; sa chaleur est douce, moite, et comparable à celle d'un pigeon tué depuis une demi-heure. Elle n'est point inerte, car elle agit, se prête aux mouvements qu'on lui imprime, ou résiste, vous caresse ou vous étreint. Si, au contraire, vous voulez la saisir brusquement et par surprise, vous ne touchez que le vide. Un témoin oculaire nous a raconté le fait suivant qui lui est personnel. Il tenait entre ses doigts une sonnette de table ; une main, d'abord invisible, puis après parfaitement apparente, vint la prendre en faisant des efforts pour la lui arracher ; n'y pouvant parvenir, elle passa par-dessus pour la faire glisser ; l'effort de traction était aussi sensible que si c'eût été une main humaine ; ayant voulu saisir vivement cette main, la sienne ne rencontra que l'air ; ayant écarté les doigts, la sonnette resta suspendue dans l'espace et vint lentement se poser sur le parquet.

Quelquefois il y a plusieurs mains. Le même témoin nous a rapporté le fait suivant. Plusieurs personnes étaient réunies autour d'une de ces tables de salle à manger qui se séparent en deux. Des coups sont frappés ; la table s'agite, s'ouvre d'elle-même, et, à travers la fente, apparaissent trois mains, l'une de grandeur naturelle, une autre très grande, et une troisième toute velue ; on les touche, on les palpe, elles vous serrent, puis s'évanouissent. Chez un de nos amis qui avait perdu un enfant en bas âge, c'est la main d'un enfant nouveau-né qui apparaît ; tout le monde peut la voir et la toucher ; cet enfant se pose sur sa mère, qui sent distinctement l'impression de tout le corps sur ses genoux.

Souvent la main vient se poser sur vous, vous la voyez, ou, si vous ne la voyez pas, vous sentez la pression des doigts ; quelquefois elle vous caresse, d'autres fois elle vous pince jusqu'à la douleur. M. Home, en présence de plusieurs personnes, se sentit ainsi saisir le poignet, et les assistants purent voir la peau tirée. Un instant après il se sentit mordre, et la trace de l'empreinte de deux dents fut visiblement marquée pendant plus d'une heure.

La main qui apparaît peut aussi écrire. Quelquefois elle se pose au milieu de la table, prend le crayon et trace des caractères sur le papier disposé à cet effet. Le plus souvent elle emporte le papier sous la table et le rapporte tout écrit. Si la main demeure invisible, l'écriture semble s'être produite toute seule. On obtient par ce moyen des réponses aux diverses questions que l'on peut adresser.

Un autre genre de manifestations non moins remarquable, mais qui s'explique par ce que nous venons de dire, est celui des instruments de musique jouant seuls. Ce sont ordinairement des pianos ou des accordéons. Dans cette circonstance, on voit distinctement les touches s'agiter et le soufflet se mouvoir. La main qui joue est tantôt visible, tantôt invisible ; l'air qui se fait entendre peut être un air connu exécuté sur la demande qui en est faite. Si l'artiste invisible est laissé à lui-même, il produit des accords harmonieux, dont l'ensemble rappelle la vague et suave mélodie de la harpe éolienne. Chez un de nos abonnés où ces phénomènes se sont produits maintes fois, l'Esprit qui se manifestait ainsi était celui d'un jeune homme mort depuis quelque temps et ami de la famille, et qui de son vivant avait un remarquable talent comme musicien ; la nature des airs qu'il faisait entendre de préférence ne pouvait laisser aucun doute sur son identité pour les personnes qui l'avaient connu.

Le fait le plus extraordinaire dans ce genre de manifestations n'est pas, à notre avis, celui de l'apparition. Si cette apparition était toujours aériforme, elle s'accorderait avec la nature éthéréenne que nous attribuons aux Esprits ; or, rien ne s'opposerait à ce que cette matière éthérée devînt perceptible à la vue par une sorte de condensation, sans perdre sa propriété vaporeuse. Ce qu'il y a de plus étrange, c'est la solidification de cette même matière, assez résistante pour laisser une empreinte visible sur nos organes. Nous donnerons, dans notre prochain numéro, l'explication de ce singulier phénomène telle qu'elle résulte de l'enseignement même des Esprits. Aujourd'hui, nous nous bornerons à en déduire une conséquence relative au jeu spontané des instruments de musique. En effet, dès l'instant que la tangibilité temporaire de cette matière éthérée est un fait acquis, que dans cet état une main, apparente ou non, offre assez de résistance pour faire une pression sur les corps solides, il n'y a rien d'étonnant à ce qu'elle puisse exercer une pression suffisante pour faire mouvoir les touches d'un instrument. D'autre part, des faits non moins positifs prouvent que cette main appartient à un être intelligent ; rien d'étonnant non plus à ce que cette intelligence se manifeste par des sons musicaux, comme elle peut le faire par l'écriture ou le dessin. Une fois entré dans cet ordre d'idées, les coups frappés, le mouvement des objets et tous les phénomènes spirites de l'ordre matériel s'expliquent tout naturellement.

Variétés

La malveillance, chez certains individus, ne connaît point de bornes ; la calomnie a toujours du venin pour quiconque s'élève au-dessus de la foule. Les adversaires de M. Home ont trouvé l'arme du ridicule trop faible ; elle devait, en effet, s'émousser contre les noms honorables qui le couvraient de leur protection. Ne pouvant donc plus faire rire à ses dépens, ils ont voulu le noircir. On a répandu le bruit, on devine dans quel but, et les mauvaises langues de répéter, que M. Home n'était point parti pour l'Italie, comme on l'avait annoncé, mais qu'il était enfermé à Mazas sous le poids des plus graves accusations, que l'on formule en anecdotes dont les désœuvrés et les amateurs de scandale sont toujours avides. Nous pouvons affirmer qu'il n'y a pas un mot de vrai dans toutes ces machinations infernales. Nous avons sous les yeux plusieurs lettres de M. Home, datées de Pise, de Rome, et de Naples où il est en ce moment, et nous sommes en mesure de donner la preuve de ce que nous avançons. Les Esprits ont bien raison de dire que les véritables démons sont parmi les hommes.

On lit dans un journal : « Suivant la *Gazette des Hôpitaux*, on compte en ce moment à l'hôpital des aliénés de Zurich 25 personnes qui ont perdu la raison, grâce aux tables tournantes et aux Esprits frappeurs. »

Nous demandons d'abord s'il est bien avéré que ces 25 aliénés doivent tous la perte de leur raison aux Esprits frappeurs, ce qui est au moins contestable jusqu'à preuve authentique. En supposant que ces étranges phénomènes aient pu impressionner fâcheusement certains caractères faibles, nous demanderons en outre si la peur du diable n'a pas fait plus de fous que la croyance aux Esprits. Or, comme on n'empêchera pas les Esprits de frapper, le danger est dans la croyance que tous ceux qui se manifestent sont des démons. Ecartez cette idée en faisant connaître la vérité, et l'on n'en aura pas plus peur que des feux follets ; l'idée qu'on est assiégé par le diable est bien faite pour troubler la raison. Voici, du reste, la contre-partie de l'article ci-dessus. Nous lisons dans un autre journal : « Il existe un curieux document statistique des funestes conséquences qu'entraîne, parmi le peuple anglais, l'habitude de l'intempérance et des liqueurs fortes. Sur 100 individus admis à l'hospice des fous de Hamwel, il y en a 72 dont l'aliénation mentale doit être attribuée à l'ivresse. »

Nous recevons de nos abonnés de nombreuses relations de faits très intéressants que nous nous empresserons de publier dans nos prochaines livraisons, le défaut d'espace nous empêchant de le faire dans celle-ci.

ALLAN KARDEC.

REVUE SPIRITE

JOURNAL

D'ETUDES PSYCHOLOGIQUES

Mai 1858

Théorie des manifestations physiques

(Premier article)

L'influence morale des Esprits, les relations qu'ils peuvent avoir avec notre âme, ou l'Esprit incarné en nous, se conçoivent aisément. On comprend que deux êtres de même nature puissent se communiquer par la pensée, qui est un de leurs attributs, sans le secours des organes de la parole ; mais-ce dont il est plus difficile de se rendre compte, ce sont les effets matériels qu'ils peuvent produire, tels que les bruits, le mouvement des corps solides, les apparitions, et surtout les apparitions tangibles. Nous allons essayer d'en donner l'explication d'après les Esprits eux-mêmes, et d'après l'observation des faits.

L'idée que l'on se forme de la nature des Esprits rend au premier abord ces phénomènes incompréhensibles. L'Esprit, dit-on, c'est l'absence de toute matière, donc il ne peut agir matériellement ; or, là est l'erreur. Les Esprits interrogés sur la question de savoir s'ils sont immatériels, ont répondu ceci : « *Immatériel* n'est pas le mot, car l'Esprit est quelque chose, autrement ce serait le néant. C'est, si vous le voulez, de la matière, mais une matière tellement éthérée, que c'est pour vous comme si elle n'existait pas. » Ainsi l'Esprit n'est pas, comme quelques-uns le croient, une abstraction, c'est un *être*, mais dont la nature intime échappe à nos sens grossiers.

Cet Esprit incarné dans le corps constitue l'âme ; lorsqu'il le quitte à la mort, il n'en sort pas dépouillé de toute enveloppe. Tous nous disent qu'ils conservent la forme qu'ils avaient de leur vivant, et, en effet, lorsqu'ils nous apparaissent, c'est généralement sous celle que nous leur connaissions.

Observons-les attentivement au moment où ils viennent de quitter la vie ; ils sont dans un état de trouble ; tout est confus autour d'eux ; ils voient leur corps sain ou mutilé, selon leur genre de mort ; d'un autre côté ils se voient et se sentent vivre ; quelque chose leur dit que ce corps est à eux, et ils ne comprennent pas qu'ils en soient séparés : le lien qui les unissait n'est donc pas encore tout à fait rompu.

Ce premier moment de trouble dissipé, le corps devient pour eux un vieux vêtement dont ils se sont dépouillés et qu'ils ne regrettent pas, mais ils continuent à se voir sous leur forme primitive ; or ceci n'est point un système : c'est le résultat d'observations faites sur d'innombrables sujets. Qu'on veuille bien maintenant se reporter à ce que nous avons raconté de certaines manifestations produites par M. Home et autres médiums de ce genre : des mains apparaissent, qui ont toutes les propriétés de mains vivantes, que l'on touche, qui vous saisissent, et qui tout à coup s'évanouissent. Que devons-nous en conclure ? c'est que l'âme ne laisse pas tout dans le cercueil et qu'elle emporte quelque chose avec elle.

Il y aurait ainsi en nous deux sortes de matière : l'une grossière, qui constitue l'enveloppe extérieure, l'autre subtile et indestructible. La mort est la destruction, ou mieux la désagrégation de la première, de celle que l'âme abandonne ; l'autre se dégage et suit l'âme qui se trouve, de cette manière, avoir toujours une enveloppe ; c'est celle que nous nommons *périsprit*. Cette matière subtile, extraite pour ainsi dire de toutes les parties du corps auquel elle était liée pendant la vie, en conserve l'empreinte ; or voilà pourquoi les Esprits se voient et pourquoi ils nous apparaissent tels qu'ils étaient de leur vivant. Mais cette matière subtile n'a point la ténacité ni la rigidité de la matière compacte du corps ; elle est, si nous pouvons nous exprimer ainsi, flexible et expansible ; c'est pourquoi la forme qu'elle prend, bien que calquée sur celle du corps, n'est pas absolue ; elle se plie à la volonté de l'Esprit, qui peut lui donner telle ou telle apparence à son gré, tandis que l'enveloppe solide lui offrait une résistance insurmontable ; débarrassé de cette entrave qui le comprimait, le périsprit s'étend ou se resserre, se transforme, en un mot se prête à toutes les métamorphoses, selon la volonté qui agit sur lui.

L'observation prouve, et nous insistons sur ce mot observation, car toute notre théorie est la conséquence de faits étudiés, que la matière subtile qui constitue la seconde enveloppe de l'Esprit ne se dégage que peu à peu, et non point instantanément du corps. Ainsi les liens qui unissent l'âme et le corps ne sont point subitement rompus par la mort ; or, l'état de trouble que nous avons remarqué dure pendant tout le temps que s'opère le dégagement ; l'Esprit ne recouvre l'entière liberté de ses facultés et la conscience nette de lui-même que lorsque ce dégagement est complet.

L'expérience prouve encore que la durée de ce dégagement varie selon les individus. Chez quelques-uns il s'opère en trois ou quatre jours, tandis que chez d'autres il n'est pas entièrement accompli au bout de plusieurs mois. Ainsi la destruction du corps, la décomposition putride ne suffisent pas pour opérer la séparation ; c'est pourquoi certains Esprits disent : Je sens les vers qui me rongent.

Chez quelques personnes la séparation commence avant la mort ; ce sont celles qui, de leur vivant, se sont élevées par la pensée et la pureté de leurs sentiments au-dessus des choses matérielles ; la mort ne trouve plus que de faibles liens entre l'âme et le corps, et ces liens se rompent presque instantanément. Plus l'homme a vécu matériellement, plus il a absorbé ses pensées dans les jouissances et les préoccupations de la personnalité, plus ces liens sont tenaces ; il semble que la matière subtile se soit identifiée avec la matière compacte, qu'il y ait entre elles cohésion moléculaire ; voilà pourquoi elles ne se séparent que lentement et difficilement.

Dans les premiers instants qui suivent la mort, alors qu'il y a encore union entre le corps et le périsprit, celui-ci conserve bien mieux l'empreinte de la forme corporelle, dont il reflète pour ainsi dire toutes les nuances, et même tous les accidents. Voilà pourquoi un supplicié nous disait peu de jours après son exécution : Si vous pouviez me voir, vous me verriez avec la tête séparée du tronc. Un homme qui était mort assassiné nous disait : Voyez la plaie que l'on m'a faite au coeur. Il croyait que nous pouvions le voir.

Ces considérations nous conduiraient à examiner l'intéressante question de la sensation des Esprits et de leurs souffrances ; nous le ferons dans un autre article, voulant nous renfermer ici dans l'étude des manifestations physiques.

Représentons-nous donc l'Esprit revêtu de son enveloppe semi-matérielle ou périsprit, ayant la forme ou *apparence* qu'il avait de son vivant. Quelques-uns même se servent de cette expression pour se désigner ; ils disent : Mon apparence est à tel endroit. Ce sont évidemment là les mânes des Anciens. La matière de cette enveloppe est assez subtile pour échapper à notre vue dans son état normal ; mais elle n'est pas pour cela absolument invisible. Nous la voyons d'abord, par les yeux de l'âme, dans les visions qui se produisent pendant les rêves ; mais ce n'est pas ce dont nous avons à nous occuper. Il peut arriver dans cette matière éthérée telle modification, l'Esprit lui-même peut lui faire subir une sorte de condensation qui la rende perceptible aux yeux du corps ; c'est ce qui a eu lieu dans les apparitions vaporeuses. La subtilité de cette matière lui permet de traverser les corps solides ; voilà pourquoi ces apparitions ne rencontrent pas d'obstacles, et pourquoi elles s'évanouissent souvent à travers les murailles.

La condensation peut arriver au point de produire la résistance et la tangibilité ; c'est le cas des mains que l'on voit et que l'on touche ; mais cette condensation (c'est le seul mot dont nous puissions nous servir pour rendre notre pensée, quoique l'expression ne soit pas parfaitement exacte), cette condensation, disons-nous, ou mieux cette solidification de la matière éthérée, n'étant pas son état normal, n'est que temporaire ou accidentelle ; voilà pourquoi ces apparitions tangibles, à un moment donné, vous échappent comme une ombre. Ainsi, de même que nous voyons un corps se présenter à nous à l'état solide, liquide ou gazeux, selon son gré de condensation, de même la matière éthérée du périsprit peut se présenter à nous à l'état solide, vaporeux visible ou vaporeux invisible. Nous verrons tout à l'heure comment s'opère cette modification.

La main apparente tangible offre une résistance ; elle exerce une pression ; elle laisse des empreintes ; elle opère une traction sur les objets que nous tenons ; il y a donc en elle de la force. Or, ces faits, qui ne sont point des hypothèses, peuvent nous mettre sur la voie des manifestations physiques.

Remarquons d'abord que cette main obéit à une intelligence, puisqu'elle agit spontanément, qu'elle donne des signes non équivoques de volonté, et qu'elle obéit à la pensée ; elle appartient donc à un être complet qui ne nous montre que cette partie de lui-même, et ce qui le prouve, c'est qu'il fait impression avec des parties invisibles, que des dents ont laissé des empreintes sur la peau et ont fait éprouver de la douleur.

Parmi les différentes manifestations, une des plus intéressantes est sans contredit celle du jeu spontané des instruments de musique. Les pianos et les accordéons paraissent être, à cet effet, les instruments de prédilection. Ce phénomène s'explique tout naturellement par ce qui précède. La main qui a la force de saisir un objet peut bien avoir celle d'appuyer sur des touches et de les faire résonner ; d'ailleurs on a vu plusieurs fois les doigts de la main en actions et quand on ne voit pas la main, on voit les touches s'agiter et le soufflet s'ouvrir et se fermer. Ces touches ne peuvent être mues que par une main invisible, laquelle fait preuve d'intelligence en faisant entendre, non des sons incohérents, mais des airs parfaitement rythmés.

Puisque cette main peut nous enfoncer ses ongles dans la chair, nous pincer, nous arracher ce qui est à nos doigts ; puisque nous la voyons saisir et emporter un objet comme nous le ferions nous-mêmes, elle peut tout aussi bien frapper des coups, soulever et renverser une table, agiter une sonnette, tirer des rideaux, voire même donner un soufflet occulte.

On demandera sans doute comment cette main peut avoir la même force à l'état vaporeux invisible qu'à l'état tangible. Et pourquoi non ? Voyons-nous l'air qui renverse les édifices, le gaz qui lance un projectile, l'électricité qui transmet des signaux, le fluide de l'aimant qui soulève des masses ? Pourquoi la matière éthérée du périsprit serait-elle moins puissante ? Mais n'allons pas vouloir la soumettre à nos expériences de laboratoire et à nos formules algébriques ; n'allons pas surtout, parce que nous avons pris des gaz pour terme de comparaison, lui supposer des propriétés identiques et supputer ses forces comme nous calculons celle de la vapeur. Jusqu'à présent elle échappe à tous nos instruments ; c'est un nouvel ordre d'idées qui n'est pas du ressort des sciences exactes ; voilà pourquoi ces sciences ne donnent pas d'aptitude spéciale pour les apprécier.

Nous ne donnons cette théorie du mouvement des corps solides sous l'influence des Esprits que pour montrer la question sous toutes ses faces et prouver que, sans trop sortir des idées reçues, on peut se rendre compte de l'action des Esprits sur la matière inerte ; mais il en est une autre, d'une haute portée philosophique, donnée par les Esprits eux-mêmes, et qui jette sur cette question un jour entièrement nouveau ; on la comprendra mieux après avoir lu celle-ci ; il est utile d'ailleurs de connaître tous les systèmes afin de pouvoir comparer.

Reste donc maintenant à expliquer comment s'opère cette modification de substance éthérée du périsprit ; par quel procédé l'Esprit opère, et, comme conséquence, le rôle des médiums à influence physique dans la production de ces phénomènes ; ce qui se passe en eux dans cette circonstance, la cause et la nature de leur faculté, etc. C'est ce que nous ferons dans un prochain article.

L'Esprit frappeur de Bergzabern

Nous avions déjà entendu parler de certains phénomènes spirites qui firent beaucoup de bruit en 1852 dans la Bavière rhénane, aux environs de Spire, et nous savions qu'une relation authentique en avait été publiée dans une brochure allemande. Après des recherches longtemps infructueuses, une dame, parmi nos abonnés d'Alsace, et qui a déployé en cette circonstance un zèle et une persévérance dont nous lui savons un gré infini, est enfin parvenue à se procurer cette brochure, qu'elle a bien voulu nous adresser. Nous en donnons la traduction *in extenso* ; on la lira sans doute avec d'autant plus d'intérêt que c'est, parmi tant d'autres, une preuve de plus que les faits de ce genre sont de tous les temps et de tous les pays, puisque ceux dont il s'agit se passaient à une époque où l'on commençait à peine à parler des Esprits.

AVANT-PROPOS

Un événement étrange est depuis plusieurs mois le sujet de toutes les conversations de notre ville et des environs. Nous voulons parler du *Frappeur*, comme on l'appelle, de la maison du maître tailleur Pierre Sanger.

Jusqu'alors nous nous sommes abstenu de toute relation dans notre feuille (*Journal de Bergzabern*) sur les manifestations qui se sont produites dans cette maison depuis le 1° janvier 1852 ; mais comme elles ont excité l'attention générale à un tel point que les autorités crurent devoir demander au docteur Beutner une explication à ce sujet, et que le docteur Dupping, de Spire, se rendit même sur les lieux pour observer les faits, nous ne pouvons différer plus longtemps de les livrer au public.

Nos lecteurs n'attendent pas de nous un jugement sur la question, nous en serions très embarrassé ; nous laissons ce soin à ceux qui, par la nature de leurs études et leur position, sont plus aptes à se prononcer, ce que d'ailleurs ils feront sans difficulté s'ils parviennent à découvrir la cause de ces effets. Quant à nous, nous nous bornerons au simple récit des faits, principalement de ceux dont nous avons été témoin ou que nous tenons de personnes dignes de foi, laissant au lecteur se former une opinion.

F.-A. BLANCK,

Rédacteur du *Journal de Bergzabern.*

Mai 1852.

Le 1° janvier de cette année (1852), la famille Pierre Sanger, à Bergzabern, entendit dans la maison qu'elle habitait et dans une chambre voisine de celle où l'on se tenait ordinairement, comme un martèlement qui commença d'abord par des coups sourds paraissant venir de loin, puis qui devint successivement plus fort et plus marqué. Ces coups semblaient être frappés contre le mur près duquel était placé le lit où dormait leur enfant, âgé de onze ans. Habituellement c'était entre neuf heures et demie et dix heures et demie que le bruit se faisait entendre. Les époux Sanger n'y firent point attention d'abord, mais comme cette singularité se renouvelait chaque soir, ils pensèrent que cela pouvait venir de la maison voisine où un malade se serait amusé, en guise de passe-temps, à battre le tambour contre le mur. On se convainquit bientôt que ce malade n'était pas et ne pouvait être la cause de ce bruit. On remua le sol de la chambre, on abattit le mur, mais sans résultat. Le lit fut transporté au côté opposé de la chambre ; alors, chose étonnante, c'est de ce côté que le bruit eut lieu, et aussitôt que l'enfant était endormi. Il était clair que l'enfant était pour quelque chose dans la manifestation du bruit, et on supposa, après que toutes les recherches de la police n'eurent rien fait découvrir, que ce fait devait être attribué à une maladie de l'enfant ou à une particularité de conformation. Cependant rien jusqu'alors n'est venu confirmer cette supposition. C'est encore une énigme pour les médecins.

En attendant, la chose ne fit que se développer ; le bruit se prolongea au-delà d'une heure et les coups frappés avaient plus de force. L'enfant fut changé de chambre et de lit, le frappeur se manifesta dans cette nouvelle chambre, sous le lit, dans le lit et dans le mur. Les coups frappés n'étaient pas identiques ; ils étaient tantôt forts, tantôt faibles et isolés, tantôt enfin ils se succédaient rapidement, et suivant le rythme des marches militaires et des danses.

L'enfant occupait depuis quelques jours la susdite chambre, lorsqu'on remarqua que, pendant son sommeil, il émettait des paroles brèves, incohérentes. Les mots devinrent bientôt plus distincts et plus intelligibles ; et il semblait que l'enfant s'entretenait avec un autre être sur lequel il avait de l'autorité. Parmi les faits qui se produisaient chaque jour, l'auteur de cette brochure en rapportera un dont il fut témoin : L'enfant était dans son lit, couché sur le côté gauche. A peine fut-il endormi, que les coups commencèrent et qu'il se mit à parler de la sorte : « Toi, toi, bats une marche. » Et le frappeur battit une marche qui ressemblait assez à une marche bavaroise. Au commandement de « Halte ! » de l'enfant, le frappeur cessa. L'enfant dit alors : « Frappe trois, six, neuf fois, » et le frappeur exécuta l'ordre. Sur un nouvel ordre de frapper 19 coups, 20 coups s'étant fait entendre, l'enfant, tout endormi, dit : « Pas bien, ce sont 20 coups, » et aussitôt 19 coups furent comptés. Ensuite l'enfant demanda 30 coups ; on entendit 30 coups. « 100 coups. » On ne put compter que jusqu'à 40, tant les coups se succédaient rapidement. Au dernier coup, l'enfant dit : « Très bien ; maintenant 110. » Ici l'on ne put compter que jusqu'à 50 environ. Au dernier coup, le dormeur dit : « Ce n'est pas cela, il n'y en a que 106, » et aussitôt 4 autres coups se firent entendre pour compléter le nombre de 110. L'enfant demanda ensuite : « Mille ! » Il ne fut frappé que 15 coups. « Eh bien, allons ! » Il y eut encore 5 coups et le frappeur s'arrêta. Il vint alors à l'idée des assistants de commander eux-mêmes au frappeur, et il exécuta les ordres qu'ils lui donnèrent. Il se taisait au commandement de : « Halte ! silence ! paix ! » Puis, de lui-même et sans ordre, il recommença à frapper. L'un des assistants dit, tout bas, dans un coin de la chambre, qu'il voulait commander, seulement par la pensée, de frapper 6 fois. L'expérimentateur se plaça alors devant le lit et ne dit pas un seul mot : on entendit 6 coups. On commanda encore par la pensée 4 coups : 4 coups furent frappés. La même expérience a été tentée par d'autres personnes, mais elle n'a pas toujours réussi. Aussitôt l'enfant étendit les membres, rejeta la couverture et se leva.

Lorsqu'on lui demanda ce qui lui était arrivé, il répondit avoir vu un homme grand et de mauvaise mine qui se tenait devant son lit et lui serrait les genoux. Il ajouta qu'il ressentait aux genoux une douleur quand cet homme frappait. L'enfant s'endormit de nouveau et les mêmes manifestations se reproduisirent jusqu'au moment où la pendule de la chambre sonna onze heures. Tout à coup le frappeur se tut, l'enfant rentra dans un sommeil tranquille, ce que l'on reconnut à la régularité de la respiration, et ce soir-là il ne se fit plus rien entendre. Nous avons remarqué que le frappeur battait, sur l'ordre qu'il en recevait, des marches militaires. Plusieurs personnes affirment que lorsqu'on demandait une marche russe, autrichienne ou française, elle était battue très exactement.

Le 25 février, l'enfant étant endormi dit : « Tu ne veux plus frapper maintenant, tu veux gratter, eh bien ! je veux voir comment tu feras. » Et, en effet, le lendemain 26, au lieu de coups frappés, on entendit un grattement qui paraissait venir du lit et qui s'est manifesté jusqu'à ce jour. Les coups se mêlèrent au grattement, tantôt en alternant, tantôt simultanément, de telle sorte que dans les airs de marche ou de danse, le grattement fait la première partie, et les coups la seconde. Selon la demande, l'heure du jour, l'âge des personnes présentes sont indiqués par des grattements ou des coups secs. A l'égard de l'âge des personnes, il y a quelquefois erreur ; mais elle est rectifiée à la 2° ou 3° fois, quand on a dit que le nombre de coups frappés n'est pas exact. Maintes fois, au lieu de répondre à l'âge demandé, le frappeur exécute une marche.

Le langage de l'enfant, pendant son sommeil, devint de jour en jour plus parfait. Ce qui n'était d'abord que de simples mots ou des ordres très brefs au frappeur se changea, par la suite, en une conversation suivie avec ses parents. Ainsi un jour il s'entretint avec sa soeur aînée de sujets religieux et dans un ton d'exhortation et d'instruction, en lui disant qu'elle devrait aller à la messe, dire ses prières tous les jours, et montrer de la soumission et de l'obéissance à ses père et mère. Le soir, il reprit les mêmes sujets d'entretien ; dans ses enseignements, il n'y avait rien de théologique, mais seulement quelques notions que l'on apprend à l'école.

Avant ses entretiens, on entendait, au moins durant une heure, des coups et des grattements, non seulement pendant le sommeil de l'enfant, mais même quand celui-ci était à l'état de veille. Nous l'avons vu boire et manger pendant que les coups et les grattements se manifestaient, et nous l'avons vu aussi, à l'état de veille, donner au frappeur des ordres qui tous furent exécutés.

Samedi soir, 6 mars, l'enfant ayant dans la journée, et tout éveillé, prédit à son père que le frappeur apparaîtrait à neuf heures, plusieurs personnes se réunirent dans la maison de Sanger. A neuf heures sonnantes, quatre coups si violents furent frappés contre le mur que les assistants en furent effrayés. Aussitôt, et pour la première fois, les coups furent frappés sur le bois de lit et extérieurement ; tout le lit en fut ébranlé. Ces coups se manifestèrent de tous les côtés du lit, tantôt à un endroit, tantôt à un autre. Les coups et le grattement alternèrent sur le lit. Sur l'ordre de l'enfant et des personnes présentes, les coups se faisaient entendre soit à l'intérieur du lit, soit à l'extérieur. Tout à coup le lit se souleva en sens différents, pendant que les coups étaient frappés avec force. Plus de cinq personnes essayèrent, mais en vain, de faire retomber le lit soulevé ; l'ayant alors abandonné, il se balança encore quelques instants, puis reprit sa position naturelle. Ce fait avait eu lieu déjà une fois antérieurement à cette manifestation publique.

Chaque soir aussi l'enfant faisait une sorte de discours. Nous allons en parler très succinctement.

Avant toutes choses il faut remarquer que l'enfant, aussitôt qu'il laissait tomber sa tête, était endormi, et que les coups et le grattement commençaient. Aux coups, l'enfant gémissait, agitait ses jambes et paraissait mal à son aise. Il n'en était pas de même au grattement. Lorsque le moment de parler était venu, l'enfant se couchait sur le dos, sa figure devenait pâle, ainsi que ses mains et ses bras. Il faisait signe de la main droite et disait : « Allons ! viens devant mon lit et joins les mains, je vais te parler du Sauveur du monde. » Alors les coups et le grattement cessaient, et tous les assistants écoutaient avec une attention respectueuse le discours du dormeur.

Il parlait lentement, très intelligiblement et en pur allemand, ce qui surprenait d'autant plus que l'enfant était moins avancé que ses camarades dans ses classes, ce qui provenait surtout d'un mal d'yeux qui l'empêchait d'étudier. Ses entretiens roulaient sur la vie et les actions de Jésus depuis sa douzième année, de sa présence dans le temple avec les scribes, de ses bienfaits envers l'humanité et de ses miracles ; ensuite il s'étendait sur le récit de ses souffrances, et blâmait sévèrement les Juifs d'avoir crucifié Jésus malgré ses bontés nombreuses et ses bénédictions. En terminant, l'enfant adressait à Dieu une fervente prière « de lui accorder la grâce de supporter avec résignation les souffrances qu'il lui avait envoyées, puisqu'il l'avait choisi pour entrer en communication avec l'Esprit. » Il demandait à Dieu de ne pas le laisser encore mourir, qu'il n'était qu'un jeune enfant et qu'il ne voulait pas descendre dans la tombe noire. Ses discours terminés, il récitait d'une voix solennelle le *Pater noster*, après quoi il disait : « Maintenant tu peux revenir, » et aussitôt les coups et le grattement recommençaient. Il parla encore deux fois à l'Esprit, et, à chaque fois, l'Esprit frappeur s'arrêtait. Il disait encore quelques mots et puis : « Maintenant tu peux t'en aller, au nom de Dieu. » Et il se réveillait.

Pendant ces discours les yeux de l'enfant étaient bien fermés ; mais ses lèvres remuaient ; les personnes qui étaient le plus rapprochées du lit purent remarquer ce mouvement. La voix était pure et harmonieuse.

A son réveil, on lui demandait ce qu'il avait vu et ce qui s'était passé. Il répondait : « L'homme qui vient me voir. - Où se tient-il ? - Près de mon lit, avec les autres personnes. - As-tu vu les autres personnes ? - J'ai vu toutes celles qui étaient près de mon lit. »

On comprendra facilement que de pareilles manifestations trouvèrent beaucoup d'incrédules, et qu'on supposa que toute cette histoire n'était qu'une mystification ; mais le père n'était pas capable de jonglerie, surtout d'une jonglerie qui aurait exigé toute l'habileté d'un prestidigitateur de profession ; il jouit de la réputation d'un brave et honnête homme.

Pour répondre à ces soupçons et les faire cesser, on transporta l'enfant dans une maison étrangère. A peine y fut-il que les coups et les grattements s'y firent entendre. De plus, quelques jours avant, l'enfant était allé avec sa mère dans un petit village nommé Capelle, à une demi-lieue de là, chez la veuve Klein ; il se dit fatigué ; on le coucha sur un canapé et aussitôt le même phénomène eut lieu. Plusieurs témoins peuvent affirmer le fait. Bien que l'enfant parût bien portant, il devait néanmoins être affecté d'une maladie, qui serait prouvée sinon par les manifestations relatées ci-dessus, du moins par les mouvements involontaires des muscles et des soubresauts nerveux.

Nous ferons remarquer, en terminant, que l'enfant a été conduit, il y a quelques semaines, chez le docteur Beutner, où il devait rester, pour que ce savant pût étudier de plus près les phénomènes en question. Depuis lors, tout bruit a cessé dans la maison de Sanger et il se produit dans celle du docteur Beutner.

Tels sont, dans toute leur authenticité, les faits qui se sont passés. Nous les livrons au public sans émettre de jugement. Puissent les hommes de l'art en donner bientôt une explication satisfaisante.

BLANCK.

Considérations sur l'Esprit frappeur de Bergzabern

L'explication sollicitée par le narrateur que nous venons de citer est facile à donner ; il n'y en a qu'une, et la doctrine spirite seule peut la fournir. Ces phénomènes n'ont rien d'extraordinaire pour quiconque est familiarisé avec ceux auxquels nous ont habitués les Esprits. On sait quel rôle certaines personnes font jouer à l'imagination ; sans doute si l'enfant n'avait eu que des visions, les partisans de l'hallucination auraient beau jeu ; mais ici il y avait des effets matériels d'une nature non équivoque qui ont eu un grand nombre de témoins, et il faudrait supposer que tous étaient hallucinés au point de croire qu'ils entendaient ce qu'ils n'entendaient pas, et voyaient remuer des meubles immobiles ; or il y aurait là un phénomène plus extraordinaire encore. Il ne reste aux incrédules qu'une ressource, celle de nier ; c'est plus facile, et cela dispense de raisonner.

En examinant la chose au point de vue spirite, il demeure évident que l'Esprit qui s'est manifesté était inférieur à celui de l'enfant, puisqu'il lui obéissait ; il était même subordonné aux assistants, puisque eux aussi pouvaient lui commander. Si nous ne savions par la doctrine que les Esprits dits frappeurs sont au bas de l'échelle, ce qui s'est passé en serait une preuve. On ne concevrait pas, en effet, qu'un Esprit élevé, pas plus que nos savants et nos philosophes, vînt s'amuser à battre des marches et des valses, à jouer, en un mot, le rôle de jongleur, ni se soumettre aux caprices d'êtres humains. Il se présente sous les traits d'un homme de mauvaise mine, circonstance qui ne peut que corroborer cette opinion ; le moral se reflète en général sur l'enveloppe. Il est donc avéré pour nous que le *frappeur* de Bergzabern est un Esprit inférieur, de la classe des Esprits légers, qui s'est manifesté comme tant d'autres l'ont fait et le font tous les jours.

Maintenant, dans quel but est-il venu ? La notice ne dit pas qu'on le lui ait demandé ; aujourd'hui, qu'on est plus expérimenté sur ces sortes de choses, on ne laisserait pas venir un visiteur si étrange sans s'informer de ce qu'il veut. Nous ne pouvons donc qu'établir une conjecture. Il est certain qu'il n'a rien fait qui dévoilât de la méchanceté ou une mauvaise intention ; l'enfant n'en a éprouvé aucun trouble ni physique ni moral ; les hommes seuls auraient pu troubler son moral en frappant son imagination par des contes ridicules, et il est heureux qu'ils ne l'aient point fait. Cet Esprit, tout inférieur qu'il était, n'était donc ni mauvais ni malveillant ; c'était simplement un de ces Esprits si nombreux dont nous sommes sans cesse entourés à notre insu. Il a pu agir en cette circonstance par un simple effet de son caprice, comme aussi il a pu le faire à l'instigation d'Esprits élevés en vue d'éveiller l'attention des hommes et de les convaincre de la réalité d'une puissance supérieure en dehors du monde corporel.

Quant à l'enfant, il est certain que c'était un de ces médiums à influence physique, doués à leur insu de cette faculté, et qui sont aux autres médiums ce que les somnambules naturels sont aux somnambules magnétiques. Cette faculté dirigée avec prudence par un homme expérimenté dans la nouvelle science eût pu produire des choses plus extraordinaires encore et de nature à jeter un nouveau jour sur ces phénomènes, qui ne sont merveilleux que parce qu'on ne les comprend pas.

L'Orgueil

Dissertation morale dictée par saint Louis à mademoiselle Ermance Dufaux.

(19 et 26 janvier 1858.)

I

Un superbe possédait quelques arpents de bonne terre ; il était vain des lourds épis qui chargeaient son champ, et n'abaissait qu'un regard de dédain sur le champ stérile de l'humble. Celui-ci se levait au chant du coq, et demeurait tout le jour courbé sur le sol ingrat ; il ramassait patiemment les cailloux, et s'en allait les jeter sur le bord du chemin ; il remuait profondément la terre et extirpait péniblement les ronces qui la couvraient. Or, ses sueurs fécondèrent son champ et il porta du pur froment.

Cependant l'ivraie croissait dans le champ du superbe et étouffait le blé, tandis que le maître s'en allait se glorifiant de sa fécondité, et regardait d'un oeil de pitié les efforts silencieux de l'humble.

Je vous le dis, en vérité, l'orgueil est semblable à l'ivraie qui étouffe le bon grain. Celui d'entre vous qui se croit plus que son frère et qui se glorifie de lui est insensé ; mais celui-là est sage qui travaille en soi-même comme l'humble dans son champ, sans tirer vanité de son oeuvre.

II

Il y eut un homme riche et puissant qui possédait la faveur du prince ; il habitait des palais, et de nombreux serviteurs se pressaient sur ses pas pour prévenir ses désirs.

Un jour que ses meutes forçaient le cerf dans les profondeurs d'une forêt, il aperçut un pauvre bûcheron qui cheminait péniblement sous un faix de fagots ; il l'appela et lui dit :

- Vil esclave ! pourquoi passes-tu ton chemin sans t'incliner devant moi ? Je suis l'égal du maître, ma voix décide dans les conseils de la paix ou de la guerre, et les grands du royaume sont courbés devant moi. Sache que je suis sage parmi les sages, puissant parmi les puissants, grand parmi les grands, et mon élévation est l'oeuvre de mes mains.

- Seigneur ! répondit le pauvre homme, j'ai craint que mon humble salut ne fût une offense pour vous. Je suis pauvre et je n'ai que mes bras pour tout bien, mais je ne désire pas vos trompeuses grandeurs. Je dors de mon sommeil, et ne crains pas comme vous que le plaisir du maître me fasse retomber dans mon obscurité.

Or le prince se lassa de l'orgueil du superbe ; les grands humiliés se redressèrent sur lui, et il fut précipité du faîte de sa puissance, comme la feuille desséchée que le vent balaye du sommet d'une montagne ; mais l'humble continua paisiblement son rude travail, sans souci du lendemain.

III

Superbe, humilie-toi, car la main du Seigneur courbera ton orgueil jusque dans la poussière !

Ecoute ! Tu es né où le sort t'a jeté ; tu es sorti du sein de ta mère faible et nu comme le dernier des hommes. D'où vient donc que tu lèves ton front plus haut que tes semblables, toi qui es né comme eux pour la douleur et pour la mort ?

Ecoute ! Tes richesses et tes grandeurs, vanités du néant, échapperont à tes mains quand le grand jour viendra, comme les eaux vagabondes du torrent que le soleil dessèche. Tu n'emporteras de ta richesse que les planches du cercueil, et les titres gravés sur ta pierre tombale seront des mots vides de sens.

Ecoute ! Le chien du fossoyeur jouera avec tes os, et ils seront mêlés avec les os du gueux, et ta poussière se confondra avec la sienne, car un jour vous ne serez tous deux que poussière. Alors tu maudiras les dons que tu as reçus en voyant le mendiant revêtu de sa gloire, et tu pleureras ton orgueil.

Humilie-toi, superbe, car la main du Seigneur courbera ton orgueil jusque dans la poussière.

- Pourquoi saint Louis nous parle-t-il en paraboles ? - R. L'esprit humain aime le mystère ; la leçon se grave mieux dans le coeur lorsqu'on l'a cherchée.

- Il semblerait qu'aujourd'hui l'instruction doit nous être donnée d'une manière plus directe, et sans qu'il soit besoin d'allégorie ? - R. Vous la trouverez dans le développement. Je désire être lu, et la morale a besoin d'être déguisée sous l'attrait du plaisir.

Problèmes moraux adressés à saint Louis

1. De deux hommes riches, l'un est né dans l'opulence et n'a jamais connu le besoin, l'autre doit sa fortune à son travail ; tous les deux l'emploient exclusivement à leur satisfaction personnelle ; quel est le plus coupable ? - R. *Celui qui a connu les souffrances : il sait ce que c'est que souffrir.*

2. Celui qui accumule sans cesse et sans faire de bien à personne trouve-t-il une excuse valable dans la pensée qu'il amasse pour laisser davantage à ses enfants ? - R. *C'est un compromis avec la mauvaise conscience.*

3. De deux avares, le premier se refuse le nécessaire et meurt de besoin sur son trésor ; le second n'est avare que pour les autres : il est prodigue pour lui-même ; tandis qu'il se refuse au plus léger sacrifice pour rendre service ou faire une chose utile, rien ne lui coûte pour satisfaire ses jouissances personnelles. Lui demande-t-on un service, il est toujours gêné ; veut-il se passer une fantaisie, il en trouve toujours assez. Quel est le plus

coupable, et quel est celui qui aura la plus mauvaise place dans le monde des Esprits ? - R. *Celui qui jouit ; l'autre a trouvé déjà sa punition.*

4. Celui qui, de son vivant, n'a pas fait un emploi utile de sa fortune trouve-t-il un soulagement en faisant du bien après sa mort, par la destination qu'il lui donne ? - R. *Non ; le bien vaut ce qu'il coûte.*

Les moitiés éternelles

Nous extrayons le passage suivant d'une lettre d'un de nos abonnés.

« ... J'ai perdu, il y a quelques années, une épouse bonne et vertueuse, et, malgré les six enfants qu'elle m'a laissés, je me trouvais dans un isolement complet, lorsque j'entendis parler des manifestations spirites. Bientôt je me trouvai au milieu d'un petit cercle de bons amis s'occupant chaque soir de cet objet. J'appris alors, dans les communications que nous obtînmes, que la véritable vie n'est pas sur la terre, mais dans le monde des Esprits ; que ma Clémence s'y trouvait heureuse, et que, comme les autres, elle travaillait au bonheur de ceux qu'elle avait connus ici-bas. Or, voici le point sur lequel je désire ardemment être éclairé par vous.

« Je disais un soir à ma Clémence : Ma chère amie, pourquoi, malgré tout notre amour, nous arrivait-il de ne pas toujours voir de même dans les différentes circonstances de notre vie commune, et pourquoi étions-nous souvent forcés de nous faire des concessions mutuelles pour vivre en bonne harmonie ?

« Elle me répondit ceci : Mon ami, nous étions de braves et honnêtes gens ; nous avons vécu ensemble, ce qu'on peut dire le mieux possible sur cette terre d'épreuve, mais nous n'étions pas *nos moitiés éternelles*. Ces unions sont rares sur la terre ; il s'en rencontre cependant, mais c'est une grande faveur de Dieu ; ceux qui ont ce bonheur éprouvent des joies qui te sont inconnues.

« Peux-tu me dire, répliquai-je, si tu vois ta moitié éternelle ? - Oui, dit-elle, c'est un pauvre diable qui vit en Asie ; il ne pourra être réuni à moi que dans 175 ans (selon votre manière de compter). - Serez-vous réunis sur la terre ou dans un autre monde ? - Sur la terre. Mais écoute : je ne puis bien te décrire le bonheur des êtres ainsi réunis ; je vais prier Héloïse et Abailard de vouloir bien te renseigner. - Alors, monsieur, ces êtres heureux vinrent nous parler de ce bonheur indicible. “ A notre volonté, dirent-ils, deux ne font qu'un ; nous voyageons dans les espaces ; nous jouissons de tout ; nous nous aimons d'un amour sans fin, au-dessus duquel il ne peut y avoir que l'amour de Dieu et des êtres parfaits. Vos plus grandes joies ne valent pas un seul de nos regards, un seul de nos serrements de main. ”

« La pensée des moitiés éternelles me réjouit. Il me semble que Dieu, en créant l'humanité, l'a faite double, et qu'il a dit, en séparant les deux moitiés d'une même âme : Allez par les mondes et cherchez des incarnations. Si vous faites bien, le voyage sera court, et je vous permettrai de vous réunir ; s'il en est autrement, des siècles se passeront avant que vous jouissiez de cette félicité. Telle est, ce me semble, la cause première du mouvement instinctif qui porte l'humanité à chercher le bonheur ; bonheur qu'on ne comprend pas et qu'on ne se donne pas le temps de comprendre.

« Je désire ardemment, monsieur, être éclairé sur cette théorie des moitiés éternelles, et je serais heureux de trouver une explication à ce sujet dans un de vos prochains numéros... »

Abailard et Héloïse, que nous avons interrogés sur ce point, nous ont donné les réponses suivantes :

D. Les âmes ont-elles été créées doubles ? - R. Si elles avaient été créées doubles, simples elles seraient imparfaites.

D. Est-il possible que deux âmes puissent se réunir dans l'éternité et former un tout ? - R. Non.

D. Toi et ton Héloïse formiez-vous, dès l'origine, deux âmes bien distinctes ? - R. Oui.

D. Formez-vous encore, à ce moment, deux âmes distinctes ? - R. Oui, mais toujours unies.

D. Tous les hommes se trouvent-ils dans les mêmes conditions ? - R. Selon qu'ils sont plus ou moins parfaits.

D. Toutes les âmes sont-elles destinées à s'unir un jour avec une autre âme ? - R. Chaque Esprit a une tendance à chercher un autre Esprit qui lui soit conforme ; tu nommes cela sympathie.

D. Y a-t-il dans cette union une condition de sexe ? - R. Les âmes n'ont point de sexe.

Autant pour satisfaire au désir de notre abonné que pour notre propre instruction, nous avons adressé les questions suivantes à l'Esprit de saint Louis.

1. Les âmes qui doivent s'unir sont-elles prédestinées à cette union dès leur origine, et chacun de nous a-t-il quelque part dans l'univers *sa moitié* à laquelle il sera un jour fatalement réuni ? - R. Non. Il n'existe pas d'union particulière et fatale entre deux âmes. L'union existe entre tous les Esprits, mais à des degrés différents, selon le rang qu'ils occupent, c'est-à-dire selon la perfection qu'ils ont acquise : plus ils sont parfaits, plus ils sont unis. De la discorde naissent tous les maux des humains ; de la concorde résulte le bonheur complet.

2. Dans quel sens doit-on entendre le mot *moitié* dont certains Esprits se servent souvent pour désigner les Esprits sympathiques ? - R. L'expression est inexacte ; si un Esprit était la moitié d'un autre, séparé de celui-ci, il serait incomplet.

3. Deux Esprits parfaitement sympathiques, une fois réunis, le sont-ils pour l'éternité, ou bien peuvent-ils se séparer et s'unir à d'autres Esprits ? - R. Tous les Esprits

sont unis entre eux ; je parle de ceux arrivés à la perfection. Dans les sphères inférieures, lorsqu'un Esprit s'élève, il n'est plus sympathique avec ceux qu'il a quittés.

4. Deux Esprits sympathiques sont-ils le complément l'un de l'autre, ou bien cette sympathie est-elle le résultat d'une identité parfaite ? - R. La sympathie qui attire un Esprit vers un autre est le résultat de la parfaite concordance de leurs penchants, de leurs instincts ; si l'un devait compléter l'autre, il perdrait son individualité.

5. L'identité nécessaire pour la sympathie parfaite ne consiste-t-elle que dans la similitude de pensées et de sentiments, ou bien encore dans l'uniformité des connaissances acquises ? - R. Dans l'égalité des degrés d'élévation.

6. Les Esprits qui ne sont pas sympathiques aujourd'hui peuvent-ils le devenir plus tard ? - R. Oui, tous le seront. Ainsi l'Esprit qui est aujourd'hui dans telle sphère inférieure, en se perfectionnant parviendra dans la sphère où réside tel autre. Leur rencontre aura lieu plus promptement, si l'Esprit plus élevé, supportant mal les épreuves auxquelles il s'est soumis, est demeuré dans le même état.

7. Deux Esprits sympathiques peuvent-ils cesser de l'être ? - R. Certes, si l'un est paresseux.

Ces réponses résolvent parfaitement la question. La théorie des moitiés éternelles est une figure qui peint l'union de deux Esprits sympathiques ; c'est une expression usitée même dans le langage vulgaire, en parlant de deux époux, et qu'il ne faut point prendre à la lettre ; les Esprits qui s'en sont servis n'appartiennent assurément point à l'ordre le plus élevé ; la sphère de leurs idées est nécessairement bornée, et ils ont pu rendre leur pensée par les termes dont ils se seraient servis pendant leur vie corporelle. Il faut donc rejeter cette idée que deux Esprits créés l'un pour l'autre doivent un jour fatalement se réunir dans l'éternité, après avoir été séparés pendant un laps de temps plus ou moins long.

Entretiens familiers d'outre-tombe

Mozart

Un de nos abonnés nous communique les deux entretiens suivants qui ont eu lieu avec l'Esprit de Mozart. Nous ne savons ni où ni quand ces entretiens ont eu lieu ; nous ne connaissons ni les interrogateurs ni le médium ; nous y sommes donc complètement étranger. On remarquera malgré cela la concordance parfaite qui existe entre les réponses obtenues et celles qui ont été faites par d'autres Esprits sur divers points capitaux de la doctrine dans des circonstances tout autres, soit à nous soit à d'autres personnes, et que nous avons rapportées dans nos livraisons précédentes et dans le *Livre des Esprits*. Nous appelons sur cette similitude toute l'attention de nos lecteurs, qui en tireront telle conclusion qu'ils jugeront à propos. Ceux donc qui pourraient encore penser que les réponses à nos questions peuvent être le reflet de notre opinion personnelle verront par là si, en cette occasion, nous avons pu exercer une influence quelconque. Nous félicitons les personnes qui ont eu ces entretiens de la manière dont les questions sont posées. Malgré certains défauts qui décèlent l'inexpérience des interlocuteurs, elles sont en général formulées avec ordre, netteté et précision, et ne s'écartent point de la ligne sérieuse : c'est une condition essentielle pour obtenir de bonnes communications. Les Esprits élevés vont aux gens sérieux qui veulent s'éclairer de bonne foi ; les Esprits légers s'amusent avec les gens frivoles.

PREMIER ENTRETIEN

1. Au nom de Dieu, Esprit de Mozart, es-tu là ? - R. Oui.

2. Pourquoi est-ce plutôt Mozart qu'un autre Esprit ? - R. C'est moi que vous évoquez : je viens.

3. Qu'est-ce qu'un médium ? - R. L'agent qui unit mon Esprit au tien.

4. Quelles sont les modifications tant physiologiques qu'animiques que subit à son insu le médium en entrant en action intermédiaire ? - R. Son corps ne ressent rien, mais son Esprit, en partie dégagé de la matière, est en communication avec le mien et m'unit à vous.

5. Que se passe-t-il en lui en ce moment ? - R. Rien pour le corps ; mais une partie de son Esprit est attirée vers moi ; je fais agir sa main par la puissance que mon Esprit exerce sur lui.

6. Ainsi l'individu médium entre alors en communication avec une individualité spirituelle autre que la sienne ? - R. Certainement ; toi aussi, sans être médium, tu es en rapport avec moi.

7. Quels sont les éléments qui concourent à la production de ce phénomène ? - R. Attraction des Esprits pour instruire les hommes ; lois d'électricité physique.

8. Quelles sont les conditions indispensables ? - R. C'est une faculté accordée par Dieu.

9. Quel est le principe déterminant ? - R. Je ne puis le dire.

10. Pourrais-tu nous en révéler les lois ? - R. Non, non, pas à présent ; plus tard vous saurez tout.

11. En quels termes positifs pourrait-on énoncer la formule synthétique de ce merveilleux phénomène ?- R. Lois inconnues qui ne pourraient être comprises par vous.

12. Le médium pourrait-il se mettre en rapport avec l'âme d'un vivant, et à quelles conditions ? - R. Facilement, si le vivant dort[10].

[10] Si une personne vivante est évoquée dans l'état de veille, elle peut s'endormir au moment de l'évocation, ou tout au moins éprouver un engourdissement et une suspension des facultés sensitives ; mais très souvent l'évocation ne porte pas, surtout si elle n'est pas faite dans une intention sérieuse et bienveillante.

13. Qu'entends-tu par le mot *âme* ? - R. L'étincelle divine.

14. Et par Esprit ? - R. L'Esprit et l'âme sont une même chose.

15. L'âme, en tant qu'Esprit immortel, a-t-elle conscience de l'acte de la mort, et conscience d'elle-même ou du *moi* immédiatement après la mort ? - R. L'âme ne sait rien du passé et elle ne connaît l'avenir qu'après la mort du corps ; alors elle voit sa vie passée et ses dernières épreuves ; elle choisit sa nouvelle expiation pour une vie nouvelle et l'épreuve qu'elle va subir ; aussi ne doit-on pas se plaindre de ce qu'on souffre sur terre, et on doit le supporter avec courage.

16. L'âme se trouve-t-elle après la mort détachée de tout élément, de tout lien terrestre ? - R. De tout élément, non ; elle a encore un fluide qui lui est propre, qu'elle puise dans l'atmosphère de sa planète, et qui représente l'apparence de sa dernière incarnation ; les liens terrestres ne lui sont plus rien.

17. Sait-elle d'où elle vient et où elle va ? - R. La question quinzième répond à cela.

18. N'emporte-t-elle rien avec elle d'ici-bas ? - R. Rien que le souvenir de ses bonnes actions, le regret de ses fautes, et le désir d'aller dans un monde meilleur.

19. Embrasse-t-elle d'un coup d'oeil rétrospectif l'ensemble de sa vie passée ? - R. Oui, pour servir à sa vie future.

20. Entrevoit-elle le but de la vie terrestre et la signification ; le sens de cette vie, ainsi que l'importance de la carrière que nous y fournissons, par rapport à la vie future ? - R. Oui ; elle comprend le besoin d'épuration pour arriver à l'infini ; elle veut se purifier pour atteindre aux mondes bienheureux. Je suis heureux ; mais que ne suis-je déjà dans les mondes où l'on jouit de la vue de Dieu !

21. Existe-t-il dans la vie future une hiérarchie des Esprits, et quelle en est la loi ? - R. Oui : c'est le degré d'épuration qui la marque ; la bonté, les vertus sont les titres de gloire.

22. Est-ce l'intelligence en tant que puissance progressive qui y détermine la marche ascendante ? - R. Surtout les vertus : l'amour du prochain par-dessus tout.

23. Une hiérarchie des Esprits en ferait supposer une de résidence ; cette dernière existe-t-elle et sous quelle forme ? - R. L'intelligence, don de Dieu, est toujours la récompense des vertus : charité, amour du prochain. Les Esprits habitent différentes planètes selon leur degré de perfection : ils y jouissent de plus ou moins de bonheur.

24. Que faut-il entendre par Esprits supérieurs ? - R. Les Esprits purifiés.

25. Notre globe terrestre est-il le premier de ces degrés, le point de départ, ou venons-nous de plus bas ? - R. Il y a deux globes avant le vôtre, qui est un des moins parfaits.

26. Quel est le monde que tu habites ? Y es-tu heureux ? - R. Jupiter. J'y jouis d'un grand calme ; j'aime tous ceux qui m'entourent ; nous n'avons pas de haine.

27. Si tu as souvenir de la vie terrestre, tu dois te rappeler les époux A... de Vienne ; les as-tu revus tous deux après ta mort, dans quel monde, et dans quelles conditions ? - R. Je ne sais où ils sont ; je ne puis te le dire. L'un est plus heureux que l'autre. Pourquoi m'en parles-tu ?

28. Tu peux, par un seul mot indicatif d'un fait capital de ta vie, et que tu ne peux avoir oublié, me fournir une preuve certaine de ce souvenir. Je t'adjure de dire ce mot. - R. Amour ; reconnaissance.

DEUXIEME ENTRETIEN

L'interlocuteur n'est plus le même. On juge à la nature de la conversation que c'est un artiste musicien, heureux de s'entretenir avec un maître. Après diverses questions que nous croyons inutile de rapporter, Mozart dit :

1. Finissez-en avec les questions de G... : je causerai avec toi ; je te dirai ce que nous entendons par mélodie dans notre monde. Pourquoi ne m'as-tu pas évoqué plus tôt ? Je t'aurais répondu.

2. Qu'est-ce que la mélodie ? - R. C'est souvent pour toi un souvenir de la vie passée ; ton Esprit se rappelle ce qu'il a entrevu d'un monde meilleur. Dans la planète où je suis, Jupiter, la mélodie est partout, dans le murmure de l'eau, le bruit des feuilles, le *chant du vent* ; les fleurs bruissent et chantent ; tout rend des sons mélodieux. Sois bon ; gagne cette planète par tes vertus ; tu as bien choisi en chantant Dieu : la musique religieuse aide à l'élévation de l'âme. Que je voudrais pouvoir vous inspirer le désir de voir ce monde où l'on est si heureux ! On est plein de charité ; tout y est beau ! la nature si admirable ! Tout vous inspire le désir d'être avec Dieu. Courage ! courage ! Croyez bien à ma communication spirite : c'est bien moi qui suis là ; je jouis de pouvoir vous dire ce que nous éprouvons ; puissé-je vous inspirer assez l'amour du bien pour vous rendre dignes de cette récompense, qui n'est rien auprès des autres auxquelles j'aspire !

3. Notre musique est-elle la même dans les autres planètes ? - R. Non ; aucune musique ne peut vous donner une idée de la musique que nous avons ici ; c'est divin ! O bonheur ! mérite de jouir de pareilles harmonies : lutte ; courage ! Nous n'avons pas d'instruments ; ce sont les plantes, les oiseaux qui sont les choristes ; la pensée compose, et les auditeurs jouissent sans audition matérielle, sans le secours de la parole, et cela à une distance incommensurable. Dans les mondes supérieurs cela est encore plus sublime.

4. Quelle est la durée de la vie d'un Esprit incarné dans une autre planète que la nôtre ? - R. Courte dans les planètes inférieures ; plus longue dans les mondes comme celui où j'ai le bonheur d'être ; en moyenne, dans Jupiter, elle est de trois à cinq cents ans.

5. Y a-t-il un grand avantage à revenir habiter sur la terre ? - R. Non, à moins que d'y être en mission ; alors on avance.

6. Ne serait-on pas plus heureux de rester Esprit ? - R. Non, non ! on serait stationnaire ; on demande à être réincarné pour avancer vers Dieu.

7. Est-ce la première fois que je suis sur la terre ? - R. Non ; mais je ne puis te parler du passé de ton Esprit.

8. Pourrai-je te voir en rêve ? - R. Si Dieu le permet, je te ferai voir mon habitation en rêve, et tu t'en souviendras.

9. Où es-tu ici ? - R. Entre toi et ta fille, je vous vois ; je suis sous la forme que j'avais étant vivant.

10. Pourrai-je te voir ? - R. Oui ; crois et tu verras. Si vous aviez une plus grande foi, il nous serait permis de vous dire pourquoi ; ta profession même est un lien entre nous.

11. Comment es-tu entré ici ? - R. L'Esprit traverse tout.

12. Es-tu encore bien loin de Dieu ? - R. Oh ! oui !

13. Comprends-tu mieux que nous ce que c'est que l'éternité ? - R. Oui, oui, vous ne pouvez le comprendre ayant un corps.

14. Qu'entends-tu par l'univers ? A-t-il eu un commencement et aura-t-il une fin ? - R. L'univers, selon vous, est votre terre ! insensés ! L'univers n'a point eu de commencement et n'aura point de fin ; songez que c'est l'oeuvre entière de Dieu ; l'univers, c'est l'infini.

15. Que dois-je faire pour être calmé ? - R. Ne t'inquiète pas tant de ton corps ; tu as l'Esprit porté au trouble ; résiste à cette tendance.

16. Qu'est-ce que ce trouble ? - R. Tu crains la mort.

17. Que faire pour ne pas la craindre ? - R. Croire en Dieu ; crois surtout que Dieu n'enlève pas toujours un père *utile* à sa famille.

18. Comment arriver à ce calme ? - R. Le vouloir.

19. Où puiser cette volonté ? - R. Distrais ta pensée de cela par le travail.

20. Que dois-je faire pour épurer mon talent ? - R. Tu peux m'évoquer ; j'ai obtenu la permission de t'inspirer.

21. Est-ce quand je travaillerai ? - R. Certes ! Quand tu voudras travailler je serai près de toi quelquefois.

22. Ecouteras-tu mon oeuvre ? (une oeuvre musicale de l'interrogateur). - R. Tu es le premier musicien qui m'évoque ; je viens à toi avec plaisir et j'écoute tes oeuvres.

23. Comment se fait-il qu'on ne t'ait pas évoqué ? - R. J'ai été évoqué, mais pas par des musiciens.

24. Par qui ? - R. Par plusieurs dames et amateurs, à Marseille.

25. Pourquoi l'*Ave*... me touche-t-il aux larmes ? - R. Ton Esprit se dégage et se joint à moi et à celui de Poryolise, qui m'a inspiré cette oeuvre, mais j'ai oublié ce morceau.

26. Comment as-tu pu oublier la musique composée par toi ? - R. Celle que j'ai ici est si belle ! Comment se rappeler ce qui était tout matière !

27. Vois-tu ma mère ? - R. Elle est réincarnée sur terre.

28. Dans quel corps ? - R. Je ne puis rien en dire.

29. Et mon père ? - R. Il est errant pour aider au bien ; il fera progresser ta mère ; ils seront réincarnés ensemble, et ils seront heureux.

30. Vient-il me voir ? - R. Souvent ; tu lui dois des mouvements charitables.

31. Est-ce ma mère qui a demandé à être réincarnée ? - R. Oui ; elle en avait un grand désir pour monter par une nouvelle épreuve et entrer dans un monde supérieur à la Terre ; elle a déjà fait un pas immense.

32. Que veux-tu dire par ceci ? - R. Elle a résisté à toutes les tentations ; sa vie sur terre a été sublime à côté de son passé, qui était celui d'un Esprit inférieur ; aussi est-elle montée de plusieurs degrés.

33. Elle avait donc choisi une épreuve au-dessus de ses forces ? - R. Oui, c'est cela.

34. Quand je rêve que je la vois, est-ce bien elle que je vois ? - R. Oui, oui.

35. Si l'on avait évoqué Bichat le jour de l'érection de sa statue, aurait-il répondu ? y était-il ? - R. Il y était, et moi aussi.

36. Pourquoi y étais-tu ? - R. Avec plusieurs autres Esprits qui jouissent du bien, et qui sont heureux de voir que vous glorifiez ceux qui s'occupent de l'humanité souffrante.

37. Merci, Mozart ; adieu. - R. Croyez, croyez que je suis là... Je suis heureux... Croyez qu'il y a des mondes au-dessus de vous... Croyez en Dieu... Evoquez-moi plus souvent, et en compagnie de musiciens ; je serai heureux de vous instruire et de contribuer à votre amélioration, et de vous aider à monter vers Dieu. Evoquez-moi ; adieu.

L'Esprit et les héritiers

Un de nos abonnés de la Haye (Hollande), nous communique le fait suivant qui s'est passé dans un cercle d'amis, s'occupant de manifestations spirites. Il prouve, ajoute-t-il, une fois de plus et sans aucune contestation possible, l'existence d'un élément intelligent et invisible, agissant individuellement, directement avec nous.

Les Esprits s'annoncent par les mouvements d'une lourde table et des coups frappés. On demande leurs noms : ce sont feu M. et madame G..., très fortunés pendant cette vie ; le mari, de qui venait la fortune, n'ayant pas d'enfants, il a déshérité ses proches parents en faveur de la famille de sa femme, morte peu de temps avant lui. Parmi les neuf personnes présentes à la séance, se trouvaient deux dames déshéritées, ainsi que le mari de l'une d'elles.

M. G... fut toujours un pauvre sire et le très humble serviteur de sa femme. Après la mort de celle-ci, sa famille s'installa dans sa maison pour le soigner. Le testament fut fait avec le certificat d'un médecin déclarant que le moribond jouissait de la plénitude de ses facultés.

Le mari de la dame déshéritée, que nous désignerons sous l'initiale R..., prit la parole en ces termes : « Comment ! vous osez vous présenter ici après le scandaleux testament que vous avez fait ! » Puis, s'emportant de plus en plus, il finit par leur dire des injures. Alors la table fit un saut et lança la lampe avec force à la tête de l'interlocuteur. Celui-ci leur fit des excuses sur ce premier mouvement de colère, et leur demanda ce qu'ils venaient faire ici. - R. Nous venons vous rendre compte des motifs de notre conduite. (Les réponses se faisaient par des coups frappés indiquant les lettres de l'alphabet.)

M. R..., connaissant l'ineptie du mari, lui dit brusquement qu'il n'avait qu'à se retirer, et qu'il n'écouterait que sa femme.

L'Esprit de celle-ci dit alors que Mme R... et sa soeur étaient assez riches pour se passer de leur part de l'héritage ; que d'autres étaient des méchants, et que d'autres enfin devaient subir cette épreuve ; que par ces raisons cette fortune convenait mieux à sa propre famille. M. R... se contenta peu de ces explications et exhala sa colère en reproches injurieux. La table alors s'agite violemment, se cabre, frappe à grands coups sur le parquet, et renverse encore une fois la lampe sur M. R... Après s'être calmé, l'Esprit tâcha de persuader que depuis sa mort il avait appris que le testament avait été dicté par un Esprit supérieur. M. R... et ses dames, ne voulant pas poursuivre une contestation inutile, lui offrirent un pardon sincère. Aussitôt la table se lève du côté de M. R... et se pose doucement, et comme avec étreinte, contre sa poitrine ; les deux dames reçurent la même marque de gratitude ; la table avait une vibration très prononcée. La bonne intelligence étant rétablie, l'Esprit plaignit l'héritière actuelle, disant qu'elle finirait par devenir folle.

M. R... lui reprochait aussi, mais affectueusement, de n'avoir point fait de bien de son vivant avec une si grande fortune, ajoutant qu'elle n'était regrettée de personne. « Si, répondit l'Esprit, il y a une pauvre veuve demeurant dans la rue... qui pense encore souvent à moi, parce que je lui ai donné quelquefois des aliments, des vêtements et du chauffage. »

L'Esprit n'ayant pas dit le nom de cette pauvre femme, un des assistants est allé à sa recherche et l'a trouvée à l'endroit indiqué ; et ce qui n'est pas moins digne de remarque, c'est que depuis la mort de Mme G... elle avait changé de domicile ; c'est le dernier qui a été indiqué par l'Esprit.

Mort de Louis XI

(Extrait du manuscrit dicté par Louis XI à mademoiselle Ermance Dufaux.)

Nota. - Nous prions nos lecteurs de vouloir bien se reporter aux observations que nous avons faites sur ces communications remarquables dans notre article du mois de mars dernier.

Ne me croyant pas assez de fermeté pour entendre prononcer le mot de mort, j'avais bien souvent recommandé à mes officiers de me dire seulement, lorsqu'ils me verraient en danger : « Parlez peu, » et que je saurais ce que cela signifierait. Lorsqu'il n'y eut plus d'espoir, Olivier le Daim me dit durement, en présence de François de Paule et de Coittier :

- Sire, il faut que nous nous acquittions de notre devoir. N'ayez plus d'espérance en ce saint homme ni en aucun autre, car c'en est fait de vous : pensez à votre conscience, il n'y a plus de remède.

A ces mots cruels, toute une révolution s'opéra en moi ; je n'étais plus le même homme, et je m'étonnai de moi. Le passé se déroula rapidement à mes yeux et les choses m'apparurent sous un aspect nouveau : je ne sais quoi d'étrange se passait en moi. Le dur regard d'Olivier le Daim, fixé sur mon visage, semblait m'interroger ; pour me soustraire à ce regard froidement inquisiteur, je répondis avec une apparente tranquillité :

- J'espère que Dieu m'aidera ; je ne suis peut-être pas, par aventure, si malade que vous le pensez.

Je dictai mes dernières volontés et j'envoyai près du jeune roi ceux qui m'entouraient encore. Je me trouvai seul avec mon confesseur, François de Paule, le Daim et Coittier. François me fit une touchante exhortation ; à chacune de ses paroles il me semblait que mes vices s'effaçaient et que la nature reprenait son cours ; je me trouvai soulagé et je commençai à recouvrer un peu d'espoir en la clémence de Dieu.

Je reçus les derniers sacrements avec une piété ferme et résignée. Je répétais à chaque instant : « Notre Dame d'Embrun, ma bonne maîtresse, aidez-moi ! »

Le mardi 30 août, vers sept heures du soir, je tombai dans une nouvelle faiblesse ; tous ceux qui étaient présents, me croyant mort, se retirèrent. Olivier le Daim et Coittier, qui se sentaient chargés de l'exécration publique, restèrent près de mon lit, n'ayant pas d'autre asile.

Je recouvrai bientôt une entière connaissance. Je me relevai sur mon séant et je regardai autour de moi ; personne de ma famille n'était là ; pas une main amie ne cherchait la mienne, dans ce suprême moment, pour adoucir mon agonie par une dernière étreinte. A cette heure, mes enfants se réjouissaient peut-être, tandis que leur père se mourait. Personne ne pensa que le coupable pouvait encore avoir un coeur qui comprendrait le sien. Je cherchai à entendre un sanglot étouffé, et je n'entendis que les éclats de rire des deux misérables qui étaient près de moi.

Je vis, dans un coin de la chambre, ma levrette favorite qui se mourait de vieillesse ; mon coeur en tressaillit de joie, j'avais un ami, un être qui m'aimait.

Je lui fis signe de la main ; la levrette se traîna avec effort jusqu'au pied de mon lit et vint lécher ma main mourante. Olivier aperçut ce mouvement ; il se leva brusquement en jurant et frappa le malheureux chien avec un bâton jusqu'à ce qu'il eût expiré ; mon seul ami me jeta, en mourant, un long et douloureux regard.

Olivier me repoussa violemment dans mon lit ; je me laissai retomber et je rendis à Dieu mon âme coupable.

Variétés

Le faux Home

On lisait, il y a peu de temps, dans les journaux de Lyon, l'annonce suivante, placardée également sur les murs de la ville :

« M. Hume, le célèbre médium américain, qui a eu l'honneur de faire ses expériences devant S. M. l'Empereur, donnera, à partir de jeudi 1° avril, sur le grand théâtre de Lyon, des séances de spiritualisme. Il produira des apparitions, etc., etc. Des sièges seront disposés sur le théâtre pour MM. les médecins et les savants, afin qu'ils puissent s'assurer que rien n'est préparé. Les séances seront variées par les expériences de la célèbre voyante, Mme ..., somnambule extralucide, qui reproduira tour à tour tous les sentiments au gré des spectateurs. Prix des Places : 5 fr. les premières, 3 fr. les deuxièmes. »

Les antagonistes de M. Home (quelques-uns écrivent Hume) n'ont eu garde de manquer cette occasion de le tourner en ridicule. Dans leur ardent désir de trouver à mordre, ils ont accueilli cette grossière mystification avec un empressement qui témoigne peu en faveur de leur jugement, et encore moins de leur respect pour la vérité, car, avant de jeter la pierre à quelqu'un, il faut au moins s'assurer si elle ne portera pas à faux ; mais la passion est aveugle, elle ne raisonne pas et souvent se fourvoie elle-même en voulant nuire aux autres. « Voilà donc, se sont-ils écriés avec jubilation, cet homme si vanté réduit à monter sur les planches et à donner des séances à tant la place ! » Et leurs journaux d'accréditer le fait sans plus d'examen. Leur joie, malheureusement pour eux, n'a pas été de longue durée. On s'est empressé de nous écrire de Lyon pour avoir des renseignements qui pussent aider à démasquer la fraude, et cela n'a pas été difficile, grâce surtout au zèle des nombreux adhérents que le Spiritisme compte dans cette ville. Dès que le directeur des théâtres a su à qui il avait affaire, il a immédiatement adressé aux journaux la lettre suivante : « Monsieur le rédacteur, je m'empresse de vous annoncer que la séance indiquée pour jeudi 1° avril, au grand théâtre, n'aura pas lieu. J'ai cru céder la salle à M. Home et non à M. Lambert Laroche, dit Hume. Les personnes qui ont pris à l'avance des loges ou stalles pourront se présenter au bureau pour retirer leur argent. »

De son côté, le susdit Lambert Laroche (natif de Langres), interpellé sur son identité, a cru devoir répondre dans les termes suivants, que nous reproduisons dans leur intégrité, ne voulant point qu'il puisse nous accuser de la moindre altération.

« Vous m'avez soumis diversse extre de vos correspondance de Paris, desquellesil résulterez que un M. Home qui donne des séancedans quelque salon de la capitalle se trouve en ce moment en Itali etne peut par conséquent se trouvair à Lyon. Monsieur gignore 1° la connaissance de ce M. Home, 2° je nessait quellais son talent 3° je nais jamais rien nue de commun à veque ce M. Home, 4° jait tavaillez et tavaille sout mon nom de gaire qui est Hume et dont je vous justi par les article de journaux étrangers et français que je vous est soumis 5° je voyage à vecque deux sugais mon genre d'experriance consiste en spiritualisme ou évocation vision, et en un mot reproduction des idais du spectateur par un sugais, ma cepécialité est d'opere par c'est procedere sur les personnes étrangere comme on la pue le voir dans les journaux je vien despagne et d'afrique. Seci M. le rédacteur vous démontre que je n'ais poin voulu prendre le nom de ce prétendu Home que vous dites en réputation, le min est sufisant connu par sa grande notoriété et par les expérience que je produi. Agreez M. le redacteur mes salutation empressait. »

Nous croyons inutile de dire si M. Lambert Laroche a quitté Lyon avec les honneurs de la guerre ; il ira sans doute ailleurs chercher des dupes plus faciles. Nous n'ajouterons qu'un mot pour exprimer notre regret de voir avec quelle déplorable avidité certaines gens qui se disent sérieux accueillent tout ce qui peut servir leur animosité. Le Spiritisme est trop accrédité aujourd'hui pour avoir rien à craindre de la jonglerie ; il n'est pas plus rabaissé par les charlatans que ne l'est la véritable science médicale par les docteurs de carrefours ; il rencontre partout, mais surtout parmi les gens éclairés, de zélés et nombreux défenseurs qui savent braver la raillerie. L'affaire de Lyon, loin de lui nuire, ne peut que servir à sa propagation en appelant l'attention des indécis sur la réalité. Qui sait même si elle n'a pas été provoquée dans ce but par une puissance supérieure ? Qui peut se flatter de sonder les voies de la Providence ? Quant aux adversaires quand même, permis à eux de rire, mais non de calomnier ; quelques années encore et nous verrons qui aura le dernier mot. S'il est logique de douter de ce que l'on ne connaît pas, il est toujours imprudent de s'inscrire en faux contre les idées nouvelles, qui peuvent tôt ou tard donner un humiliant démenti à notre perspicacité : l'histoire est là pour le prouver. Ceux qui, dans leur orgueil, prennent en pitié les adeptes de la doctrine spirite sont-ils donc si haut qu'ils le croient ? Ces Esprits, qu'ils raillent, prescrivent de faire le bien et défendent d'en vouloir même à ses ennemis ; ils nous disent qu'on s'abaisse par le désir du mal. Quel est donc le plus élevé de ce lui qui cherche à faire le mal, ou de celui qui ne renferme en son coeur ni haine, ni rancune ?

M. Home est de retour à Paris depuis peu ; mais il doit en partir incessamment pour l'Ecosse et de là se rendre à Saint-Pétersbourg.

L'Indépendant de la Charente-Inférieure citait, au mois de mars dernier, le fait suivant qui se serait passé à l'hôpital civil de Saintes :

« On raconte les histoires les plus merveilleuses, et on ne parle d'autre chose en ville, depuis huit jours, que des bruits singuliers qui, toutes les nuits, imitent tantôt le trot d'un cheval, tantôt la marche d'un chien ou d'un chat. Des bouteilles placées sur une cheminée sont lancées à l'autre bout de la chambre. Un paquet de chiffons a été trouvé, un matin, tordu en mille noeuds, qu'il a été impossible de dénouer. Un papier sur lequel on avait écrit : « Que veux-tu ? Que demandes-tu ? » a été laissé, un soir, sur une cheminée ; le lendemain matin, la réponse était inscrite, mais en caractères inconnus et indéchiffrables. Des allumettes placées sur une table de nuit disparaissent comme par enchantement ; enfin, tous les objets changent de place et sont dispersés dans tous les coins. Ces sortilèges ne s'accomplissent jamais que dans l'obscurité de la nuit. Aussitôt qu'une lumière paraît, tout rentre dans le silence ; l'éteint-on, les bruits recommencent aussitôt. C'est un Esprit ami des ténèbres. Plusieurs personnes, des ecclésiastiques, d'anciens militaires, ont couché dans cette chambre ensorcelée, et il leur a été impossible de rien découvrir ni de se rendre compte de ce qu'ils entendaient.

« Un homme de service à l'hôpital, soupçonné d'être l'auteur de ces espiègleries, vient d'être renvoyé. Mais on assure qu'il n'est pas le coupable et qu'il en a, au contraire, été maintes fois la victime lui-même.

« Il paraît qu'il y a plus d'un mois que ce manège a commencé. On a été longtemps sans en rien dire, chacun se méfiant de ses sens et craignant de se faire moquer de soi. Ce n'est que depuis quelques jours qu'on a commencé à en parler. »

REMARQUE. - Nous n'avons pas encore eu le temps de nous assurer de l'authenticité des faits ci-dessus ; nous ne les donnons donc que sous toute réserve ; nous ferons seulement observer que, s'ils sont controuvés, ils n'en sont pas moins *possibles* et ne présentent rien de plus extraordinaire que beaucoup d'autres du même genre et qui sont parfaitement constatés.

Société parisienne des Etudes spirites,

FONDEE A PARIS LE 1° AVRIL 1858

Et autorisée par arrêté de M. le Préfet de police, sur l'avis de S. Exc. M. le Ministre de l'intérieur et de la sûreté générale, en date du 13 avril 1858.

—

L'extension pour ainsi dire universelle que prennent chaque jour les croyances spirites faisait vivement désirer la création d'un centre régulier d'observations ; cette lacune vient d'être remplie. La Société, dont nous sommes heureux d'annoncer la formation, composée exclusivement de personnes sérieuses, exemptes de prévention, et animées du désir sincère de s'éclairer, a compté, dès le début, parmi ses adhérents, des hommes éminents par le savoir et leur position sociale. Elle est appelée, nous en sommes convaincu, à rendre d'incontestables services par la constatation de la vérité. Son règlement organique lui assure l'homogénéité sans laquelle il n'y a pas de vitalité possible ; il est basé sur l'expérience des hommes et des choses et sur la connaissance des conditions nécessaires aux observations qui font l'objet de ses recherches. Les étrangers qui s'intéressent à la doctrine spirite trouveront ainsi, en venant à Paris, un centre auquel ils pourront s'adresser pour se renseigner, et où ils pourront communiquer leurs propres observations[11].

ALLAN KARDEC.

[11] Pour tous les renseignements relatifs à la société, s'adresser à M. ALLAN KARDEC, rue Sainte-Anne, n° 59, de 3 à 5 heures ; ou à M. LEDOYEN, libraire, galerie d'Orléans, n° 31, au Palais-Royal.

REVUE SPIRITE

JOURNAL

D'ETUDES PSYCHOLOGIQUES

Juin 1858

Théorie des Manifestations physiques

(DEUXIEME ARTICLE.)

Nous prions nos lecteurs de vouloir bien se rapporter au premier article que nous avons publié sur ce sujet ; celui-ci, en étant la continuation, serait peu intelligible si l'on n'en avait pas le commencement présent à la pensée.

Les explications que nous avons données des manifestations physiques sont, comme nous l'avons dit, fondées sur l'observation et une déduction logique des faits : nous avons conclu d'après ce que nous vu. Maintenant comment s'opèrent, dans la matière éthérée, les modifications qui vont la rendre perceptible et tangible ? Nous allons d'abord laisser parler les Esprits que nous avons interrogés à ce sujet, nous y ajouterons nos propres remarques. Les réponses suivantes nous ont été données par l'Esprit de saint Louis ; elles concordent avec ce que d'autres nous avaient dit précédemment.

1. Comment un Esprit peut-il apparaître avec la solidité d'un corps vivant ? - *Il combine une partie du fluide universel avec le fluide que dégage le médium propre à cet effet.* Ce fluide revêt à sa volonté la forme qu'il désire, mais généralement cette forme est impalpable.

2. Quelle est la nature de ce fluide ? - R. Fluide, c'est tout dire.

3. Ce fluide est-il matériel ? - R. Semi-matériel.

4. Est-ce ce fluide qui compose le périsprit ? - R. *Oui,* c'est la liaison de l'Esprit à la matière.

5. Ce fluide est-il celui qui donne la vie, le principe vital ? - R. Toujours lui ; j'ai dit liaison.

6. Ce fluide est-il une émanation de la Divinité ? - R. Non.

7. Est-ce une création de la Divinité ? - R. Oui ; tout est créé, excepté Dieu lui-même.

8. Le fluide universel a-t-il quelque rapport avec le fluide électrique dont nous connaissons les effets ? - R. Oui, c'est son élément.

9. La substance éthérée qui se trouve entre les planètes est-elle le fluide universel dont il est question ? - R. Il entoure les mondes : sans le principe vital, nul ne vivrait. Si un homme s'élevait au-delà, de l'enveloppe fluidique qui environne les globes, il périrait, car le principe vital se retirerait de lui pour rejoindre la masse. Ce fluide vous anime, c'est lui que vous respirez.

10. Ce fluide est-il le même dans tous les globes ? - R. C'est le même principe, mais plus ou moins éthéré, selon la nature des globes ; le vôtre est un des plus matériels.

11. Puisque c'est ce fluide qui compose le périsprit, il paraît y être dans une sorte d'état de condensation qui le rapproche jusqu'à un certain point de la matière ? - R. Oui, jusqu'à un certain point, car il n'en a pas les propriétés ; il est plus ou moins condensé, selon les mondes.

12. Sont-ce les Esprits solidifiés qui enlèvent une table ? - R. Cette question n'amènera pas encore ce que vous désirez. Lorsqu'une table se meut sous vos mains, l'Esprit que votre Esprit évoque va puiser dans le fluide universel de quoi animer cette table d'une vie factice. Les Esprits qui produisent ces sortes d'effets sont toujours des Esprits inférieurs qui ne sont pas encore entièrement dégagés de leur fluide ou périsprit. La table étant ainsi préparée à leur gré (au gré des Esprits frappeurs), l'Esprit l'attire et la meut sous l'influence de son propre fluide dégagé par sa volonté. Lorsque la masse qu'il veut soulever ou mouvoir est trop pesante pour lui, il appelle à son aide des Esprits qui se trouvent dans les mêmes conditions que lui. Je crois m'être expliqué assez clairement pour me faire comprendre.

13. Les Esprits qu'il appelle à son aide lui sont-ils inférieurs ? - R. Egaux, presque toujours ; souvent ils viennent d'eux-mêmes.

14. Nous comprenons que les Esprits supérieurs ne s'occupent pas de choses qui sont au-dessous d'eux ; mais nous demandons si, en raison de ce qu'ils sont dématérialisés, ils auraient la puissance de le faire s'ils en avaient la volonté ? - R. Ils ont la force morale comme les autres ont la force physique ; quand ils ont besoin de cette force, ils se servent de ceux qui la possèdent. Ne vous a-t-on pas dit qu'ils se servent des Esprits inférieurs comme vous le faites de portefaix ?

15. D'où vient la puissance spéciale de M. Home ? - R. De son organisation.

16. Qu'a-t-elle de particulier ? - R. Cette question n'est pas précise.

17. Nous demandons s'il s'agit de son organisation physique ou morale ? - R. J'ai dit organisation.

18. Parmi les personnes présentes, en est-il qui puissent avoir la même faculté que M. Home ? - R. Elles l'ont à quelque degré. N'est-il pas un de vous qui ait fait mouvoir une table ?

19. Lorsqu'une personne fait mouvoir un objet, est-ce toujours par le concours d'un Esprit étranger, ou bien l'action peut-elle provenir du médium seul ? - R Quelque fois

l'Esprit du médium peut agir seul, mais le plus souvent c'est avec l'aide des Esprits évoqués ; cela est facile à reconnaître.

20. Comment se fait-il que les Esprits apparaissent avec les vêtements qu'ils avaient sur la terre ? - R. Ils n'en ont souvent que l'apparence. D'ailleurs, que de phénomènes n'avez-vous pas parmi vous sans solution ! Comment se fait-il que le vent, qui est impalpable, renverse et brise l'arbre composé de matière solide ?

21. Qu'entendez-vous en disant que ces vêtements ne sont qu'une apparence ? - R. Au toucher on ne sent rien.

22. Si nous avons bien compris ce que vous nous avez dit, le principe vital réside dans le fluide universel ; l'Esprit puise dans ce fluide l'enveloppe semi-matérielle qui constitue son périsprit, et c'est par le moyen de ce fluide qu'il agit sur la matière inerte. Est-ce bien cela ? - R. Oui ; c'est-à-dire qu'il anime la matière d'une espèce de vie factice ; la matière s'anime de la vie animale. La table qui se meut sous vos mains vit et souffre comme l'animal ; elle obéit d'elle-même à l'être intelligent. Ce n'est pas lui qui la dirige comme l'homme fait d'un fardeau ; lorsque la table s'enlève, ce n'est pas l'Esprit qui la soulève, c'est la table animée qui obéit à l'Esprit intelligent.

23. Puisque le fluide universel est la source de la vie, est-il en même temps la source de l'intelligence ? - R. Non ; le fluide n'anime que la matière.

Cette théorie des manifestations physiques offre plusieurs points de contact avec celle que nous avons donnée, mais elle en diffère aussi sous certains rapports. De l'une et de l'autre il ressort ce point capital que le fluide universel, dans lequel réside le principe de la vie, est l'agent principal de ces manifestations, et que cet agent reçoit son impulsion de l'Esprit, que celui-ci soit incarné ou errant. Ce fluide condensé constitue le périsprit ou enveloppe semi-matérielle de l'esprit. Dans l'état d'incarnation, ce périsprit est uni à la matière du corps ; dans l'état d'erraticité, il est libre. Or, deux questions se présentent ici : celle de l'apparition des Esprits, et celle du mouvement imprimé aux corps solides.

A l'égard de la première, nous dirons que, dans l'état normal, la matière éthérée du périsprit échappe à la perception de nos organes ; l'âme seule peut la voir, soit en rêve, soit en somnambulisme, soit même dans le demi-sommeil, en un mot toutes les fois qu'il y a suspension totale ou partielle de l'activité des sens. Quand l'Esprit est incarné, la substance du périsprit est plus ou moins intimement liée à la matière du corps, plus ou moins adhérente, si l'on peut s'exprimer ainsi. Chez certaines personnes, il y a en quelque sorte émanation de ce fluide par suite de leur organisation, et c'est là, à proprement parler, ce qui constitue les médiums à influences physiques. Ce fluide émané du corps se combine, selon des lois qui nous sont inconnues, avec celui qui forme l'enveloppe semi-matérielle d'un Esprit étranger. Il en résulte une modification, une sorte de réaction moléculaire qui en change momentanément les propriétés, au point de le rendre visible, et dans quelques cas tangible. Cet effet peut se produire avec ou sans le concours de la volonté du médium ; c'est ce qui distingue les médiums naturels des médiums facultatifs. L'émission du fluide peut être plus ou moins abondante : de là les médiums plus ou moins puissants ; elle n'est point permanente, ce qui explique l'intermittence de la puissance. Si l'on tient compte enfin du degré d'affinité qui peut exister entre le fluide du médium et celui de tel ou tel Esprit, on concevra que son action peut s'exercer sur les uns et non sur les autres.

Ce que nous venons de dire s'applique évidemment aussi à la puissance médianimique concernant le mouvement des corps solides ; reste à savoir comment s'opère ce mouvement. Selon les réponses que nous avons rapportées ci-dessus, la question se présente sous un jour tout nouveau ; ainsi, quand un objet est mis en mouvement, enlevé ou lancé en l'air, ce ne serait point l'Esprit qui le saisit, le pousse ou le soulève, comme nous le ferions avec la main ; il le *sature*, pour ainsi dire, de son fluide par sa combinaison avec celui du médium, et l'objet, ainsi momentanément vivifié, agit comme le ferait un être vivant, avec cette différence que, n'ayant pas de volonté propre, il suit l'impulsion de la volonté de l'Esprit, et cette volonté peut être celle de l'Esprit du médium, tout aussi bien que celle d'un Esprit étranger, et quelquefois de tous les deux, agissant de concert, selon qu'ils sont ou non sympathiques. La sympathie ou l'antipathie qui peut exister entre le médium et les Esprits qui s'occupent de ces effets matériels explique pourquoi tous ne sont pas aptes à les provoquer.

Puisque le fluide vital, poussé en quelque sorte par l'Esprit, donne une vie factice et momentanée aux corps inertes, que le périsprit n'est autre chose que ce même fluide vital, il s'ensuit que lorsque l'Esprit est incarné, c'est lui qui donne la vie au corps, au moyen de son périsprit ; il y reste uni tant que l'organisation le permet ; quand il se retire, le corps meurt. Maintenant si, au lieu d'une table, on taille le bois en statue, et qu'on agisse sur cette statue comme sur une table, on aura une statue qui se remuera, qui frappera, qui répondra par ses mouvements et ses coups ; on aura, en un mot, une statue momentanément animée d'une vie artificielle. Quelle lumière cette théorie ne jette-t-elle pas sur une foule de phénomènes jusqu'alors inexpliqué ! que d'allégories et d'effets mystérieux n'explique-t-elle pas ! C'est toute une philosophie.

L'Esprit frappeur de Bergzabern

(DEUXIEME ARTICLE.)

Nous extrayons les passages suivants d'une nouvelle brochure allemande, publiée en 1853, par M. Blanck, rédacteur du journal de Bergzabern, sur l'Esprit frappeur dont nous avons parlé dans notre numéro du mois de mai. Les phénomènes extraordinaires qui y sont relatés, et dont l'authenticité ne saurait être révoquée en doute, prouvent que nous n'avons rien à envier, sous ce rapport, à l'Amérique. On remarquera dans ce récit le soin minutieux avec lequel les faits ont été observés. Il serait à désirer qu'on apportât toujours, en pareil cas, la même attention et la même prudence. On sait aujourd'hui que les phénomènes de ce genre ne sont point le résultat d'un état pathologique, mais ils dénotent toujours chez ceux en qui ils se manifestent une excessive sensibilité facile à surexciter. L'état pathologique n'est point la cause efficiente, mais il peut être consécutif. La manie de l'expérimentation, dans les cas analogues, a plus d'une fois causé des accidents graves qui n'auraient point eu lieu si l'on eût laissé la nature à elle-même. On trouvera dans notre *Instruction pratique sur les manifestations spirites*, les conseils nécessaires à cet effet. Nous suivons M. Blanck dans son compte rendu.

« Les lecteurs de notre brochure intitulée *les Esprits frappeurs* ont vu que les manifestations de Philippine Senger ont un caractère énigmatique et extraordinaire. Nous avons raconté ces faits merveilleux depuis leur début jusqu'au moment où l'enfant fut conduite au médecin royal du canton. Maintenant nous allons examiner ce qui s'est passé depuis jusqu'à ce jour.

Lorsque l'enfant quitta la demeure du docteur Bentner pour entrer à la maison paternelle, le frappement et le grattement recommencèrent chez le père Senger ; jusqu'à cette heure, et même depuis la guérison complète de la jeune fille, les manifestations ont été plus marquées, et ont changé de nature[12]. Dans ce mois de novembre (1852), l'Esprit commença à siffler ; ensuite on entendit un bruit comparable à celui de la roue d'une brouette tournant sur son axe sec et rouillé ; mais le plus extraordinaire de tout, c'est sans contredit le bouleversement des meubles dans la chambre de Philippine, désordre qui dura pendant quinze jours. Une courte description des lieux me paraît nécessaire. Cette chambre a environ 18 pieds de long sur 8 de large ; on y arrive par la chambre commune. La porte qui fait communiquer ces deux pièces s'ouvre à droite. Le lit de l'enfant était placé à droite ; au milieu une armoire, et dans le coin de gauche la table de travail de Senger, dans laquelle sont pratiquées deux cavités circulaires, fermées par des couvercles.

Le soir où commença le remue-ménage, madame Senger et sa fille aînée Francisque étaient assises dans la première chambre, près d'une table, et occupées à écosser des haricots ; tout à coup un petit rouet lancé de la chambre à coucher tomba près d'elles. Elles en furent d'autant plus effrayées qu'elles savaient que personne autre que Philippine, alors plongée dans le sommeil, ne se trouvait dans la chambre ; de plus, le rouet avait été lancé du côté gauche, tandis qu'il se trouvait sur le rayon d'un petit meuble placé à droite. S'il fût parti du lit, il aurait dû rencontrer la porte et s'y arrêter ; il demeurait donc évident que l'enfant n'était pour rien dans ce fait. Pendant que la famille Senger exprimait sa surprise sur cet événement, quelque chose tomba de la table sur le sol : c'était un morceau de drap qui, auparavant, trempait dans une cuvette pleine d'eau. A côté du rouet gisait aussi une tête de pipe, l'autre moitié était restée sur la table. Ce qui rendait la chose encore plus incompréhensible, c'est que la porte de l'armoire où était le rouet avant d'être lancé se trouvait fermée, que l'eau de la cuvette n'était point agitée, et qu'aucune goutte n'avait été répandue sur la table. Tout à coup l'enfant, toujours endormie, crie de son lit : *Père, va-t'en, il jette ! Sortez ! il vous jetterait aussi.* Ils obéirent à cette injonction ; à peine furent-ils dans la première chambre que la tête de pipe y fut lancée avec une grande force, sans pourtant qu'elle se brisât. Une règle dont Philippine se servait à l'école prit le même chemin. Le père, la mère et leur fille aînée se regardaient avec effroi, et, comme ils réfléchissaient au parti à prendre, un long rabot de Senger et un très gros morceau de bois furent lancés de son établi dans l'autre chambre. Sur la table de travail, les couvercles étaient à leur place, et malgré cela les objets qu'ils recouvraient avaient pareillement été jetés au loin. Le même soir, les oreillers du lit furent lancés sur une armoire et la couverture contre la porte.

Un autre jour, on avait mis aux pieds de l'enfant, sous la couverture, un fer à repasser du poids de six livres environ ; bientôt il fut jeté dans la première pièce ; la poignée en était enlevée, et on la retrouva sur une chaise de la chambre à coucher.

---

[12] Nous aurons occasion de parler de l'indisposition de cette enfant ; mais puisqu'après sa guérison les mêmes effets se sont produits, c'est une preuve évidente qu'ils étaient indépendants de son état de santé.

Nous fûmes témoins que des chaises placées à trois pieds du lit environ furent renversées, et des fenêtres ouvertes, bien qu'elles fussent fermées auparavant, et cela à peine nous avions tourné le dos pour rentrer dans la première pièce. Une autre fois, deux chaises furent transportées sur le lit, sans déranger la couverture. Le 7 octobre, on avait solidement fermé la fenêtre et tendu devant un drap blanc. Dès que nous eûmes quitté la chambre, on frappa à coups redoublés et avec tant de violence, que tout en fut ébranlé, et que des gens qui passaient dans la rue s'enfuirent épouvantés. On accourut dans la chambre : la fenêtre était ouverte, le drap jeté sur la petite armoire à côté, la couverture du lit et les oreillers par terre, les chaises culbutées, et l'enfant dans le lit, protégée par sa seule chemise. Pendant quatorze jours la femme Senger ne fut occupée qu'à réparer le lit.

Une fois on avait laissé un harmonica sur un siège : des sons se firent entendre ; étant entré précipitamment dans la chambre, on trouva, comme toujours, l'enfant tranquille dans son lit ; l'instrument était sur la chaise, mais ne vibrait plus. Un soir, le père Senger sortait de la chambre de sa fille quand il reçut dans le dos le coussin d'un siège. Une autre fois, c'est une paire de vieilles pantoufles, des souliers qui étaient sous le lit, des sabots, qui viennent à sa rencontre. Maintes fois aussi la chandelle allumée, placée sur la table de travail, fut soufflée. Les coups et le grattement alternaient avec cette démonstration du mobilier. Le lit semblait être mis en mouvement par une main invisible. Au commandement de : « *Balancez le lit* », ou « *Bercez l'enfant* », le lit allait et venait, en long et en large, avec bruit ; au commandement de : « *Halte !* » il s'arrêtait. Nous pouvons affirmer, nous qui avons vu, que quatre hommes s'assirent sur le lit, et même s'y suspendirent, sans pouvoir arrêter le mouvement ; ils étaient soulevés avec le meuble. Au bout de quatorze jours le bouleversement du mobilier cessa, et à ces manifestations en succédèrent d'autres.

Le 26 octobre au soir, se trouvaient entre autres personnes, dans la chambre, MM. Louis Soëhnée, licencié en droit, le capitaine Simon, tous deux de Wissembourg, ainsi que M. Sievert, de Bergzabern. Philippine Senger était à ce moment plongée dans le sommeil magnétique[13]. M. Sievert présenta à celle-ci un papier renfermant des cheveux, pour voir ce qu'elle en ferait. Elle ouvrit le papier, sans cependant mettre les cheveux à découvert, les appliqua sur ses paupières closes, puis les éloigna, comme pour les examiner à distance et dit : « Je voudrais bien savoir ce que contient ce papier... Ce sont des cheveux d'une dame que je ne connais pas... Si elle veut venir, qu'elle vienne... Je ne puis pas l'inviter, je ne la connais pas. » Aux questions que lui adressa M. Sievert, elle ne répondit pas ; mais ayant placé le papier dans le creux de sa main, qu'elle étendait et retournait, il y resta suspendu. Elle le plaça ensuite au bout de l'index et fit décrire à sa main pendant assez longtemps un demi-cercle, en disant : « Ne tombe pas », et le papier resta au bout du doigt ; puis, au commandement de : « Maintenant tombe », il se détacha sans qu'elle fît le moindre mouvement pour déterminer la chute. Soudain, se tournant du côté du mur, elle dit : « A présent, je veux t'attacher au mur » ; elle y appliqua le papier, qui y resta fixé environ 5 à 6 minutes, après quoi elle l'enleva. Un examen minutieux du papier et du mur n'y fit découvrir aucune cause d'adhérence. Nous croyons devoir faire remarquer que la chambre

[13] Une somnambule de Paris avait été mise en rapport avec la jeune Philippine, et, depuis lors, celle-ci tombait elle-même spontanément en somnambulisme. Il s'est passé à cette occasion des faits remarquables que nous rapporterons une autre fois. (*Note du traducteur.*)

était parfaitement éclairée, ce qui nous permit de nous rendre un compte exact de toutes ces particularités.

Le lendemain soir on lui donna d'autres objets : des clefs, des pièces de monnaie, des porte-cigares, des montres, des anneaux d'or et d'argent ; et tous, sans exception, restaient suspendus à sa main. On a remarqué que l'argent y adhérait plus que les autres matières, car on eut de la peine à en enlever les pièces de monnaie, et cette opération lui causait de la douleur. Un des faits les plus curieux en ce genre est le suivant : Le samedi 11 novembre, un officier qui était présent lui donna son sabre avec le ceinturon, et le tout, qui pesait 4 livres, d'après constatation, resta suspendu au doigt médium en se balançant assez longtemps. Ce qui n'est pas moins singulier, c'est que tous les objets, quelle qu'en fût la matière, restaient également suspendus. Cette propriété magnétique se communiquait par le simple contact des mains aux personnes susceptibles de la transmission du fluide ; nous en avons eu plusieurs exemples.

Un capitaine, M. le chevalier de Zentner, en garnison à cette époque à Bergzabern, témoin de ces phénomènes, eut l'idée de mettre une boussole près de l'enfant, pour en observer les variations. Au premier essai, l'aiguille dévia de 15 degrés, mais aux suivants elle resta immobile, quoique l'enfant eût la boîte dans une main et la caressât de l'autre. Cette expérience nous a prouvé que ces phénomènes ne sauraient s'expliquer par l'action du fluide minéral, d'autant moins que l'attraction magnétique ne s'exerce pas sur tous les corps indifféremment.

D'habitude, lorsque la petite somnambule se disposait à commencer ses séances, elle appelait dans la chambre toutes les personnes qui se trouvaient là. Elle disait simplement : « *Venez ! venez !* » ou bien « *Donnez ! donnez !* » Souvent elle n'était tranquille que lorsque tout le monde, sans exception, était près de son lit. Elle demandait alors avec empressement et impatience un objet quelconque ; à peine le lui avait-on donné, qu'il s'attachait à ses doigts. Il arrivait fréquemment que dix, douze personnes et plus étaient présentes, et que chacune d'elles lui remettait plusieurs objets. Pendant la séance elle ne souffrait pas qu'on lui en reprît aucun ; elle paraissait surtout tenir aux montres ; elle les ouvrait avec une grande adresse, examinait le mouvement, les refermait, puis les plaçait près d'elle pour examiner autre chose. A là fin, elle rendait à chacun ce qu'on lui avait confié ; elle examinait les objets les yeux fermés, et jamais ne se trompait de propriétaire. Si quelqu'un tendait la main pour prendre ce qui ne lui appartenait pas, elle le repoussait. Comment expliquer cette distribution multiple à un si grand nombre de personnes sans erreur ? On essayerait en vain de le faire soi-même les yeux ouverts. La séance terminée et les étrangers partis, les coups et le grattement, momentanément interrompus, recommençaient. Il faut ajouter que l'enfant ne voulait pas que personne se tînt au pied de son lit près de l'armoire, ce qui laissait entre les deux meubles un espace d'environ un pied. Si quelqu'un s'y mettait, elle le renvoyait du geste. S'y refusait-on, elle montrait une grande inquiétude et ordonnait par des gestes impérieux de quitter la place. Une fois elle engagea les assistants à ne jamais se tenir à l'endroit défendu, parce qu'elle ne voulait pas, dit-elle, qu'il arrivât malheur à quelqu'un. Cet avertissement était si positif, que nul à l'avenir ne l'oublia.

A quelque temps de là, au frappement et au grattement se joignit un bourdonnement que l'on peut comparer au son produit par une grosse corde de basse ; un certain sifflement se mêlait à ce bourdonnement. Quelqu'un demandait-il une marche ou une danse, son désir était satisfait : le musicien invisible se montrait fort complaisant. A l'aide du grattement, il appelle nominativement les gens de la maison ou les étrangers présents ; ceux-ci comprennent facilement à qui il s'adresse. A l'appel par le grattement, la personne désignée répond *oui*, pour donner à entendre qu'elle sait qu'il s'agit d'elle : alors il exécute à son intention un morceau de musique qui donne parfois lieu à des scènes plaisantes. Si une autre personne que celle appelée répondait *oui*, le gratteur faisait comprendre par un *non* exprimé à sa manière qu'il n'avait rien à lui dire pour le moment. C'est le soir du 10 novembre que ces faits se sont produits pour la première fois, et ils ont continué à se manifester jusqu'à ce jour.

Voici maintenant comment l'Esprit frappeur s'y prenait pour désigner les personnes. Depuis plusieurs nuits, on avait remarqué qu'aux diverses invitations de faire telle ou telle chose il répondait par un coup sec ou par un grattement prolongé. Aussitôt que le coup sec était donné, le frappeur commençait à exécuter ce qu'on désirait de lui ; quand, au contraire, il grattait, il ne satisfaisait pas à la demande. Un médecin eut alors l'idée de prendre pour un *oui* le premier bruit, et le second pour un *non*, et depuis lors cette interprétation a toujours été confirmée. On remarqua aussi que par une série de grattements plus ou moins forts l'Esprit exigeait certaines choses des personnes présentes. A force d'attention, et en remarquant la manière dont le bruit se produisait, on put comprendre l'intention du frappeur. Ainsi, par exemple, le père Senger a raconté que le matin, au point du jour, il entendait des bruits modulés d'une certaine façon ; sans y attacher d'abord aucun sens, il remarqua qu'ils ne cessaient que lorsqu'il était hors du lit, d'où il comprit qu'ils signifiaient : « *Lève-toi.* » C'est ainsi que peu à peu on se familiarisa avec ce langage, et qu'à certains signes les personnes désignées purent se reconnaître.

Arriva l'anniversaire du jour où l'Esprit frappeur s'était manifesté pour la première fois ; des changements nombreux s'opérèrent dans l'état de Philippine Senger. Les coups, le grattement et le bourdonnement continuèrent, mais à toutes ces manifestations se joignit un cri particulier, qui ressemblait tantôt à celui d'une oie, tantôt à celui d'un perroquet ou de tout autre gros oiseau ; en même temps on entendit une sorte de picotement contre le mur, semblable au bruit que ferait un oiseau en becquetant. A cette époque, Philippine Senger parlait beaucoup pendant son sommeil, et paraissait surtout préoccupée d'un certain animal, qui ressemblait à un perroquet, se tenant au pied du lit, criant et donnant des coups de bec contre le mur. Sur le désir d'entendre crier le perroquet, celui-ci jetait des cris perçants. On posa diverses questions auxquelles il fut répondu par des cris du même genre ; plusieurs personnes lui commandèrent de dire : *Kakatoès*, et l'on entendit très distinctement le mot *Kakatoès* comme s'il eût été prononcé par l'oiseau lui-même. Nous passerons sous silence les faits les moins intéressants, et nous nous bornerons à rapporter ce qu'il y eut de plus remarquable sous le rapport des changements survenus dans l'état corporel de la jeune fille.

Quelque temps avant Noël, les manifestations se renouvelèrent avec plus d'énergie ; les coups et le grattement devinrent plus violents et durèrent plus longtemps. Philippine, plus agitée que de coutume, demandait souvent à ne plus coucher dans son lit, mais dans celui de ses parents ; elle se roulait dans le sien en criant : « Je ne peux plus rester ici ; je vais étouffer : ils vont me loger dans le mur ; au secours ! » Et son calme ne revenait que lorsqu'on l'avait transportée dans l'autre lit. A peine s'y trouvait-elle, que des coups très forts se faisaient entendre d'en haut ; ils semblaient partir du grenier, comme si un charpentier eût frappé sur les poutres ; ils étaient même quelquefois si vigoureux, que la maison en était ébranlée, que les fenêtres vibraient, et que les personnes présentes sentaient le sol trembler sous leurs pieds ; des coups semblables étaient également frappés contre le mur, près du lit. Aux questions posées, les mêmes coups répondaient comme d'habitude, alternant toujours avec le grattement. Les faits suivants, non moins curieux, se sont maintes fois reproduits.

Lorsque tout bruit avait cessé et que la jeune fille reposait tranquillement dans son petit lit, on la vit souvent se prosterner tout à coup et joindre les mains tout en ayant les yeux fermés ; puis elle tournait la tête de tous côtés, tantôt à droite, tantôt à gauche, comme si quelque chose d'extraordinaire eût attiré son attention. Un sourire aimable courait alors sur ses lèvres ; on eût dit qu'elle s'adressait à quelqu'un ; elle tendait les mains, et à ce geste on comprenait qu'elle serrait celles de quelques amis ou connaissances. On la vit aussi, après de semblables scènes, reprendre sa première attitude suppliante, joindre de nouveau les mains, courber la tête jusqu'à toucher la couverture, puis se redresser et verser des larmes. Elle soupirait alors et paraissait prier avec une grande ferveur. Dans ces moments, sa figure était transformée ; elle était pâle et avait l'expression d'une femme de 24 à 25 ans. Cet état durait souvent plus d'une demi-heure, état pendant lequel elle ne prononça que des *ah ! ah !* Les coups, le grattement, le bourdonnement et les cris cessaient jusqu'au moment du réveil ; alors le frappeur se faisait entendre de nouveau, cherchant l'exécution d'airs gais propres à dissiper l'impression pénible produite sur l'assistance. Au réveil, l'enfant était très abattue ; elle pouvait à peine lever les bras, et les objets qu'on lui présentait ne restaient plus suspendus à ses doigts.

Curieux de connaître ce qu'elle avait éprouvé, on l'interrogea plusieurs fois. Ce n'est que sur des instances réitérées quelle se décida à dire qu'elle avait vu conduire et crucifier le Christ sur le Golgotha ; que la douleur des saintes femmes prosternées au pied de la croix et le crucifiement avaient produit sur elle une impression qu'elle ne pouvait rendre. Elle avait vu aussi une foule de femmes et de jeunes vierges en robes noires, et des jeunes gens en longues robes blanches parcourir processionnellement les rues d'une belle ville, et enfin elle s'était trouvée transportée dans une vaste église, où elle avait assisté à un service funèbre.

En peu de temps l'état de Philippine Senger changea de façon à donner des inquiétudes sur sa santé, car à l'état de veille elle divaguait et rêvait tout haut ; elle ne reconnaissait ni son père, ni sa mère, ni sa soeur, ni aucune autre personne, et cet état vint encore s'aggraver d'une surdité complète qui persista pendant quinze jours. Nous ne pouvons passer sous silence ce qui eut lieu durant ce laps de temps.

La surdité de Philippine se manifesta de midi à trois heures, et elle-même déclara quelle resterait sourde pendant un certain temps et qu'elle tomberait malade. Ce qu'il y a de singulier, c'est que parfois elle recouvrait l'ouïe pendant une demi-heure, ce dont elle se montrait heureuse. Elle prédisait elle-même le moment où la surdité devait la prendre et la quitter. Une fois, entre autres, elle annonça que le soir, à huit heures et demie, elle entendrait clairement pendant une demi-heure ; en effet, à l'heure dite, l'ouïe était revenue, et cela dura jusqu'à neuf heures.

Pendant sa surdité ses traits étaient changés ; son visage prenait une expression de stupidité qu'il perdait aussitôt qu'elle était rentrée dans son état normal. Rien alors ne faisait impression sur elle ; elle se tenait assise, regardant les personnes présentes d'un oeil fixe et sans les reconnaître. On ne pouvait se faire comprendre que par des signes auxquels le plus souvent elle ne répondait pas, se bornant à fixer les yeux sur celui qui lui adressait la parole. Une fois elle saisit tout à coup par le bras une des personnes présentes et lui dit en la poussant : *Qui es-tu donc ?* Dans cette situation, elle restait quelquefois plus d'une heure et demie immobile sur son lit. Ses yeux étaient à demi ouverts et arrêtés sur un point quelconque ; de temps à autre on les voyait se tourner à droite et à gauche, puis revenir au même endroit. Toute sensibilité paraissait alors émoussée en elle ; son pouls battait à peine, et lorsqu'on lui plaçait une lumière devant les yeux, elle ne faisait aucun mouvement : on l'eût dit morte.

Il arriva pendant sa surdité qu'un soir, étant couchée, elle demanda une ardoise et de la craie, puis elle écrivit : « A onze heures je dirai quelque chose, mais j'exige qu'on se tienne tranquille et silencieux. » Après ces mots elle ajouta cinq signes qui ressemblaient à de l'écriture latine, mais qu'aucun des assistants ne put déchiffrer. On écrivit sur l'ardoise qu'on ne comprenait pas ces signes. En réponse à cette observation, elle écrivit : « N'est-ce pas que vous ne pouvez pas lire ! » Et plus bas : « Ce n'est pas de l'allemand, c'est une langue étrangère. » Ensuite ayant retourné l'ardoise, elle écrivit sur l'autre côté : « Francisque (sa soeur aînée) s'assiéra à cette table et écrira ce que je lui dicterai. » Elle accompagna ces mots de cinq signes semblables aux premiers, et rendit l'ardoise. Remarquant que ces signes n'étaient pas encore compris, elle redemanda l'ardoise et ajouta : « Ce sont des ordres particuliers. »

Un peu avant onze heures, elle dit : « Tenez-vous tranquilles, que tout le monde s'assoie et prête attention ! » et au coup de onze heures, elle se renversa sur son lit et tomba dans son sommeil magnétique ordinaire. Quelques instants après elle se mit à parler, ce qui dura sans discontinuer pendant une demi-heure. Entre autres choses, elle déclara que dans le courant de l'année il se produirait des faits que personne ne pourrait comprendre, et que toutes les tentatives faites pour les expliquer resteraient infructueuses.

Pendant la surdité de la jeune Senger, le bouleversement du mobilier, l'ouverture inexpliquée des fenêtres, l'extinction des lumières placées sur la table de travail, se renouvelèrent plusieurs fois. Il arriva un soir que deux bonnets accrochés à un portemanteau de la chambre à coucher furent lancés sur la table de l'autre chambre, et renversèrent une tasse pleine de lait, qui se répandit à terre. Les coups frappés contre le lit étaient si violents, que ce meuble en était déplacé ; quelquefois même il était dérangé avec fracas sans que les coups se fissent entendre.

Comme il y avait encore des gens incrédules, ou qui attribuaient ces singularités à un jeu de l'enfant, qui, selon eux, frappait ou grattait avec ses pieds ou ses mains, bien que les faits eussent été constatés par plus de cent témoins, et qu'il fût avéré que la jeune fille avait les bras étendus sur la couverture pendant que les bruits se produisaient, le capitaine Zentner imagina un moyen de les convaincre. Il fit apporter de la caserne deux couvertures très épaisses qu'on mit l'une sur l'autre, et dont on enveloppa les matelas et les draps de lit ; elles étaient à longs poils, de telle sorte qu'il était impossible d'y produire le moindre bruit par le frottement. Philippine, vêtue d'une simple chemise et d'une camisole de nuit, fut mise sur ces couvertures ; à peine placée, le grattement et les coups eurent lieu comme auparavant, tantôt contre le bois du lit, tantôt contre l'armoire voisine, selon le désir qui était exprimé.

Il arrive souvent que, lorsque quelqu'un fredonne ou siffle un air quelconque, le frappeur l'accompagne, et les sons que l'on perçoit semblent provenir de deux, trois ou quatre instruments : on entend gratter, frapper, siffler et gronder en même temps, suivant le rythme de l'air chanté. Souvent aussi le frappeur demande à l'un des assistants de chanter une chanson ; il le désigne par le procédé que nous connaissons, et, quand celui-ci a compris que c'est à lui que l'Esprit s'adresse, il lui demande à son tour s'il doit chanter tel ou tel air ; il lui est répondu par *oui* ou par *non*. L'air indiqué étant chanté, un accompagnement de bourdonnements et de sifflements se fait entendre parfaitement en mesure. Après un air joyeux, l'Esprit demandait souvent l'air : *Grand Dieu, nous te louons*, ou la chanson de Napoléon I°. Si on lui disait de jouer tout seul cette dernière chanson ou toute autre, il la faisait entendre depuis le commencement jusqu'à la fin.

Les choses allèrent ainsi dans la maison de Senger, soit le jour, soit la nuit, pendant le sommeil ou dans l'état de veille de l'enfant, jusqu'au 4 mars 1853, époque à laquelle les manifestations entrèrent dans une autre phase. Ce jour fut marqué par un fait plus extraordinaire encore que les précédents. »

(La suite au prochain numéro.)

Remarque. - Nos lecteurs ne nous sauront pas mauvais gré sans doute de l'étendue que nous avons donnée à ces curieux détails, et nous pensons qu'ils en liront la suite avec non moins d'intérêt. Nous ferons remarquer que ces faits ne nous viennent pas des contrées transatlantiques, dont la distance est un grand argument pour certains sceptiques quand même ; ils ne viennent même pas d'outre-Rhin, car c'est sur nos frontières qu'ils se sont passés, et presque sous nos yeux, puisqu'ils ont à peine six ans de date.

Philippine Senger était, comme on le voit, un médium naturel très complexe ; outre l'influence qu'elle exerçait sur les phénomènes bien connus des bruits et des mouvements, elle était somnambule extatique. Elle conversait avec des êtres incorporels qu'elle voyait ; elle voyait en même temps les assistants, et leur adressait la parole, mais ne leur répondait pas toujours, ce qui prouve qu'à certains moments elle était isolée. Pour ceux qui connaissent les effets de l'émancipation de l'âme, les visions que nous avons rapportées n'ont rien qui ne puisse aisément s'expliquer ; il est probable que, dans ces moments d'extase, l'Esprit de l'enfant se trouvait transporté dans quelque contrée lointaine, où il assistait, peut-être en souvenir, à une cérémonie religieuse. On peut s'étonner de la mémoire qu'il en gardait au réveil, mais ce fait n'est point insolite ; du reste, on peut remarquer que le souvenir était confus, et qu'il fallait insister beaucoup pour le provoquer.

Si l'on observe attentivement ce qui se passait pendant la surdité, on y reconnaîtra sans peine un état cataleptique. Puisque cette surdité n'était que temporaire, il est évident qu'elle ne tenait point à l'altération des organes de l'ouïe. Il en est de même de l'oblitération momentanée des facultés mentales, oblitération qui n'avait rien de pathologique, puisque, à un instant donné, tout rentrait dans l'état normal. Cette sorte de stupidité apparente tenait à un dégagement plus complet de l'âme, dont les excursions se faisaient avec plus de liberté, et ne laissaient aux sens que la vie organique. Qu'on juge donc de l'effet désastreux qu'eût pu produire un traitement thérapeutique en pareille circonstance ! Des phénomènes du même genre peuvent se produire à chaque instant ; nous ne saurions, dans ce cas, recommander trop de circonspection ; une imprudence peut compromettre la santé et même la vie.

La Paresse

Dissertation morale dictée par saint Louis à Mademoiselle Ermance Dufaux.

(5 mai 1858.)

I

Un homme sortit de grand matin et s'en alla sur la place publique pour louer des ouvriers. Or, il y vit deux hommes du peuple qui étaient assis, les bras croisés. Il vint à l'un d'eux et l'aborda en lui disant : « Que fais-tu là ? » et celui-ci ayant répondu : « Je n'ai point d'ouvrage, » celui qui cherchait des ouvriers lui dit : « Prends ta bêche, et va-t'en dans mon champ, sur le versant de la colline où souffle le vent du sud ; tu couperas la bruyère, et tu remueras le sol jusqu'à ce que la nuit soit venue ; la tâche est rude, mais tu auras un bon salaire. » Et l'homme du peuple chargea sa bêche sur son épaule en le remerciant dans son coeur.

L'autre ouvrier ayant entendu cela, se leva de sa place et s'approcha en disant : « Maître, laissez-moi aussi aller travailler à votre champ ; » et le maître leur ayant dit à tous les deux de le suivre, marcha le premier pour leur montrer le chemin. Puis, lorsqu'ils furent arrivés sur le penchant de la colline, il divisa l'ouvrage en deux parts et s'en alla.

Dès qu'il fut parti, le dernier des ouvriers qu'il avait engagés mit premièrement le feu aux bruyères du lot qui lui était échu en partage, et il laboura la terre avec le fer de sa bêche. La sueur ruisselait de son front sous l'ardeur du soleil. L'autre l'imita d'abord en murmurant, mais il se lassa bientôt de son travail, et, fichant sa bêche dans le sol, il s'assit auprès, regardant faire son compagnon.

Or, le maître du champ vint vers le soir, et examina l'ouvrage qui était fait, et ayant appelé à lui l'ouvrier diligent, il le complimenta en lui disant : « Tu as bien travaillé ; voici ton salaire, » et lui donna une pièce d'argent en le congédiant. L'autre ouvrier s'approcha aussi et réclama le prix de sa journée ; mais le maître lui dit : « Méchant ouvrier, mon pain n'apaisera pas ta faim, car tu as laissé en friche la partie de mon champ que je t'avais confiée ; il n'est pas juste que celui qui n'a rien fait soit récompensé comme celui qui a bien travaillé. » Et il le renvoya sans lui rien donner.

II

Je vous le dis, la force n'a pas été donnée à l'homme et l'intelligence à son esprit pour qu'il consume ses jours dans l'oisiveté, mais pour qu'il soit utile à ses semblables. Or, celui-là dont les mains sont inoccupées et l'esprit oisif sera puni, et il devra recommencer sa tâche.

Je vous le dis en vérité, sa vie sera jetée de côté comme une chose qui n'est bonne à rien lorsque son temps sera accompli ; comprenez ceci par une comparaison. Lequel d'entre vous, s'il a dans son verger un arbre qui ne produit point de fruits, ne dit à son serviteur : « Coupez cet arbre et jetez-le au feu, car ses branches sont stériles ? » Or, de même que cet arbre sera coupé pour sa stérilité, la vie du paresseux sera mise au rebut, parce qu'elle aura été stérile en bonnes œuvres.

Entretiens familiers d'outre-tombe

M. Morisson, monomane

Un journal anglais donnait, au mois de mars dernier, la notice suivante sur M. Morisson, qui vient de mourir en Angleterre laissant une fortune de cent millions de Francs. Il était, dit ce journal, pendant les deux dernières années de sa vie, en proie à une singulière monomanie. Il s'imaginait qu'il était réduit à une pauvreté extrême et devait gagner son pain quotidien par un travail manuel. Sa famille et ses amis avaient reconnu qu'il était inutile de chercher à le détromper ; il était pauvre, il n'avait pas un shilling, il lui fallait travailler pour vivre : c'était sa conviction. On lui mettait donc une bêche en main chaque matin, et on l'envoyait travailler dans ses jardins. On retournait bientôt le chercher, sa tâche était censée finie ; on lui payait alors un modeste salaire pour son travail, et il était content ; son esprit était tranquillisé, sa manie satisfaite. Il eût été le plus malheureux des hommes si on eût cherché à le contrarier.

1. Je prie Dieu tout-puissant de permettre à l'Esprit de Morisson, qui vient de mourir en Angleterre en laissant une fortune considérable, de se communiquer à nous. - R. Il est là.

2. Vous rappelez-vous l'état dans lequel vous étiez pendant les deux dernières années de votre existence corporelle ? - R. Il est toujours le même.

3. Après votre mort, votre Esprit s'est-il ressenti de l'aberration de vos facultés pendant votre vie ? - R. Oui. - Saint Louis complète la réponse en disant spontanément : L'Esprit dégagé du corps se ressent quelque temps de la compression de ses liens.

4. Ainsi, une fois mort, votre Esprit n'a donc pas immédiatement recouvré la plénitude de ses facultés ? - R. Non.

5. Où êtes-vous maintenant ? - R. Derrière Ermance.

6. Etes-vous heureux ou malheureux ? - R. Il me manque quelque chose... Je ne sais quoi... Je cherche... Oui, je souffre.

7. Pourquoi souffrez-vous ? - R. Il souffre du bien qu'il n'a pas fait. (Saint Louis.)

8. D'où vous venait cette manie de vous croire pauvre avec une aussi grande fortune ? - R. Je l'étais ; le vrai riche est celui qui n'a pas de besoins.

9. D'où vous venait surtout cette idée qu'il vous fallait travailler pour vivre ? - R. J'étais fou ; je le suis encore.

10. D'où vous était venue cette folie ? - R. Qu'importe ! j'avais choisi cette expiation.

11. Quelle était la source de votre fortune ? - R. Que t'importe ?

12. Cependant l'invention que vous avez faite n'avait-elle pas pour but de soulager l'humanité ? - R. Et de m'enrichir.

13. Quel usage faisiez-vous de votre fortune quand vous jouissiez de toute votre raison ? - R. Rien ; je le crois : j'en jouissais.

14. Pourquoi Dieu vous avait-il accordé la fortune, puisque vous ne deviez pas en faire un usage utile pour les autres ? - R. J'avais choisi l'épreuve.

15. Celui qui jouit d'une fortune acquise par son travail n'est-il pas plus excusable d'y tenir que celui qui est né au sein de l'opulence et n'a jamais connu le besoin ? - R. Moins. - Saint Louis ajoute : Celui-là connaît la douleur qu'il ne soulage pas.

16. Vous rappelez-vous l'existence qui a précédé celle que vous venez de quitter ? - R. Oui.

17. Qu'étiez-vous alors ? - R. Un ouvrier.

18. Vous nous avez dit que vous êtes malheureux ; voyez-vous un terme à votre souffrance ? - R. Non. - Saint Louis ajoute : Il est trop tôt.

19. De qui cela dépend-il ? - R. De moi. Celui qui est là me l'a dit.

20. Connaissez-vous celui qui est là ? - R. Vous le nommez Louis.

21. Savez-vous ce qu'il a été en France dans le XIII° siècle ? - R. Non... Je le connais par vous... Merci, pour ce qu'il m'a appris.

22. Croyez-vous à une nouvelle existence corporelle ? - R. Oui.

23. Si vous devez renaître à la vie corporelle, de qui dépendre la position sociale que vous aurez ? - R. De moi, je crois. J'ai tant de fois choisi que cela ne peut dépendre que de moi.

Remarque. - Ces mots : *J'ai tant de fois choisi*, sont caractéristiques. Son état actuel prouve que, malgré ses nombreuses existences, il a peu progressé, et que c'est toujours à recommencer pour lui.

24. Quelle position sociale choisiriez-vous si vous pouviez recommencer ? - R. Basse ; on marche plus sûrement ; on n'est chargé que de soi.

25. (A Saint Louis.) N'y a-t-il pas un sentiment d'égoïsme dans le choix d'une position inférieure où l'on ne doit être chargé que de soi ? - R. Nulle part on n'est chargé

que de soi ; l'homme répond de ceux qui l'entourent, non seulement des âmes dont l'éducation lui est confiée, mais même encore des autres : l'exemple fait tout le mal.

26. (A Morisson.) Nous vous remercions d'avoir bien voulu répondre à nos questions, et nous prions Dieu de vous donner la force de supporter de nouvelles épreuves. - R. Vous m'avez soulagé ; j'ai appris.

Remarque. - On reconnaît aisément dans les réponses ci-dessus l'état moral de cet Esprit ; elles sont brèves, et, quand elles ne sont pas monosyllabiques, elles ont quelque chose de sombre et de vague : un fou mélancolique ne parlerait pas autrement. Cette persistance de l'aberration des idées après la mort est un fait remarquable, mais qui n'est pas constant, ou qui présente quelquefois un tout autre caractère. Nous aurons occasion d'en citer plusieurs exemples, ayant été à même d'étudier les différents genres de folie.

Le Suicidé de la Samaritaine

Les journaux ont dernièrement rapporté le fait suivant : « Hier (7 avril 1858) vers les sept heures du soir, un homme d'une cinquantaine d'années, et vêtu convenablement, se présenta dans l'établissement de la Samaritaine et se fit préparer un bain. Le garçon de service s'étonnant, après un intervalle de deux heures, que cet individu n'appelât pas, se décida à entrer dans son cabinet pour voir s'il n'était pas indisposé. Il fut alors témoin d'un hideux spectacle : ce malheureux s'était coupé la gorge avec un rasoir, et tout son sang s'était mêlé à l'eau de la baignoire. L'identité n'ayant pu être établie, on a transporté le cadavre à la Morgue. »

Nous avons pensé que nous pourrions puiser un enseignement utile à notre instruction dans un entretien avec l'Esprit de cet homme. Nous l'avons donc évoqué le 13 avril, par conséquent six jours seulement après sa mort.

1. Je prie Dieu tout-puissant de permettre à l'Esprit de l'individu qui s'est suicidé le 7 avril 1858, dans les bains de la Samaritaine, de se communiquer à nous. - R. Attends... (Après quelques secondes :) Il est là.

Remarque. - Pour comprendre cette réponse, il faut savoir qu'il y a généralement, dans toutes les réunions régulières, un Esprit familier : celui du médium ou de la famille, qui est toujours présent sans qu'on l'appelle. C'est lui qui fait venir ceux qu'on évoque, et, selon qu'il est plus ou moins élevé, sert lui-même de messager ou donne des ordres aux Esprits qui lui sont inférieurs. Lorsque nos réunions ont pour interprète Mlle Ermance Dufaux, c'est toujours l'Esprit de saint Louis qui veut bien y assister d'office ; c'est lui qui a fait la réponse ci-dessus.

2. Où êtes-vous maintenant ? - R. Je ne sais... Dites-le-moi, où je suis.

3. Vous êtes rue de Valois (Palais-Royal), n° 35, dans une assemblée de personnes qui s'occupent d'études spirites, et qui sont bienveillantes pour vous. - R. Dites-moi si je vis... J'étouffe dans le cercueil.

4. Qui vous a engagé à venir à nous ? - R. Je me suis senti soulagé.

5. Quel est le motif qui vous a porté à vous suicider ? - R. Suis-je mort ?... Non pas... J'habite mon corps... Vous ne savez pas combien je souffre !... J'étouffe !... Qu'une main compatissante essaye de m'achever !

Remarque. Son âme, quoique séparée du corps, est encore complètement plongée dans ce que l'on pourrait appeler le tourbillon de la matière corporelle ; les idées terrestres sont encore vivaces ; il ne croit pas être mort.

6. Pourquoi n'avez-vous laissé aucune trace qui pût vous faire reconnaître ? - R. Je suis abandonné ; j'ai fui la souffrance pour trouver la torture.

7. Avez-vous maintenant les mêmes motifs de rester inconnu ? - R. Oui ; ne mettez pas un fer rouge dans la blessure qui saigne.

8. Voudriez-vous nous dire votre nom, votre âge, votre profession, votre domicile ? - R. Non... A tout : non...

9. Aviez-vous une famille, une femme, des enfants ? - R. J'étais abandonné ; nul être ne m'aimait.

10. Qu'aviez-vous fait pour n'être aimé de personne ? - R. Combien le sont comme moi !... Un homme peut être abandonné au milieu de sa famille, quand aucun coeur ne l'aime.

11. Au moment d'accomplir votre suicide, n'avez-vous éprouvé aucune hésitation ? - R. J'avais soif de la mort... j'attendais le repos.

12. Comment la pensée de l'avenir ne vous a-t-elle pas fait renoncer à votre projet ? - R. Je n'y croyais plus ; j'étais sans espérance. L'avenir, c'est l'espoir.

13. Quelles réflexions avez-vous faites au moment où vous avez senti la vie s'éteindre en vous ? - R. Je n'ai pas réfléchi ; j'ai senti... Mais ma vie n'est pas éteinte... mon âme est liée à mon corps... je ne suis pas mort, cependant je sens les vers qui me rongent.

14. Quel sentiment avez-vous éprouvé au moment où la mort a été complète ? - R. L'est-elle ?

15. Le moment où la vie s'éteignait en vous a-t-il été douloureux ? - R. Moins douloureux qu'après. Le corps seul a souffert. - Saint Louis continue : L'Esprit se déchargeait d'un fardeau qui l'accablait ; il ressentait la volupté de la douleur. (A Saint Louis.) Cet état est-il toujours la suite du suicide ? - R. Oui ; l'Esprit du suicidé est lié à son corps jusqu'au terme de sa vie. La mort naturelle est l'affaiblissement de la vie : le suicide la brise tout entière.

16. Cet état est-il le même dans toute mort accidentelle indépendante de la volonté, et qui abrège la durée naturelle de la vie ? - R. Non. Qu'entendez-vous par le suicide ? L'Esprit n'est coupable que de ses oeuvres.

Remarque. Nous avions préparé une série de questions que nous nous proposions d'adresser à l'Esprit de cet homme sur sa nouvelle existence ; en présence de ses réponses, elles devenaient sans objet ; il était évident pour nous qu'il n'avait nulle conscience de sa situation ; sa souffrance est la seule chose qu'il ait pu nous dépeindre.

Ce doute de la mort est très ordinaire chez les personnes décédées depuis peu, et surtout chez celles qui, pendant leur vie, n'ont pas élevé leur âme au-dessus de la matière. C'est un phénomène bizarre au premier abord, mais qui s'explique très naturellement. Si à un individu mis en somnambulisme pour la première fois on demande s'il dort, il répond presque toujours *non*, et sa réponse est logique : c'est l'interrogateur qui pose mal la question en se servant d'un terme impropre. L'idée de sommeil, dans notre langue usuelle, est liée à celle de la suspension de toutes nos facultés sensitives ; or, le somnambule, qui pense et qui voit, qui a conscience de sa liberté morale, ne croit pas dormir, et en effet il ne dort pas, dans l'acception vulgaire du mot. C'est pourquoi il répond *non* jusqu'à ce qu'il soit familiarisé avec cette nouvelle manière d'entendre la chose. Il en est de même chez l'homme qui vient de mourir ; pour lui la mort c'était le néant ; or, comme le somnambule, il voit, il sent, il parle ; donc pour lui il n'est pas mort, et il le dit jusqu'à ce qu'il ait acquis l'intuition de son nouvel état.

Confessions de Louis XI

(Extrait de la vie de Louis XI, dictée par lui-même à Mademoiselle Ermance Dufaux.)

(Voir les numéros de mars et mai 1858.)

Empoisonnement du duc de Guyenne

(...) Je m'occupai ensuite de la Guyenne. Odet d'Aidies, seigneur de Lescun, qui s'était brouillé avec moi, faisait faire les préparatifs de la guerre avec une merveilleuse activité. Ce n'était qu'avec peine qu'il entretenait l'ardeur belliqueuse de mon frère (le duc de Guyenne). Il avait à combattre un redoutable adversaire dans l'esprit de mon frère ; C'était madame de Thouars, la maîtresse de Charles (le duc de Guyenne).

Cette femme ne cherchait qu'à profiter de l'empire qu'elle avait sur le jeune duc pour le détourner de la guerre, n'ignorant pas qu'elle avait pour objet le mariage de son amant. Ses ennemis secrets avaient affecté de louer en sa présence la beauté et les brillantes qualités de la fiancée : c'en fut assez pour lui persuader que sa disgrâce était certaine si cette princesse épousait le duc de Guyenne. Certaine de la passion de mon frère, elle eut recours aux larmes, aux prières et à toutes les extravagances d'une femme perdue en pareil cas. Le faible Charles céda et fit part à Lescun de ses nouvelles résolutions. Celui-ci prévint aussitôt le duc de Bretagne et les intéressés : ils s'alarmèrent et firent des représentations à mon frère, mais elles ne firent que replonger celui-ci dans ses irrésolutions.

Cependant la favorite parvint, non sans peine, à le dissuader de nouveau de la guerre et du mariage ; dès lors, sa mort fut résolue par tous les princes. De crainte que mon frère ne l'attribuât à Lescun, dont il connaissait l'antipathie pour madame de Thouars, ils se décidèrent à gagner Jean Faure Duversois, moine bénédictin, confesseur de mon frère et abbé de Saint-Jean d'Angély.

Cet homme était un des partisans les plus enthousiastes de madame de Thouars, et personne n'ignorait la haine qu'il portait à Lescun, dont il enviait l'influence politique. Il n'était pas probable que mon frère lui attribuât jamais la mort de sa maîtresse, ce prêtre étant l'un des favoris en lesquels il avait le plus de confiance. Ce n'était que la soif des grandeurs qui l'attachait à la favorite, aussi se laissa-t-il corrompre sans peine.

Depuis longtemps j'avais tenté de séduire l'abbé ; il avait toujours repoussé mes offres, de manière, toutefois, à me laisser l'espérance de parvenir à ce but.

Il vit facilement dans quelle position il se mettait en rendant aux princes le service qu'ils attendaient de lui ; il savait qu'il n'en coûtait pas aux grands pour se débarrasser d'un complice. D'un autre côté, il connaissait l'inconstance de mon frère et craignait d'en être victime.

Pour concilier sa sûreté avec ses intérêts, il se détermina à sacrifier son jeune maître. En prenant ce parti, il avait autant de chance de succès que de non-réussite. Pour les princes, la mort du jeune duc de Guyenne devait être le résultat d'une méprise ou d'un incident imprévu. La mort de la favorite, quand même on eût pu l'amputer au duc de Bretagne et à ses coïntéressés, eût passé inaperçue, pour ainsi dire, puisque personne n'eût pu découvrir les motifs qui lui donnaient une importance réelle sous le point de vue politique.

En admettant qu'on pût les accuser de celle de mon frère, ils se trouvaient dans les plus grands périls, car il eût été de mon devoir de les châtier rigoureusement ; ils savaient que ce n'était pas le bon vouloir qui me manquait, et dans ce cas les peuples se fussent tournés contre eux ; et le duc de Bourgogne lui-même, étranger à ce qui se tramait en Guyenne, se fût vu forcé de s'allier à moi, sous peine de se voir accuser de complicité. Même dans cette dernière hypothèse tout eût réussi à mon gré ; j'eusse pu faire déclarer Charles le Téméraire criminel de lèse-majesté et le faire condamner à mort par le Parlement, comme meurtrier de mon frère. Ces sortes de condamnations, faites par ce corps élevé, avaient toujours de grands résultats, surtout lorsqu'elles étaient d'une légitimité incontestable.

On voit sans peine quel intérêt les princes eussent eu à ménager l'abbé ; mais, en revanche, rien n'était plus facile que de s'en défaire secrètement.

Avec moi l'abbé de Saint-Jean avait encore plus de chances d'impunité. Le service qu'il me rendait était de la dernière importance pour moi, surtout en ce moment : la ligue formidable qui se formait, et dont le duc de Guyenne était le centre, devait immanquablement me perdre ; la mort de mon frère était le seul moyen de la détruire et, par conséquent, de me sauver. Il ambitionnait la faveur de Tristan l'Hermite, et pensait qu'il parviendrait par là à s'élever au-dessus de lui, ou tout au moins à partager mes bonnes grâces et ma confiance avec lui. D'ailleurs les princes avaient eu l'imprudence de lui laisser en mains des preuves incontestables de leur culpabilité : c'étaient différents écrits ; comme ils étaient naturellement conçus en termes fort vagues, il n'était pas difficile de substituer la personne de mon frère à celle de sa favorite, qui n'était désignée qu'en termes sous-entendus. En me livrant ces pièces, il détournait de dessus moi toute espèce de doute sur mon innocence ; il se délivrait par là du seul péril qu'il courût du côté des princes, et, en prouvant que je n'étais pour rien dans l'empoisonnement, il cessait d'être mon complice et m'ôtait tout intérêt à le faire périr.

Restait à prouver qu'il n'y était pour rien lui-même ; c'était d'une moindre difficulté : d'abord il était certain de ma protection, et ensuite, les princes n'ayant pas de preuves de sa culpabilité, il pouvait rejeter sur eux leurs accusations à titre de calomnies.

Tout bien pesé, il fit passer près de moi un émissaire qui feignit de venir de lui-même et me dit que l'abbé de Saint-Jean était mécontent de mon frère. Je vis sur-le-champ tout le parti que je pourrais tirer de cette disposition, et je tombai dans le piège que le rusé abbé me tendait ; ne soupçonnant pas que cet homme pût être envoyé par lui, je lui dépêchai un de mes espions de confiance. Saint-Jean joua si bien son rôle, que celui-ci fut trompé. Sur son rapport, j'écrivis à l'abbé pour le gagner ; il feignit beaucoup de scrupules, mais j'en triomphai, non sans peine. Il consentit à se charger de l'empoisonnement de mon jeune frère : je n'hésitai même pas à commettre ce crime horrible, tant j'étais perverti.

Henri de la Roche, écuyer de la bouche du duc, se chargea de faire préparer une pêche que l'abbé offrit lui-même à madame de Thouars, tandis qu'elle collationnait à table avec mon frère. La beauté de ce fruit était remarquable ; elle le fit admirer à ce prince et le partagea avec lui. A peine en avaient-ils mangé tous deux, que la favorite ressentit de violentes douleurs d'entrailles : elle ne tarda pas à expirer au milieu des plus atroces souffrances. Mon frère éprouva les mêmes symptômes, mais avec beaucoup moins de violence.

Il paraîtra peut-être étrange que l'abbé se soit servi d'un tel moyen pour empoisonner son jeune mettre ; en effet le moindre incident pouvait déjouer son plan. C'était pourtant le seul que la prudence pût avouer : il fondait la conjecture d'une méprise. Frappée de la beauté de la pêche, il était tout naturel que madame de Thouars la fit admirer à son amant et lui en offrît une moitié : celui-ci ne pouvait manquer de l'accepter et d'en manger un peu, ne fût-ce que par complaisance. En admettant qu'il n'en mangeât qu'une toute petite partie, c'eût été suffisant pour lui donner les premiers symptômes nécessaires ; alors un empoisonnement postérieur pouvait amener la mort comme conséquence du premier.

La terreur saisit les princes dès qu'ils surent les suites funestes de l'empoisonnement de la favorite ; ils n'eurent pas le moindre soupçon de la préméditation de l'abbé. Ils ne songèrent qu'à donner toutes les apparences naturelles à la mort de la jeune femme et à la maladie de son amant ; pas un d'eux ne prit sur lui d'offrir un contre-poison au malheureux prince, craignant de se compromettre ; en effet, cette démarche eût donné à entendre qu'il connaissait le poison et qu'il était, par conséquent, complice du crime.

Grâce à sa jeunesse et à la force de son tempérament, Charles résista quelque temps au poison. Ses souffrances physiques ne firent que le ramener à ses anciens projets avec plus d'ardeur. Craignant que sa maladie ne diminuât le zèle de ses officiers, il voulut leur faire renouveler leur serment de fidélité. Comme il exigeait qu'ils s'engageassent à le servir envers et contre tous, même contre moi, quelques-uns d'entre eux, redoutant sa mort, qui paraissait prochaine, refusèrent de le prêter et passèrent à ma cour...

REMARQUE. - On a lu dans notre précédent numéro les intéressants détails donnés par Louis XI sur sa mort. Le fait que nous venons de rapporter n'est pas moins remarquable au double point de vue de l'histoire et du phénomène des manifestations ; nous n'avions du reste que l'embarras du choix ; la vie de ce roi, telle qu'elle a été dictée par lui-même, est sans contredit la plus complète que nous ayons, et nous pouvons dire la plus impartiale. L'état de l'Esprit de Louis XI lui permet aujourd'hui d'apprécier les choses à leur juste valeur ; on a pu voir, par les trois fragments que nous avons cités, comme il se juge lui-même ; il explique sa politique mieux que ne l'a fait aucun de ses historiens : il n'absout pas sa conduite ; et dans sa mort, si triste et si vulgaire pour un monarque tout-puissant il y avait quelques heures à peine, il voit un châtiment anticipé.

Comme fait de manifestation, ce travail offre un intérêt tout particulier ; il prouve que les communications spirites peuvent nous éclairer sur l'histoire lorsqu'on sait se mettre dans des conditions favorables. Nous faisons des voeux pour que la publication de la vie de Louis XI, ainsi que celle non moins intéressantes de Charles VIII, également terminée, vienne bientôt faire le pendant de celle de Jeanne d'Arc.

Henri Martin
Son opinion sur les communications extra-corporelles.

Nous voyons d'ici certains écrivains émérites hausser les épaules au seul nom d'une histoire écrite par les Esprits. - Eh quoi ! disent ils, des êtres de l'autre monde venir contrôler notre savoir, à nous autres savants de la terre ! Allons donc ! est-ce possible ? - Nous ne vous forçons pas à le croire, messieurs ; nous ne ferons même pas les plus petites démarches pour vous ôter une illusion si chère. Nous vous engageons même, dans l'intérêt de votre gloire future, à inscrire vos noms en caractères INDESTRUCTIBLES au bas de cette sentence modeste : *Tous les partisans du Spiritisme sont des insensés, car à nous seuls appartient de juger jusqu'où va la puissance de Dieu* ; et cela afin que la postérité ne puisse les oublier ; elle-même verra si elle doit leur donner place à côté de ceux qui naguère, eux aussi, ont repoussé les hommes auxquels la science et la reconnaissance publique élèvent aujourd'hui des statues.

Voici, en attendant, un écrivain dont les hautes capacités ne sont méconnues de personne, et qui ose, lui, au risque de passer aussi pour un cerveau fêlé, arborer le drapeau des idées nouvelles sur les relations du monde physique avec le monde corporel. Nous lisons ce qui suit dans l'*Histoire de France* de Henri Martin, tome 6, page 143, à propos de Jeanne d'Arc :

« ... Il existe dans l'humanité un ordre exceptionnel de faits moraux et physiques qui semblent déroger aux lois ordinaires de la nature, c'est l'état d'extase et de somnambulisme, soit spontané, soit artificiel, avec tous ses étonnants phénomènes de déplacement des sens, d'insensibilité totale ou partielle du corps, d'exaltation de l'âme, de perceptions en dehors de toutes les conditions de la vie habituelle. Cette classe de faits a été jugée à des points de vue très opposés. Les physiologistes, voyant les rapports accoutumés des organes troublés ou déplacés, qualifient de maladie l'état extatique ou somnambulique, admettent la réalité de ceux des phénomènes qu'ils peuvent ramener à la pathologie et nient tout le reste, c'est-à-dire tout ce qui paraît en dehors des lois constatées de la physique. La maladie devient même folie, à leurs yeux, lorsqu'au déplacement de l'action des organes se joignent des hallucinations des sens, des visions d'objets qui n'existent que pour le visionnaire. Un physiologiste éminent à fort crûment établi que Socrate était fou, parce qu'il croyait converser avec son démon. Les mystiques répondent non seulement en affirmant pour réels les phénomènes extraordinaires des perceptions magnétiques, question sur laquelle ils trouvent d'innombrables auxiliaires et d'innombrables témoins en dehors du mysticisme, mais en soutenant que les visions des extatiques ont des objets réels, vus, il est vrai, non des yeux du corps, mais des yeux de l'esprit. L'extase est pour eux le pont jeté du monde visible au monde invisible, le moyen de communication de l'homme avec les êtres supérieurs, le souvenir et la promesse d'une existence meilleure d'où nous sommes déchus et que nous devons reconquérir.

« Quel parti doivent prendre dans ce débat l'histoire et la philosophie ?

« L'histoire ne saurait prétendre déterminer avec précision les limites ni la portée des phénomènes, ni des facultés extatiques et somnambuliques ; mais elle constate qu'ils sont de tous les lieux ; que les hommes y ont toujours cru ; qu'ils ont exercé une action considérable sur les destinées du genre humain ; qu'ils se sont manifestés, non pas seulement chez les contemplatifs, mais chez les génies les plus puissants et les plus actifs, chez la plupart des grands initiateurs ; que, si déraisonnables que soient beaucoup d'extatiques, il n'y a rien de commun entre les divagations de la folie et les visions de quelques-uns ; que ces visions peuvent se ramener à de certaines lois ; que les extatiques de tous les pays et de tous les siècles ont ce qu'on peut nommer une langue commune, la langue des symboles, dont la langue de la poésie n'est qu'un dérivé, langue qui exprime à peu près constamment les mêmes idées et les mêmes sentiments par les mêmes images.

« Il est plus téméraire peut-être d'essayer de conclure au nom de la philosophie ; pourtant le philosophe, après avoir reconnu l'importance morale de ces phénomènes, si obscurs qu'en soient pour nous la loi et le but, après y avoir distingué deux degrés, l'un inférieur, qui n'est qu'une extension étrange ou un déplacement inexplicable de l'action des organes, l'autre supérieur, qui est une exaltation prodigieuse des puissances morales et intellectuelles, le philosophe pourrait soutenir, à ce qu'il nous semble, que l'illusion de l'inspiré consiste à prendre pour une révélation apportée par des êtres extérieurs, anges, saints ou génies, les révélations intérieures de cette personnalité infinie qui est en nous, et qui parfois, chez les meilleurs et les plus grands, manifeste par éclairs des forces latentes dépassant presque sans mesure les facultés de notre condition actuelle. En un mot, dans la langue de l'école, ce sont là pour nous des *faits de subjectivité* ; dans la langue des anciennes philosophies mystiques et des religions les plus élevées, ce sont les révélations du *férouer* mazdéen, du bon démon (celui de Socrate), de l'ange gardien, de cet autre *Moi* qui n'est que le *moi* éternel, en pleine possession de lui-même, planant sur le *moi* enveloppé dans les ombres de cette vie (c'est la figure du magnifique symbole zoroastrien partout figuré à Persépolis et à Ninive : le *férouer* ailé ou le *moi* céleste planant sur la personne terrestre).

« Nier l'action d'êtres extérieurs sur l'inspiré, ne voir dans leurs manifestations prétendues que la forme donnée aux intuitions de l'extatique par les croyances de son temps et de son pays, chercher la solution du problème dans les profondeurs de la personne humaine, ce n'est en aucune manière révoquer en doute l'intervention divine dans ces grands phénomènes et dans ces grandes existences. L'auteur et le soutien de toute vie, pour essentiellement indépendant qu'il soit de chaque créature et de la création tout entière, pour distincte que soit de notre être contingent sa personnalité absolue, n'est point un être extérieur, c'est-à-dire étranger à nous, et ce n'est pas en dehors qu'il nous parle ; quand l'âme plonge en elle-même, elle l'y trouve, et, dans toute inspiration salutaire, notre liberté s'associe à sa Providence. Il faut, ici comme partout, le double écueil de l'incrédulité et de la piété mal éclairée ; l'une ne voit qu'illusions et qu'impulsions purement humaines ; l'autre refuse d'admettre aucune part d'illusion, d'ignorance ou d'imperfection là où elle voit le doigt de Dieu. Comme si les envoyés de Dieu cessaient d'être des hommes, les hommes d'un certain temps et d'un certain lieu, et comme si les éclairs sublimes qui leur traversent l'âme y déposaient la science universelle et la perfection absolue. Dans les inspirations le plus évidemment providentielles, les erreurs qui viennent de l'homme se mêlent à la vérité qui vient de Dieu. L'être infaillible ne communique son infaillibilité à personne.

« Nous ne pensons pas que cette digression puisse paraître superflue ; nous avions à nous prononcer sur le caractère et sur l'oeuvre de celle des inspirées qui a témoigné au plus haut degré les facultés extraordinaires dont nous avons parlé tout à l'heure, et qui les a appliquées à la plus éclatante mission des âges modernes ; il fallait donc essayer d'exprimer une opinion par la catégorie d'êtres exceptionnels auxquels appartient Jeanne d'Arc. »

Variétés

Les Banquets magnétiques.

Le 26 mai, anniversaire de la naissance de Mesmer, ont eu lieu les deux banquets annuels qui réunissent l'élite des magnétiseurs de Paris, et ceux des adeptes étrangers qui veulent s'y adjoindre. Nous nous sommes toujours demandé pourquoi cette solennité commémorative est célébrée par deux banquets rivaux, où chaque camp boit à la santé l'un de l'autre, et où l'on porte, sans résultat, des toasts à l'union. Quand on en est là, il semble qu'on soit bien près de s'entendre. Pourquoi donc une scission entre des hommes qui se vouent au bien de l'humanité et au culte de la vérité ? La vérité ne leur paraîtrait-elle pas sous le même jour ? Ont-ils deux manières d'entendre le bien de l'humanité ? Sont-ils divisés sur les principes de leur science ? Nullement ; ils ont les mêmes croyances ; ils ont le même maître, qui est Mesmer. Si ce maître dont ils invoquent la mémoire vient, comme nous le croyons, se rendre à leur appel, il doit gémir de voir la désunion parmi ses disciples. Heureusement cette désunion n'engendrera pas des guerres comme celles qui, au nom de Christ, ont ensanglanté le monde pour l'éternelle honte de ceux qui se disaient chrétiens. Mais cette guerre, tout inoffensive qu'elle soit, et bien qu'elle se borne à des coups de plume et à boire chacun de son côté, n'en est pas moins regrettable ; on aimerait à voir les hommes de bien unis dans un même sentiment de confraternité ; la science magnétique y gagnerait en progrès et en considération.

Puisque les deux camps ne sont pas divisés par la divergence des doctrines, à quoi tient donc leur antagonisme ? Nous ne pouvons en voir la cause que dans des susceptibilités inhérentes à l'imperfection de notre nature, et dont les hommes, même supérieurs, ne sont pas toujours exempts. Le génie de la discorde a de tout temps secoué son flambeau sur l'humanité ; c'est-à-dire, au point de vue spirite, que les Esprits inférieurs, jaloux du bonheur des hommes, trouvent parmi eux un accès trop facile ; heureux ceux qui ont assez de force morale pour repousser leurs suggestions.

On nous avait fait l'honneur de nous convier dans ces deux réunions ; comme elles avaient lieu simultanément, et que nous ne sommes encore qu'un Esprit très matériellement incarné, n'ayant pas le don d'ubiquité, nous n'avons pu nous rendre qu'à une seule de ces deux gracieuses invitations, celle qui était présidée par le docteur Duplanty. Nous devons dire que les partisans du Spiritisme n'y étaient pas en majorité ; toutefois nous constatons avec plaisir qu'à part quelques petites chiquenaudes données aux Esprits dans les spirituels couplets chantés par M. Jules Lovi, et dans ceux non moins amusants chantés par M. Fortier, qui a obtenu les honneurs du *bis*, la doctrine spirite n'a été de la part de personne l'objet de ces critiques inconvenantes dont certains adversaires ne se font pas faute, malgré l'éducation dont ils se piquent.

Loin de là, M. le docteur Duplanty, dans un discours remarquable et justement applaudi, a hautement proclamé le respect que l'on doit avoir pour les croyances sincères, alors même qu'on ne les partage pas. Sans se prononcer pour ou contre le Spiritisme, il a sagement fait observer que les phénomènes du magnétisme, en nous révélant une puissance jusqu'alors inconnue, doivent rendre d'autant plus circonspect à l'égard de ceux qui peuvent se révéler encore, et qu'il y aurait tout au moins imprudence à nier ceux que l'on ne comprend pas, ou que l'on n'a pas été à même de constater, quand surtout ils s'appuient sur l'autorité d'hommes honorables dont les lumières et la loyauté ne sauraient être révoquées en doute. Ces paroles sont sages, et nous en remercions M. Duplanty ; elles contrastent singulièrement avec celles de certains adeptes du magnétisme qui déversent sans ménagement le ridicule sur une doctrine qu'ils avouent ne pas connaître, oubliant qu'eux-mêmes ont été jadis en butte aux sarcasmes ; qu'eux aussi ont été voués aux petites-maisons et traqués par les sceptiques comme les ennemis du bon sens et de la religion. Aujourd'hui que le magnétisme s'est réhabilité par la force des choses, qu'on n'en rit plus, qu'on peut sans crainte s'avouer magnétiseur, il est peu digne, peu charitable à eux, d'user de représailles envers une science, soeur de la leur, qui ne peut que lui prêter un salutaire appui. Nous n'attaquons pas les hommes, disent-ils ; nous ne rions que de ce qui nous paraît ridicule, en attendant que la lumière soit faite pour nous. A notre avis la science magnétique, science que nous professons nous-même depuis 35 ans, devrait être inséparable de la gravité ; il nous semble que leur verve satirique ne manque pas d'aliments en ce monde, sans prendre pour point de mire des choses sérieuses. Oublient-ils donc qu'on leur a tenu le même langage ; qu'eux aussi accusaient les incrédules de juger à la légère, et qu'ils leur disaient, comme nous le faisons à notre tour : « Patience ! rira bien qui rira le dernier ! »

ERRATUM.

Dans le n° V (mai 1858), une faute typographique a dénaturé un nom propre qui, par cela même, n'a plus de sens, Page 142, ligne 1°, au lieu de *Poryolise*, lisez : *pergolèse.*

ALLAN KARDEC.

Paris. - Typ de Cosson et Cie, rue du Four-Saint-Germain, 43.

REVUE SPIRITE
JOURNAL
D'ETUDES PSYCHOLOGIQUES
Juillet 1858

L'Envie

Dissertation morale dictée par l'Esprit de saint Louis à M. D...

Saint Louis nous avait promis, pour une des séances de la Société, une dissertation sur l'Envie. M. D..., qui commençait à devenir médium, et qui doutait encore un peu, non de la doctrine dont il est un des plus fervents adeptes, et qui la comprend dans son essence, c'est-à-dire au point de vue moral, mais de la faculté qui se révélait en lui, évoqua saint Louis en son nom particulier, et lui adressa la question suivante :

- Voudriez-vous dissiper mes doutes, mes inquiétudes, sur ma puissance médianimique, en écrivant, par mon intermédiaire, la dissertation que vous avez promise à la Société pour le mardi 1° juin ?

R. Oui ; pour te tranquilliser, je le veux bien.

C'est alors que le morceau suivant lui fut dicté. Nous ferons remarquer que M. D... s'adressait à saint Louis avec un coeur pur et sincère, sans arrière-pensée, condition indispensable pour toute bonne communication. Ce n'était point une épreuve qu'il faisait : il ne doutait que de lui même, et Dieu a permis qu'il fût satisfait pour lui donner les moyens de se rendre utile. M. D... est aujourd'hui un des médiums les plus complets, non seulement par une grande facilité d'exécution, mais par son aptitude à servir d'interprète à tous les Esprits, même à ceux de l'ordre le plus élevé qui s'expriment facilement et volontiers par son intermédiaire. Ce sont là, surtout, les qualités que l'on doit rechercher dans un médium, et que celui-ci peut toujours acquérir avec la patience, la volonté et l'exercice. M. D... n'a pas eu besoin de beaucoup de patience ; il y avait en lui la volonté et la *ferveur* jointes à une aptitude naturelle. Quelques jours ont suffi pour porter sa faculté au plus haut degré. Voici la dictée qui lui a été faite sur l'Envie :

« Voyez cet homme : son esprit est inquiet, son malheur terrestre est à son comble ; il envie l'or, le luxe, le bonheur apparent ou fictif de ses semblables ; son coeur est ravagé, son âme sourdement consumée par cette lutte incessante de l'orgueil, de la vanité non satisfaite ; il porte avec lui, dans tous les instants de sa misérable existence, un serpent qu'il réchauffe, qui lui suggère sans cesse les plus fatales pensées : « Aurai-je cette volupté, ce bonheur ? cela m'est dû pourtant comme à ceux-ci ; je suis homme comme eux ; pourquoi serais-je déshérité ? » Et il se débat dans son impuissance, en proie à l'affreux supplice de l'envie. Heureux encore si ces funestes idées ne le portent pas sur la pente d'un gouffre. Entré dans cette voie, il se demande s'il ne doit pas obtenir par la violence ce qu'il croit lui être dû ; s'il n'ira pas étaler à tous les yeux le mal hideux qui le dévore. Si ce malheureux avait seulement regardé au-dessous de sa position, il aurait vu le nombre de ceux qui souffrent sans se plaindre, tout en bénissant le Créateur ; car le malheur est un bienfait dont Dieu se sert pour faire avancer sa pauvre créature vers son trône éternel.

Faites votre bonheur et votre vrai trésor sur la terre des oeuvres de charité et de soumission qui doivent seules vous faire admettre dans le sein de Dieu : ces oeuvres du bien feront votre joie et votre félicité éternelles ; l'Envie est une des plus laides et des plus tristes misères de votre globe ; la charité et la constante *émission* de la foi feront disparaître tous ces maux qui s'en iront un à un, à mesure que les hommes de bonne volonté qui viendront après vous se multiplieront. Amen. »

Une nouvelle découverte photographique

Plusieurs journaux ont rapporté le fait suivant :

« M. Badet, mort le 12 novembre dernier, après une maladie de trois mois, avait coutume, dit l'*Union bourguignonne*, de Dijon, chaque fois que ses forces le lui permettaient, de se placer à une fenêtre du premier étage, la tête constamment tournée du côté de la rue, afin de se distraire par la vue des passants. Il y a quelques jours, Mme Peltret, dont la maison est en face de celle de Mme veuve Badet, aperçut à la vitre de cette fenêtre, M. Badet lui-même, avec son bonnet de coton, sa figure amaigrie, etc., enfin tel qu'elle l'avait vu pendant sa maladie. Grande fut son émotion, pour ne pas dire plus. Elle appela non seulement ses voisins, dont le témoignage pouvait être suspecté, mais encore des hommes sérieux, qui aperçurent bien distinctement l'image de M. Badet sur la vitre de la fenêtre où il avait coutume de se placer. On montra aussi cette image à la famille du défunt, qui sur-le-champ fit disparaître la vitre.

« Il reste toutefois bien constaté que la vitre avait pris l'empreinte de la figure du malade, qui s'y est trouvée comme daguerréotypée, phénomène qu'on pourrait expliquer si, du côté opposé à la fenêtre, il y en eût eu une autre par où les rayons solaires eussent pu arriver à M. Badet ; mais il n'en est rien : la chambre n'avait qu'une seule croisée. Telle est la vérité toute nue sur ce fait étonnant, dont il convient de laisser l'explication aux savants. »

Nous avouons qu'à la lecture de cet article, notre premier sentiment a été de lui donner la qualification vulgaire dont on gratifie les nouvelles apocryphes, et nous n'y avons attaché aucune importance. Peu de jours après, M. Jobard, de Bruxelles, nous écrivait ce qui suit :

« A la lecture du fait suivant (celui que nous venons de citer) qui s'est passé dans mon pays, *sur un de mes parents*, j'ai haussé les épaules en voyant le journal qui le rapporte en renvoyer l'explication aux savants, et cette brave famille enlever la vitre à travers laquelle Badet regardait les passants. Evoquez-le pour voir ce qu'il en pense. »

Cette confirmation du fait par un homme du caractère de M. Jobard, dont tout le monde connaît le mérite et l'honorabilité, et cette circonstance particulière qu'un de ses parents en était le héros, ne pouvaient nous laisser de doute sur la véracité. Nous avons en conséquence évoqué M. Badet dans la séance de la Société parisienne des études spirites, le mardi 15 juin 1858, et voici les explications qui en ont été la suite :

1. Je prie Dieu tout-puissant de permettre à l'Esprit de M. Badet, mort le 11 novembre dernier à Dijon, de se communiquer à nous. - R. Je suis là.

2. Le fait qui vous concerne et que nous venons de rappeler est-il vrai ? - R. Oui, il est vrai.

3. Pourriez-vous nous en donner l'explication ? - R. Il est des agents physiques inconnus maintenant, mais qui deviendront usuels plus tard. C'est un phénomène assez simple, et semblable à une photographie combinée avec des forces qui ne sont pas encore découvertes par vous.

4. Pourriez-vous hâter le moment de cette découverte par vos explications ? - R. Je le voudrais, mais c'est l'oeuvre d'autres Esprits et du travail humain.

5. Pourriez-vous reproduire une seconde fois le même phénomène ? - R. Ce n'est pas moi qui l'ai produit, ce sont les conditions physiques dont je suis indépendant.

6. Par la volonté de qui et dans quel but le fait a-t-il eu lieu ? - R. Il s'est produit quand j'étais vivant sans ma volonté ; un état particulier de l'atmosphère l'a révélé après.

Une discussion s'étant engagée entre les assistants sur les causes probables de ce phénomène, et plusieurs opinions étant émises sans qu'il fût adressé de questions à l'Esprit, celui-ci dit spontanément : Et l'électricité, et la galvanoplastie qui agissent aussi sur le *périsprit*, vous n'en tenez pas compte.

7. Il nous a été dit dernièrement que les Esprits n'ont pas d'yeux ; or, si cette image est la reproduction du périsprit, comment se fait-il qu'elle ait pu reproduire les organes de la vue ? - R. Le périsprit n'est pas l'Esprit ; l'apparence, ou périsprit, a des yeux, mais l'Esprit n'en a pas. Je vous ai bien dit, en parlant du périsprit, que j'étais vivant.

Remarque. En attendant que cette nouvelle découverte soit faite, nous lui donnerons le nom provisoire de *photographie spontanée*. Tout le monde regrettera que, par un sentiment difficile à comprendre, on ait détruit la vitre sur laquelle était reproduite l'image de M. Badet ; un aussi curieux monument eût pu faciliter les recherches et les observations propres à étudier la question. Peut-être a-t-on vu dans cette image l'oeuvre du diable ; en tous cas, si le diable est pour quelque chose dans cette affaire, c'est assurément dans la destruction de la vitre, car il est ennemi du progrès.

Considérations sur la photographie spontanée.

Il résulte des explications ci-dessus que le fait en lui même n'est ni surnaturel ni miraculeux. Que de phénomènes sont dans le même cas, et ont dû, dans les temps d'ignorance, frapper les imaginations trop portées au merveilleux ! C'est donc un effet purement physique, qui présage un nouveau pas dans la science photographique.

Le périsprit, comme on le sait, est l'enveloppe semi-matérielle de l'Esprit ; ce n'est point seulement après la mort que l'Esprit en est revêtu ; pendant la vie, il est uni au corps : c'est le lien entre le corps et l'Esprit. La mort n'est que la destruction de l'enveloppe la plus grossière ; l'Esprit conserve la seconde, qui affecte l'apparence de la première, comme si elle en eût retenu l'empreinte. Le périsprit est généralement invisible, mais, dans certaines circonstances, il se condense et, se combinant avec d'autres fluides, devient perceptible à la vue, quelquefois même tangible ; c'est lui qu'on voit dans les apparitions.

Quelles que soient la subtilité et l'impondérabilité du périsprit, ce n'en est pas moins une sorte de matière, dont les propriétés physiques nous sont encore inconnues. Dès lors qu'il est matière, il peut agir sur la matière ; cette action est patente dans les phénomènes magnétiques ; elle vient de se révéler sur les corps inertes par l'empreinte que l'image de M. Badet a laissée sur la vitre. Cette empreinte a eu lieu de son vivant ; elle s'est conservée après sa mort ; mais elle était invisible ; il a fallu, à ce qu'il semble, l'action fortuite d'un agent inconnu, probablement atmosphérique, pour la rendre apparente. Qu'y aurait-il là d'étonnant ? Ne sait-on pas qu'on fait disparaître et revivre à volonté les images daguerriennes ? Nous citons cela comme comparaison, sans prétendre à la similitude des procédés. Ainsi, ce serait le périsprit du sieur Badet qui, en s'émanant du corps de ce dernier, aurait à la longue, et sous l'empire de circonstance inconnues, exercé une véritable action chimique sur la substance vitreuse, analogue à celle de la lumière. La lumière et l'électricité doivent incontestablement jouer un grand rôle dans ce phénomène. Reste à savoir quels sont ces agents et ces circonstances ; c'est ce que l'on saura probablement plus tard, et ce ne sera pas une des découvertes les moins curieuse des temps modernes.

Si c'est un phénomène naturel, diront ceux qui nient tout, pourquoi est-ce la première fois qu'il se produit ? Nous leur demanderons à notre tour pourquoi les images daguerriennes ne sont fixées que depuis Daguerre, quoique ce ne soit pas lui qui ait inventé la lumière, ni les plaques de cuivre, ni l'argent, ni les chlorures ? On connaissait depuis longtemps les effets de la chambre noire ; une circonstance fortuite a mis sur la voie de la fixation, puis, le génie aidant, de perfection en perfection, on est arrivé aux chefs-d'oeuvre que nous voyons aujourd'hui. Il en sera probablement de même du phénomène étrange qui vient de se révéler ; et qui sait s'il ne s'est pas déjà produit, et s'il n'a pas passé inaperçu faute d'un observateur attentif ? La reproduction d'une image sur une vitre est un fait vulgaire, mais la fixation de cette image dans d'autres conditions que celles de la photographie, l'état latent de cette image, puis sa réapparition, voilà ce qui doit marquer dans les fastes de la science. Si l'on en croit les Esprits, nous devons nous attendre à bien d'autres merveilles dont plusieurs nous sont signalées par eux. Honneur donc aux savants assez modestes pour ne pas croire que la nature a tourné pour eux la dernière page de son livre.

Si ce phénomène s'est produit une fois, il doit pouvoir se reproduire. C'est probablement ce qui aura lieu quand on en aura la clef. En attendant, voici ce que racontait un des membres de la Société dans la séance dont nous parlons :

« J'habitais, dit-il, une maison à Montrouge ; on était en été, le soleil dardait par la fenêtre ; sur la table se trouvait une carafe pleine d'eau, et sous la carafe un petit paillasson ; tout à coup le paillasson prit feu. Si personne n'eût été là, un incendie pouvait avoir lieu sans qu'on en sût la cause. J'ai essayé cent fois de produire le même effet, et jamais je n'ai réussi. » La cause physique de l'inflammation est bien connue : la carafe a produit l'effet d'un verre ardent ; mais pourquoi n'a-t-on pas pu réitérer l'expérience ? C'est qu'indépendamment de la carafe et de l'eau, il y avait un concours de circonstances qui opéraient d'une manière exceptionnelle la concentration des rayons solaires : peut-être l'état de l'atmosphère, des vapeurs, les qualités de l'eau, l'électricité, etc., et tout cela, probablement, dans certaines proportions voulues ; d'où la difficulté de tomber juste dans les mêmes conditions, et l'inutilité des tentatives pour produire un effet semblable. Voilà donc un phénomène tout entier du domaine de la physique, dont on se rend parfaitement compte, quant au principe, et que pourtant on ne peut répéter à volonté. Viendra-t-il à la pensée du sceptique le plus endurci de nier le fait ? Assurément non. Pourquoi donc ces mêmes sceptiques nient-ils la réalité des phénomènes spirites (nous parlons des manifestations en général), parce qu'ils ne peuvent pas les manipuler à leur gré ? Ne pas admettre qu'en dehors du connu il puisse y avoir des agents nouveaux régis par des lois spéciales ; nier ces agents parce qu'ils n'obéissent pas aux lois que nous connaissons, c'est en vérité faire preuve de bien peu de logique et montrer un esprit bien étroit.

Revenons à l'image de M. Badet ; on fera sans doute, comme notre collègue avec sa carafe, de nombreux essais infructueux avant de réussir, et cela, jusqu'à ce qu'un hasard heureux ou l'effort d'un puissant génie ait donné la clef du mystère ; alors, cela deviendra probablement un art nouveau dont s'enrichira l'industrie. Nous entendons d'ici quantité de personnes se dire : mais il y a un moyen bien simple d'avoir cette clef : que ne la demande-t-on aux Esprits ? C'est ici le cas de relever une erreur dans laquelle tombent la plupart de ceux qui jugent la science spirite sans la connaître. Rappelons d'abord ce principe fondamental, que tous les Esprits sont loin, comme on l'a cru jadis, de tout savoir.

L'échelle spirite nous donne la mesure de leur capacité et de leur moralité, et l'expérience confirme chaque jour nos observations à ce sujet. Les Esprits ne savent donc pas tout, et il en est qui, à tous égards, sont bien inférieurs à certains hommes ; voilà ce qu'il ne faut jamais perdre de vue. L'Esprit de M. Badet, l'auteur involontaire du phénomène qui nous occupe, révèle, par ses réponses, une certaine élévation, mais non une grande supériorité ; il se reconnaît lui-même inhabile à en donner une explication complète : « Ce sera, dit-il, *l'oeuvre d'autres Esprits et du travail humain.* » Ces derniers mots sont tout un enseignement. En effet, il serait par trop commode de n'avoir qu'à interroger les Esprits pour faire les découvertes les plus merveilleuses ; où serait alors le mérite des inventeurs si une main occulte venait leur mâcher la besogne et leur épargner la peine de chercher ? Plus d'un, sans doute, ne se ferait pas scrupule de prendre un brevet d'invention en son nom personnel, sans mentionner le véritable inventeur. Ajoutons que de pareilles questions sont toujours faites dans des vues intéressées et par l'espoir d'une fortune facile, toutes choses qui sont de très mauvaises recommandations auprès des bons Esprits ; ceux-ci, d'ailleurs, ne se prêtent jamais à servir d'instruments pour un trafic. L'homme doit avoir son initiative, sans quoi il se réduit à l'état de machine ; il doit se perfectionner par le travail ; c'est une des conditions de son existence terrestre ; il faut aussi que chaque chose vienne en son temps et par les moyens qu'il plaît à Dieu d'employer : les Esprits ne peuvent détourner les voies de la Providence. Vouloir forcer l'ordre établi, c'est se mettre à la merci des Esprits moqueurs qui flattent l'ambition, la cupidité, la vanité, pour rire ensuite des déceptions dont ils sont cause. Très peu scrupuleux de leur nature, ils disent tout ce qu'on veut, donnent toutes les recettes qu'on leur demande, au besoin ils les appuieront de formules scientifiques, quitte à ce qu'elles aient tout au plus la valeur de celles des marchands d'orviétan. Que ceux donc qui ont cru que les Esprits allaient leur ouvrir des mines d'or se désabusent ; leur mission est plus sérieuse. « Travaillez, prenez de la peine, c'est le fond qui manque le moins, » a dit un célèbre moraliste dont nous donnerons bientôt un remarquable entretien d'outre-tombe ; à cette sage maxime, la doctrine spirite ajoute : C'est à ceux-là que les Esprits sérieux viennent en aide par les idées qu'ils leur suggèrent, ou par des conseils directs, et non aux paresseux qui veulent jouir sans rien faire, ni aux ambitieux qui veulent avoir le mérite sans la peine. Aide-toi, le ciel t'aidera.

L'Esprit frappeur de Bergzabern

(TROISIEME ARTICLE.)

Nous continuons à citer la brochure de M. Blanck, rédacteur du *Journal de Bergzabern*[14].

« Les faits que nous allons relater eurent lieu du vendredi 4 au mercredi 9 mars 1853 ; depuis, rien de semblable ne s'est produit. Philippine à cette époque ne couchait plus dans la chambre que l'on connaît : son lit avait été transféré dans la pièce voisine où il se trouve encore maintenant. Les manifestations ont pris un tel caractère d'étrangeté, qu'il est impossible d'admettre l'explication de ces phénomènes par l'intervention des hommes. Ils sont d'ailleurs si différents de ceux qui furent observés antérieurement, que toutes les suppositions premières ont été renversées.

On sait que dans la chambre où couchait la jeune fille, les chaises et les autres meubles avaient souvent été bouleversés, que les fenêtres s'étaient ouvertes avec fracas sous des coups redoublés. Depuis cinq semaines elle se tient dans la chambre commune, où, une fois la nuit venue et jusqu'au lendemain, il y a toujours de la lumière ; on peut donc parfaitement voir ce qui s'y passe. Voici le fait qui fut observé le vendredi 4 mars.

Philippine n'était pas encore couchée ; elle était au milieu d'un certain nombre de personnes qui s'entretenaient de l'Esprit frappeur, lorsque tout à coup le tiroir d'une table très grande et très lourde, placée dans la chambre, fut tiré et repoussé avec un grand bruit et une promptitude extraordinaire. Les assistants furent fort surpris de cette nouvelle manifestation ; dans le même moment la table elle-même se mit en mouvement dans tous les sens, et s'avança vers la cheminée près de laquelle Philippine était assise. Poursuivie pour ainsi dire par ce meuble, elle dut quitter sa place et s'enfuir dans le milieu de la chambre ; mais la table revint dans cette direction et s'arrêta à un demi-pied du mur. On la remit à sa place ordinaire, d'où elle ne bougea plus ; mais des bottes qui se trouvaient

14 Nous devons à l'obligeance d'un de nos amis, M. Alfred Pireaux, employé à l'administration des postes, la traduction de cette intéressante brochure.

dessous, et que tout le monde put voir, furent lancées au milieu de la chambre, au grand effroi des personnes présentes. L'un des tiroirs recommença à glisser dans ses coulisses, s'ouvrant et se refermant par deux fois, d'abord très vivement, puis de plus en plus lentement ; lorsqu'il était entièrement ouvert, il lui arrivait d'être secoué avec fracas. Un Paquet de tabac laissé sur la table changeait de place à chaque instant. Le frappement et le grattement se firent entendre dans la table. Philippine, qui jouissait alors d'une très bonne santé, se tenait au milieu de la réunion et ne paraissait nullement inquiète de toutes ces étrangetés, qui se renouvelaient chaque soir depuis le vendredi ; mais le dimanche elles furent encore plus remarquables.

Le tiroir fut plusieurs fois violemment tiré et refermé. Philippine, après avoir été dans son ancienne chambre à coucher, revint subitement prise du sommeil magnétique, se laissa tomber sur un siège, où le grattement se fit plusieurs fois entendre. Les mains de l'enfant étaient sur ses genoux et la chaise se mouvait tantôt à droite, tantôt à gauche, en avant ou en arrière. On voyait les pieds de devant du siège se lever, tandis que la chaise se balançait dans un équilibre étonnant sur les pieds de derrière. Philippine ayant été transportée au milieu de la chambre, il fut plus facile d'observer ce nouveau phénomène. Alors, au commandement, la chaise tournait, avançait ou reculait plus ou moins vite, tantôt dans un sens, tantôt dans l'autre. Pendant cette danse singulière, les pieds de l'enfant, comme paralysés, traînaient à terre ; celle-ci se plaignit de maux de tête par des gémissements et en portant à diverses reprises la main à son front ; puis, s'étant réveillée tout à coup, elle se mit à regarder de tous côtés, ne pouvant comprendre sa situation : son malaise l'avait quittée. Elle se coucha ; alors les coups et le grattement qui s'étaient produits dans la table se firent entendre dans le lit avec force et d'une façon joyeuse.

Quelque temps auparavant, une sonnette ayant fait entendre des sons spontanés, on eut l'idée d'en attacher une au lit, aussitôt elle se mit à tinter et à s'agiter. Ce qu'il y eut de plus curieux dans cette circonstance, c'est que, le lit étant soulevé et déplacé, la sonnette resta immobile et muette. Vers minuit environ tout bruit cessa, et l'assemblée se retira.

Le lundi soir, 15 mai, on fixa au lit une grosse sonnette ; aussitôt elle fit entendre un bruit assourdissant et désagréable. Le même jour, dans l'après-midi, les fenêtres et la porte de la chambre à coucher s'étaient ouvertes, mais silencieusement.

Nous devons rapporter aussi que la chaise sur laquelle Philippine s'était assise le vendredi et le samedi, ayant été portée par le père Senger au milieu de la chambre, paraissait beaucoup plus légère que de coutume : on eût dit qu'une force invisible la soutenait. Un des assistants, voulant la pousser, n'éprouva aucune résistance : la chaise paraissait glisser d'elle-même sur le sol.

L'Esprit frappeur resta silencieux pendant les trois jours : jeudi, vendredi et samedi saints. Ce ne fût que le jour de Pâques que ses coups recommencèrent avec le son des cloches, coups rythmés qui composaient un air. Le 1° avril les troupes, changeant de garnison, quittèrent la ville musique en tête. Lorsqu'elles passèrent devant la maison Senger, l'Esprit frappeur exécuta à sa manière, contre le lit, le même morceau qu'on jouait dans la rue. Quelque temps avant on avait entendu dans la chambre comme les pas d'une personne, et comme si l'on eût jeté du sable sur les planches.

Le gouvernement du Palatinat s'est préoccupé des faits que nous venons de rapporter, et proposa au père Senger de placer son enfant dans une maison de santé à Frankenthal, proposition qui fut acceptée. Nous apprenons que dans sa nouvelle résidence, la présence de Philippine a donné lieu aux prodiges de Bergzabern, et que les médecins de Frankenthal, pas plus que ceux de notre ville, n'en peuvent déterminer la cause. Nous sommes informés en outre que les médecins ont seuls accès auprès de la jeune fille. Pourquoi a-t-on pris cette mesure ? Nous l'ignorons, et nous ne nous permettrons pas de la blâmer ; mais si ce qui y a donné lieu n'est pas le résultat de quelque circonstance particulière, nous croyons qu'on aurait pu laisser pénétrer près de l'intéressante enfant, sinon tout le monde, au moins les personnes recommandables. »

Remarque. - Nous n'avons eu connaissance des différents faits que nous avons rapportés que par la relation qu'en a publiée M. Blanck ; mais une circonstance vient de nous mettre en rapport avec une des personnes qui ont le plus figuré dans toute cette affaire, et qui a bien voulu nous fournir à ce sujet des documents circonstanciés du plus haut intérêt. Nous avons également eu, par l'évocation, des explications fort curieuses et fort instructives sur cet Esprit frappeur lui-même qui s'est manifesté à nous. Ces documents nous étant parvenus trop tard, nous en ajournons la publication au prochain numéro.

Entretiens familiers d'outre-tombe

Le Tambour de la Bérésina

Quelques personnes étant réunies chez nous à l'effet de constater certaines manifestations, les faits suivants se produisirent pendant plusieurs séances et donnèrent lieu à l'entretien que nous allons rapporter, et qui présente un haut intérêt au point de vue de l'étude.

L'Esprit se manifesta par des coups frappés, non avec le pied de la table, mais dans le tissu même du bois. L'échange de pensées qui eut lieu en cette circonstance entre les assistants et l'être invisible ne permettait pas de douter de l'intervention d'une intelligence occulte. Outre les réponses faites à diverses questions, soit par *oui* et par *non*, soit au moyen de la typtologie alphabétique, les coups battaient à volonté une marche quelconque, le rythme d'un air, imitaient la fusillade et la canonnade d'une bataille, le bruit du tonnelier, du cordonnier, faisaient l'écho avec une admirable précision, etc. Puis eut lieu le mouvement d'une table et sa translation *sans aucun contact des mains*, les assistants se tenant écartés ; un saladier ayant été placé sur la table, au lieu de tourner, se mit à glisser en ligne droite, également sans le contact des mains. Les coups se faisaient entendre pareillement dans divers meubles de la chambre, quelquefois simultanément, d'autres fois comme s'ils se fussent répondus.

L'Esprit paraissait avoir une prédilection marquée pour les batteries de tambour, car il y revenait à chaque instant sans qu'on les lui demandât ; souvent à certaines questions, au lieu de répondre, il battait la générale ou le rappel. Interrogé sur plusieurs particularités de sa vie, il dit s'appeler Célima, être né a Paris, mort depuis quarante-cinq ans, et avoir été tambour.

Parmi les assistants, outre le médium spécial à influences physiques qui servait aux manifestations, il y avait un excellent médium écrivain qui put servir d'interprète à l'Esprit, ce qui permit d'obtenir des réponses plus explicites. Ayant confirmé, par la psychographie, ce qu'il avait dit au moyen de la typtologie sur son nom, le lieu de sa naissance et l'époque de sa mort, on lui adressa la série des questions suivantes, dont les réponses offrent plusieurs traits caractéristiques et qui corroborent certaines parties essentielles de la théorie.

1. Ecris-nous quelque chose, ce que tu voudras ? - R. Ran plan plan, ran plan plan.

2. Pourquoi écris-tu cela ? - R. J'étais tambour.

3. Avais-tu reçu quelque instruction ? - R. Oui.

4. Où as-tu fait tes études ? - R. Aux Ignorantins.

5. Tu nous parais être jovial ? - R. Je le suis beaucoup.

6. Tu nous as dit une fois que, de ton vivant, tu aimais un peu trop à boire ; est-ce vrai ? - R. J'aimais tout ce qui était bon.

7. Etais-tu militaire ? - R. Mais oui, puisque j'étais tambour.

8. Sous quel gouvernement as-tu servi ? - R. Sous Napoléon le Grand.

9. Peux-tu nous citer une des batailles auxquelles tu as assisté ? - R. La Bérésina.

10. Est-ce là que tu es mort ? - R. Non.

11. Etais-tu à Moscou ? - R. Non.

12. Où es-tu mort ? - R. Dans les neiges.

13. Dans quel corps servais-tu ? - R. Dans les fusiliers de la garde.

14. Aimais-tu bien Napoléon le Grand ? - R. Comme nous l'aimions tous, sans savoir pourquoi.

15. Sais-tu ce qu'il est devenu depuis sa mort ? - R. Je ne me suis plus occupé que de moi depuis ma mort.

16. Es-tu réincarné ? - R. Non, puisque je viens causer avec vous.

17. Pourquoi te manifestes-tu par des coups sans qu'on t'ait appelé ? - R. Il faut faire du bruit pour ceux dont le coeur ne croit pas. Si vous n'en avez pas assez, je vais vous en donner encore.

18. Est-ce de ta propre volonté que tu es venu frapper, ou bien un autre Esprit t'a-t-il forcé de le faire ? - R. C'est de ma bonne volonté que je viens ; il y en a bien un que vous appelez *Vérité* qui peut m'y forcer aussi ; mais il y a longtemps que j'avais voulu venir.

19. Dans quel but voulais-tu venir ? - R. Pour m'entretenir avec vous ; c'est ce que je voulais ; mais il y avait quelque chose qui m'en empêchait. J'y ai été forcé par un Esprit familier de la maison qui m'a engagé à me rendre utile aux personnes qui me demanderaient de faire des réponses. - Cet Esprit a donc beaucoup de pouvoir, puisqu'il commande ainsi aux autres Esprits ? - R. Plus que vous ne croyez, et il n'en use que pour le bien.

Remarque. L'Esprit familier de la maison se fait connaître sous le nom allégorique de la *Vérité*, circonstance ignorée du médium.

20. Qu'est-ce qui t'en empêchait ? - R. Je ne sais pas ; quelque chose que je ne comprends pas.

21. Regrettes-tu la vie ? - R. Non, je ne regrette rien.

22. Laquelle préfères-tu de ton existence actuelle ou de ton existence terrestre ? - R. Je préfère l'existence des Esprits à l'existence du corps.

23. Pourquoi cela ? - R. Parce qu'on est bien mieux que sur la terre ; c'est le purgatoire sur la terre, et tout le temps que j'y ai vécu, je désirais toujours la mort.

24. Souffres-tu dans ta nouvelle situation ? - R. Non ; mais je ne suis pas encore heureux.

25. Serais-tu satisfait d'avoir une nouvelle existence corporelle ? - R. Oui, parce que je sais que je dois monter.

26. Qui te l'a dit ? - R. Je le sens bien.

27. Seras-tu bientôt réincarné ? - R. Je ne sais pas.

28. Vois-tu d'autres Esprits autour de toi ? - R. Oui, beaucoup.

29. Comment sais-tu que ce sont des Esprits ? - R. Entre nous, nous nous voyons tels que nous sommes.

30. Sous quelle apparence les vois-tu ? - R. Comme on peut voir des Esprits, mais non par les yeux.

31. Et toi, sous quelle forme es-tu ici ? - R. Sous celle que j'avais de mon vivant ; c'est-à-dire en tambour.

32. Et les autres Esprits, les vois-tu sous la forme qu'ils avaient de leur vivant ? - R. Non, nous ne prenons une apparence que lorsque nous sommes évoqués, autrement nous nous voyons sans forme.

33. Nous vois-tu aussi nettement que si tu étais vivant ? - R. Oui, parfaitement.

34. Est-ce par les yeux que tu nous vois ? - R. Non ; nous avons une forme, mais nous n'avons pas de sens ; notre forme n'est qu'apparente.

Remarque. - Les Esprits ont assurément des sensations, puisqu'ils perçoivent, autrement ils seraient inertes ; mais leurs sensations ne sont point localisées comme lorsqu'ils ont un corps : elles sont inhérentes à tout leur être.

35. Dis-nous positivement à quelle place tu es ici ? - R. Je suis près de la table, entre le médium et vous.

36. Quand tu frappes, es-tu sous la table, ou dessus, ou dans l'épaisseur du bois ? - R. Je suis à côté ; je ne me mets pas dans le bois : il suffit que je touche la table.

37. Comment produis-tu les bruits que tu fais entendre ? - R. Je crois que c'est par une sorte de concentration de notre force.

38. Pourrais-tu nous expliquer la manière dont se produisent les différents bruits que tu imites, les grattements, par exemple ? - R. Je ne saurais trop préciser la nature des bruits ; c'est difficile à expliquer. Je sais que je gratte, mais je ne puis expliquer comment je produis ce bruit que vous appelez grattement.

39. Pourrais-tu produire les mêmes bruits avec tout médium quelconque ? - R. Non, il y a des spécialités dans tous les médiums ; tous ne peuvent pas agir de la même façon.

40. Vois-tu parmi nous quelqu'un, autre que le jeune S... (le médium à l'influence physique par lequel cet Esprit se manifeste), qui pourrait t'aider à produire les mêmes effets ? - R. Je n'en vois pas pour le moment ; avec lui je suis très disposé à le faire.

41. Pourquoi avec lui plutôt qu'avec un autre ? - R. Parce que je le connais davantage, et qu'ensuite il est plus apte qu'un autre à ce genre de manifestations.

42. Le connaissais-tu d'ancienne date ; avant son existence actuelle ? - R. Non ; je ne le connais que depuis peu de temps ; j'ai été en quelque sorte attiré vers lui pour en faire mon instrument.

43. Quand une table se soulève en l'air sans point d'appui, qu'est-ce qui la soutient ? - R. Notre volonté qui lui a ordonné d'obéir, et aussi le fluide que nous lui transmettons.

Remarque. - Cette réponse vient à l'appui de la théorie qui nous a été donnée, et que nous avons rapportée dans les n° 5 et 6 de cette Revue, sur la cause des manifestations physiques.

44. Pourrais-tu le faire ? - R. je le pense ; j'essayerai lorsque le médium sera venu. (Il était absent en ce moment.)

45. De qui cela dépend-il ? - R. Cela dépend de moi, puisque je me sers du médium comme instrument.

46. Mais la qualité de l'instrument n'est-elle pas pour quelque chose ? - R. Oui, elle m'aide beaucoup, puisque j'ai dit que je ne pouvais le faire avec d'autres aujourd'hui.

Remarque. - Dans le courant de la séance on essaya l'enlèvement de la table, mais on ne réussit pas, probablement parce qu'on n'y mit pas assez de persévérance ; il y eut des efforts évidents et des mouvements de translation sans contact ni imposition des mains. Au nombre des expériences qui furent faites, fut celle de l'ouverture de la table à l'endroit des rallonges ; cette table offrant beaucoup de résistance par sa mauvaise construction, on la tenait d'un côté, tandis que l'Esprit tirait de l'autre et la faisait ouvrir.

47. Pourquoi, l'autre jour, les mouvements de la table s'arrêtaient-ils chaque fois que l'un de nous prenait la lumière pour regarder dessous ? - R. Parce que je voulais punir votre curiosité.

48. De quoi t'occupes-tu dans ton existence d'Esprit, car enfin tu ne passes pas ton temps à frapper ? - R. J'ai souvent des missions à remplir ; nous devons obéir à des ordres supérieurs, et surtout lorsque nous avons du bien à faire par notre influence sur les humains.

49. Ta vie terrestre n'a sans doute pas été exempte de fautes ; les reconnais-tu maintenant ? - R. Oui, je les expie justement en restant stationnaire parmi les Esprits inférieurs ; je ne pourrai me purifier davantage que lorsque je prendrai un autre corps.

50. Quand tu faisais entendre des coups dans un autre meuble en même temps que dans la table, est-ce toi qui les produisais ou un autre Esprit ? - R. C'était moi.

51. Tu étais donc seul ? - R. Non, mais je remplissais seul la mission de frapper.

52. Les autres Esprits qui étaient là t'aidaient-ils à quelque chose ? - R. Non pour frapper, mais pour parler.

53. Alors ce n'étaient pas des Esprits frappeurs ? - R. Non, la Vérité n'avait permis qu'à moi de frapper.

54. Les Esprits frappeurs ne se réunissent-ils pas quelquefois en nombre afin d'avoir plus de puissance pour produire certains phénomènes ? - R. Oui, mais pour ce que je voulais faire je pouvais suffire seul.

55. Dans ton existence spirite, es-tu toujours sur la terre ? - R. Le plus souvent dans l'espace.

56. Vas-tu quelquefois dans d'autres mondes, c'est-à-dire dans d'autres globes ? - R. Non dans de plus parfaits, mais dans des mondes inférieurs.

57. T'amuses-tu quelquefois à voir et à entendre ce que font les hommes ? - Non ; quelquefois pourtant j'en ai pitié.

58. Quels sont ceux vers lesquels tu vas de préférence ? - R. Ceux qui veulent croire de bonne foi.

59. Pourrais-tu lire dans nos pensées ? - R. Non, je ne lis pas dans les âmes ; je ne suis pas assez parfait pour cela.

60. Cependant tu dois connaître nos pensées, puisque tu viens parmi nous ; autrement comment pourrais-tu savoir si nous croyons de bonne foi ? - R. je ne lis pas, mais j'entends.

Remarque. - La question 58 avait pour but de lui demander quels sont ceux vers lesquels il va de préférence spontanément, dans sa vie d'Esprit, sans être évoqué ; par l'évocation il peut, comme Esprit d'un ordre peu élevé, être contraint de venir même dans un milieu qui lui déplairait. D'un autre côté, sans lire à proprement parler dans nos pensées, il pouvait certainement voir que les personnes n'étaient réunies que dans un but sérieux, et, par la nature des questions et des conversations qu'il *entendait*, juger que l'assemblée était composée de personnes sincèrement désireuses de s'éclairer.

61. As-tu retrouvé dans le monde des Esprits quelques-uns de tes anciens camarades de l'armée ? - R. Oui, mais leurs positions étaient si différentes que je ne les ai pas tous reconnus.

62. En quoi consistait cette différence ? - R. Dans l'ordre heureux ou malheureux de chacun.

62. Que vous êtes-vous dit en vous retrouvant ? - R. Je leur disais : Nous allons monter vers Dieu qui le permet.

63. Comment entendais-tu monter vers Dieu ? - R. Un degré de plus de franchi, c'est un degré de plus vers lui.

64. Tu nous as dit que tu es mort dans les neiges, par conséquent tu es mort de froid ? - R. De froid et de besoin.

65. As-tu eu immédiatement la conscience de ta nouvelle existence ? - R. Non, mais je n'avais plus froid.

66. Es-tu quelquefois retourné vers l'endroit où tu as laissé ton corps ? - R. Non, il m'avait trop fait souffrir.

67. Nous te remercions des explications que tu as bien voulu nous donner ; elles nous ont fourni d'utiles sujets d'observation pour nous perfectionner dans la science spirite ? - R. Je suis tout à vous.

Remarque. - Cet Esprit, comme on le voit, est peu avancé dans la hiérarchie spirite : il reconnaît lui-même son infériorité. Ses connaissances sont bornées ; mais il y a chez lui du bon sens, des sentiments honorables et de la bienveillance. Sa mission, comme Esprit, est assez infime, puisqu'il remplit le rôle d'Esprit frappeur *pour appeler les incrédules à la foi* ; mais, au théâtre même, l'humble costume de comparse ne peut-il couvrir un coeur honnête ? Ses réponses ont la simplicité de l'ignorance ; mais, pour n'avoir pas l'élévation du langage philosophique des Esprits supérieurs, elles n'en sont pas moins instructives comme étude de moeurs spirites, si nous pouvons nous exprimer ainsi. C'est seulement en étudiant toutes les classes de ce monde qui nous attend, qu'on peut arriver à le connaître, et y marquer en quelque sorte d'avance la place que chacun de nous peut y occuper. En voyant la situation que s'y sont faite par leurs vices et leurs vertus les hommes qui ont été nos égaux ici-bas, c'est un encouragement pour nous élever le plus possible dès celui-ci : c'est l'exemple à côté du précepte. Nous ne saurions trop le répéter, pour bien connaître une chose et s'en faille une idée exempte d'illusions, il faut la voir sous toutes ses faces, de même que le botaniste ne peut connaître le règne végétal qu'en l'observant depuis l'humble cryptogame caché sous la mousse jusqu'au chêne qui s'élève dans les airs.

Esprits imposteurs

Le faux P. Ambroise

Un des écueils que présentent les communications spirites est celui des Esprits imposteurs qui peuvent induire en erreur sur leur identité, et qui, à l'abri d'un nom respectable, cherchent à faire passer les plus grossières absurdités. Nous nous sommes, en maintes occasions, expliqués sur ce danger, qui cesse d'en être un pour quiconque scrute à la fois la forme et le fond du langage des êtres invisibles avec lesquels il est en communication. Nous ne pouvons répéter ici ce que nous avons dit à ce sujet ; qu'on veuille bien le lire attentivement dans cette Revue, dans le Livre des Esprits et dans notre Instruction pratique[15], et l'on verra que rien n'est plus facile que de se prémunir contre de pareilles fraudes, pour peu qu'on y mette de bonne volonté. Nous reproduisons seulement la comparaison suivante que nous avons citée quelque part : « Supposez que dans une chambre voisine de celle où vous êtes soient plusieurs individus que vous ne connaissez pas, que vous ne pouvez voir, mais que vous entendez parfaitement ; ne serait-il pas facile de reconnaître à leur conversation si ce sont des ignorants ou des savants, d'honnêtes gens ou des malfaiteurs, des hommes sérieux ou des étourdis ; des gens de bonne compagnie ou des rustres ?

Prenons une autre comparaison sans sortir de notre humanité matérielle : supposons qu'un homme se présente à vous sous le nom d'un littérateur distingué ; à ce nom, vous le recevez d'abord avec tous les égards dus à son mérite supposé ; mais, s'il s'exprime comme un crocheteur, vous reconnaîtrez tout de suite le bout de l'oreille, et le mettrez à la porte comme un imposteur.

Il en est de même des Esprits : on les reconnaît à leur langage ; celui des Esprits supérieurs est toujours digne et en harmonie avec la sublimité des pensées ; jamais la trivialité n'en souille la pureté. La grossièreté et la bassesse des expressions n'appartiennent qu'aux Esprits inférieurs. Toutes les qualités et toutes les imperfections des Esprits se révèlent par leur langage, et on peut, avec raison, leur appliquer cet adage d'un écrivain célèbre : *Le style, c'est l'homme.*

[15] Ouvrage épuisé, remplacé par le *Livre des médiums*.

Ces réflexions nous sont suggérées par un article que nous trouvons dans le *Spiritualiste de la Nouvelle-Orléans* du mois de décembre 1857. C'est une conversation qui s'est établie par l'entremise d'un médium, entre deux Esprits, l'un se donnant le nom de père Ambroise, l'autre celui de Clément XIV. Le père Ambroise était un respectable ecclésiastique, mort à la Louisiane dans le siècle dernier ; c'était un homme de bien, d'une haute intelligence, et qui a laissé une mémoire vénérée.

Dans ce dialogue, où le ridicule le dispute à l'ignoble, il est impossible de se méprendre sur la qualité des interlocuteurs, et il faut convenir que les Esprits qui l'ont tenu ont pris bien peu de précautions pour se déguiser ; car, quel est l'homme de bon sens qui pourrait un seul instant supposer que le P. Ambroise et Clément XIV aient pu s'abaisser à de telles trivialités, qui ressemblent à une parade de tréteaux ? Des comédiens du plus bas étage, qui parodieraient ces deux personnages, ne s'exprimeraient pas autrement.

Nous sommes persuadés que le cercle de la Nouvelle-Orléans, où le fait s'est passé, l'a compris comme nous ; en douter serait lui faire injure ; nous regrettons seulement qu'en le publiant on ne l'ait pas fait suivre de quelques observations correctives, qui eussent empêché les gens superficiels de le prendre pour un échantillon du style sérieux d'outre-tombe. Mais hâtons-nous de dire que ce cercle n'a pas que des communications de ce genre : il en a d'un tout autre ordre, où l'on retrouve toute la sublimité de la pensée et de l'expression des Esprits supérieurs.

Nous avons pensé que l'évocation du véritable et du faux P. Ambroise pourrait offrir un utile sujet d'observation sur les Esprits imposteurs ; c'est en effet ce qui a eu lieu, ainsi qu'on en peut juger par l'entretien suivant :

1. Je prie Dieu tout-puissant de permettre à l'Esprit du véritable P. Ambroise mort à la Louisiane le siècle dernier, et qui y a laissé une mémoire vénérée, de se communiquer à nous. - R. Je suis là.

2. Veuillez nous dire si c'est vous réellement qui avez eu, avec Clément XIV, l'entretien rapporté dans le *Spiritualiste de la Nouvelle-Orléans*, et dont nous avons donné lecture dans notre dernière séance ? - R. Je plains les hommes qui étaient dupes des Esprits, que je plains également.

3. Quel est l'Esprit qui a pris votre nom ? - R. Un Esprit bateleur.

4. Et l'interlocuteur, était-il réellement Clément XIV ? - R. C'était un Esprit sympathique à celui qui avait pris mon nom.

5. Comment avez-vous pu laisser débiter de pareilles choses sous votre nom, et pourquoi n'êtes-vous pas venu démasquer les imposteurs ? - R. Parce que je ne puis pas toujours empêcher les hommes et les Esprits de se divertir.

6. Nous concevons cela pour les Esprits ; mais quant aux personnes qui ont recueilli ces paroles, ce sont des personnes graves et qui ne cherchaient point à se divertir ? - R. Raison de plus : elles devaient bien penser que de telles paroles ne pouvaient être que le langage d'Esprits moqueurs.

7. Pourquoi les Esprits n'enseignent-ils pas à la Nouvelle-Orléans des principes de tout point identiques à ceux qu'ils enseignent ici ? - R. La doctrine qui vous est dictée leur servira bientôt ; il n'y en aura qu'une.

8. Puisque cette doctrine doit y être enseignée plus tard, il nous semble que, si elle l'eût été immédiatement, cela aurait hâté le progrès et évité, dans la pensée de quelques-uns, une incertitude fâcheuse ? - R. Les voies de Dieu sont souvent impénétrables ; n'y a-t-il pas d'autres choses qui vous paraissent incompréhensibles dans les moyens qu'il emploie pour arriver à ses fins ? *Il faut que l'homme s'exerce à distinguer le vrai du faux*, mais tous ne pourraient recevoir la lumière subitement sans en être éblouis.

9. Veuillez, je vous prie, nous dire votre opinion personnelle sur la réincarnation. - R. Les Esprits sont créés ignorants et imparfaits : une seule incarnation ne peut leur suffire pour tout apprendre ; il faut bien qu'ils se réincarnent, pour profiter des bontés que Dieu leur destine.

10. La réincarnation peut-elle avoir lieu sur la terre, ou seulement dans d'autres globes ? - R. La réincarnation se fait selon le progrès de l'Esprit, dans des mondes plus ou moins parfaits.

11. Cela ne nous dit pas clairement si elle peut avoir lieu sur la terre. - R. Oui, elle peut avoir lieu sur la terre ; et si l'Esprit le demande comme mission, cela doit être plus méritoire pour lui que de demander d'avancer plus vite dans des mondes plus parfaits.

12. Nous prions Dieu tout-puissant de permettre à l'Esprit qui a pris le nom du P. Ambroise de se communiquer à nous. - R. Je suis là ; mais vous ne voulez pas me confondre.

13. Es-tu véritablement le P. Ambroise ? Au nom de Dieu, je te somme de dire la vérité. - R. Non.

14. Que penses-tu de ce que tu as dit sous son nom ? - R. Je pense comme pensaient ceux qui m'écoutaient.

15. Pourquoi t'es-tu servi d'un nom respectable pour dire de pareilles sottises ? - R. Les noms, à nos yeux, ne sont rien : les oeuvres sont tout ; *comme on pouvait voir ce que j'étais à ce que je disais*, je n'ai pas attaché de conséquence à l'emprunt de ce nom.

16. Pourquoi, en notre présence, ne soutiens-tu pas ton imposture ? - R. Parce que mon langage est une pierre de touche à laquelle vous ne pouvez vous tromper.

Remarque. - Il nous a été dit plusieurs fois que l'imposture de certains Esprits est une épreuve pour notre jugement ; c'est une sorte de *tentation* que Dieu permet, afin que, comme l'a dit le P. Ambroise, l'homme puisse s'exercer à distinguer le vrai du faux.

17. Et ton camarade Clément XIV, qu'en penses-tu ? - R. Il ne vaut pas mieux que moi ; nous avons tous les deux besoin d'indulgence.

18. Au nom de Dieu tout-puissant, je le prie de venir. - R. J'y suis depuis que le faux P. Ambroise y est.

19. Pourquoi as-tu abusé de la crédulité de personnes respectables pour donner une fausse idée de la doctrine spirite ? - R. Pourquoi est-on enclin aux fautes ? c'est parce qu'on n'est pas parfait.

20. Ne pensiez-vous pas tous les deux qu'un jour votre fourberie serait reconnue, et que les véritables P. Ambroise et Clément XIV ne pouvaient s'exprimer comme vous l'avez fait ? - R. Les fourberies étaient déjà reconnues et châtiées par celui qui nous a créés.

21. Etes-vous de la même classe que les Esprits que nous appelons frappeurs ? - R. Non, car il faut encore du raisonnement pour faire ce que nous avons fait à la Nouvelle-Orléans.

22. (Au véritable P. Ambroise.) Ces Esprits imposteurs vous voient-ils ici ? - R. Oui, et ils souffrent de ma vue.

23. Ces Esprits sont-ils errants ou réincarnés ? - R. Errants ; ils ne sont pas assez parfaits pour se dégager s'ils étaient incarnés.

24. Et vous, P. Ambroise, dans quel état êtes-vous ? - R. Incarné dans un monde heureux et innommé par vous.

25. Nous vous remercions des éclaircissements que vous avez bien voulu nous donner ; serez-vous assez bon pour venir d'autres fois parmi nous, nous dire quelques bonnes paroles et nous donner une dictée qui puisse montrer la différence de votre style avec celui qui avait pris votre nom ? - R. Je suis avec ceux qui veulent le bien dans la vérité.

Une leçon d'écriture par un Esprit

Les Esprits ne sont pas, en général, des maîtres de calligraphie, car l'écriture par médium ne brille pas ordinairement par l'élégance ; M. D..., un de nos médiums, a présenté sous ce rapport un phénomène exceptionnel, c'est d'écrire beaucoup mieux sous l'inspiration des Esprits que sous la sienne propre. Son écriture normale est très mauvaise (ce dont il ne tire pas vanité en disant que c'est celle des grands hommes) ; elle prend un caractère spécial, très distinct, selon l'Esprit qui se communique, et se reproduit constamment la même avec le même Esprit, mais toujours plus nette, plus lisible et plus correcte ; avec quelques-uns, c'est une sorte d'écriture anglaise, jetée avec une certaine hardiesse. Un des membres de la Société, M. le docteur V..., eut l'idée d'évoquer un calligraphe distingué, comme sujet d'observation au point de vue de l'écriture. Il en connaissait un, nommé Bertrand, mort il y a deux ans environ, avec lequel nous eûmes, dans une autre séance, l'entretien suivant :

1. A la formule d'évocation, il répond : Je suis là.

2. Où étiez-vous quand nous vous avons évoqué ? - R. Près de vous déjà.

3. Savez-vous dans quel but principal nous vous avons prié de venir ? - R. Non, mais je désire le savoir.

Remarque. - L'Esprit de M. Bertrand est encore sous l'influence de la matière, ainsi qu'on pouvait le supposer par sa vie terrestre ; on sait que ces Esprits sont moins aptes à lire dans la pensée que ceux qui sont plus dématérialisés.

4. Nous désirerions que vous voulussiez bien faire reproduire par le médium une écriture calligraphique ayant le caractère de celle que vous aviez de votre vivant ; le pouvez-vous ? - R. Je le puis.

Remarque. - A partir de ce mot, le médium qui ne se tient pas selon les règles enseignées par les professeurs d'écriture, prit, sans s'en apercevoir, une pose correcte, tant pour le corps que pour la main : tout le reste de l'entretien fut écrit comme le fragment dont nous reproduisons le fac-similé. Comme terme de comparaison, nous donnons en tête l'écriture normale du médium[16].

5. Vous rappelez-vous les circonstances de votre vie terrestre ? - R. Quelques-unes.

6. Pourriez-vous nous dire en quelle année vous êtes mort ? - R. Je suis mort en 1856.

7. A quel âge ? - R. 56 ans.

8. Quelle ville habitiez-vous ? - R. Saint-Germain.

9. Quel était votre genre de vie ? - R. Je tâchais de contenter mon corps.

10. Vous occupiez-vous un peu des choses de l'autre monde ? - R. Pas assez.

11. Regrettez-vous de n'être plus de ce monde ? - R. Je regrette de n'avoir pas assez bien employé mon existence.

12. Etes-vous plus heureux que sur la terre ? - R. Non, je souffre du bien que je n'ai pas fait.

13. Que pensez-vous de l'avenir qui vous est réservé ? - R. Je pense que j'ai besoin de toute la miséricorde de Dieu.

14. Quelles sont vos relations dans le monde où vous êtes ? - R. Des relations plaintives et malheureuses.

15. Quand vous revenez sur la terre, y a-t-il des endroits que vous fréquentiez de préférence ? - R. Je cherche les âmes qui compatissent à mes peines, ou qui prient pour moi.

---

16 Ce fac-simile, joint à la première édition de la *Revue*, n'existe plus.

16. Voyez-vous les choses de la terre aussi nettement que de votre vivant ? - R. Je ne tiens pas à les voir ; si je les cherchais, ce serait encore une cause de regrets.

17. On dit que de votre vivant, vous étiez fort peu endurant ; est-ce vrai ? - R. J'étais très violent.

18. Que pensez-vous de l'objet de nos réunions ? - R. Je voudrais bien les avoir connues de mon vivant ; cela m'eût rendu meilleur.

19. Y voyez-vous d'autres Esprits que vous ? - R. Oui, mais je suis tout confus devant eux.

20. Nous prions Dieu qu'il vous ait en sa sainte miséricorde ; les sentiments que vous venez d'exprimer doivent vous faire trouver grâce devant lui, et nous ne doutons pas qu'ils n'aident à votre avancement. - R. Je vous remercie ; Dieu vous protège ; qu'il soit béni pour cela ! mon tour viendra aussi, je l'espère.

Remarque. - Les renseignements fournis par l'Esprit de M. Bertrand sont parfaitement exacts, et d'accord avec le genre de vie et le caractère qu'on lui connaissait ; seulement, tout en confessant son infériorité et ses torts, son langage est plus sérieux et plus élevé qu'on ne pouvait s'y attendre ; il nous prouve une fois de plus la pénible situation de ceux qui se sont trop attachés à la matière ici-bas. C'est ainsi que les Esprits inférieurs mêmes nous donnent souvent d'utiles leçons de morale par l'exemple.

Correspondance

Bruxelles, 15 juin 1858.

Mon cher Monsieur Kardec.

Je reçois et lis avec avidité votre *Revue Spirite*, et je recommande à mes amis, non pas la simple lecture, mais l'étude approfondie de votre *Livre des Esprits*. Je regrette bien que mes préoccupations physiques ne me laissent pas de temps pour les études métaphysiques ; mais je les ai poussées assez loin pour sentir combien vous êtes près de la vérité absolue, surtout quand je vois la coïncidence parfaite qui existe entre les réponses qui m'ont été faites et les vôtres. Ceux mêmes qui vous attribuent personnellement la rédaction de vos écrits sont stupéfaits de la profondeur et de la logique qu'ils y trouvent. Vous vous seriez élevé tout d'un coup au niveau de Socrate et de Platon pour la morale et la philosophie esthétique ; quant à moi qui connais et le phénomène et votre loyauté je ne doute pas de l'exactitude des explications qui vous sont faites, et j'abjure toutes les idées que j'ai publiées à ce sujet, tant que je n'ai cru y voir, avec M. Babinet, que des phénomènes physiques ou des jongleries indignes de l'attention des savants.

Ne vous découragez pas plus que moi de l'indifférence de vos contemporains ; ce qui est écrit est écrit ; ce qui est semé germera. L'idée que la vie n'est qu'un *affinage* des âmes, une épreuve et une expiation, est grande, consolante, progressive et naturelle. Ceux qui s'y rattachent sont heureux dans toutes les positions ; au lieu de se plaindre des maux physiques et moraux qui les accablent, ils doivent s'en réjouir, ou du moins les supporter avec une résignation chrétienne.

Pour être heureux, fuis le plaisir :

Du philosophe est la devise ;

L'effort qu'on fait pour le saisir,

Coûte plus que la marchandise ;

Mais il vient à nous tôt ou tard,

Sous la forme d'une surprise ;

C'est un terne au jeu du hasard,

Qui vaut dix mille fois la mise.

Je compte bientôt traverser Paris, où j'ai tant d'amis à voir et tant de choses à faire, mais je laisserai tout pour tâcher d'aller vous serrer la main.

JOBARD,

Directeur du musée royal de l'Industrie.

Une adhésion aussi nette et aussi franche de la part d'un homme de la valeur de M. Jobard est sans contredit une précieuse conquête à laquelle applaudiront tous les partisans de la doctrine spirite ; toutefois, à notre avis, adhérer est peu de chose ; mais reconnaître ouvertement qu'on s'est trompé, abjurer des idées antérieures qu'on a publiées, et cela sans pression et sans intérêt, uniquement parce que la vérité s'est fait jour, c'est là ce qu'on peut appeler le vrai courage de son opinion, surtout quand on a un nom populaire. Agir ainsi est le propre des grands caractères qui seuls savent se mettre au-dessus des préjugés. Tous les hommes peuvent se tromper ; mais il y a de la grandeur à reconnaître ses erreurs, tandis qu'il n'y a que de la petitesse à persévérer dans une opinion qu'on sait être fausse, uniquement pour se donner, aux yeux du vulgaire, un prestige d'infaillibilité ; ce prestige ne saurait abuser la postérité, qui arrache sans pitié tous les oripeaux de l'orgueil ; elle seule fonde les réputations ; elle seule a le droit d'inscrire dans son temple : Celui-là était véritablement grand d'esprit et de coeur. Que de fois n'a-t-elle pas écrit aussi : Ce grand homme a été bien petit !

Les éloges contenus dans la lettre de M. Jobard nous eussent empêché de la publier s'ils se fussent adressés à nous personnellement ; mais comme il reconnaît, dans notre travail, l'oeuvre des Esprits dont nous n'avons été que le très humble interprète, tout le mérite leur appartient, et notre modestie n'a rien à souffrir d'une comparaison qui ne prouve qu'une chose, c'est que ce livre ne peut avoir été dicté que par des Esprits d'un ordre supérieur.

En répondant à M. Jobard, nous lui avions demandé s'il nous autorisait à publier sa lettre ; nous étions en même temps chargé, de la part de la Société parisienne des études spirites, de lui offrir le titre de membre honoraire et de correspondant.

Voici la réponse qu'il a bien voulu nous adresser et que nous sommes heureux de reproduire :

Bruxelles, 22 juin 1858.

Mon cher collègue,

Nous me demandez, avec de spirituelles périphrases, si j'oserais avouer publiquement ma croyance aux Esprits et aux périsprits, en vous autorisant à publier mes lettres, et en acceptant le titre de correspondant de l'Académie du spiritisme que vous avez fondée, ce qui serait avoir, comme on dit, le courage de son opinion.

Je suis un peu humilié, je vous avoue, de vous voir employer avec moi les mêmes formules et les mêmes discours qu'avec les sots, alors que vous devez savoir que toute ma vie a été consacrée à soutenir la vérité et à témoigner en sa faveur toutes les fois que je la rencontrais, soit en physique, soit en métaphysique. Je sais que le rôle d'adepte des idées nouvelles n'est pas toujours sans inconvénient, même dans ce siècle de lumières, et qu'on peut être bafoué pour dire qu'il fait jour en plein midi, car le moins qu'on risque, c'est d'être traité de fou ; mais comme la terre tourne et que le plein midi luira pour chacun, il faudra bien que les incrédules se rendent à l'évidence. Il est aussi naturel d'entendre nier l'existence des Esprits par ceux qui n'en ont pas que l'existence de la lumière par ceux qui sont encore privés de ses rayons. Peut-on communiquer avec eux ? Là est toute la question. Voyez et observez.

Le sot niera toujours ce qu'il ne peut comprendre ;

Pour lui le merveilleux est dénué d'attrait ;

Il ne sait rien, et ne veut rien apprendre :

Tel est de l'incrédule un fidèle portrait.

Je me suis dit : L'homme est évidemment double, puisque la mort le dédouble ; quand une moitié reste ici-bas, l'autre va quelque part en conservant son individualité ; donc le Spiritisme est parfaitement d'accord avec l'Ecriture, avec le dogme, avec la religion, qui croit tellement aux Esprits qu'elle exorcise les mauvais et évoque les bons : le *Vade retro* et le *Veni Creator* en sont la preuve ; donc l'évocation est une chose sérieuse et non une oeuvre diabolique ou une jonglerie, comme quelques-uns le pensent.

Je suis curieux, je ne nie rien ; mais je veux voir. Je n'ai pas dit : Apportez-moi le phénomène, j'ai couru après, au lieu de l'attendre dans mon fauteuil jusqu'à ce qu'il vienne, selon un usage illogique. Je me suis fait ce simple raisonnement il y a plus de 40 ans à propos du magnétisme : Il est impossible que des hommes très estimables écrivent des milliers de volumes pour me faire croire à l'existence d'une chose qui n'existe pas. Et puis j'ai essayé longtemps et en vain, tant que je n'ai pas eu la foi d'obtenir ce que je cherchais ;

mais j'ai été bien récompensé de ma persévérance puisque, je suis parvenu à produire tous les phénomènes dont j'entendais parler ; puis je me suis arrêté pendant 15 ans. Les tables étant survenues, j'ai voulu en avoir le coeur net ; vient aujourd'hui le *Spiritisme*, et j'en agis de même. Quand quelque chose de neuf apparaîtra, je courrai après avec la même ardeur que je mets à aller au-devant des découvertes modernes en tout genre ; c'est la curiosité qui m'entraîne, et je plains les sauvages qui ne sont pas curieux, ce qui fait qu'ils restent sauvages : la curiosité est la mère de l'instruction. Je sais bien que cette ardeur d'apprendre m'a beaucoup nui, et que si j'étais resté dans cette respectable médiocrité qui mène aux honneurs et à la fortune, j'en aurais eu ma bonne part ; mais il y a longtemps que je me suis dit que je n'étais qu'en passant dans cette mauvaise auberge où ce n'est pas la peine de faire sa malle ; ce qui m'a fait supporter sans douleur les avanies, les injustices, les vols dont j'ai été une victime privilégiée, c'est cette idée qu'il n'est pas ici-bas un bonheur ni un malheur qui vaille la peine qu'on s'en réjouisse ou qu'on s'en afflige. J'ai travaillé, travaillé, travaillé, ce qui m'a donné la force de fustiger mes adversaires les plus acharnés et a tenu les autres en respect, de sorte que je suis maintenant plus heureux et plus tranquille que les gens qui m'ont escamoté un héritage de 20 millions. Je les plains, car je n'envie pas leur place dans le monde des Esprits. Si je regrette cette fortune, ce n'est pas pour moi : je n'ai pas un estomac à manger 20 millions, mais par le bien que cela m'a empêché de faire. Quel levier entre les mains d'un homme qui saurait l'employer utilement ! quel élan il pourrait donner à la science et au progrès ! Ceux qui ont de la fortune ignorent souvent les véritables jouissances qu'ils pourraient se procurer. Savez-vous ce qui manque à la science spirite pour se propager avec rapidité ? C'est un homme riche qui y consacrerait sa fortune par pur dévouement, sans mélange d'orgueil ni d'égoïsme qui ferait les choses grandement, sans parcimonie et sans petitesse ; un tel homme ferait avancer la science d'un demi-siècle. Pourquoi m'a-t-on ôté les moyens de le faire ? Il se trouvera ; quelque chose me le dit ; honneur à celui-là !

J'ai vu évoquer une personne vivante ; elle a éprouvé une syncope jusqu'au retour de son Esprit. Evoquez le mien pour voir ce que je vous dirai. Evoquez aussi le docteur Mure, mort au Caire le 4 juin ; c'était un grand Spiritiste et médecin homéopathe. Demandez-lui s'il croit encore aux gnomes. Il est certainement dans Jupiter, car c'était un grand Esprit même ici-bas, un vrai prophète enseignant et mon meilleur ami. Est-il content de l'article nécrologique que je lui ai fait ?

En voilà bien long, me direz-vous ; mais ce n'est pas tout rose de m'avoir pour correspondant. Je vais lire votre dernier livre que je reçois à l'instant ; au premier aperçu je ne doute pas qu'il ne fasse beaucoup de bien en détruisant une foule de préventions, car vous avez su montrer le côté grave de la chose. - L'affaire Badet est bien intéressante ; nous en reparlerons.

Tout à vous,

JOBARD.

Tout commentaire sur cette lettre serait superflu ; chacun en appréciera la portée et y reconnaîtra sans peine cette profondeur et cette sagacité qui, jointes aux plus nobles pensées, ont conquis à l'auteur une place si honorable parmi ses contemporains. On peut s'honorer d'être *fou* (à la manière dont l'entendent nos adversaires), quand on a de tels compagnons d'infortune.

A cette remarque de M. Jobard : « Peut-on communiquer avec les Esprits ? Là est toute la question ; voyez et observez, » nous ajoutons : Les communications avec les êtres du monde invisible ne sont ni une découverte ni une invention moderne ; elles ont été pratiquées, dès la plus haute antiquité, par des hommes qui ont été nos maîtres en philosophie et dont on invoque tous les jours le nom comme autorité. Pourquoi ce qui se passait alors ne pourrait-il plus se produire aujourd'hui ?

La lettre suivante nous est adressée par un de nos abonnés ; comme elle renferme une partie instructive qui peut intéresser la majorité de nos lecteurs, et qu'elle est une preuve de plus de l'influence morale de la doctrine spirite, nous croyons devoir la publier dans son entier, en répondant, pour tout le monde, aux diverses demandes quelle renferme.

Bordeaux, 24 juin 1858.

Monsieur et cher confrère en Spiritisme,

Vous permettrez sans doute à un de vos abonnés et un de vos lecteurs les plus attentifs de vous donner ce titre, car cette admirable doctrine doit être un lien fraternel entre tous ceux qui la comprennent et la pratiquent.

Dans un de vos précédents numéros, vous avez parlé de dessins remarquables, faits par M. Victorien Sardou, et qui représentent des habitations de la planète de Jupiter. Le tableau que vous en faites nous donne, comme à bien d'autres sans doute, le désir de les connaître ; auriez-vous la bonté de nous dire si ce monsieur a l'intention de les publier ? Je ne doute pas qu'ils n'aient un grand succès, vu l'extension que prennent chaque jour les croyances spirites. Ce serait le complément nécessaire de la peinture si séduisante que les Esprits ont donnée de ce monde heureux.

Je vous dirai à ce sujet, mon cher monsieur, qu'il y a près de dix-huit mois nous avons évoqué dans notre petit cercle intime un ancien magistrat de nos parents, mort en 1756, qui fut pendant sa vie un modèle de toutes les vertus, et un Esprit très supérieur, quoique n'ayant pas de place dans l'histoire. Il nous a dit être incarné dans Jupiter, et nous a donné un enseignement moral d'une sagesse admirable et de tout point conforme à celui que renferme votre si précieux *Livre des Esprits*. Nous eûmes naturellement la curiosité de lui demander quelques renseignements sur l'état du monde qu'il habite, ce qu'il fit avec une extrême complaisance. Or, jugez de notre surprise et de notre joie, quand nous avons lu dans votre *Revue* une description tout à fait identique de cette planète, du moins dans les généralités, car nous n'avons pas poussé les questions aussi loin que vous : tout y est conforme au physique et au moral, et jusqu'à la condition des animaux. Il y est même fait mention d'habitations aériennes dont vous ne parlez pas.

Comme il y avait certaines choses que nous avions de la peine à comprendre, notre parent ajouta ces paroles remarquables : « Il n'est pas étonnant que vous ne compreniez pas les choses pour lesquelles vos sens ne sont pas faits ; mais à mesure que vous avancerez dans la science, vous les comprendrez mieux par la pensée, et elles cesseront de vous paraître extraordinaires. Le temps n'est pas loin où vous recevrez sur ce point des éclaircissements plus complets. Les Esprits sont chargés de vous en instruire, afin de vous donner un but et de vous exciter au bien. » En lisant votre description et l'annonce des dessins dont vous parlez, nous nous sommes dit naturellement que ce temps est venu.

Les incrédules gloseront sans doute de ce paradis des Esprits, comme ils glosent de tout, même de l'immortalité, même des choses les plus saintes. Je sais bien que rien ne prouve matériellement la vérité de cette description ; mais pour tous ceux qui croient à l'existence et aux révélations des Esprits, cette coïncidence n'est-elle pas faite pour faire réfléchir ? Nous nous faisons une idée des pays que nous n'avons jamais vus par le récit des voyageurs quand il y a coïncidence entre eux : pourquoi n'en serait-il pas de même à l'égard des Esprits ? Y a-t-il, dans l'état sous lequel ils nous dépeignent le monde de Jupiter, quelque chose qui répugne à la raison ? Non ; tout est d'accord avec l'idée qu'ils nous donnent des existences plus parfaites ; je dirai plus : avec l'Ecriture, ce qu'un jour je me fais fort de démontrer ; pour mon compte, cela me paraît si logique, si consolant, qu'il me serait pénible de renoncer à l'espoir d'habiter ce monde fortuné où il n'y a point de méchants, point de jaloux, point d'ennemis, point d'égoïstes, point d'hypocrites ; c'est pourquoi tous mes efforts tendent à mériter d'y aller.

Quand, dans notre petit cercle, quelqu'un de nous semble avoir des pensées trop matérielles, nous lui disons : « Prenez garde, vous n'irez pas dans Jupiter ; » et nous sommes heureux de penser que cet avenir nous est réservé, sinon à la première étape, du moins à l'une des suivantes. Merci donc à vous, mon cher frère, de nous avoir ouvert cette nouvelle voie d'espérance.

Puisque vous avez obtenu des révélations si précieuses sur ce monde, vous devez en avoir eu également sur les autres qui composent notre système planétaire. Votre intention est-elle de les publier ? Cela ferait un ensemble des plus intéressants. En regardant les astres, on se complairait à songer aux êtres si variés qui les peuplent ; l'espace nous paraîtrait moins vide. Comment a-t-il pu venir à la pensée d'hommes croyant à la puissance et à la sagesse de Dieu, que ces millions de globes sont des corps inertes et sans vie ? que nous sommes seuls sur ce petit grain de sable que nous appelons la Terre ? Je dis que c'est de l'impiété. Une pareille idée m'attriste ; s'il en était ainsi, il me semblerait être dans un désert.

Tout à vous de cœur, MARIUS M.,

Employé retraité.

Le titre que notre honorable abonné veut bien nous donner est trop flatteur pour que nous ne lui soyons pas très reconnaissant de nous en avoir cru digne. Le Spiritisme, en effet, est un lien fraternel qui doit conduire à la pratique de la véritable charité chrétienne *tous ceux qui le comprennent dans son essence*, car il tend à faire disparaître les sentiments de haine, d'envie et de jalousie qui divisent les hommes ; mais cette fraternité n'est pas celle d'une secte ; pour être selon les divins préceptes du Christ, elle doit embrasser l'humanité tout entière, car tous les hommes sont les enfants de Dieu ; si quelques-uns sont égarés, elle commande de les plaindre ; elle défend de les haïr. Aimez-vous les uns les autres, a dit Jésus ; il n'a pas dit : N'aimez que ceux qui pensent comme vous ; c'est pourquoi, lorsque nos adversaires nous jettent la pierre, nous ne devons point leur renvoyer de malédictions : ces principes feront toujours de ceux qui les professent des hommes paisibles qui ne chercheront point dans le désordre et le mal de leur prochain la satisfaction de leurs passions.

Les sentiments de notre honorable correspondant sont empreints de trop d'élévation pour que nous ne soyons pas persuadé qu'il entend, ainsi que cela doit être, la fraternité dans sa plus large acception.

Nous sommes heureux de la communication qu'il veut bien nous faire au sujet de Jupiter. La coïncidence qu'il nous signale n'est pas la seule, comme on a pu le voir dans l'article où il en est question. Or, quelle que soit l'opinion qu'on puisse s'en former, ce n'en est pas moins un sujet d'observation. Le monde spirite est plein de mystères qu'on ne saurait étudier avec trop de soin. Les conséquences morales qu'en déduit notre correspondant sont marquées au coin d'une logique qui n'échappera à personne.

En ce qui concerne la publication des dessins, le même désir nous a été exprimé par plusieurs de nos abonnés ; mais la complication en est telle que la reproduction par la gravure eût entraîné à des dépenses excessives et inabordables ; les Esprits eux-mêmes avaient dit que le moment de les publier n'était pas encore venu, probablement par ce motif. Aujourd'hui cette difficulté est heureusement levée. M. Victorien Sardou, de médium dessinateur (sans savoir dessiner) est devenu *médium graveur* sans avoir jamais tenu un burin de sa vie. Il fait maintenant ses dessins directement sur cuivre, ce qui permettra de les reproduire sans le concours d'aucun artiste étranger. La question financière ainsi simplifiée, nous pourrons en donner un échantillon remarquable dans notre prochain numéro, accompagné d'une description technique, qu'il veut bien se charger de rédiger d'après les documents que lui ont fournis les Esprits. Ces dessins sont très nombreux, et leur ensemble formera plus tard un véritable atlas. Nous connaissons un autre médium dessinateur à qui les Esprits en font tracer de non moins curieux sur un autre monde. Quant à l'état des différents globes connus, il nous a été donné sur plusieurs des renseignements généraux, et sur quelques-uns seulement des renseignements détaillés ; mais nous ne sommes point encore fixé sur l'époque où il sera utile de les publier.

ALLAN KARDEC.

REVUE SPIRITE

JOURNAL

D'ETUDES PSYCHOLOGIQUES

Août 1858

Des Contradictions dans le langage des Esprits

Les contradictions que l'on rencontre assez fréquemment dans le langage des Esprits, même sur des questions essentielles, ont été jusqu'à ce jour, pour quelques personnes, une cause d'incertitude sur la valeur réelle de leurs communications, circonstance dont les adversaires n'ont pas manqué de tirer parti. Au premier aspect, ces contradictions paraissent en effet devoir être une des principales pierres d'achoppement de la science spirite. Voyons si elles ont l'importance qu'on y attache.

Nous demanderons d'abord quelle science, à ses débuts, n'a présenté de pareilles anomalies ? Quel savant, dans ses investigations, n'a pas maintes fois été dérouté par des faits qui semblaient renverser les règles établies ? Si la Botanique, la Zoologie, la Physiologie, la Médecine, notre langue même n'en offrent pas des milliers d'exemples, et si leurs bases défient toute contradiction ? C'est en comparant les faits, en observant les analogies et les dissemblances, que l'on parvient peu à peu à établir les règles, les classifications, les principes : en un mot, à constituer la science. Or, le Spiritisme éclôt à peine ; il n'est donc pas étonnant qu'il subisse la loi commune, jusqu'à ce que l'étude en soit complète ; alors seulement on reconnaîtra qu'ici, comme en toutes choses, l'exception vient presque toujours confirmer la règle.

Les Esprits, du reste, nous ont dit de tout temps de ne pas nous inquiéter de ces quelques divergences, et qu'avant peu tout le monde serait ramené à l'unité de croyance. Cette prédiction s'accomplit en effet chaque jour à mesure que l'on pénètre plus avant dans les causes de ces phénomènes mystérieux, et que les faits sont mieux observés. Déjà les dissidences qui avaient éclaté à l'origine tendent évidemment à s'affaiblir ; on peut même dire qu'elles ne sont plus maintenant que le résultat d'opinions personnelles isolées.

Bien que le Spiritisme soit dans la nature, et qu'il ait été connu et pratiqué dès la plus haute antiquité, il est constant qu'à aucune autre époque il ne fut aussi universellement répandu que de nos jours. C'est que jadis on n'en faisait qu'une étude mystérieuse à laquelle le vulgaire n'était point initié ; il s'est conservé par une tradition que les vicissitudes de l'humanité et le défaut de moyens de transmission ont insensiblement affaiblie. Les phénomènes spontanés qui n'ont cessé de se produire de temps à autre ont passé inaperçus, ou ont été interprétés selon les préjugés ou l'ignorance des temps, ou ont été exploités au profit de telle ou telle croyance. Il était réservé à notre siècle, où le progrès reçoit une impulsion incessante, de mettre au grand jour une science qui n'existait pour ainsi dire qu'à l'état latent. Ce n'est que depuis peu d'années que les phénomènes ont été sérieusement observés ; le Spiritisme est donc en réalité une science nouvelle qui s'implante peu à peu dans l'esprit des masses en attendant qu'elle y prenne un rang officiel. Cette science a paru bien simple d'abord ; pour les gens superficiels, elle ne consistait que dans l'art de faire tourner les tables ; mais une observation plus attentive l'a montrée bien autrement compliquée, par ses ramifications et ses conséquences, qu'on ne l'avait soupçonné. Les tables tournantes sont comme la pomme de Newton qui, dans sa chute, renferme le système du monde.

Il est arrivé au Spiritisme ce qui arrive au début de toutes choses : les premiers n'ont pu tout voir ; chacun a vu de son côté et s'est hâté de faire part de ses impressions à son point de vue, selon ses idées ou ses préventions. Or, ne sait-on pas que, selon le milieu, le même objet peut paraître chaud à l'un, tandis que l'autre le trouvera froid ?

Prenons encore une autre comparaison dans les choses vulgaires, dût-elle même paraître triviale, afin de nous faire mieux comprendre.

On lisait dernièrement dans plusieurs journaux : « Le champignon est une production des plus bizarres ; délicieux ou mortel, microscopique ou d'une dimension phénoménale, il déroute sans cesse l'observation du botaniste. Dans le tunnel de Doncastre est un champignon qui se développe depuis douze mois, et ne semble pas avoir atteint sa dernière phase de croissance. Actuellement il mesure quinze pieds de diamètre. Il est venu sur une pièce de bois ; on le considère comme le plus beau spécimen de champignon qui ait existé. La classification en est difficile, car les avis sont partagés. » Ainsi voilà la science déroutée par la venue d'un champignon qui se présente sous un nouvel aspect. Ce fait a provoqué en nous la réflexion suivante. Supposons plusieurs naturalistes observant chacun de leur côté une variété de ce végétal : l'un dira que le champignon est un cryptogame comestible recherché des gourmets ; un second qu'il est vénéneux ; un troisième qu'il est invisible à l'oeil nu ; un quatrième qu'il peut atteindre jusqu'à quarante-cinq pieds de circonférence, etc. ; toutes assertions contradictoires au premier chef et peu propres à fixer les idées sur la véritable nature des champignons. Puis viendra un cinquième observateur qui reconnaîtra l'identité des caractères généraux, et montrera que ces propriétés si diverses ne constituent en réalité que des variétés ou subdivisions d'une même classe. Chacun avait raison à son point de vue ; tous avaient tort de conclure du particulier au général, et de prendre la partie pour le tout.

Il en est de même à l'égard des Esprits. On les a jugés selon la nature des rapports que l'on a eus avec eux, d'où les uns en ont fait des démons et les autres des anges. Puis on s'est hâté d'expliquer les phénomènes avant d'avoir tout vu, chacun l'a fait à sa manière et en a tout naturellement cherché les causes dans ce qui faisait l'objet de ses préoccupations ; le magnétiste a tout rapporté à l'action magnétique, le physicien à l'action électrique, etc. La divergence d'opinions en matière de Spiritisme vient donc des différents aspects sous lesquels on le considère. De quel côté est la vérité ? C'est ce que l'avenir démontrera ; mais la tendance générale ne saurait être douteuse ; un principe domine évidemment et rallie peu à peu les systèmes prématurés ; une observation moins exclusive les rattachera tous à la souche commune, et l'on verra bientôt qu'en définitive la divergence est plus dans l'accessoire que dans le fond.

On comprend très bien que les hommes se fassent des théories contraires sur les choses ; mais ce qui peut paraître plus singulier, c'est que les Esprits eux-mêmes puissent se contredire ; c'est là surtout ce qui dès l'abord a jeté une sorte confusion dans les idées. Les différentes théories spirites ont donc deux sources : les unes sont écloses dans des cerveaux humains ; les autres sont données par les Esprits. Les premières émanent d'hommes qui, trop confiants dans leurs propres lumières, croient avoir en main la clef de ce qu'ils cherchent, tandis que le plus souvent ils n'ont trouvé qu'un passe-partout. Cela n'a rien de surprenant ; mais que, parmi les Esprits, les uns disent blanc et les autres noir, voilà ce qui paraissait moins concevable, et ce qui aujourd'hui est parfaitement expliqué. On s'est fait, dans le principe, une idée complètement fausse de la nature des Esprits. On se les était figurés comme des êtres à part, d'une nature exceptionnelle, n'ayant rien de commun avec la matière, et devant tout savoir.

C'étaient, selon l'opinion personnelle, des êtres bienfaisants ou malfaisants, les uns ayant toutes les vertus, les autres tous les vices, et tous en général une science infinie, supérieure à celle de l'humanité. A la nouvelle des récentes manifestations, la première pensée qui est venue à la plupart a été d'y voir un moyen de pénétrer toutes choses cachées, un nouveau mode de divination moins sujet à caution que les procédés vulgaires. Qui pourrait dire le nombre de ceux qui ont rêvé une fortune facile par la révélation de trésors cachés, par des découvertes industrielles ou scientifiques qui n'auraient coûté aux inventeurs que la peine d'écrire les procédés sous la dictée des savants de l'autre monde ! Dieu sait aussi que de mécomptes et de désappointements ! que de prétendues recettes, plus ridicules les unes que les autres, ont été données par les loustics du monde invisible ! Nous connaissons quelqu'un qui avait demandé un procédé infaillible pour teindre les cheveux ; il lui fut donné la formule d'une composition, sorte de cirage qui fit de la chevelure une masse compacte dont le patient eut toutes les peines du monde à se débarrasser.

Toutes ces espérances chimériques ont dû s'évanouir à mesure que l'on a mieux connu la nature de ce monde et le but réel des visites que nous font ses habitants. Mais alors, pour beaucoup de gens, quelle était la valeur de ces Esprits qui n'avaient pas même le pouvoir de procurer quelques petits millions sans rien faire ? ce ne pouvaient être des Esprits. A cette fièvre passagère a succédé l'indifférence, puis chez quelques-uns l'incrédulité. Oh ! que de prosélytes les Esprits auraient faits s'ils avaient pu faire venir le bien en dormant ! On eût adoré le diable même s'il avait secoué son escarcelle.

A côté de ces rêveurs, il s'est trouvé des gens sérieux qui ont vu dans ces phénomènes autre chose que le vulgaire ; ils ont observé attentivement, sondé les replis de ce monde mystérieux, et ils ont aisément reconnu dans ces faits étranges, sinon nouveaux, un but providentiel de l'ordre le plus élevé. Tout a changé de face quand on a su que ces mêmes Esprits ne sont autres que ceux qui ont vécu sur la terre, et dont, à notre mort, nous allons grossir le nombre ; qu'ils n'ont laissé ici-bas que leur grossière enveloppe, comme la chenille laisse sa chrysalide pour devenir papillon. Nous n'avons pu en douter quand nous avons vu nos parents, nos amis, nos contemporains, venir converser avec nous, et nous donner des preuves irrécusables de leur présence et de leur identité. En considérant les variétés si nombreuses que présente l'humanité au double point de vue intellectuel et moral, et la foule qui chaque jour émigre de la terre pour le monde invisible, il répugne à la raison de croire que le stupide Samoyède, le féroce cannibale, le vil criminel, subissent à la mort une transformation qui les mette au niveau du savant et de l'homme de bien. On a donc compris qu'il pouvait et devait y voir des Esprits plus ou moins avancés, et dès lors se sont expliquées tout naturellement ces communications si différentes dont les unes s'élèvent jusqu'au sublime, tandis que d'autres se traînent dans l'ordure. On l'a mieux compris encore quand, cessant de croire notre petit grain de sable perdu dans l'espace, seul habité parmi tant de millions de globes semblables, on a su que, dans l'univers, il n'occupe qu'un rang intermédiaire voisin du plus bas échelon ; qu'il y avait, par conséquent, des êtres plus avancés que les plus avancés parmi nous, et d'autres encore plus arriérés que nos sauvages. Dès lors l'horizon intellectuel et moral s'est étendu, comme l'a fait notre horizon terrestre quand on a eu découvert la quatrième partie du monde ; la puissance et la majesté de Dieu ont en même temps grandi à nos yeux du fini à l'infini. Dès lors aussi se sont expliquées les contradictions du langage des Esprits, car on a compris que des êtres inférieurs en tous points ne pouvaient ni penser ni parler comme des êtres supérieurs ; qu'ils ne pouvaient, par conséquent, ni tout savoir, ni tout comprendre, et que Dieu devait réserver à ses seuls élus la connaissance des mystères auxquels l'ignorance ne saurait atteindre.

L'échelle spirite, tracée d'après les Esprits eux-mêmes et l'observation des faits, nous donne donc la clef de toutes les anomalies apparentes du langage des Esprits. Il faut, par l'habitude, arriver à les connaître pour ainsi dire à première vue, et pouvoir leur assigner leur rang selon la nature de leurs manifestations ; il faut pouvoir dire au besoin, à l'un qu'il est menteur, à l'autre qu'il est hypocrite, à celui-ci qu'il est méchant, à celui-là qu'il est facétieux, etc., sans se laisser prendre ni à leur arrogance, ni à leurs forfanteries, ni à leurs menaces, ni à leurs sophismes, ni même à leurs *cajoleries* ; c'est le moyen d'écarter cette tourbe qui pullule sans cesse autour de nous, et qui s'éloigne quand on sait n'attirer à soi que les Esprits véritablement bons et sérieux, ainsi que nous le faisons à l'égard des vivants. Ces êtres infimes sont-ils à jamais voués à l'ignorance et au mal ? Non, car cette partialité ne serait ni selon la justice, ni selon la bonté du Créateur qui a pourvu à l'existence et au bien-être du plus petit insecte. C'est par une succession d'existences qu'ils s'élèvent et s'approchent de lui en s'améliorant. Ces Esprits inférieurs ne connaissent Dieu que de nom ; ils ne le voient et ne le comprennent pas plus que le dernier paysan, au fond de ses bruyères, ne voit et ne comprend le souverain qui gouverne le pays qu'il habite.

Si l'on étudie avec soin le caractère propre de chacune des classes d'Esprits, on concevra aisément comment il en est qui sont incapables de nous fournir des renseignements exacts sur l'état de leur monde. Si l'on considère en outre qu'il y en a qui, par leur nature, sont légers, menteurs, moqueurs, malfaisants, que d'autres sont encore imbus des idées et des préjugés terrestres, on comprendra que, dans leurs rapports avec nous, ils peuvent s'amuser à nos dépens, nous induire sciemment en erreur par malice, affirmer ce qu'ils ne savent pas, nous donner de perfides conseils, ou même se tromper de bonne foi en jugeant les choses à leur point de vue. Citons une comparaison.

Supposons qu'une colonie d'habitants de la terre trouve un beau jour le moyen d'aller s'établir dans la Lune ; supposons cette colonie composée des divers éléments de la population de notre globe, depuis l'Européen le plus civilisé jusqu'au sauvage Australien. Voilà sans doute les habitants de la Lune en grand émoi, et ravis de pouvoir se procurer auprès de leurs nouveaux hôtes des renseignements précis sur notre planète, que quelques-uns supposaient bien habitée, mais sans en avoir la certitude, car chez eux aussi, il y a sans doute des gens qui se croient les seuls êtres de l'univers. On choie les nouveaux venus, on les questionne, et les savants s'apprêtent à publier l'histoire physique et morale de la Terre. Comment cette histoire ne serait-elle pas authentique, puisqu'on va la tenir de témoins oculaires ? L'un d'eux recueille chez lui un Zélandais qui lui apprend qu'ici-bas c'est un régal de manger les hommes, et que Dieu le permet, puisqu'on sacrifie les victimes en son honneur.

Chez un autre, est un moraliste philosophe qui lui parle d'Aristote et de Platon, et lui dit que l'anthropophagie est une abomination condamnée par toutes les lois divines et humaines. Ici est un musulman qui ne mange pas les hommes, mais qui dit qu'on fait son salut en tuant le plus de chrétiens possible ; ici est un chrétien qui dit que Mahomet est un imposteur ; plus loin un Chinois qui traite tous les autres de barbares, en disant que, quand on a trop d'enfants, Dieu permet de les jeter à la rivière ; un viveur fait le tableau des délices de la vie dissolue des capitales ; un anachorète prêche l'abstinence et les mortifications ; un fakir indien se déchire le corps et s'impose pendant des années, pour s'ouvrir les portes du ciel, des souffrances auprès desquelles les privations de nos plus pieux cénobites sont de la sensualité.

Vient ensuite un bachelier qui dit que c'est la terre qui tourne et non le soleil ; un paysan qui dit que le bachelier est un menteur, parce qu'il voit bien le soleil se lever et se coucher ; un Sénégambien dit qu'il fait très chaud ; un Esquimau, que la mer est une plaine de glace et qu'on ne voyage qu'en traîneaux. La politique n'est pas restée en arrière : les uns vantent le régime absolu, d'autres la liberté ; tel dit que l'esclavage est contre nature, et que tous les hommes sont frères, étant enfants de Dieu ; tel autre, que des races sont faites pour l'esclavage, et sont bien plus heureuses qu'à l'état libre, etc. Je crois les écrivains sélénites bien embarrassés pour composer une histoire physique, politique, morale et religieuse du monde terrestre avec de pareils documents. « Peut-être, pensent quelques-uns, trouverons-nous plus d'unité parmi les savants ; interrogeons ce groupe de docteurs. » Or, l'un d'eux, médecin de la Faculté de Paris, centre des lumières, dit que toutes les maladies ayant pour principe un sang vicié, il faut le renouveler, et pour cela saigner à blanc en tout état de cause. « Vous êtes dans l'erreur, mon savant confrère, réplique un second : l'homme n'a jamais trop de sang ; lui en ôter, c'est lui ôter la vie ; le sang est vicié, j'en conviens ; que fait-on quand un vase est sale ? on ne le brise pas, on le nettoie ; alors purgez, purgez, purgez jusqu'à extinction. »

Un troisième prenant la parole : « Messieurs, vous, avec vos saignées, vous tuez vos malades ; vous, avec vos purgations, vous les empoisonnez ; la nature est plus sage que nous tous ; laissons-la faire, et attendons. - C'est cela, répliquent les deux premiers, si nous tuons nos malades, vous, vous les laissez mourir. » La dispute commençait à s'échauffer quand un quatrième, prenant à part un Sélénite en le tirant à gauche, lui dit : « Ne les écoutez pas, ce sont tous des ignorants, je ne sais vraiment pas pourquoi ils sont de l'Académie. Suivez bien mon raisonnement : tout malade est faible ; donc il y a affaiblissement des organes ; ceci est de la logique pure, ou je ne m'y connais pas ; donc il faut leur donner du ton ; pour cela je n'ai qu'un remède : l'eau froide, l'eau froide, je ne sors pas de là. - Guérissez-vous tous vos malades ? - Toujours, quand la maladie n'est pas mortelle. - Avec un procédé si infaillible vous êtes sans doute de l'Académie ? - Je me suis mis trois fois sur les rangs. Eh bien ! le croiriez-vous ? ils m'ont toujours repoussé, ces soi-disant savants, parce qu'ils ont compris que je les aurais pulvérisés avec mon eau froide. -

Monsieur le Sélénite, dit un nouvel interlocuteur en le tirant à droite : nous vivons dans une atmosphère d'électricité ; l'électricité est le véritable principe de la vie ; en ajouter quand il n'y en a pas assez, en ôter quand il y en a trop ; neutraliser les fluides contraires les uns par les autres, voilà tout le secret. Avec mes appareils je fais des merveilles : lisez mes annonces et vous verrez[17]! »

Nous n'en finirions pas si nous voulions rapporter toutes les théories contraires qui furent tour à tour préconisées sur toutes les branches des connaissances humaines, sans excepter les sciences exactes ; mais c'est surtout dans les sciences métaphysiques que le champ fut ouvert aux doctrines les plus contradictoires. Cependant un homme d'esprit et de jugement (pourquoi n'y en aurait-il pas dans la lune ?) compare tous ces récits incohérents, et en tire cette conclusion très logique : que sur la terre il y a des pays chauds et des pays froids ; que dans certaines contrées les hommes se mangent entre eux ; que dans d'autres ils tuent ceux qui ne pensent pas comme eux, le tout pour la plus grande gloire de leur divinité ; que chacun enfin parle selon ses connaissances et vante les choses au point de vue de ses passions et de ses intérêts. En définitive, qui croira-t-il de préférence ?

Au langage il reconnaîtra sans peine le vrai savant de l'ignorant ; l'homme sérieux de l'homme léger ; celui qui a du jugement de celui qui raisonne à faux ; il ne confondra pas les bons et les mauvais sentiments, l'élévation avec la bassesse, le bien avec le mal, et il se dira : « Je dois tout entendre, tout écouter, parce que dans le récit, même du plus brut, je puis apprendre quelque chose ; mais mon estime et ma confiance ne sont acquises qu'à celui qui s'en montre digne. » Si cette colonie terrienne veut implanter ses moeurs et ses usages dans sa nouvelle patrie, les sages repousseront les conseils qui leur sembleront pernicieux, et se confieront à ceux qui leur paraîtront les plus éclairés, en qui ils ne verront ni fausseté, ni mensonges, et chez lesquels, au contraire, ils reconnaîtront l'amour sincère du bien. Ferions-nous autrement si une colonie de Sélénites venait à s'abattre sur la terre ? Eh bien ! ce qui est donné ici comme une supposition, est une réalité par rapport aux Esprits, qui, s'ils ne viennent pas parmi nous en chair et en os, n'en sont pas moins présents d'une manière occulte, et nous transmettent leurs pensées par leurs interprètes, c'est-à-dire par les médiums. Quand nous avons appris à les connaître, nous les jugeons à leur langage, à leurs principes, et leurs contradictions n'ont plus rien qui doive nous surprendre, car nous voyons que les uns savent ce que d'autres ignorent ; que certains sont placés trop bas, ou sont encore trop matériels pour comprendre et apprécier les choses d'un ordre élevé ; tel est l'homme qui, au bas de la montagne, ne voit qu'à quelques pas de lui, tandis que celui qui est au sommet découvre un horizon sans bornes.

La première source des contradictions est donc dans le degré du développement intellectuel et moral des Esprits ; mais il en est d'autres sur lesquels il est inutile d'appeler l'attention.

---

[17] Le lecteur comprendra que notre critique ne porte que sur les exagérations en toutes choses. Il y a du bon en tout ; le tort est dans l'exclusivisme que le savant judicieux sait toujours éviter. Nous n'avons garde de confondre les véritables savants, dont l'humanité s'honore à juste titre, avec ceux qui exploitent leurs idées sans discernement ; c'est de ceux-là que nous voulons parier. Notre but est uniquement de démontrer que la science officielle elle-même n'est pas exempte de contradictions.

Passons, dira-t-on, sur la question des Esprits inférieurs, puisqu'il en est ainsi ; on comprend qu'ils peuvent se tromper par ignorance ; mais comment se fait-il que des Esprits supérieurs soient en dissidence ? qu'ils tiennent dans un pays un langage différent de celui qu'ils tiennent dans un autre ? que le même Esprit, enfin, ne soit pas toujours d'accord avec lui-même ?

La réponse à cette question repose sur la connaissance complète de la science spirite, et cette science ne peut s'enseigner en quelques mots, car elle est aussi vaste que toutes les sciences philosophiques. Elle ne s'acquiert, comme toutes les autres branches des connaissances humaines, que par l'étude et l'observation. Nous ne pouvons répéter ici tout ce que nous avons publié sur ce sujet ; nous y renvoyons donc nos lecteurs, nous bornant à un simple résumé. Toutes ces difficultés disparaissent pour quiconque porte sur ce terrain un regard investigateur et sans prévention.

Les faits prouvent que les Esprits trompeurs se parent sans scrupule de noms révérés pour mieux accréditer leurs turpitudes, ce qui se fait même aussi quelquefois parmi nous. De ce qu'un Esprit se présente sous un nom quelconque, ce n'est donc point une raison pour qu'il soit réellement ce qu'il prétend être ; mais il y a dans le langage des Esprits sérieux, un cachet de dignité auquel on ne saurait se méprendre : il ne respire que la bonté et la bienveillance, et jamais il ne se dément. Celui des Esprits imposteurs, au contraire, de quelque vernis qu'ils le parent, laisse toujours, comme on dit vulgairement, percer le bout de l'oreille. Il n'y a donc rien d'étonnant à ce que, sous des noms usurpés, des Esprits inférieurs enseignent des choses disparates. C'est à l'observateur de chercher à connaître la vérité, et il le peut sans peine, s'il veut bien se pénétrer de ce que nous avons dit à cet égard dans notre *Instruction pratique. (Livre des Médiums.)*

Ces mêmes Esprits flattent, en général, les goûts et les inclinations des personnes dont ils savent le caractère assez faible et assez crédule pour les écouter ; ils se font l'écho de leurs préjugés et même de leurs idées superstitieuses, et cela par une raison très simple, c'est que les Esprits sont attirés par leur sympathie pour l'Esprit des personnes qui les appellent ou qui les écoutent avec plaisir.

Quant aux Esprits sérieux, ils peuvent également tenir un langage différent, selon les personnes, mais cela dans un autre but. Quand ils le jugent utile et pour mieux convaincre, ils évitent de heurter trop brusquement des croyances enracinées et s'expriment selon les temps, les lieux et les personnes. « C'est pourquoi, nous disent-ils, nous ne parlerons pas à un Chinois ou à un mahométan comme à un chrétien ou à un homme civilisé, parce que nous n'en serions pas écoutés. Nous pouvons donc quelquefois paraître entrer dans la manière de voir des personnes, pour les amener peu à peu à ce que nous voulons, quand cela se peut sans altérer les vérités essentielles. » N'est-il pas évident que si un Esprit veut amener un musulman fanatique à pratiquer la sublime maxime de l'Evangile : « Ne faites pas aux autres ce que vous ne voudriez pas qu'on vous fît, » il serait repoussé s'il disait que c'est Jésus qui l'a enseignée. Or, lequel vaut le mieux, de laisser au musulman son fanatisme, ou de le rendre bon en lui laissant momentanément croire que c'est Allah qui a parlé ? C'est un problème dont nous abandonnons la solution au jugement du lecteur. Quant à nous, il nous semble qu'une fois rendu plus doux et plus humain, il sera moins fanatique et plus accessible à l'idée d'une nouvelle croyance que si on la lui eût imposée de force. Il est des vérités qui, pour être acceptées, ne veulent pas être jetées à la face sans ménagement. Que de maux les hommes eussent évités s'ils eussent toujours agi ainsi !

Les Esprits, comme on le voit, font aussi usage de précautions oratoires ; mais, dans ce cas, la divergence est dans l'accessoire et non dans le principal. Amener les hommes au bien, détruire l'égoïsme, l'orgueil, la haine, l'envie, la jalousie, leur apprendre à pratiquer la véritable charité chrétienne, c'est pour eux l'essentiel, le reste viendra en temps utile, et ils prêchent autant d'exemple que de paroles quand ce sont des Esprits véritablement bons et supérieurs ; tout en eux respire la douceur et la bienveillance. L'irritation, la violence, l'âpreté et la dureté du langage, fût-ce même pour dire de bonnes choses, ne sont jamais le signe d'une supériorité réelle. Les Esprits véritablement bons ne se fâchent ni ne s'emportent jamais : s'ils ne sont pas écoutés, ils s'en vont, voilà tout.

Il est encore deux causes de contradictions apparentes que nous ne devons pas passer sous silence. Les Esprits inférieurs, comme nous l'avons dit en maintes occasions, disent tout ce qu'on veut, sans se soucier de la vérité ; les Esprits supérieurs se taisent ou refusent de répondre quand on leur fait une question indiscrète ou sur laquelle il ne leur est pas permis de s'expliquer. « Dans ce cas, nous ont-ils dit, n'insistez jamais, car alors ce sont les Esprits légers qui répondent et qui vous trompent ; vous croyez que c'est nous, et vous pouvez penser que nous nous contredisons. Les Esprits sérieux ne se contredisent jamais ; leur langage est toujours le même avec les mêmes personnes. Si l'un d'eux dit des choses contraires sous un même nom, soyez assurés que ce n'est pas le même Esprit qui parle, ou du moins que ce n'est pas un bon Esprit. Vous reconnaîtrez le bon aux principes qu'il enseigne, car tout Esprit qui n'enseigne pas le bien n'est pas un bon Esprit, et vous devez le repousser. »

Le même Esprit voulant dire la même chose en deux endroits différents, ne se servira pas littéralement des mêmes mots : pour lui la pensée est tout ; mais l'homme, malheureusement, est plus porté à s'attacher à la forme qu'au fond ; c'est cette forme qu'il interprète souvent au gré de ses idées et de ses passions, et de cette interprétation peuvent naître des contradictions apparentes qui ont aussi leur source dans l'insuffisance du langage humain pour exprimer les choses extra-humaines. Etudions le fond, scrutons la pensée intime, et nous verrons bien souvent l'analogie là où un examen superficiel nous faisait voir une disparate.

Les causes des contradictions dans le langage des Esprits peuvent donc se résumer ainsi :

1° Le degré d'ignorance ou de savoir des Esprits auxquels on s'adresse ;

2° La supercherie des Esprits inférieurs qui peuvent, en prenant des noms d'emprunt, dire, par malice, ignorance ou méchanceté, le contraire de ce qu'a dit ailleurs l'Esprit dont ils ont usurpé le nom ;

3° Les défauts personnels du médium, qui peuvent influer sur la pureté des communications, altérer ou travestir la pensée de l'Esprit ;

4° L'insistance pour obtenir une réponse qu'un Esprit refuse de donner, et qui est faite par un Esprit inférieur ;

5° La volonté de l'Esprit même, qui parle selon les temps, les lieux et les personnes, et peut juger utile de ne pas tout dire à tout le monde ;

6° L'insuffisance du langage humain pour exprimer les choses du monde incorporel ;

7° L'interprétation que chacun peut donner d'un mot ou d'une explication, selon ses idées, ses préjugés ou le point de vue sous lequel il envisage la chose.

Ce sont autant de difficultés dont on ne triomphe que par une étude longue et assidue ; aussi n'avons-nous jamais dit que la science spirite fût une science facile. L'observateur sérieux qui approfondit toutes choses avec maturité, patience et persévérance, saisit une foule de nuances délicates qui échappent à l'observateur superficiel. C'est par ces détails intimes qu'il s'initie aux secrets de cette science. L'expérience apprend à connaître les Esprits, comme elle apprend à connaître les hommes.

Nous venons de considérer les contradictions au point de vue général. Dans d'autres articles nous traiterons les points spéciaux les plus importants.

La Charité

Par l'Esprit de saint Vincent de Paul.

(Société des études spirites, séance du 8 juin 1858.)

Soyez bons et charitables, c'est la clef des cieux que vous tenez en vos mains ; tout le bonheur éternel est renfermé dans cette maxime : Aimez-vous les uns les autres. L'âme ne peut s'élever dans les régions spirituelles que par le dévouement au prochain ; elle ne trouve de bonheur et de consolation que dans les élans de la charité ; soyez bons, soutenez vos frères, laissez de côté cette affreuse plaie de l'égoïsme ; ce devoir rempli doit vous ouvrir la route du bonheur éternel. Du reste, qui d'entre vous n'a senti son coeur bondir, sa joie intérieure se dilater par l'action d'une œuvre charitable ? Vous ne devriez penser qu'à cette sorte de volupté que procure une bonne action, et vous resteriez toujours dans le chemin du progrès spirituel. Les exemples ne vous manquent pas ; il n'y a que les bonnes volontés qui sont rares. Voyez la foule des hommes de bien dont votre histoire vous rappelle le pieux souvenir.

Je vous les citerais par milliers ceux dont la morale n'avait pour but que d'améliorer votre globe. Le Christ ne vous a-t-il pas dit tout ce qui concerne ces vertus de charité et d'amour ? Pourquoi laisse-t-on de côté ses divins enseignements ? Pourquoi ferme-t-on l'oreille à ses divines paroles, le coeur à toutes ses douces maximes ? Je voudrais que les lectures évangéliques fussent faites avec plus d'intérêt personnel ; on délaisse ce livre, on en fait un mot creux, une lettre close ; on laisse ce code admirable dans l'oubli : vos maux ne proviennent que de l'abandon volontaire que vous faites de ce résumé des lois divines. Lisez donc ces pages toutes brûlantes du dévouement de Jésus, et méditez-les. Je suis honteux moi-même d'oser vous promettre un travail sur la charité, quand je songe que dans ce livre vous trouvez tous les enseignements qui doivent vous mener par la main dans les régions célestes.

Hommes forts, ceignez-vous ; hommes faibles, faites-vous des armes de votre douceur, de votre foi ; ayez plus de persuasion, plus de constance dans la propagation de votre nouvelle doctrine ; ce n'est qu'un encouragement que nous sommes venus vous donner ; ce n'est que pour stimuler votre zèle et vos vertus que Dieu nous permet de nous manifester à vous ; mais si on voulait, on n'aurait besoin que de l'aide de Dieu et de sa propre volonté : les manifestations spirites ne sont faites que pour les yeux fermés et les coeurs indociles. Il y a parmi vous des hommes qui ont à remplir des missions d'amour et de charité ; écoutez-les, exaltez leur voix ; faites resplendir leurs mérites, et vous vous exalterez vous-mêmes par le désintéressement et par la foi vive dont ils vous pénétreront.

Les avertissements détaillés seraient très longs à donner sur le besoin d'élargir le cercle de la charité, et d'y faire participer tous les malheureux dont les misères sont ignorées, toutes les douleurs que l'on doit aller trouver dans leurs réduits pour les consoler au nom de cette vertu divine : la charité. Je vois avec bonheur que des hommes éminents et puissants aident à ce progrès qui doit relier entre elles toutes les classes humaines : les heureux et les malheureux. Les malheureux, chose étrange ! se donnent tous la main et soutiennent leur misère les uns par les autres. Pourquoi les heureux sont-ils plus tardifs à écouter la voix du malheureux ? Pourquoi faut-il que ce soit une main puissante et terrestre qui donne l'élan aux missions charitables ? Pourquoi ne répond-on pas avec plus d'ardeur à ces appels ? Pourquoi laisse-t-on les misères entacher, comme à plaisir, le tableau de l'humanité ?

La charité est la vertu fondamentale qui doit soutenir tout l'édifice des vertus terrestres ; sans elle les autres n'existent pas : point de charité, point de foi ni d'espérance ; car sans la charité point d'espoir dans un sort meilleur, pas d'intérêt moral qui nous guide. Sans la charité, point de foi ; car la foi n'est qu'un pur rayon qui fait briller une âme charitable ; elle en est la conséquence décisive.

Quand on laissera son coeur s'ouvrir à la prière du premier malheureux qui vous tend la main ; quand on lui donnera, sans se demander si sa misère n'est pas feinte, ou son mal dans un vice dont il est cause ; quand on laissera toute justice entre les mains divines ; quand on laissera le châtiment des misères menteuses au Créateur ; enfin, lorsqu'on fera la charité pour le seul bonheur qu'elle procure et sans recherche de son utilité, alors vous serez les enfants que Dieu aimera et qu'il appellera vers lui.

La charité est l'ancre éternelle du salut dans tous les globes : c'est la plus pure émanation du Créateur lui-même ; c'est sa propre vertu qu'il donne à la créature. Comment voudrait-on méconnaître cette suprême bonté ? Quel serait, avec cette pensée, le coeur assez pervers pour refouler et chasser ce sentiment tout divin ? Quel serait l'enfant assez méchant pour se mutiner contre cette douce caresse : la charité ?

Je n'ose pas parler de ce que j'ai fait, car les Esprits ont aussi la pudeur de leurs œuvres ; mais je crois l'oeuvre que j'ai commencée une de celles qui doivent le plus contribuer au soulagement de vos semblables. Je vois souvent des Esprits demander pour mission de continuer mon oeuvre ; je les vois, mes douces et chères soeurs, dans leur pieux et divin ministère ; je les vois pratiquer la vertu que je vous recommande, avec toute la joie que procure cette existence de dévouement et de sacrifices ; c'est un grand bonheur pour moi de voir combien leur caractère est honoré, combien leur mission est aimée et doucement protégée. Hommes de bien, de bonne et forte volonté, unissez-vous pour continuer grandement l'oeuvre de propagation de la charité ; vous trouverez la récompense de cette vertu par son exercice même ; il n'est pas de joie spirituelle qu'elle ne donne dès la vie présente. Soyez unis ; aimez-vous les uns les autres selon les préceptes du Christ. Ainsi soit-il.

Nous remercions saint Vincent de Paul de la belle et bonne communication qu'il a bien voulu nous faire. - R. Je voudrais qu'elle vous profitât à tous.

Voulez-vous nous permettre quelques questions complémentaires au sujet de ce que vous venez de nous dire ? - R. Je le veux bien ; mon but est de vous éclairer ; demandez ce que vous voudrez.

1. La charité peut s'entendre de deux manières : l'aumône proprement dite, et l'amour de ses semblables. Lorsque vous nous avez dit qu'il faut laisser son coeur s'ouvrir à la prière du malheureux qui nous tend la main, sans lui demander si sa misère n'est pas feinte ; n'avez-vous pas voulu parler de la charité au point de vue de l'aumône ? - R. Oui, seulement dans ce paragraphe.

2. Vous nous avez dit qu'il faut laisser à la justice de Dieu l'appréciation de la misère feinte ; il nous semble cependant que donner sans discernement à des gens qui n'ont pas besoin, ou qui pourraient gagner leur vie par un travail honorable, c'est encourager le vice et la paresse. Si les paresseux trouvaient trop facilement la bourse des autres ouverte, ils se multiplieraient à l'infini au préjudice des véritables malheureux. - R. Vous pouvez discerner ceux qui peuvent travailler, et alors la charité vous oblige à faire tout pour leur procurer du travail ; mais il y a aussi des pauvres menteurs qui savent simuler adroitement des misères qu'ils n'ont pas ; c'est pour ceux-là qu'il faut laisser à Dieu toute justice.

3. Celui qui ne peut donner qu'un sou, et qui a le choix entre deux malheureux qui lui demandent, n'a-t-il pas raison de s'enquérir de celui qui a réellement le plus besoin, ou doit-il donner sans examen au premier venu ? - R. Il doit donner à celui qui paraît le plus souffrir.

4. Ne peut-on considérer aussi comme faisant partie de la charité la manière de la faire ? - R. C'est surtout dans la manière dont on oblige que la charité est vraiment méritoire ; la bonté est toujours l'indice d'une belle âme.

5. Quel genre de mérite accordez-vous à ceux qu'on appelle des bourrus bienfaisants ? - R. Ils ne font le bien qu'à moitié. On reçoit leurs bienfaits, mais ils ne touchent pas.

6. Jésus a dit : « Que votre main droite ne sache pas ce que donne votre main gauche. » Ceux qui donnent par ostentation n'ont-ils aucune espèce de mérite ? - R. Ils n'ont que le mérite de l'orgueil, ce dont ils seront punis.

7. La charité chrétienne, dans son acception la plus large, ne comprend-elle pas aussi la douceur, la bienveillance et l'indulgence pour les faiblesses d'autrui ? - R. Imitez Jésus ; il vous a dit tout cela ; écoutez-le plus que jamais.

8. La charité est-elle bien entendue quand elle est exclusive entre les gens d'une même opinion ou d'un même parti ? - R. Non, c'est surtout l'esprit de secte et de parti qu'il faut abolir, car tous les hommes sont frères. C'est sur cette question que nous concentrons nos efforts.

9. Je suppose un individu qui voit deux hommes en danger ; il n'en peut sauver qu'un seul, mais l'un est son ami et l'autre son ennemi ; lequel doit-il sauver ? - R. Il doit sauver son ami, parce que cet ami pourrait réclamer de celui qu'il croit l'aimer ; quant à l'autre, Dieu s'en charge.

L'Esprit frappeur de Dibbelsdorf (BASSE-SAXE)

Traduit de l'allemand, du docteur KERNER, par M. Alfred PIREAUX.

L'histoire de l'Esprit frappeur de Dibbelsdorf renferme à côté de sa partie comique une partie instructive, ainsi que cela ressort des extraits de vieux documents publiés en 1811 par le prédicateur Capelle.

Dans le dernier mois de l'année 1761, le 2 décembre, à six heures du soir, une sorte de martèlement paraissant venir d'en bas se fit entendre dans une chambre habitée par Antoine Kettelhut. Celui-ci l'attribuant à son domestique qui voulait s'égayer aux dépens de la servante, alors dans la chambre des fileuses, sortit pour jeter un seau d'eau sur la tête du plaisant ; mais il ne trouva personne dehors. Une heure après, le même bruit recommence et l'on pense qu'un rat peut bien en être la cause. Le lendemain donc on sonde les murs, le plafond, le parquet, et pas la moindre trace de rats.

Le soir, même bruit ; on juge alors la maison dangereuse à habiter, et les servantes ne veulent plus rester dans la chambre aux veillées. Bientôt après le bruit cesse, mais pour se reproduire à cent pas de là, dans la maison de Louis Kettelhut, frère d'Antoine, et avec une force inusitée. C'était dans un coin de la chambre que la *chose frappante* se manifestait.

A la fin cela devint suspect aux paysans, et le bourgmestre en fit part à la justice qui d'abord ne voulut pas s'occuper d'une affaire qu'elle regardait comme ridicule ; mais, sur les pressantes instances des habitants, elle se transporta, le 6 janvier 1762, à Dibbelsdorf pour examiner le fait avec attention. Les murs et les plafonds démolis n'amenèrent aucun résultat, et la famille Kettelhut jura qu'elle était tout à fait étrangère à la chose.

Jusqu'alors on ne s'était pas encore entretenu avec le frappeur. Un individu de Naggam s'armant de courage demande : Esprit frappeur, es-tu encore là ? Et un coup se fit entendre. - Peux-tu me dire comment je m'appelle ? Parmi plusieurs noms qu'on lui désigna l'Esprit frappa à celui de l'interrogateur. - Combien **y** a-t-il de boutons à mon vêtement ? 36 coups furent frappés. On compte les boutons, il en a juste 36.

A partir de ce moment, l'histoire de l'Esprit frappeur se répandit dans les environs, et tous les soirs des centaines de Brunswickois se rendaient à Dibbelsdorf, ainsi que des Anglais et une foule de curieux étrangers ; la foule devint telle que la milice locale ne pouvait la contenir ; les paysans durent renforcer la garde de nuit et l'on fut obligé de ne laisser pénétrer les visiteurs que les uns après les autres.

Ce concours de monde parut exciter l'Esprit à des manifestations plus extraordinaires, et il s'éleva à des marques de communication qui prouvaient son intelligence. Jamais il ne fut embarrassé dans ses réponses : désirait-on savoir le nombre et la couleur des chevaux qui stationnaient devant la maison ? il l'indiquait très exactement ; ouvrait-on un livre de chant en posant à tout hasard le doigt sur une page et en demandant le numéro du morceau de chant inconnu même de l'interrogateur, aussitôt une série de coups indiquait parfaitement le numéro désigné. L'Esprit ne faisait pas attendre sa réponse, car elle suivait immédiatement la question. Il annonçait aussi combien il y avait de personnes dans la chambre, combien il y en avait dehors, désignait la couleur des cheveux, des vêtements, la position et la profession des individus.

Parmi les curieux se trouvait un jour un homme de Hettin, tout à fait inconnu à Dibbelsdorf et habitant depuis peu Brunswick. Il demanda à l'Esprit le lieu de sa naissance, et, afin de l'induire en erreur, lui cita un grand nombre de villes ; quand il arriva au nom de Hettin un coup se fit entendre. Un bourgeois rusé, croyant mettre l'Esprit en défaut, lui demanda combien il avait de pfennigs dans sa poche ; il lui fut répondu 681, nombre exact. Il dit à un pâtissier combien il avait fait de biscuits le matin, à un marchand combien il avait vendu d'aunes de rubans la veille ; à un autre la somme d'argent qu'il avait reçue l'avant-veille par la poste. Il était d'humeur assez gaie, battait la mesure quand on le désirait, et quelquefois si fort que le bruit en était assourdissant. Le soir, au moment du repas, après le bénédicité, il frappa à *Amen*. Cette marque de dévotion n'empêcha pas qu'un sacristain, revêtu du grand costume d'exerciseur, n'essayât de déloger l'Esprit de son coin : la conjuration échoua.

L'Esprit ne redoutait rien, et il se montra aussi sincère dans ses réponses au duc régnant Charles et à son frère Ferdinand qu'à toute autre personne de moindre condition. L'histoire prend alors une tournure plus sérieuse. Le duc charge un médecin et des docteurs en droit de l'examen du fait. Les savants expliquèrent le *frappement* par la présence d'une source souterraine. Ils firent creuser à huit pieds de profondeur, et naturellement trouvèrent l'eau, attendu que Dibbelsdorf est situé dans un fond ; l'eau jaillissante inonda la chambre, mais l'Esprit continua à frapper dans son coin habituel. Les hommes de science crurent alors être dupes d'une mystification, et ils firent au domestique l'honneur de le prendre pour l'Esprit si bien instruit. Son intention, disaient-ils, est d'ensorceler la servante. Tous les habitants du village furent invités à rester chez eux à un jour fixe ; le domestique fut gardé à vue, car, d'après l'opinion des savants, il devait être le coupable ; mais l'Esprit répondit de nouveau à toutes les questions. Le domestique, reconnu innocent, fut rendu à la liberté. Mais la justice voulait un auteur du méfait ; elle accusa les époux Kettelhut du bruit dont ils se plaignaient, bien que ce fussent des personnes très bienveillantes, honnêtes et irréprochables en toutes choses, et que les premiers ils se fussent adressés à l'autorité dès l'origine des manifestations. On força, par des promesses et des menaces, une jeune personne à témoigner contre ses maîtres. En conséquence ceux-ci furent mis en prison, malgré les rétractations ultérieures de la jeune fille, et l'aveu formel que ses premières déclarations étaient fausses et lui avaient été arrachées par les juges. L'Esprit continuant à frapper, les époux Kettelhut n'en furent pas moins tenus en prison pendant trois mois, au bout desquels on les renvoya sans indemnité, bien que les membres de la commission eussent résumé ainsi leur rapport : « Tous les moyens possibles pour découvrir la cause du bruit ont été infructueux ; l'avenir peut-être nous éclairera à ce sujet. » - L'avenir n'a encore rien appris.

L'Esprit frappeur se manifesta depuis le commencement de décembre jusqu'en mars, époque à laquelle il cessa de se faire entendre. On revint à l'opinion que le domestique, déjà incriminé, devait être l'auteur de tous ces tours ; mais comment aurait-il pu éviter les pièges que lui tendaient des ducs, des médecins, des juges et tant d'autres personnes qui l'interrogeaient ?

Remarque. - Si l'on veut bien se reporter à la date où se passaient les choses que nous venons de rapporter, et les comparer à celles qui ont lieu de nos jours, on y trouvera une identité parfaite, dans le mode des manifestations et jusque dans la nature des questions et des réponses. L'Amérique et notre époque n'ont donc pas découvert les Esprits frappeurs, non plus que les autres, ainsi que nous le démontrerons par d'innombrables faits authentiques plus ou moins anciens. Il y a pourtant entre les phénomènes actuels et ceux d'autrefois une différence capitale : c'est que ces derniers étaient presque tous spontanés, tandis que les nôtres se produisent presque à la volonté de certains médiums spéciaux. Cette circonstance a permis de les mieux étudier et d'en approfondir la cause. A cette conclusion des juges : « L'avenir peut-être nous éclairera à ce sujet, » l'auteur ne répondrait pas aujourd'hui : L'avenir n'a rien appris. Si cet auteur vivait, il saurait que l'avenir, au contraire, a tout appris, et la justice de nos jours, plus éclairée qu'il y a un siècle, ne commettrait pas, à propos des manifestations spirites, des bévues qui rappellent celles du moyen âge. Nos savants eux-mêmes ont pénétré trop avant dans les mystères de la nature pour ne pas savoir faire la part des causes inconnues ; ils ont trop de sagacité pour s'exposer, comme ont fait leurs devanciers, à recevoir les démentis de la postérité au détriment de leur réputation. Si une chose vient à poindre à l'horizon, ils ne se hâtent pas de dire : « Ce n'est rien, » de peur que ce rien ne soit un navire ; s'ils ne le voient pas, ils se taisent et attendent : c'est la vraie sagesse.

Observations à propos des dessins de Jupiter

Nous donnons, avec ce numéro de notre Revue, ainsi que nous l'avons annoncé, un dessin d'une habitation de Jupiter, exécuté et gravé par M. Victorien Sardou, comme médium, et nous y ajoutons l'article descriptif qu'il a bien voulu nous donner sur ce sujet. Quelle que puisse être, sur l'authenticité de ces descriptions, l'opinion de ceux qui pourraient nous accuser de nous occuper de ce qui se passe par-delà les mondes inconnus, tandis qu'il y a tant à faire sur la terre, nous prions nos lecteurs de ne pas perdre de vue que notre but, ainsi que l'annonce notre titre, est avant tout l'étude des phénomènes, et qu'à ce point de vue, rien ne doit être négligé. Or, comme fait de manifestation, ces dessins sont incontestablement des plus remarquables, si l'on considère que l'auteur ne sait ni dessiner, ni graver, et que le dessin que nous offrons a été gravé par lui à l'eau-forte sans modèle ni essai préalable, en *neuf* heures. En supposant même que ce dessin soit une fantaisie de l'Esprit qui l'a fait tracer, le seul fait de l'exécution n'en serait pas moins un phénomène digne d'attention, et, à ce titre, il appartenait à notre Recueil de le faire connaître, ainsi que la description qui en a été donnée par les Esprits, non point pour satisfaire la vaine curiosité des gens futiles, mais comme sujet d'étude pour les gens sérieux qui veulent approfondir tous les mystères de la science spirite. On serait dans l'erreur si l'on croyait que nous faisons de la révélation des mondes inconnus l'objet capital de la doctrine ; ce ne sera toujours pour nous qu'un accessoire que nous croyons utile comme complément d'étude ; le principal sera toujours pour nous l'enseignement moral, et dans les communications d'outre-tombe nous recherchons surtout ce qui peut éclairer l'humanité et la conduire vers le bien, seul moyen d'assurer son bonheur en ce monde et dans l'autre. Ne pourrait-on pas en dire autant des astronomes qui, eux aussi, sondent les espaces, et se demander à quoi il peut être utile, pour le bien de l'humanité, de savoir calculer avec une précision rigoureuse la parabole d'un astre invisible ? Toutes les sciences n'ont donc pas un intérêt éminemment pratique, et pourtant il ne vient à la pensée de personne de les traiter avec dédain, parce que tout ce qui élargit le cercle des idées contribue au progrès. Il en est ainsi des communications spirites, alors même quelles sortent du cercle étroit de notre personnalité.

Des habitations de la planète Jupiter

Un grand sujet d'étonnement pour certaines personnes convaincues d'ailleurs de l'existence des Esprits (je n'ai pas ici à m'occuper des autres), c'est qu'ils aient, comme nous, leurs habitations et leurs villes. On ne m'a pas épargné les critiques : « Des maisons d'Esprits dans Jupiter !... Quelle plaisanterie !... » - Plaisanterie si l'on veut ; je n'y suis pour rien. Si le lecteur ne trouve pas ici, dans la vraisemblance des explications, une preuve suffisante de leur vérité ; s'il n'est pas surpris, comme nous, du parfait accord de ces révélations spirites avec les données les plus positives de la science astronomique ; s'il ne voit, en un mot, qu'une habile mystification dans les détails qui suivent et dans le dessin qu'ils accompagnent, je l'invite à s'en expliquer avec les Esprits, dont je ne suis que l'instrument et l'écho fidèle. Qu'il évoque Palissy ou Mozart, ou un autre habitant de ce bienheureux séjour, qu'il l'interroge, qu'il contrôle mes assertions par les siennes, qu'il discute enfin avec lui ; car pour moi, je ne fais que présenter ici ce qui m'est donné, que répéter ce qui m'est dit ; et, par ce rôle absolument passif, je me crois à l'abri du blâme aussi bien que de l'éloge.

Cette réserve faite et la confiance aux Esprits une fois admise, si l'on accepte comme vérité la seule doctrine vraiment belle et sage que l'évocation des morts nous ait révélée jusqu'ici, c'est-à-dire la migration des âmes de planètes en planètes, leurs incarnations successives et leur progrès incessant par le travail, les habitations dans Jupiter n'auront plus lieu de nous étonner. Du moment qu'un Esprit s'incarne dans un monde soumis comme le nôtre à une double révolution, c'est-à-dire à l'alternative des jours et des nuits et au retour périodique des saisons, du moment qu'il y possède un corps, cette enveloppe matérielle, si frêle qu'elle soit, n'appelle pas seulement une alimentation et des vêtements, mais encore un abri ou tout au moins un lieu de repos, par conséquent une demeure. C'est bien ce qui nous est dit en effet. Comme nous, et mieux que nous, les habitants de Jupiter ont leurs foyers communs et leurs familles, groupes harmonieux d'Esprits sympathiques, unis dans le triomphe après l'avoir été dans la lutte : de là des demeures si spacieuses qu'on peut leur appliquer justement le nom de *palais*. Comme nous encore, ces Esprits ont leurs fêtes, leurs cérémonies, leurs réunions publiques : de là certains édifices spécialement affectés à ces usages. Il faut s'attendre enfin à retrouver dans ces régions supérieures toute une humanité active et laborieuse comme la nôtre, soumise comme nous à ses lois, à ses besoins, à ses devoirs ; mais avec cette différence que le progrès, rebelle à nos efforts, devient une conquête facile pour des Esprits dégagés comme ils le sont de nos vices terrestres.

Je ne devrais m'occuper ici que de l'architecture de leurs habitations, mais pour l'intelligence même des détails qui vont suivre, un mot d'explication ne sera pas inutile. Si Jupiter n'est abordable qu'à de bons Esprits, il ne s'ensuit pas que ses habitants soient tous excellents au même degré : entre la bonté du simple et celle de l'homme de génie, il est permis de compter bien des nuances. Or, toute l'organisation sociale de ce monde supérieur repose précisément sur ces variétés d'intelligences et d'aptitudes ; et, par l'effet de lois harmonieuses qu'il serait trop long d'expliquer ici, c'est aux Esprits les plus élevés, les plus épurés, qu'appartient la haute direction de leur planète. Cette suprématie ne s'arrête pas là ; elle s'étend jusqu'aux mondes inférieurs, où ces Esprits, par leurs influences, favorisent et activent sans cesse le progrès religieux, générateur de tous les autres. Est-il besoin d'ajouter que pour ces Esprits épurés il ne saurait être question que de travaux d'intelligence, que leur activité ne s'exerce plus que dans le domaine de leur pensée, et qu'ils ont conquis assez d'empire sur la matière pour n'être que faiblement entravés par elle dans le libre exercice de leurs volontés. Le corps de tous ces Esprits, et de tous les Esprits d'ailleurs qui habitent Jupiter, est d'une densité si légère, qu'on ne peut lui trouver de terme de comparaison que dans nos fluides impondérables : un peu plus grand que le nôtre, dont il reproduit exactement la forme, mais plus pure et plus belle, il s'offrirait à nous sous l'apparence d'une vapeur (j'emploie à regret ce mot qui désigne une substance encore trop grossière) ; d'une vapeur, dis-je, insaisissable et lumineuses... lumineuse surtout aux contours du visage et de la tête ; car ici l'intelligence et la vie rayonnent comme un foyer trop ardent ; et c'est bien cet éclat magnétique entrevu par les visionnaires chrétiens et que nos peintres ont traduit par le nimbe ou l'auréole des saints.

On conçoit qu'un tel corps ne gêne que faiblement les communications extra-mondaines de ces Esprits, et qu'il leur permette, sur leur planète même, un déplacement prompt et facile. Il se dérobe si facilement à l'attraction planétaire, et sa densité diffère si peu de celle de l'atmosphère, qu'il peut s'y agiter, aller et venir, descendre ou monter, au caprice de l'Esprit et sans autre effort que celui de sa volonté. Aussi les quelques personnages que Palissy a bien voulu me faire dessiner sont-ils représentés ou rasant le sol, ou à fleur d'eau, ou très élevés dans l'air, avec toute la liberté d'action et de mouvements que nous prêtons à nos anges. Cette locomotion est d'autant plus facile à l'Esprit qu'il est plus épuré, et cela se conçoit sans peine ; aussi rien n'est plus facile aux habitants de la planète que d'estimer à première vue la valeur d'un Esprit qui passe ; deux signes parleront pour lui : la hauteur de son vol et la lumière plus ou moins éclatante de son auréole.

Dans Jupiter, comme partout, ceux qui volent le plus haut sont les plus rares ; au-dessous d'eux, il faut compter plusieurs couches d'Esprits inférieurs en vertu comme en pouvoir, mais naturellement libres de les égaler un jour en se perfectionnant. Echelonnés et classés suivant leurs mérites, ceux-ci sont voués plus particulièrement aux travaux qui intéressent la planète même, et n'exercent pas sur nos mondes inférieurs l'autorité toute-puissante des premiers. Ils répondent, il est vrai, à une évocation par des révélations sages et bonnes ; mais, à l'empressement qu'ils mettent à nous quitter, au laconisme de leurs paroles, il est facile de comprendre qu'ils ont fort à faire ailleurs, et qu'ils ne sont pas encore assez dégagés pour rayonner à la fois sur deux points si distants l'un de l'autre. Enfin, après les moins parfaits de ces Esprits, mais séparés d'eux par un abîme, viennent les animaux qui, comme seuls serviteurs et seuls ouvriers de la planète, méritent une mention toute spéciale.

Si nous désignons sous ce nom d'*animaux* les êtres bizarres qui occupent le bas de l'échelle, c'est que les Esprits eux-mêmes l'ont mis en usage et que notre langue d'ailleurs n'a pas de meilleur terme à nous offrir. Cette désignation les ravale un peu trop bas ; mais les appeler des hommes, ce serait leur faire trop d'honneur ; ce sont en effet des Esprits voués à l'animalité, peut-être pour longtemps, peut-être pour toujours ; car tous les Esprits ne sont pas d'accord sur ce point, et la solution du problème paraît appartenir à des mondes plus élevés que Jupiter : mais quoi qu'il en soit de leur avenir, il n'y a pas à se tromper sur leur passé. Ces Esprits, avant d'en venir là, ont successivement émigré, dans nos bas mondes, du corps d'un animal dans celui d'un autre, par une échelle de perfectionnement parfaitement graduée. L'étude attentive de nos animaux terrestres, leurs moeurs, leurs caractères individuels, leur férocité loin de l'homme, et leur domestication lente mais toujours possible, tout cela atteste suffisamment la réalité de cette ascension animale.

Ainsi, de quelque côté que l'on se tourne, l'harmonie de l'univers se résume toujours en une seule loi : le *progrès* partout et pour tous, pour l'animal comme pour la plante, pour la plante comme pour le minéral ; progrès purement matériel au début, dans les molécules insensibles du métal ou du caillou, et de plus en plus intelligent à mesure que nous remontons l'échelle des êtres et que l'individualité tend à se dégager de la masse, à s'affirmer, à se connaître. - Pensée haute et consolante, s'il en fut jamais ; car elle nous prouve que rien n'est sacrifié, que la récompense est toujours proportionnelle au progrès accompli : par exemple, que le dévouement du chien qui meurt pour son maître n'est pas stérile pour son Esprit, car il aura son juste salaire par-delà ce monde.

C'est le cas des Esprits animaux qui peuplent Jupiter ; ils se sont perfectionnés en même temps que nous, avec nous, par notre aide. La loi est plus admirable encore : elle fait si bien de leur dévouement à l'homme la première condition de leur ascension planétaire, que la volonté d'un Esprit de Jupiter peut appeler à lui tout animal qui, dans l'une de ses vies antérieures, lui aura donné des marques d'affection. Ces sympathies qui forment là-haut des familles d'Esprits, groupent aussi autour des familles tout un cortège d'animaux dévoués. Par conséquent, notre attachement ici-bas pour un animal, le soin que nous prenons de l'adoucir et de l'humaniser, tout cela a sa raison d'être, tout cela sera payé : c'est un bon serviteur que nous nous formons d'avance pour un monde meilleur.

Ce sera aussi un ouvrier ; car à ses pareils est réservé tout travail matériel, toute peine corporelle : fardeaux ou bâtisse, semailles ou récolte. Et à tout cela la suprême Intelligence a pourvu par un corps qui participe à la fois des avantages de la bête et de ceux de l'homme. Nous pouvons en juger par un croquis de Palissy, qui représente quelques-uns de ces animaux très attentifs à jouer aux boules. Je ne saurais mieux les comparer qu'aux faunes et aux satyres de la Fable ; le corps légèrement velu s'est pourtant redressé comme le nôtre ; les pattes ont disparu chez quelques-uns pour faire place à certaines jambes qui rappellent encore la forme primitive, à deux bras robustes, singulièrement attachés et terminés par de véritables mains, si j'en crois l'opposition des pouces. Chose bizarre, la tête n'est pas à beaucoup près aussi perfectionnée que le reste ! Ainsi, la physionomie reflète bien quelque chose d'humain, mais le crâne, mais la mâchoire et surtout l'oreille n'ont rien qui diffère sensiblement de l'animal terrestre ; il est donc facile de les distinguer entre eux : celui-ci est un chien, celui-là un lion. Proprement vêtus de blouses et de vestes assez semblables aux nôtres, ils n'attendent plus que la parole pour rappeler de bien près certains hommes d'ici-bas ; mais voilà précisément ce qui leur manque, et aussi bien n'en auraient-ils que faire. Habiles à se comprendre entre eux par un langage qui n'a rien du nôtre, ils ne se trompent pas davantage sur les intentions des Esprits qui leur commandent : un regard, un geste suffit. A certaines secousses magnétiques, dont nos dompteurs de bêtes ont déjà le secret, l'animal devine et obéit sans murmure, et qui plus est, *volontiers*, car il est sous le charme. C'est ainsi qu'on lui impose toute la grosse besogne, et qu'avec son aide tout fonctionne régulièrement d'un bout à l'autre de l'échelle sociale : l'Esprit élevé pense, délibère, l'Esprit inférieur applique avec sa propre initiative, l'animal exécute. Ainsi la conception, la mise en oeuvre et le fait s'unissent dans une même harmonie et mènent toute chose à sa plus prompte fin, par les moyens les plus simples et les plus sûrs.

Je m'excuse de cette digression : elle était indispensable à mon sujet, que je puis aborder maintenant.

En attendant les cartes promises, qui faciliteront singulièrement l'étude de toute la planète, nous pouvons, par les descriptions écrites des Esprits, nous faire une idée de leur grande ville, de la cité par excellence, de ce foyer de lumière et d'activité qu'ils s'accordent à désigner sous le nom étrangement latin de *Julnius*.

« Sur le plus grand de nos continents, dit Palissy, dans une vallée de sept à huit cents lieues de large, pour compter comme vous, un fleuve magnifique descend des montagnes du nord, et, grossi par une foule de torrents et de rivières, forme sur son parcours sept ou huit lacs dont le moindre mériterait chez vous le nom de *mer*. C'est sur les rives du plus grand de ces lacs, baptisé par nous du nom de *la Perle*, que nos ancêtres avaient jeté les premiers fondements de Julnius. Cette ville primitive existe encore, vénérée et gardée comme une précieuse relique. Son architecture diffère beaucoup de la vôtre. Je t'expliquerai tout cela en son temps : sache seulement que la ville moderne est à quelque cent mètres au-dessous de l'ancienne. Le lac, encaissé dans de hautes montagnes, se déverse dans la vallée par huit cataractes énormes qui forment autant de courants isolés et dispersés en tout sens. A l'aide de ces courants, nous avons creusé nous-mêmes dans la plaine une foule de ruisseaux, de canaux et d'étangs, ne réservant de terre ferme que pour nos maisons et nos jardins. De là résulte une sorte de ville amphibie, comme votre Venise, et dont on ne saurait dire, à première vue, si elle est bâtie sur la terre ou sur l'eau. Je ne te dis rien aujourd'hui de quatre édifices sacrés construits sur le versant même des cataractes, de sorte que l'eau jaillit à flots de leurs portiques : ce sont là des oeuvres qui vous paraîtraient incroyables de grandeur et de hardiesse.

« C'est la ville *terrestre* que je décris ici, la ville matérielle en quelque sorte, celle des occupations planétaires, celle que nous appelons enfin la *Ville basse*. Elle a ses rues ou plutôt ses chemins tracés pour le service intérieur ; elle a ses places publiques, ses portiques et ses ponts jetés sur les canaux pour le passage des serviteurs. Mais la ville intelligente, la ville spirituelle, le vrai Julnius enfin, ce n'est pas à terre qu'il faut le chercher, c'est dans l'air.

« Au corps matériel de nos animaux incapables de voler[18], il faut la terre ferme ; mais ce que notre corps fluidique et lumineux exige, c'est un logis aérien comme lui, presque impalpable et mobile au gré de notre caprice. Notre habileté a résolu ce problème, à l'aide du temps et des conditions privilégiées que le Grand Architecte nous avait faites. Comprends bien que cette conquête des airs était indispensable à des Esprits comme les nôtres. Notre jour est de cinq heures, et notre nuit de cinq heures également ; mais tout est relatif, et pour des êtres prompts à penser et à agir comme nous le sommes, pour des Esprits qui se comprennent par le langage des yeux et qui savent communiquer magnétiquement à distance, notre jour de cinq heures égalait déjà en activité l'une de vos semaines. C'était encore trop peu à notre avis ; et l'immobilité de la demeure, le point fixe du foyer était une entrave pour toutes nos grandes oeuvres. Aujourd'hui, par le déplacement facile de ces demeures d'oiseaux, par la possibilité de transporter nous et les nôtres en tel endroit de la planète et à telle heure du jour qu'il nous plaît, notre existence est au moins doublée, et avec elle tout ce qu'elle peut enfanter d'utile et de grand.

« A certaines époques de l'année, ajoute l'Esprit, à certaines fêtes, par exemple, tu verrais ici le ciel obscurci par la nuée d'habitations qui nous viennent de tous les points de l'horizon. C'est un curieux assemblage de logis sveltes, gracieux, légers, de toute forme, de toute couleur, balancés à toute hauteur et continuellement en route de la *ville basse* à la *ville céleste* : Quelques jours après, le vide se fait peu à peu et tous ces oiseaux s'envolent. »

A ces demeures flottantes rien ne manque, pas même le charme de la verdure et des fleurs. Je parle d'une végétation sans exemple chez vous, de plantes, d'arbustes même, destinés, par la nature de leurs organes, à respirer, à s'alimenter, à vivre, à se reproduire dans l'air.

« Nous avons, dit le même Esprit, de ces touffes de fleurs énormes, dont vous ne sauriez imaginer ni les formes ni les nuances, et d'une légèreté de tissu qui les rend presque transparentes. Balancées dans l'air, où de larges feuilles les soutiennent, et armées de vrilles pareilles à celles de la vigne, elles s'assemblent en nuages de mille teintes ou se dispersent au gré du vent, et préparent un charmant spectacle aux promeneurs de la *ville basse*... Imagine la grâce de ces radeaux de verdure, de ces jardins flottants que notre volonté peut faire ou défaire et qui durent quelquefois toute une saison ! De longues traînées de lianes et de branches fleuries se détachent de ces hauteurs et pendent jusqu'à terre, des grappes énormes s'agitent en secouant leurs parfums et leurs pétales qui s'effeuillent... Les Esprits qui traversent l'air s'y arrêtent au passage : c'est un lieu de repos et de rencontre, et, si l'on veut, un moyen de transport pour achever le voyage sans fatigue et de compagnie. »

Un autre Esprit était assis sur l'une de ces fleurs au moment où je l'évoquais.

« En ce moment, me dit-il, il fait nuit à Julnius, et je suis assis à l'écart sur l'une de ces fleurs de l'air qui ne s'épanouissent ici qu'à la clarté de nos lunes. Sous mes pieds toute la *ville basse* sommeille ; mais sur ma tête et autour de moi, à perte de vue, il n'y a que

[18] Il faut pourtant en excepter certains animaux munis d'ailes et réservés pour le service de l'air et pour les travaux qui exigeraient chez nous l'emploi de charpentes. C'est une tranformation de l'oiseau, comme les animaux décrits plus haut sont une transformation des quadrupèdes.

mouvement et joie dans l'espace. Nous dormons peu : notre âme est trop dégagée pour que les besoins du corps soient tyranniques ; et la nuit est plutôt faite pour nos serviteurs que pour nous. C'est l'heure des visites et des longues causeries, des promenades solitaires, des rêveries, de la musique. Je ne vois que demeures aériennes resplendissantes de lumières ou radeaux de feuilles et de fleurs chargés de troupes joyeuses... La première de nos lunes éclaire toute la *ville basse* : c'est une douce lumière comparable à celle de vos clairs de lune ; mais, du côté du lac, la seconde se lève, et celle-ci a des reflets verdâtres qui donnent à toute la rivière l'aspect d'une grande pelouse... »

C'est sur la rive droite de cette rivière, « dont l'eau, dit l'Esprit, t'offrirait la consistance d'une légère vapeur[19], » qu'est construite la maison de Mozart, que Palissy a bien voulu me faire dessiner sur cuivre. Je ne donne ici que la façade du midi. La grande entrée est à gauche, sur la plaine ; à droite est la rivière ; au nord et au midi sont les jardins. J'ai demandé à Mozart quels étaient ses voisins. - « Plus haut, a-t-il dit, et plus bas, deux Esprits que tu ne connais pas ; mais à gauche, je ne suis séparé que par une grande prairie du jardin de Cervantès. »

La maison a donc quatre faces comme les nôtres, ce dont on aurait tort néanmoins de faire une règle générale. Elle est construite avec une certaine pierre que les animaux tirent des carrières du nord, et dont l'Esprit compare la couleur à ces tons verdâtres que prend souvent l'azur du ciel au moment où le soleil se couche. Quant à sa dureté, on peut s'en faire une idée par cette observation de Palissy : « qu'elle fondrait sous nos doigts humains aussi vite qu'un flocon de neige ; encore est-ce là une des matières les plus résistantes de la planète ! Sur ce mur les Esprits ont sculpté ou incrusté les étranges arabesques que le dessin cherche à reproduire. Ce sont ou des ornements fouillés dans la pierre et coloriés ensuite, ou des incrustations ramenées à la solidité de la pierre verte, par un procédé qui est en grande faveur maintenant et qui conserve aux végétaux toute la grâce de leurs contours, toute la finesse de leurs tissus, toute la richesse de leur coloris. « Une découverte, ajoute l'Esprit, que vous ferez quelque jour et qui changera chez vous bien des choses. »

La longue fenêtre de droite présente un exemple de ce genre d'ornementation : l'un de ses bords n'est pas autre chose qu'un roseau énorme dont on a conservé les feuilles. Il en est de même du couronnement de la fenêtre principale, qui affecte la forme de clefs de sol : ce sont des plantes sarmenteuses enlacées et pétrifiées. C'est par ce procédé qu'ils obtiennent la plupart des couronnements d'édifices, des grilles, des balustres, etc. Souvent même la plante est placée dans le mur, avec ses racines et dans des conditions à croître librement. Elle grandit, se développe ; ses fleurs s'épanouissent au hasard, et l'artiste ne les fige sur place que lorsqu'elles ont acquis tout le développement voulu pour l'ornementation de l'édifice : la maison de Palissy est presque entièrement décorée de cette manière.

Destiné d'abord aux meubles seuls, puis aux châssis des portes et des fenêtres, ce genre d'ornements s'est perfectionné peu à peu et a fini par envahir toute l'architecture. Aujourd'hui ce n'est pas seulement la fleur et l'arbuste que l'on pétrifie de la sorte, mais

19 La densité de Jupiter étant de 0.23, c'est-à-dire un peu moins du quart de celle de la Terre, l'Esprit ne dit rien ici que de très vraisemblable. On conçoit que tout est relatif, et que sur ce globe éthéré tout soit éthéré comme lui.

l'arbre lui-même, de la racine au faîte ; et les palais comme les édifices n'ont plus guère d'autres colonnes.

Une pétrification de même nature sert aussi à la décoration des fenêtres. Des fleurs ou des feuilles très amples sont habilement dépouillées de leur partie charnue : il ne reste plus que le réseau des fibres, aussi fin que la plus fine mousseline. On le cristallise ; et de ces feuilles assemblées avec art on construit toute une fenêtre, qui ne laisse filtrer à l'intérieur qu'une lumière très douce : ou bien encore on les enduit d'une sorte de verre liquide et coloré de toute nuance qui se durcit à l'air et qui transforme la feuille en une sorte de vitre. De l'assemblage de ces feuilles résultent, pour fenêtres, de charmants bouquets transparents et lumineux !

Quant à la longueur même de ces ouvertures et à mille autres détails qui peuvent surprendre au premier abord, je suis forcé d'en ajourner l'explication : l'histoire de l'architecture dans Jupiter demanderait un volume entier. Je renonce également à parler de l'ameublement, pour ne m'attacher ici qu'à la disposition générale du logis.

Le lecteur a dû comprendre, d'après tout ce qui précède, que la maison du continent ne doit être pour l'Esprit qu'une sorte de pied-à-terre. La *ville basse* n'est guère fréquentée que par les Esprits de second ordre chargés des intérêts planétaires, de l'agriculture, par exemple, ou des échanges, et du bon ordre à maintenir parmi les serviteurs. Aussi toutes les maisons qui reposent sur le sol n'ont-elles généralement qu'un rez-de-chaussée et un étage : l'un, destiné aux Esprits qui agissent sous la direction du maître, et accessible aux animaux ; l'autre, réservé à l'Esprit seul, qui n'y demeure que par occasion. C'est ce qui explique pourquoi nous voyons dans plusieurs maisons de Jupiter, dans celle-ci par exemple et dans celle de Zoroastre, un escalier et même une rampe. Celui qui rase l'eau comme une hirondelle et qui peut courir sur les tiges de blé sans les courber, se passe fort bien d'escalier et de rampe pour entrer chez lui ; mais les Esprits inférieurs n'ont pas le vol si facile : ils ne s'élèvent que par secousses, et la rampe ne leur est pas toujours inutile. Enfin l'escalier est d'absolue nécessité pour les animaux-serviteurs, qui ne marchent pas autrement que nous. Ces derniers ont bien leurs cases, fort élégantes du reste, qui font partie de toutes les grandes habitations ; mais leurs fonctions les appellent constamment à la maison du maître : il faut bien leur en faciliter l'entrée et le parcours intérieur. De là ces constructions bizarres, qui par la base tiennent encore de nos édifices terrestres et qui en diffèrent absolument par le sommet.

Celle-ci se distingue surtout par une originalité que nous serions bien incapables d'imiter. C'est une sorte de flèche aérienne qui se balance sur le haut de l'édifice, au-dessus de la grande fenêtre et de son singulier couronnement. Cette frêle nacelle, facile à déplacer, est pourtant destinée, dans la pensée de l'artiste, à ne pas quitter la place qui lui est assignée, car sans reposer en rien sur le faîte, elle en complète la décoration, et je regrette que la dimension de la planche ne lui ait pas permis d'y trouver place. Quant à la demeure aérienne de Mozart, je n'ai ici qu'à en constater l'existence : les bornes de cet article ne me permettent pas de m'étendre sur ce sujet.

Je ne finirai pourtant pas sans m'expliquer, en passant, sur le genre d'ornements que le grand artiste a choisis pour sa demeure. Il est facile d'y reconnaître le souvenir de notre musique terrestre : la clef de sol y est fréquemment répétée, et, chose bizarre, jamais la clef de fa ! Dans la décoration du rez-de-chaussée, nous retrouvons un archet, une sorte de téorbe ou de mandoline, une lyre et toute une portée musicale. Plus haut, c'est une grande fenêtre qui rappelle vaguement la forme d'un orgue ; les autres ont l'apparence de grandes notes, et des notes plus petites abondent sur toute la façade.

On aurait tort d'en conclure que la musique de Jupiter soit comparable à la nôtre, et qu'elle se note par les mêmes signes : Mozart s'est expliqué sur elle de manière à ne laisser aucun doute à cet égard ; mais les Esprits rappellent volontiers, dans la décoration de leurs maisons, la mission terrestre qui leur a mérité l'incarnation dans Jupiter et qui résume le mieux le caractère de leur intelligence. Ainsi, dans la maison de Zoroastre, ce sont les astres et la flamme qui font tous les frais de la décoration.

Il y a plus, il paraît que ce symbolisme a ses règles et ses secrets. Tous ces ornements ne sont pas disposés au hasard : ils ont leur ordre logique et leur signification précise ; mais c'est un art que les Esprits de Jupiter renoncent à nous faire comprendre, du moins jusqu'à ce jour, et sur lequel ils ne s'expliquent pas volontiers. Nos vieux architectes employaient aussi le symbolisme dans la décoration de leurs cathédrales ; et la tour de Saint-Jacques n'est rien moins qu'un poème hermétique, si l'on en croit la tradition. Il n'y a donc pas à nous étonner de l'étrangeté de la décoration architectonique dans Jupiter : si elle contredit nos idées sur l'art humain, c'est qu'il y a en effet tout un abîme entre une architecture qui vit et qui parle, et une maçonnerie comme la nôtre, qui ne prouve rien. En cela, comme en toute autre chose, la prudence nous défend cette erreur du relatif qui veut tout ramener aux proportions et aux habitudes de l'homme terrestre. Si les habitants de Jupiter étaient logés comme nous, s'ils mangeaient, vivaient, dormaient et marchaient comme nous, il n'y aurait pas grand profit à y monter. C'est bien parce que leur planète diffère absolument de la nôtre que nous aimons à la connaître, à la rêver pour notre future demeure !

Pour ma part, je n'aurai pas perdu mon temps, et je serai bien heureux que les Esprits m'aient choisi pour leur interprète, si leurs dessins et leurs descriptions inspirent à un seul croyant le désir de monter plus vite à Julnius, et le courage de tout faire pour y parvenir.

VICTORIEN SARDOU.

L'auteur de cette intéressante description est un de ces adeptes fervents et *éclairés* qui ne craignent pas d'avouer hautement leurs croyances, et se mettent au-dessus de la critique des gens qui ne croient à rien de ce qui sort du cercle de leurs idées. Attacher son nom à une doctrine nouvelle en bravant les sarcasmes, est un courage qui n'est pas donné à tout le monde, et nous félicitons M. V. Sardou de l'avoir. Son travail révèle l'écrivain distingué qui, quoique jeune encore, s'est déjà conquis une place honorable dans la littérature, et joint au talent d'écrire les profondes connaissances du savant ; preuve nouvelle que le Spiritisme ne se recrute pas parmi les sots et les ignorants. Nous faisons des voeux pour que M. Sardou complète, le plus tôt possible, son travail si heureusement commencé. Si les astronomes nous dévoilent, par leurs savantes recherches, le mécanisme de l'univers, les Esprits, par leurs révélations, nous en font connaître l'état moral, et cela, comme ils le disent, dans le but de nous exciter au bien, afin de mériter une existence meilleure.

ALLAN KARDEC.

REVUE SPIRITE
JOURNAL
D'ETUDES PSYCHOLOGIQUES
Septembre 1858

Propagation du Spiritisme

Il se passe dans la propagation du Spiritisme un phénomène digne de remarque. Il y a quelques années à peine que, ressuscité des croyances antiques, il a fait sa réapparition parmi nous, non plus comme jadis, à l'ombre des mystères, mais au grand jour et à la vue de tout le monde. Pour quelques-uns il a été l'objet d'une curiosité passagère, un amusement que l'on quitte comme un jouet pour en prendre un autre ; chez beaucoup il n'a rencontré que de l'indifférence ; chez le plus grand nombre l'incrédulité, malgré l'opinion des philosophes dont on invoque à chaque instant le nom comme autorité. Cela n'a rien de surprenant : Jésus lui-même a-t-il convaincu tout le peuple juif par ses miracles ? Sa bonté et la sublimité de sa doctrine lui ont-elles fait trouver grâce devant ses juges ? N'a-t-il pas été traité de fourbe et d'imposteur ? et si on ne lui a pas appliqué l'épithète de charlatan, c'est qu'on ne connaissait pas alors ce terme de notre civilisation moderne. Cependant des hommes sérieux ont vu dans les phénomènes qui se passent de nos jours autre chose qu'un objet de frivolité ; ils ont étudié, approfondi avec l'oeil de l'observateur consciencieux, et ils y ont trouvé la clef d'une foule de mystères jusqu'alors incompris ; cela a été pour eux un trait de lumière, et voilà que de ces faits est sortie toute une doctrine, toute une philosophie, nous pouvons dire toute une science, divergente d'abord selon le point de vue ou l'opinion personnelle de l'observateur, mais tendant peu à peu à l'unité de principe.

Malgré l'opposition intéressée chez quelques-uns, systématique chez ceux qui croient que la lumière ne peut sortir que de leur cerveau, cette doctrine trouve de nombreux adhérents, parce qu'elle éclaire l'homme sur ses véritables intérêts présents et futurs, qu'elle répond à son aspiration vers l'avenir, rendu en quelque sorte palpable ; enfin parce qu'elle satisfait à la fois sa raison et ses espérances, et qu'elle dissipe des doutes qui dégénéraient en incrédulité absolue. Or, avec le Spiritisme, toutes les philosophies matérialistes ou panthéistes tombent d'elles-mêmes ; le doute n'est plus possible touchant la Divinité, l'existence de l'âme, son individualité, son immortalité ; son avenir nous apparaît comme la lumière du jour, et nous savons que cet avenir, qui laisse toujours une porte ouverte à l'espérance, dépend de notre volonté et des efforts que nous faisons pour le bien.

Tant qu'on n'a vu dans le Spiritisme que des phénomènes matériels, on ne s'y est intéressé que comme à un spectacle, parce qu'il s'adressait aux yeux ; mais du moment qu'il s'est élevé au rang de science morale, il a été pris au sérieux, parce qu'il a parlé au coeur et à l'intelligence, et que chacun y a trouvé la solution de ce qu'il cherchait vaguement en lui-même ; une confiance basée sur l'évidence a remplacé l'incertitude poignante ; du point de vue si élevé où il nous place, les choses d'ici-bas apparaissent si petites et si mesquines, que les vicissitudes de ce monde ne sont plus que des incidents passagers que l'on supporte avec patience et résignation ; la vie corporelle n'est qu'une courte halte dans *la vie de l'âme* ; ce n'est plus, pour nous servir de l'expression de notre savant et spirituel confrère M. Jobard, qu'une mauvaise auberge où il n'est pas besoin de défaire sa malle. Avec la doctrine spirite tout est défini, tout est clair, tout parle à la raison ; en un mot, tout s'explique, et ceux qui l'ont approfondie dans son essence y puisent une satisfaction intérieure à laquelle ils ne veulent plus renoncer. Voilà pourquoi elle a trouvé en si peu de temps de si nombreuses sympathies, et ces sympathies elle les recrute non point dans le cercle restreint d'une localité, mais dans le monde entier.

Si les faits n'étaient là pour le prouver, nous en jugerions par notre *Revue*, qui n'a que quelques mois d'existence, et dont les abonnés, quoique ne se comptant pas encore par milliers, sont disséminés sur tous les points du globe. Outre ceux de Paris et des départements, nous en avons en Angleterre, en Ecosse, en Hollande, en Belgique, en Prusse, à Saint-Pétersbourg, Moscou, Naples, Florence, Milan, Gênes, Turin, Genève, Madrid, Shang-haï en Chine, Batavia, Cayenne, Mexico, au Canada, aux Etats-Unis, etc. Nous ne le disons point par forfanterie, mais comme un fait caractéristique. Pour qu'un journal nouveau-né, aussi spécial, soit dès aujourd'hui demandé dans des contrées si diverses et si éloignées, il faut que l'objet qu'il traite y trouve des partisans, autrement on ne le ferait pas venir par simple curiosité de plusieurs milliers de lieues, fût-il du meilleur écrivain. C'est donc par son objet qu'il intéresse et non par son obscur rédacteur ; aux yeux de ses lecteurs, son objet est donc sérieux. Il demeure ainsi évident que le Spiritisme a des racines dans toutes les parties du monde, et, à ce point de vue, vingt abonnés répartis en vingt pays différents prouveraient plus que cent concentrés dans une seule localité, parce qu'on ne pourrait supposer que c'est l'oeuvre d'une coterie.

La manière dont s'est propagé le Spiritisme jusqu'à ce jour ne mérite pas une attention moins sérieuse. Si la presse eût fait retentir sa voix en sa faveur, si elle l'eût prôné, en un mot, si le monde en avait eu les oreilles rebattues, on pourrait dire qu'il s'est propagé comme toutes les choses qui trouvent du débit à la faveur d'une réputation factice, et dont on veut essayer, ne fût-ce que par curiosité. Mais rien de cela n'a eu lieu : la presse, en général, ne lui a prêté volontairement aucun appui ; elle l'a dédaigné, ou si, à de rares intervalles, elle en a parlé, c'était pour le tourner en ridicule et envoyer les adeptes aux Petites-Maisons, chose peu encourageante pour ceux qui auraient eu la velléité de s'initier. A peine M. Home lui-même a-t-il eu les honneurs de quelques mentions semi-sérieuses, tandis que les événements les plus vulgaires y trouvent une large place. Il est d'ailleurs aisé devoir, au langage des adversaires, que ceux-ci en parlent comme les aveugles des couleurs, sans connaissance de cause, sans examen sérieux et approfondi, et uniquement sur une première impression ; aussi leurs arguments se bornent-ils à une négation pure et simple, car nous n'honorons pas du nom d'arguments les quolibets facétieux ; des plaisanteries, quelque spirituelles qu'elles soient, ne sont pas des raisons. Il ne faut pourtant pas accuser d'indifférence ou de mauvais vouloir tout le personnel de la presse. Individuellement le Spiritisme y compte des partisans sincères, et nous en connaissons plus d'un parmi les hommes de lettres les plus distingués. Pourquoi donc gardent-ils le silence ? C'est qu'à côté de la question de croyance il y a celle de la personnalité, toute-puissante dans ce siècle-ci. La croyance, chez eux comme chez beaucoup d'autres, est concentrée et non expansive ; ils sont, en outre, obligés de suivre les errements de leur journal, et tel journaliste craint de perdre des abonnés en arborant franchement un drapeau dont la couleur pourrait déplaire à quelques-uns d'entre eux. Cet état de choses durera-t-il ? Non ; bientôt il en sera du Spiritisme comme du magnétisme dont jadis on ne parlait qu'à voix basse, et qu'on ne craint plus d'avouer aujourd'hui. Aucune idée nouvelle, quelque belle et juste qu'elle soit, ne s'implante instantanément dans l'esprit des masses, et celle qui ne rencontrerait pas d'opposition serait un phénomène tout à fait insolite. Pourquoi le Spiritisme ferait-il exception à la règle commune ? Il faut aux idées, comme aux fruits, le temps de mûrir ; mais la légèreté humaine fait qu'on les juge avant leur maturité, ou sans se donner la peine d'en sonder les qualités intimes. Ceci nous rappelle la spirituelle fable de la *Jeune Guenon, le Singe et la Noix*. Cette jeune guenon, comme on le sait, cueille une noix dans sa coque verte ; elle y porte la dent, fait la grimace et la rejette en s'étonnant qu'on trouve bonne une chose si amère : mais un vieux singe, moins superficiel, et sans doute profond penseur dans son espèce, ramasse la noix, la casse, l'épluche, la mange, et la trouve délicieuse, ce qu'il accompagne d'une belle morale à l'adresse de tous les gens qui jugent les choses nouvelles à l'écorce.

Le Spiritisme a donc dû marcher sans l'appui d'aucun secours étranger, et voilà qu'en cinq ou six ans il se vulgarise avec une rapidité qui tient du prodige. Où a-t-il puisé cette force, si ce n'est en lui-même ? Il faut donc qu'il y ait dans son principe quelque chose de bien puissant pour s'être ainsi propagé sans les moyens surexcitants de la publicité. C'est que, comme nous l'avons dit plus haut, quiconque se donne la peine de l'approfondir y trouve ce qu'il cherchait, ce que sa raison lui faisait entrevoir, une vérité consolante, et, en fin de compte, y puise l'espérance et une véritable jouissance. Aussi les convictions acquises sont-elles sérieuses et durables ; ce ne sont point de ces opinions légères qu'un souffle fait naître et qu'un autre souffle efface. Quelqu'un nous disait dernièrement : « Je trouve dans le Spiritisme une si suave espérance, j'y puise de si douces et si grandes consolations, que toute pensée contraire me rendrait bien malheureux, et je sens que mon meilleur ami me deviendrait odieux s'il tentait de m'arracher à cette croyance. » Lorsqu'une idée n'a pas de racines, elle peut jeter un éclat passager, comme ces fleurs que l'on fait pousser par force ; mais bientôt, faute de soutien, elle meurt et on n'en parle plus. Celles, au contraire, qui ont une base sérieuse, grandissent et persistent : elles finissent par s'identifier tellement aux habitudes qu'on s'étonne plus tard d'avoir jamais pu s'en passer.

Si le Spiritisme n'a pas été secondé par la presse d'Europe, il n'en est pas de même, dira-t-on, de celle d'Amérique. Cela est vrai jusqu'à un certain point. Il y a en Amérique, comme partout ailleurs, la presse générale et la presse spéciale. La première s'en est sans doute beaucoup plus occupée que parmi nous, quoique moins qu'on ne le pense ; elle a d'ailleurs aussi ses organes hostiles. La presse spéciale compte, aux Etats-Unis seuls, dix-huit journaux spirites, dont dix hebdomadaires et plusieurs de grand format. On voit que nous sommes encore bien en arrière sous ce rapport ; mais là, comme ici, les journaux spéciaux s'adressent aux gens spéciaux ; il est évident qu'une gazette médicale, par exemple, ne sera recherchée de préférence ni par des architectes, ni par des hommes de loi ; de même un journal spirite n'est lu, à peu d'exceptions près, que par les partisans du Spiritisme. Le grand nombre de journaux américains qui traitent cette matière prouve une chose, c'est qu'ils ont assez de lecteurs pour les alimenter. Ils ont beaucoup fait, sans doute, mais leur influence est, en général, purement locale ; la plupart sont inconnus du public européen, et les nôtres ne leur ont fait que de bien rares emprunts. En disant que le

Spiritisme s'est propagé sans l'appui de la presse, nous avons entendu parler de la presse générale, qui s'adresse à tout le monde, de celle dont la voix frappe chaque jour des millions d'oreilles, qui pénètre dans les retraites les plus obscures ; de celle avec laquelle l'anachorète, au fond de son désert, peut être au courant de ce qui se passe aussi bien que le citadin, de celle enfin qui sème les idées à pleines mains. Quel est le journal spirite qui peut se flatter de faire ainsi retentir les échos du monde ? Il parle aux gens convaincus ; il n'appelle pas l'attention des indifférents. Nous sommes donc dans le vrai en disant que le Spiritisme a été livré à ses propres forces ; si par lui-même il a fait de si grands pas, que sera-ce quand il pourra disposer du puissant levier de la grande publicité ! En attendant ce moment il plante partout des jalons ; partout ses rameaux trouveront des points d'appui ; partout enfin il trouvera des voix dont l'autorité imposera silence à ses détracteurs.

La qualité des adeptes du Spiritisme mérite une attention particulière. Se recrute-t-il dans les rangs inférieurs de la société, parmi les gens illettrés ? Non ; ceux-là, s'en occupent peu ou point ; c'est à peine s'ils en ont entendu parler. Les tables tournantes même y ont trouvé peu de praticiens. Jusqu'à présent ses prosélytes sont dans les premiers rangs de la société, parmi les gens éclairés, les hommes de savoir et de raisonnement ; et, chose remarquable, les médecins qui ont fait pendant si longtemps une guerre acharnée au magnétisme, se rallient sans peine à cette doctrine ; nous en comptons un grand nombre, tant en France qu'à l'étranger, parmi nos abonnés, au nombre desquels se trouvent aussi en grande majorité des hommes supérieurs à tous égards, des notabilités scientifiques et littéraires, de hauts dignitaires, des fonctionnaires publics, des officiers généraux, des négociants, des ecclésiastiques, des magistrats, etc., tous gens trop sérieux pour prendre à titre de passe-temps un journal qui, comme le nôtre, ne se pique pas d'être amusant, et encore moins s'ils croyaient n'y trouver que des rêveries. La *Société parisienne des Etudes spirites* n'est pas une preuve moins évidente de cette vérité, par le choix des personnes qu'elle réunit ; ses séances sont suivies avec un intérêt soutenu, une attention religieuse, nous pouvons même dire avec avidité, et pourtant on ne s'y occupe que d'études graves, sérieuses, souvent très abstraites, et non d'expériences propres à exciter la curiosité. Nous parlons de ce qui se passe sous nos yeux, mais nous pouvons en dire autant de tous les centres où l'on s'occupe de Spiritisme au même point de vue, car presque partout (comme les Esprits l'avaient annoncé) *la période de curiosité touche à son déclin*. Ces phénomènes nous font pénétrer dans un ordre de choses si grand, si sublime, qu'auprès de ces graves questions un meuble qui tourne ou qui frappe est un joujou d'enfant : c'est l'*a b c* de la science.

On sait d'ailleurs à quoi s'en tenir maintenant sur la qualité des Esprits frappeurs, et, en général, de ceux qui produisent des effets matériels. Ils ont justement été nommés les saltimbanques du monde spirite ; c'est pourquoi on s'y attache moins qu'à ceux qui peuvent nous éclairer.

On peut assigner à la propagation du Spiritisme quatre phases ou périodes distinctes :

1° Celle de *la curiosité*, dans laquelle les Esprits frappeurs ont joué le principal rôle pour appeler l'attention et préparer les voies.

2° Celle de *l'observation*, dans laquelle nous entrons et qu'on peut aussi appeler la période philosophique. Le Spiritisme est approfondi et s'épure ; il tend à l'unité de doctrine et se constitue en science.

Viendront ensuite :

3° La période de *l'admission*, où le Spiritisme prendra un rang officiel parmi les croyances universellement reconnues.

4° La période *d'influence sur l'ordre social*. C'est alors que l'humanité, sous l'influence de ces idées, entrera dans une nouvelle voie morale. Cette influence, dès aujourd'hui, est individuelle ; plus lard, elle agira sur les masses pour le bien général.

Ainsi, d'un côté voilà une croyance qui se répand dans le monde entier d'elle-même et de proche en proche, et sans aucun des moyens usuels de propagande forcée ; de l'autre cette même croyance qui prend racine, non dans les bas-fonds de la société, mais dans sa partie la plus éclairée. N'y a-t-il pas dans ce double fait quelque chose de bien caractéristique et qui doit donner à réfléchir à tous ceux qui traitent encore le Spiritisme de rêve creux ? A l'encontre de beaucoup d'autres idées qui partent d'en bas, informes ou dénaturées, et ne pénètrent qu'à la longue dans les rangs supérieurs, où elles s'épurent, le Spiritisme part d'en haut, et n'arrivera aux masses que dégagé des idées fausses inséparables des choses nouvelles.

Il faut cependant en convenir, il n'y a encore chez beaucoup d'adeptes qu'une croyance latente ; la peur du ridicule chez les uns, chez d'autres la crainte de froisser à leur préjudice certaines susceptibilités, les empêchent d'afficher hautement lents opinions ; cela est puéril, sans doute, et pourtant nous le comprenons ; on ne peut demander à certains hommes ce que la nature ne leur a pas donné : le courage de braver le Qu'en dira-t-on ; mais quand le Spiritisme sera dans toutes les bouches, et ce temps n'est pas loin, ce courage viendra aux plus timides. Un changement notable s'est déjà opéré sous ce rapport depuis quelque temps ; on en parle plus ouvertement ; on se risque, et cela fait ouvrir les yeux aux antagonistes mêmes, qui se demandent s'il est prudent, dans l'intérêt de leur propre réputation, de battre en brèche une croyance qui, bon gré, mai gré, s'infiltre partout et trouve ses appuis au faîte de la société. Aussi l'épithète de *fous*, si largement prodiguée aux adeptes, commence à devenir ridicule ; c'est un lieu commun qui s'use et tourne au trivial, car bientôt les fous seront plus nombreux que les gens sensés, et déjà plus d'un critique s'est rangé de leur côté ; c'est, du reste, l'accomplissement de ce qu'ont annoncé les Esprits en disant que : les plus grands adversaires du Spiritisme en deviendront les plus chauds partisans et les plus ardents propagateurs.

Platon : doctrine du choix des épreuves

Nous avons vu, par les curieux documents celtiques que nous avons publiés dans notre numéro d'avril, la doctrine de la réincarnation professée par les druides, selon le principe de la marche ascendante de l'âme humaine à laquelle ils faisaient parcourir les divers degrés de notre échelle spirite. Tout le monde sait que l'idée de la réincarnation remonte à la plus haute antiquité, et que Pythagore lui-même l'a puisée chez les Indiens et les Egyptiens. Il n'est donc pas étonnant que Platon, Socrate et autres partageassent une opinion admise par les plus illustres philosophes du temps ; mais ce qui est plus remarquable peut-être, c'est de trouver, dès cette époque, le principe de la doctrine du choix des épreuves enseignée aujourd'hui par les Esprits, doctrine qui présuppose la réincarnation, sans laquelle elle n'aurait aucune raison d'être. Nous ne discuterons point aujourd'hui cette théorie, qui était si loin de notre pensée lorsque les Esprits nous l'ont révélée, qu'elle nous surprit étrangement, car, nous l'avouons en toute humilité, ce que Platon avait écrit sur ce sujet spécial, nous était alors totalement inconnu, preuve nouvelle, entre mille, que les communications qui nous ont été faites ne sont point le reflet de notre opinion personnelle. Quant à celle de Platon, nous constatons simplement l'idée principale, chacun pouvant aisément faire la part de la forme sous laquelle elle est présentée, et juger les points de contact qu'elle peut avoir, dans certains détails, avec notre théorie actuelle. Dans son allégorie du *Fuseau de la Nécessité*, il suppose un entretien entre Socrate et Glaucon, et prête au premier le discours suivant sur les révélations de l'Arménien *Er*, personnage fictif, selon toute probabilité, quoique quelques-uns le prennent pour Zoroastre.

On comprendra facilement que ce récit n'est qu'un cadre imaginé pour amener le développement de l'idée principale : l'immortalité de l'âme, la succession des existences, le choix de ces existences par l'effet du libre arbitre, enfin les conséquences heureuses ou malheureuses de ce choix, souvent imprudent, propositions qui se trouvent toutes dans le *Livre des Esprits*, et que viennent confirmer les faits nombreux cités dans cette *Revue*.

« Le récit que je vais vous rappeler, dit Socrate à Glaucon, est celui d'un homme de coeur, Er, l'Arménien, originaire de Pamphylie. Il avait été tué dans une bataille. Dix jours après, comme on enlevait les cadavres déjà défigurés de ceux qui étaient tombés avec lui, le sien fut trouvé sain et entier. On le porta chez lui pour faire ses funérailles, et le deuxième jour, lorsqu'il était sur le bûcher, il revécut et raconta ce qu'il avait vu dans l'autre vie.

« Aussitôt que son âme était sortie de son corps, il s'était mis en route avec une foule d'autres âmes et était arrivé en un lieu merveilleux, où se voyaient dans la terre deux ouvertures voisines l'une de l'autre, et deux autres ouvertures au ciel qui répondaient à celles-là. Entre ces deux régions étaient assis des juges. Dès qu'ils avaient prononcé une sentence, ils ordonnaient aux justes de prendre leur route à droite, par une des ouvertures du ciel, après leur avoir attaché par-devant un écriteau contenant le jugement rendu en leur faveur, et aux méchants de prendre leur route à gauche, dans les abîmes, ayant derrière le dos un semblable écrit, où étaient marquées toutes leurs actions. Lorsqu'il se présenta à son tour, les juges déclarèrent qu'il devait porter aux hommes la nouvelle de ce qui passait en cet autre monde, et lui ordonnèrent d'écouter et d'observer tout ce qui s'offrirait à lui.

« Il vit d'abord les âmes jugées disparaître, les unes montant au ciel, les autres descendant sous la terre par les deux ouvertures qui se répondaient : tandis que par la seconde ouverture de la terre il vit sortir des âmes couvertes de poussière et d'ordures, en même temps que par la seconde ouverture du ciel descendaient d'autres âmes pures et sans tache. Elles paraissaient toutes venir d'un long voyage et s'arrêter avec plaisir dans la prairie comme dans un lieu d'assemblée. Celles qui se connaissaient se saluaient les unes les autres et se demandaient des nouvelles de ce qui se passait aux lieux d'où elles venaient : le ciel et la terre. Ici, parmi les gémissements et les larmes, on rappelait tout ce qu'on avait souffert ou vu souffrir en voyageant sous terre ; là, on racontait les joies du ciel et le bonheur de contempler les merveilles divines.

« Il serait trop long de suivre le discours entier de l'Arménien, mais voici, en somme, ce qu'il disait. Chacune des âmes portait dix fois la peine des injustices qu'elle avait commises dans la vie. La durée de chaque punition était de cent ans, durée naturelle de la vie humaine, afin que le châtiment fût toujours décuple pour chaque crime. Ainsi, ceux qui ont fait périr en foule leurs semblables, trahi des villes, des armées, réduit leurs concitoyens en esclavage ou commis d'autres forfaits, étaient tourmentés au décuple pour chacun de ces crimes. Ceux, au contraire, qui ont fait du bien autour d'eux, qui ont été justes et vertueux, recevaient, dans la même proportion, la récompense de leurs bonnes actions. Ce qu'il disait des enfants que la mort enlève peu de temps après leur naissance mérite moins d'être répété ; mais il assurait que l'impie, le fils dénaturé, l'homicide, étaient réservés à de plus cruelles peines, et l'homme religieux et le bon fils à de plus grandes félicités.

« Il avait été présent lorsqu'une âme avait demandé à une autre où était le grand Ardiée. Cet Ardiée avait été un tyran d'une ville de Pamphylie mille ans auparavant ; il avait tué son vieux père, son frère aîné, et commis, disait-on, plusieurs autres crimes énormes. « Il ne vient pas, avait répondu l'âme, et il ne viendra jamais ici. Nous avons tous été témoins, à son sujet, d'un affreux spectacle. Lorsque nous étions sur le point de sortir de l'abîme, après avoir accompli nos peines, nous vîmes Ardiée et un grand nombre d'autres, dont la plupart étaient des tyrans comme lui ou des êtres qui, dans une condition privée, avaient commis de grands crimes : ils faisaient pour monter de vains efforts, et toutes les fois que ces coupables, dont les crimes étaient sans remède ou n'avaient pas été suffisamment expiés, essayaient de sortir, l'abîme les repoussait en mugissant. Alors des personnages hideux, au corps enflammé, qui se trouvaient là, accoururent à ces gémissements. Ils emmenèrent d'abord de vive force un certain nombre de ces criminels ; quant à Ardiée et aux autres, ils leur lièrent les pieds, les mains et la tête, et, les ayant jetés à terre et écorchés à force de coups, ils les traînèrent hors de la route, à travers des ronces sanglantes, répétant aux ombres, à mesure qu'il en passait quelqu'une : « Voilà des tyrans et des homicides, nous les emportons pour les jeter dans le Tartare. » Cette âme ajoutait que, parmi tant d'objets terribles, rien ne leur causait plus d'effroi que le mugissement du gouffre, et que c'était une extrême joie pour elles d'en sortir en silence.

« Tels étaient à peu près les jugements des âmes, leurs châtiments et leurs récompenses.

« Après sept jours de repos dans cette prairie, les âmes durent en partir le huitième, et se remirent en route. Au bout de quatre jours de chemin elles aperçurent d'en haut, sur toute la surface du ciel et de la terre, une immense lumière, droite comme une colonne et semblable à l'iris, mais plus éclatante et plus pure. Un seul jour leur suffit pour l'atteindre, et elles virent alors, vers le milieu de cette muraille, l'extrémité des chaînes qui y rattachent les cieux. C'est là ce qui les soutient, c'est l'enveloppe du vaisseau du monde, c'est la vaste ceinture qui l'environne. Au sommet, était suspendu le Fuseau de la Nécessité, autour duquel se formaient toutes les circonférences[20].

[20] Ce sont les diverses sphères des planètes ou les divers étages du ciel, tournant autour de la terre fixée à l'axe même du fuseau. (V. COUSIN.)

« Autour du fuseau, et à des distances égales, siégeaient sur des trônes les trois Parques, filles de la Nécessité : Lachésis, Clotho et Atropos, vêtues de blanc et la tête couronnée d'une bandelette. Elles chantaient, en s'unissant au concert des Sirènes : Lachésis le passé, Clotho le présent, Atropos l'avenir. Clotho touchait par intervalles, de la main droite, l'extérieur du fuseau ; Atropos, de la main gauche, imprimait le mouvement aux cercles intérieurs, et Lachésis, de l'une et l'autre main, touchait tour à tour, tantôt le fuseau, tantôt les pesons intérieurs.

« Aussitôt que les âmes étaient arrivées, il leur avait fallu se présenter devant Lachésis. D'abord un hiérophante les avait fait ranger par ordre, l'une auprès de l'autre. Ensuite, ayant pris sur les genoux de Lachésis les sorts ou numéros dans l'ordre desquels chaque âme devait être appelée, ainsi que les diverses conditions humaines *offertes à leur choix*, il était monté sur une estrade et avait parlé ainsi : « Voici ce que dit la vierge Lachésis, fille de la Nécessité : *Ames passagères, vous allez commencer une nouvelle carrière et renaître à la condition mortelle. On ne vous assignera pas votre génie, c'est vous qui le choisirez vous-mêmes.* Celle que le sort appellera la première choisira, et son choix sera irrévocable. La vertu n'est à personne : elle s'attache à qui l'honore et abandonne qui la néglige. On est responsable de son choix, Dieu est innocent. » A ces mots, il avait répandu les numéros, et chaque âme ramassa celui qui tomba devant elle, excepté l'Arménien, à qui on ne le permit pas. Ensuite l'hiérophante étala sur terre, devant elles, des genres de vie de toute espèce, en beaucoup plus grand nombre qu'il n'y avait d'âmes assemblées. La variété en était infinie ; il s'y trouvait à la fois toutes les conditions des hommes ainsi que des animaux. Il y avait des tyrannies : les unes qui duraient jusqu'à la mort, les autres brusquement interrompues et finissant par la pauvreté, l'exil et l'abandon. L'illustration se montrait sous plusieurs faces : on pouvait choisir la beauté, l'art de plaire, les combats, la victoire ou la noblesse de race. Des états tout à fait obscurs par tous ces endroits, ou intermédiaires, des mélanges de richesse et de pauvreté, de santé et de maladie, étaient offerts au choix : il y avait aussi des conditions de femme de la même variété.

« C'est évidemment là, cher Glaucon, l'épreuve redoutable pour l'humanité. Que chacun de nous y songe, et qu'il laisse toutes les vaines études pour ne se livrer qu'à la science qui fait le sort de l'homme. Cherchons un maître qui nous apprenne à discerner la bonne et la mauvaise destinée, et à choisir tout le bien que le ciel nous abandonne. Examinons avec lui quelles situations humaines, séparées ou réunies, conduisent aux bonnes actions : si la beauté, par exemple, jointe à la pauvreté ou à la richesse, ou à telle disposition de l'âme, doit produire la vertu ou le vice ; de quel avantage peuvent être une naissance brillante ou commune, la vie privée ou publique, la force ou la faiblesse, l'instruction ou l'ignorance, enfin tout ce que l'homme reçoit de la nature et tout ce qu'il tient de lui-même. Eclairés par la conscience, décidons quel lot notre âme doit préférer. Oui, le pire des destins est celui qui la rendrait injuste, et le meilleur celui qui la formera sans cesse à la vertu : tout le reste n'est rien pour nous. Irions-nous oublier qu'il n'y a point de choix plus salutaire après la mort comme pendant la vie ! Ah ! que ce dogme sacré s'identifie pour jamais avec notre âme, afin qu'elle ne se laisse éblouir, là-bas, ni par les richesses ni par les autres maux de cette nature, et qu'elle ne s'expose point, en se jetant avec avidité sur la condition du tyran ou sur quelque autre semblable, à commettre un grand nombre de maux sans remède et à en souffrir encore de plus grands.

« Selon le rapport de notre messager, l'hiérophante avait dit : « Celui qui choisira le dernier, pourvu qu'il le fasse avec discernement, et qu'ensuite il soit conséquent dans sa conduite, peut se promettre une vie heureuse. Que celui qui choisira le premier se garde de trop de confiance, et que le dernier ne désespère point. » Alors, celui que le sort nommait le premier s'avança avec empressement et choisit la tyrannie la plus considérable ; emporté par son imprudence et son avidité, et sans regarder suffisamment à ce qu'il faisait, il ne vit point cette fatalité attachée à l'objet de son choix d'avoir un jour à manger la chair de ses propres enfants et bien d'autres crimes horribles. Mais quand il eut considéré le sort qu'il avait choisi, il gémit, se lamenta, et, oubliant les leçons de l'hiérophante, il finit par accuser de ses maux la fortune, les génies, tout, excepté lui-même[21]. Cette âme était du nombre de celles qui venaient du ciel : elle avait vécu précédemment dans un Etat bien gouverné et avait fait le bien par la force de l'habitude plutôt que par philosophie. Voilà pourquoi, parmi celles qui tombaient en de semblables mécomptes, les âmes venues du ciel n'étaient pas les moins nombreuses, faute d'avoir été éprouvées par les souffrances. Au contraire, celles qui, ayant passé par le séjour souterrain, avaient souffert et vu souffrir, ne choisissaient pas ainsi à la hâte.

De là, indépendamment du hasard des rangs pour être appelées à choisir, une sorte d'échange des biens et des maux pour la plupart des âmes. Ainsi, un homme qui, à chaque renouvellement de sa vie d'ici-bas, s'appliquerait constamment à la saine philosophie et aurait le bonheur de ne pas avoir les derniers sorts, il y a grande apparence, d'après ce récit, que non-seulement il serait heureux en ce monde, mais encore que, dans son voyage d'ici là-bas et dans son retour, il marcherait par la voie unie du ciel et non par le sentier pénible de l'abîme souterrain.

« L'Arménien ajoutait que c'était un spectacle curieux de voir de quelle manière chaque âme faisait son choix. Rien de plus étrange et de plus digne à la fois de compassion et de risée. C'était, la plupart du temps, d'après les habitudes de la vie antérieure que l'on choisissait. Er avait vu l'âme qui avait appartenu à Orphée choisir l'âme d'un cygne, en haine des femmes, qui lui avaient donné la mort, ne voulant devoir sa naissance à aucune d'elles ; l'âme de Thomyris avait choisi la condition d'un rossignol ; et réciproquement un cygne, ainsi que d'autres musiciens comme lui, avaient adopté la nature de l'homme. Une autre âme, appelée la vingtième à choisir, avait pris la nature d'un lion : c'était celle d'Ajax, fils de Télamon. Il détestait l'humanité, en ressouvenir du jugement qui lui avait enlevé les armes d'Achille. Après celle-là vint l'âme d'Agamemnon, que ses malheurs rendaient aussi l'ennemi des hommes : il prit la condition d'aigle. L'âme d'Atalante, appelée à choisir vers la moitié, ayant considéré les grands honneurs rendus aux athlètes, n'avait pu résister au désir de devenir athlète. Epée, qui construisit le cheval de Troie, était devenue une femme

---

[21] Les Anciens n'attachaient pas au mot *tyran* la même idée que nous ; ils donnaient ce nom à tous ceux qui s'emparaient du pouvoir souverain, quelles que fussent leurs qualités bonnes ou mauvaises. L'histoire cite des tyrans qui ont fait le bien ; mais comme le contraire arrivait le plus souvent, et que pour satisfaire leur ambition ou se maintenir au pouvoir aucun crime ne leur coûtait, ce mot est devenu plus tard synonyme de cruel, et se dit de tout homme qui abuse de son autorité.

L'âme dont parle *Er*, en choisissant *la tyrannie la plus considérable*, n'avait point voulu la cruauté, mais simplement le pouvoir le plus étendu comme condition de sa nouvelle existence ; lorsque son choix fut irrévocable, elle s'aperçut que ce même pouvoir l'entraînerait au crime, et elle regretta de l'avoir fait, en accusant de ses maux tout, excepté elle-même ; c'est l'histoire de la plupart des hommes, qui sont les artisans de leur propre malheur sans vouloir se l'avouer.

industrieuse. L'âme du bouffon Thersite, qui se présenta des dernières, revêtit les formes d'un singe. L'âme d'Ulysse, à qui le hasard avait donné le dernier lot, vint aussi pour choisir : mais le souvenir de ses longs revers l'ayant désabusée de l'ambition, elle chercha longtemps et découvrit à grand-peine, dans un coin, la vie tranquille d'un homme privé que toutes les autres âmes avaient laissée à l'écart. En l'apercevant, elle dit que, quand elle aurait été la première à choisir, elle n'aurait pas fait d'autre choix. Les animaux, quels qu'ils soient, passent également les uns dans les autres ou dans le corps des hommes : ceux qui furent méchants deviennent des bêtes féroces, et les bons, des animaux apprivoisés.

« Après que toutes les âmes eurent fait choix d'une condition, elles s'approchèrent de Lachésis dans l'ordre suivant lequel elles avaient choisi. La Parque donna à chacune le génie qu'elle avait préféré, afin qu'il lui servît de gardien pendant sa vie et qu'il lui aidât à remplir sa destinée. Ce génie la conduisit d'abord à Clotho qui, de sa main et d'un tour de fuseau, confirmait la destinée choisie. Après avoir touché le fuseau, il la menait de là vers Atropos, qui roulait le fil pour rendre irrévocable ce qui avait été filé par Clotho. Ensuite on s'avançait vers le trône de la Nécessité, sous lequel l'âme et son génie passaient ensemble. Aussitôt que toutes eurent passé, elles se rendirent dans la plaine du Léthé (l'Oubli)[22], où elles essuyèrent une chaleur insupportable, parce qu'il n'y avait ni arbre ni plante. Le soir venu, elles passèrent la nuit auprès du fleuve Amélès (absence de pensées sérieuses), fleuve dont aucun vase ne peut contenir l'eau : on est obligé d'en boire ; mais des imprudents en boivent trop. Ceux qui en boivent sans cesse perdent toute mémoire. On s'endormit après ; mais vers le milieu de la nuit il survint un éclat de tonnerre avec un tremblement de terre : aussitôt les âmes furent dispersées çà et là vers les divers points de leur naissance terrestre, comme des étoiles qui jailliraient tout à coup dans le ciel. Quant à lui, disait Er, on l'avait empêché de boire de l'eau du fleuve : cependant il ne savait pas où ni comment son âme s'était rejointe à son corps ; mais le matin, ayant tout à coup ouvert les yeux, il s'aperçut qu'il était étendu sur le bûcher.

« Tel est le mythe, cher Glaucon, que la tradition a fait vivre jusqu'à nous. Il peut nous préserver de notre perte : si nous y ajoutons foi, *nous passerons heureusement le Léthé et nous maintiendrons notre âme pure de toute souillure.* »

Un avertissement d'outre-tombe

Le fait suivant est rapporté par la *Patrie* du 15 août 1858 :

« Mardi dernier, je me suis engagé, assez imprudemment peut-être, à vous conter une histoire *émouvante*. J'aurais dû songer à une chose : c'est qu'il n'y a pas d'histoires *émouvantes*, il n'y a que des histoires bien contées, et le même récit, fait par deux narrateurs différents, peut endormir un auditoire ou lui donner la chair de poule. Que ne me suis-je entendu avec mon compagnon de voyage de Cherbourg à Paris, M. B..., de qui je tiens l'anecdote merveilleuse ! si j'avais *sténographié* sa narration, j'aurais vraiment quelque chance de vous faire frissonner.

22 Allusion à l'oubli qui suit le passage d'une existence à l'autre.

« Mais j'ai eu le tort de m'en rapporter à ma détestable mémoire, et je le regrette vivement. Enfin, vaille que vaille, voici l'aventure, et le dénouement vous prouvera qu'aujourd'hui, 15 août, elle est tout à l'ait de circonstance.

« M. de S... (un nom historique porté aujourd'hui encore avec honneur) était officier sous le Directoire. Pour son plaisir ou pour les besoins de son service il faisait route vers l'Italie.

« Dans un de nos départements du centre, il fut surpris par la nuit et s'estima heureux de trouver un gîte sous le toit d'une espèce de baraque de mine suspecte, où on lui offrit un mauvais souper et un grabat dans un grenier.

« Habitué à la vie d'aventures et au rude métier de la guerre, M. de S... mangea de bon appétit, se coucha sans murmurer et s'endormit profondément.

« Son sommeil fut troublé par une apparition redoutable. Il vit un spectre se dresser dans l'ombre, marcher d'un pas lourd vers son grabat et s'arrêter à la hauteur de son chevet. C'était un homme d'une cinquantaine d'années, dont les cheveux gris et hérissés étaient rouges de sang ; il avait la poitrine nue, et sa gorge ridée était coupée de blessures béantes. Il resta un moment silencieux, fixant ses yeux noirs et profonds sur le voyageur endormi ; puis sa pâle figure s'anima, ses prunelles rayonnèrent comme deux charbons ardents ; il parut faire un violent effort, et, d'une voix sourde et tremblante, il prononça ces paroles étranges :

« - Je te connais, tu es soldat comme moi, comme moi homme de coeur et incapable de manquer à ta parole. Je viens te demander un service que d'autres m'ont promis et qu'ils ne m'ont point rendu. Il y a trois semaines que je suis mort ; l'hôte de cette maison, aidé par sa femme, m'a surpris pendant mon sommeil et m'a coupé la gorge. Mon cadavre est caché sous un tas de fumier, à droite, au fond de la basse-cour. Demain, va trouver l'autorité du lieu, amène deux gendarmes et fais-moi ensevelir. L'hôte et sa femme se trahiront d'eux-mêmes et tu les livreras à la justice. Adieu, je compte sur ta pitié ; n'oublie pas la prière d'un ancien compagnon d'armes.

« M. de S..., en s'éveillant, se souvint de son rêve. La tête appuyée sur le coude, il se prit à méditer ; son émotion était vive, mais elle se dissipa devant les premières clartés du jour, et il se dit comme Athalie :

Un songe ! me devrais-je inquiéter d'un songe ?

Il fit violence à son coeur, et, n'écoutant que sa raison, il boucla sa valise et continua sa route.

« Le soir, il arriva à sa nouvelle étape et s'arrêta pour passer la nuit dans une auberge. Mais à peine avait-il fermé les yeux, que le spectre lui apparut une seconde fois, triste et presque menaçant.

« - Je m'étonne et je m'afflige, dit le fantôme, de voir un homme comme toi se parjurer et faillir à son devoir. J'attendais mieux de ta loyauté. Mon corps est sans sépulture, mes assassins vivent en paix. Ami, ma vengeance est dans ta main ; au nom de l'honneur, je te somme de revenir sur tes pas.

« M. de S... passa le reste de la nuit dans une grande agitation ; le jour venu, il eut honte de sa frayeur et continua son voyage.

« Le soir, troisième halte, troisième apparition. Cette fois, le fantôme était plus livide et plus terrible ; un sourire amer errait sur ses lèvres blanches ; il parla d'une voix rude :

« - Il paraît que je t'avais mal jugé : il paraît que ton coeur, comme celui des autres, est insensible aux prières des infortunés. Une dernière fois je viens invoquer ton aide et faire appel à ta générosité. Retourne à X..., venge-moi, ou sois maudit.

« Cette fois, M. de S... ne délibéra plus : il rebroussa chemin jusqu'à l'auberge suspecte où il avait passé la première de ces nuits lugubres. Il se rendit chez le magistrat, et demanda deux gendarmes. A sa vue, à la vue des deux gendarmes, les assassins pâlirent, et avouèrent leur crime, comme si une force supérieure leur eût arraché cette confession fatale.

« Leur procès s'instruisit rapidement, et ils furent condamnés à mort. Quant au pauvre officier, dont on retrouva le cadavre sous le tas de fumier, à droite, au fond de la basse-cour, il fut enseveli en terre sainte, et les prêtres prièrent pour le repos de son âme.

« Ayant accompli sa mission, M. de S... se hâta de quitter le pays et courut vers les Alpes sans regarder derrière lui.

« La première fois qu'il se reposa dans un lit, le fantôme se dressa encore devant ses yeux, non plus farouche et irrité, mais doux et bienveillant.

« - Merci, dit-il, merci, frère. Je veux reconnaître le service que tu m'as rendu : je me montrerai à toi une fois encore, une seule ; deux heures avant ta mort, je viendrai t'avertir. Adieu.

« M. de S... avait alors trente ans environ ; pendant trente ans, aucune vision ne vint troubler la quiétude de sa vie. Mais en 182., le 14 août, veille de la fête de Napoléon, M. de S..., qui était resté fidèle au parti bonapartiste, avait réuni dans un grand dîner une vingtaine d'anciens soldats de l'empire. La fête avait été fort gaie, l'amphitryon, bien que vieux, était vert et bien portant. On était au salon et l'on prenait le café.

« M. de S... eut envie de priser et s'aperçut qu'il avait oublié sa tabatière dans sa chambre. Il avait l'habitude de se servir lui-même ; il quitta un moment ses hôtes et monta au premier étage de sa maison, où se trouvait sa chambre à coucher.

« Il n'avait point pris de lumière.

« Quand il entra dans un long couloir qui conduisait à sa chambre, il s'arrêta tout à coup, et fut forcé de s'appuyer contre la muraille. Devant lui, à l'extrémité de la galerie, se tenait le fantôme de l'homme assassiné ; le fantôme ne prononça aucune parole, ne fit aucun geste, et, après une seconde, disparut.

« C'était l'avertissement promis.

« M. de S..., qui avait l'âme forte, après un moment de défaillance, retrouva son courage et son sang-froid, marcha vers sa chambre, y prit sa tabatière et redescendit au salon.

« Quand il y entra, aucun signe d'émotion ne parut sur son visage. Il se mêla à la conversation, et, pendant une heure, montra tout son esprit et tout son enjouement ordinaires.

« A minuit, ses invités se retirèrent. Alors, il s'assit et passa trois quarts d'heure dans le recueillement ; puis, ayant mis ordre à ses affaires, bien qu'il ne se sentît aucun malaise, il regagna sa chambre à coucher.

« Quand il en ouvrit la porte, un coup de feu l'étendit raide mort, deux heures juste après l'apparition du fantôme.

« La balle qui lui fracassa le crâne était destinée à son domestique.

« HENRY D'AUDIGIER. »

L'auteur de l'article a-t-il voulu, à tout prix, tenir la promesse qu'il avait faite au journal de raconter quelque chose d'émouvant, et a-t-il à cet effet puisé l'anecdote qu'il rapporte dans sa féconde imagination, ou bien est-elle réelle ? C'est ce que nous ne saurions affirmer. Du reste, là n'est pas le plus important ; vrai ou supposé, l'essentiel est de savoir si le fait est possible. Eh bien ! nous n'hésitons pas à dire : Oui, les avertissements d'outre-tombe sont possibles, et de nombreux exemples, dont l'authenticité ne saurait être révoquée en doute, sont là pour l'attester. Si donc l'anecdote de M. Henry d'Audigier est apocryphe, beaucoup d'autres du même genre ne le sont pas, nous dirons même que celle-ci n'offre rien que d'assez ordinaire. L'apparition a eu lieu en rêve, circonstance très vulgaire, tandis qu'il est notoire qu'elles peuvent se produire à la vue pendant l'état de veille. L'avertissement de l'instant de la mort n'est point non plus insolite, mais les faits de ce genre sont beaucoup plus rares, parce que la Providence, dans sa sagesse, nous cache ce moment fatal. Ce n'est donc qu'exceptionnellement qu'il peut nous être révélé, et par des motifs qui nous sont inconnus. En voici un autre exemple plus récent, moins dramatique, il est vrai, mais dont nous pouvons garantir l'exactitude.

M. Watbled, négociant, président du tribunal de commerce de Boulogne, est mort le 12 juillet dernier dans les circonstances suivantes : Sa femme, qu'il avait perdue depuis douze ans, et dont la mort lui causait des regrets incessants, lui apparut pendant deux nuits consécutives dans les premiers jours de juin et lui dit : « Dieu prend pitié de nos peines et veut que nous soyons bientôt réunis. » Elle ajouta que le 12 juillet suivant était le jour marqué pour cette réunion, et qu'il devait en conséquence s'y préparer. De ce moment, en effet, un changement remarquable s'opéra en lui : il dépérissait de jour en jour, bientôt il prit le lit, et, sans souffrance aucune, au jour marqué, il rendit le dernier soupir entre les bras de ses amis.

Le fait en lui-même n'est pas contestable ; les sceptiques ne peuvent qu'argumenter sur la cause, qu'ils ne manqueront pas d'attribuer à l'imagination. On sait que de pareilles prédictions, faites par des diseurs de bonne aventure, ont été suivies d'un dénouement fatal ; on conçoit, dans ce cas, que l'imagination étant frappée de cette idée, les organes puissent en éprouver une altération radicale : la peur de mourir a plus d'une fois causé la mort ; mais ici les circonstances ne sont plus les mêmes. Ceux qui ont approfondi les phénomènes du Spiritisme peuvent parfaitement se rendre compte du fait ; quant aux sceptiques, ils n'ont qu'un argument : « Je ne crois pas, donc cela n'est pas. » Les Esprits, interrogés à ce sujet, ont répondu : « Dieu a choisi cet homme, qui était connu de tous, afin que cet événement s'étendît au loin et donnât à réfléchir. » - Les incrédules demandent sans cesse des preuves ; Dieu leur en donne à chaque instant par les phénomènes qui surgissent de toutes parts ; mais à eux s'appliquent ces paroles : « Ils ont des yeux et ne verront point ; ils ont des oreilles et n'entendront point. »

Les cris de la Saint-Barthelemy

De Saint-Foy, dans son *Histoire de l'ordre du Saint-Esprit* (édition de 1778), cite le passage suivant tiré d'un recueil écrit par le marquis Christophe Juvénal des Ursins, lieutenant général au gouvernement de Paris, vers la fin de l'année 1572, et imprimé en 1601.

« Le 31 août (1572), huit jours après le massacre de la Saint-Barthélemy, j'avais soupé au Louvre chez madame de Fiesque. La chaleur avait été très grande pendant toute la journée. Nous allâmes nous asseoir sous la petite treille du côté de la rivière pour respirer le frais ; nous entendîmes tout à coup dans l'air un bruit horrible de voix tumultueuses et de gémissements mêlés de cris de rage et de fureur ; nous restâmes immobiles, saisis d'effroi, nous regardant de temps en temps sans avoir la force de parler. Ce bruit dura, je crois, près d'une demi-heure. Il est certain que le roi (Charles IX) l'entendit, qu'il en fut épouvanté, qu'il ne dormit pas pendant tout le reste de la nuit ; que cependant il n'en parla point le lendemain, mais qu'on remarqua qu'il avait l'air sombre, pensif, égaré.

« Si quelque prodige doit ne pas trouver des incrédules, c'est celui-là, étant attesté par Henri IV. Ce prince, dit d'Aubigné, liv. I, chap. 6, p. 561, nous a raconté plusieurs fois entre ses plus familiers et privés courtisans (et j'ai plusieurs témoins vivants qu'il ne nous l'a jamais raconté sans se sentir encore saisi d'épouvante), que huit jours après le massacre de la Saint-Barthélemy, il vint une grande multitude de corbeaux se percher et croasser sur le pavillon du Louvre ; que la même nuit, Charles IX, deux heures après s'être couché, sauta de son lit, fit lever ceux de sa chambre, et l'envoya chercher pour ouïr en l'air un grand bruit de voix gémissantes, le tout semblable à ce qu'on entendait la nuit des massacres ; que tous ces différents cris étaient si frappants, si marqués et si distinctement articulés, que Charles IX, croyant que les ennemis des Montmorency et de leurs partisans les avaient surpris et les attaquaient, envoya un détachement de ses gardes pour empêcher ce nouveau massacre ; que ces gardes rapportèrent que Paris était tranquille, et que tout ce bruit qu'on entendait était dans l'air. »

Remarque. Le fait rapporté par de Saint-Foy et Juvénal des Ursins a beaucoup d'analogie avec l'histoire du revenant de Mlle Clairon, relatée dans notre numéro du mois de janvier, avec cette différence que chez celle-ci un seul Esprit s'est manifesté pendant deux ans et demi, tandis qu'après la Saint-Barthélemy il paraissait y en avoir une innombrable quantité qui firent retentir l'air pendant quelques instants seulement. Du reste, ces deux phénomènes ont évidemment le même principe que les autres faits contemporains de même nature que nous avons rapportés, et n'en diffèrent que par le détail de la forme. Plusieurs Esprits interrogés sur la cause de cette manifestation ont répondu que *c'était une punition de Dieu*, chose facile à concevoir.

Entretiens familiers d'outre-tombe

Madame Schwabenhaus. Léthargie extatique

Plusieurs journaux, d'après le *Courrier des Etats-Unis*, ont rapporté le fait suivant, qui nous a paru de nature à fournir le sujet d'une étude intéressante :

« Une famille allemande de Baltimore vient, dit le *Courrier des Etats-Unis*, d'être vivement émue par un singulier cas de mort apparente. Madame Schwabenhaus, malade depuis longtemps, paraissait avoir rendu le dernier soupir dans la nuit du lundi au mardi. Les personnes qui la soignaient purent observer sur elle tous les symptômes de la mort : son corps était glacé, ses membres raides. Après avoir rendu au cadavre les derniers devoirs, et quand tout fut prêt dans la chambre mortuaire pour l'enterrement, les assistants allèrent prendre quelque repos. M. Schwabenhaus, épuisé de fatigue, les suivit bientôt. Il était livré à un sommeil agité, quand, vers six heures du matin, la voix de sa femme vint frapper son oreille. Il crut d'abord être le jouet d'un rêve ; mais son nom, répété à plusieurs reprises, ne lui laissa bientôt aucun doute, et il se précipita dans la chambre de sa femme. Celle qu'on avait laissée pour morte était assise dans son lit, paraissant jouir de toutes ses facultés, et plus forte qu'elle ne l'avait jamais été depuis le commencement de sa maladie.

« Madame Schwabenhaus demanda de l'eau, puis désira ensuite boire du thé et du vin. Elle pria son mari d'aller endormir leur enfant, qui pleurait dans la chambre voisine. Mais il était trop ému pour cela, il courut réveiller tout le monde dans la maison. La malade accueillit en souriant ses amis, ses domestiques, qui ne s'approchaient de son lit qu'en tremblant. Elle ne paraissait pas surprise des apprêts funéraires qui frappaient son regard : « Je sais que vous me croyiez morte, dit-elle ; je n'étais qu'endormie, cependant. Mais pendant ce temps mon âme s'est envolée vers les régions célestes ; un ange est venu me chercher, et nous avons franchi l'espace en quelques instants. Cet ange qui me conduisait, c'était la petite fille que nous avons perdue l'année dernière... Oh ! j'irai bientôt la rejoindre... A présent que j'ai goûté des joies du ciel, je ne voudrais plus vivre ici-bas. J'ai demandé à l'ange de venir embrasser encore une fois mon mari et mes enfants ; mais bientôt il reviendra me chercher. »

« A huit heures, après qu'elle eut tendrement pris congé de son mari, de ses enfants et d'une foule de personnes qui l'entouraient, madame Schwabenhaus expira réellement cette fois, ainsi qu'il fut constaté par les médecins de façon à ne laisser subsister aucun doute.

« Cette scène a vivement ému les habitants de Baltimore. »

L'Esprit de madame Schwabenhaus ayant été évoqué, dans la séance de la Société parisienne des études spirites, le 27 avril dernier, l'entretien suivant s'est établi avec lui.

1. Nous désirerions, dans le but de nous instruire, vous adresser quelques questions concernant votre mort ; aurez-vous la bonté de nous répondre ? - R. Comment ne le ferais-je pas, maintenant que je commence à toucher aux vérités éternelles, et que je sais le besoin que vous en avez ?

2. Vous rappelez-vous la circonstance particulière qui a précédé votre mort ? - R. Oui, ce moment a été le plus heureux de mon existence terrestre.

3. Pendant votre mort apparente entendiez-vous ce qui se passait autour de vous et voyiez-vous les apprêts de vos funérailles ? - R. Mon âme était trop préoccupée de son bonheur prochain.

Remarque. On sait que généralement les léthargiques voient et entendent ce qui se passe autour d'eux et en conservent le souvenir au réveil. Le fait que nous rapportons offre cette particularité que le sommeil léthargique était accompagné d'extase, circonstance qui explique pourquoi l'attention de la malade fut détournée.

4. Aviez-vous la conscience de n'être pas morte ? - R. Oui, mais cela m'était plutôt pénible.

5. Pourriez-vous nous dire la différence que vous faites entre le sommeil naturel et le sommeil léthargique ? - R. Le sommeil naturel est le repos du corps ; le sommeil léthargique est l'exaltation de l'âme.

6. Souffriez-vous pendant votre léthargie ? - R. Non.

7. Comment s'est opéré votre retour à la vie ? - R. Dieu a permis que je revinsse consoler les coeurs affligés qui m'entouraient.

8. Nous désirerions une explication plus matérielle. - R. Ce que vous appelez le périsprit animait encore mon enveloppe terrestre.

9. Comment se fait-il que vous n'ayez pas été surprise à votre réveil des apprêts que l'on faisait pour vous enterrer ? - R. Je savais que je devais mourir, toutes ces choses m'importaient peu, puisque j'avais entrevu le bonheur des élus.

10. En revenant à vous, avez-vous été satisfaite d'être rendue à la vie ? - R. Oui, pour consoler.

11. Où avez-vous été pendant votre sommeil léthargique ? - R. Je ne puis vous dire tout le bonheur que j'éprouvais : les langues humaines n'expriment pas ces choses.

12. Vous sentiez-vous encore sur la terre ou dans l'espace ? - R. Dans les espaces.

13. Vous avez dit, en revenant à vous, que la petite fille que vous aviez perdue l'année précédente était venue vous chercher ; est-ce vrai ? - R. Oui, c'est un Esprit pur.

Remarque. Tout, dans les réponses de la mère, annonce en elle un Esprit élevé ; il n'y a donc rien d'étonnant à ce qu'un Esprit plus élevé encore se soit uni au sien par sympathie. Toutefois, il est nécessaire de ne pas prendre à la lettre la qualification de *Pur Esprit* que les Esprits se donnent quelquefois entre eux. On sait qu'il faut entendre par là ceux de l'ordre le plus élevé, ceux qui étant complètement dématérialisés et épurés ne sont plus sujets à la réincarnation ; ce sont les anges qui jouissent de la vie éternelle. Or ceux qui n'ont pas atteint un degré suffisant ne comprennent pas encore cet état suprême ; ils peuvent donc employer le mot de *Pur Esprit* pour désigner une supériorité relative, mais non absolue. Nous en avons de nombreux exemples, et madame Schwabenhaus nous paraît être dans ce cas. Les Esprits moqueurs s'attribuent aussi quelquefois la qualité de purs Esprits pour inspirer plus de confiance aux personnes qu'ils veulent tromper, et qui n'ont pas assez de perspicacité pour les juger à leur langage, dans lequel se trahit toujours leur infériorité.

14. Quel âge avait cette enfant quand elle est morte ? - R. Sept ans.

15. Comment l'avez-vous reconnue ? - R. Les Esprits supérieurs se reconnaissent plus vite.

16. L'avez-vous reconnue sous une forme quelconque ? - R. Je ne l'ai vue que comme Esprit.

17. Que vous disait-elle ? - R. « Viens, suis-moi vers l'Eternel. »

18. Avez-vous vu d'autres Esprits que celui de votre fille ? - R. J'ai vu une quantité d'autres Esprits, mais la voix de mon enfant et le bonheur que je pressentais faisaient mes seules préoccupations.

19. Pendant votre retour à la vie, vous avez dit que vous iriez bientôt rejoindre votre fille ; vous aviez donc conscience de votre mort prochaine ? - R. C'était pour moi une espérance heureuse.

20. Comment le saviez-vous ? - R. Qui ne sait qu'il faut mourir ? Ma maladie me le disait bien.

21. Quelle était la cause de votre maladie ? - R. Les chagrins.

22. Quel âge aviez-vous ? - R. Quarante-huit ans.

23. En quittant la vie définitivement avez-vous eu immédiatement une conscience nette et lucide de votre nouvelle situation ? - R. Je l'ai eue au moment de ma léthargie.

24. Avez-vous éprouvé le trouble qui accompagne ordinairement le retour à la vie spirite ? - R. Non, j'ai été éblouie, mais pas troublée.

Remarque. On sait que le trouble qui suit la mort est d'autant moins grand et moins long que l'Esprit s'est plus épuré pendant la vie. L'extase qui a précédé la mort de cette femme était d'ailleurs un premier dégagement de l'âme des liens terrestres.

25. Depuis votre mort avez-vous revu votre fille ? - R. Je suis souvent avec elle.

26. Etes-vous réunie à elle pour l'éternité ? - R. Non, mais je sais qu'après *mes dernières incarnations* je serai dans le séjour où les Esprits purs habitent.

27. Vos épreuves ne sont donc pas finies ? - R. Non, mais elles seront heureuses maintenant ; elles ne me laissent plus qu'espérer, et l'espérance c'est presque le bonheur.

28. Votre fille avait-elle vécu dans d'autres corps avant celui par lequel elle était votre fille ? - R. Oui, dans bien d'autres.

29. Sous quelle forme êtes-vous parmi nous ? - R. Sous ma dernière forme de femme.

30. Nous voyez-vous aussi distinctement que vous l'auriez fait étant vivante ? - R. oui.

31. Puisque vous êtes ici sous la forme que vous aviez sur la terre, est-ce par les yeux que vous nous voyez ? - R. Mais non, l'Esprit n'a pas d'yeux ; je ne suis sous ma dernière forme que pour satisfaire aux lois qui régissent les Esprits quand ils sont évoqués et obligés de reprendre ce que vous appelez *périsprit*.

32. Pouvez-vous lire dans nos pensées ? - R. Oui, je le puis : j'y lirai si vos pensées sont bonnes.

33. Nous vous remercions des explications que vous avez bien voulu nous donner ; nous reconnaissons à la sagesse de vos réponses que vous êtes un Esprit élevé, et nous espérons que vous jouirez du bonheur que vous méritez. - R. Je suis heureuse de contribuer à votre oeuvre ; mourir est une joie quand on peut aider aux progrès comme je puis le faire.

Les talismans

Médaille cabalistique

M. M... avait acheté chez un brocanteur une médaille qui lui a paru remarquable par sa singularité. Elle est de la grandeur d'un écu de six livres. Son aspect est argentin quoique un peu plombé. Sur les deux faces sont gravés en creux une foule de signes, parmi lesquels on remarque ceux des planètes, des cercles entrelacés, un triangle, des mots inintelligibles et des initiales en caractères vulgaires ; puis d'autres caractères bizarres, ayant quelque chose de l'arabe, le tout disposé d'une manière cabalistique dans le genre des grimoires.

M. M... ayant interrogé mademoiselle J..., somnambule-médium, sur cette médaille, il lui fut répondu qu'elle était composée de sept métaux, qu'elle avait appartenu à Cazotte, et avait un pouvoir particulier pour attirer les Esprits et faciliter les évocations. M. de Caudemberg, auteur d'une relation des communications qu'il a eues, dit-il, comme médium, avec la Vierge Marie, lui dit que c'était une mauvaise chose propre à attirer les démons. Mademoiselle de Guldenstube, médium, soeur du baron de Guldenstube, auteur d'un ouvrage sur la Pneumatographie ou écriture directe, lui dit qu'elle avait une vertu magnétique et pouvait provoquer le somnambulisme.

Peu satisfait de ces réponses contradictoires, M. M... nous a présenté cette médaille en nous demandant notre opinion personnelle à ce sujet, et en nous priant également d'interroger un Esprit supérieur sur sa valeur réelle au point de vue de l'influence qu'elle peut avoir. Voici notre réponse :

Les Esprits sont attirés ou repoussés par la pensée et non par des objets matériels qui n'ont aucun pouvoir sur eux. Les Esprits supérieurs ont de tout temps condamné l'emploi des signes et des formes cabalistiques, et tout Esprit qui leur attribue une vertu quelconque ou qui prétend donner des talismans qui sentent le grimoire, révèle par cela même son infériorité, soit qu'il agisse de bonne foi et par ignorance, par suite d'anciens préjugés terrestres dont il est encore imbu, soit qu'il veuille sciemment se jouer de la crédulité, comme Esprit moqueur. Les signes cabalistiques, quand ils ne sont pas de pure fantaisie, sont des symboles qui rappellent des croyances superstitieuses à la vertu de certaines choses, comme les nombres, les planètes et leur concordance avec les métaux, croyances écloses dans les temps d'ignorance, et qui reposent sur des erreurs manifestes dont la science a fait justice en montrant ce qu'il en est des prétendues sept planètes, des sept métaux, etc. La forme mystique et inintelligible de ces emblèmes avait pour but d'en imposer au vulgaire disposé à voir du merveilleux dans ce qu'il ne comprend pas. Quiconque a étudié la nature des Esprits ne peut admettre rationnellement sur eux l'influence de formes conventionnelles, ni de substances mélangées dans de certaines proportions ; ce serait renouveler les pratiques de la chaudière des sorcières, des chats noirs, des poules noires et autres diableries. Il n'en est pas de même d'un objet magnétisé qui, comme on le sait, a le pouvoir de provoquer le somnambulisme ou certains phénomènes nerveux sur l'économie ; mais alors la vertu de cet objet réside uniquement dans le fluide dont il est *momentanément* imprégné et qui se transmet ainsi par voie médiate, et non dans sa forme, dans sa couleur, ni surtout dans les signes dont il peut être surchargé.

Un Esprit peut dire : « Tracez tel signe, et à ce signe je reconnaîtrai que vous m'appelez, et je viendrai ; » mais dans ce cas le signe tracé n'est que l'expression de la pensée ; c'est une évocation traduite d'une manière matérielle ; or, les Esprits, quelle que soit leur nature, n'ont pas besoin de pareils moyens pour se communiquer ; les Esprits supérieurs ne les emploient jamais ; les Esprits inférieurs peuvent le faire en vue de fasciner l'imagination des personnes crédules qu'ils veulent tenir sous leur dépendance. Règle générale : Pour les Esprits supérieurs, la forme n'est rien, la pensée est tout ; tout Esprit qui attache plus d'importance à la forme qu'au fond est inférieur, et ne mérite aucune confiance, alors même que de temps à autre il dirait quelques bonnes choses ; car ces bonnes choses sont souvent un moyen de séduction.

Telle était notre pensée au sujet des talismans en général, comme moyens de relations avec les Esprits. Il va sans dire qu'elle s'applique également à ceux que la superstition emploie comme préservatifs de maladies ou d'accidents.

Néanmoins, pour l'édification du possesseur de la médaille, et pour mieux approfondir la question, dans la séance de la société du 17 juillet 1858, nous priâmes l'Esprit de saint Louis, qui veut bien se communiquer à nous toutes les fois qu'il s'agit de notre instruction, de nous donner son avis à ce sujet. Interrogé sur la valeur de cette médaille, voici quelle fut sa réponse :

« Vous faites bien de ne pas admettre que des objets matériels puissent avoir une vertu quelconque sur les manifestations, soit pour les provoquer, soit pour les empêcher. Assez souvent nous avons dit que les manifestations étaient spontanées, et qu'au surplus nous ne nous refusions jamais de répondre à votre appel. Pourquoi pensez-vous que nous puissions être *obligés* d'obéir à une chose fabriquée par des humains ?

D. - Dans quel but cette médaille a-t-elle été faite ? - R. Elle a été faite dans le but d'appeler l'attention des personnes qui voudraient bien y croire ; mais ce n'est que par des magnétiseurs qu'elle a pu être faite avec l'intention de la magnétiser pour endormir un sujet. Les signes ne sont que des choses de fantaisie.

D. - On dit qu'elle avait appartenu à Cazotte ; pourrions-nous l'évoquer afin d'avoir quelques renseignements de lui à cet égard ? - R. Ce n'est pas nécessaire ; occupez-vous préférablement de choses plus sérieuses. »

Problèmes moraux

Suicide par amour.

Depuis sept ou huit mois, le nommé Louis G..., ouvrier cordonnier, faisait la cour à une demoiselle Victorine R..., piqueuse de bottines, avec laquelle il devait se marier très prochainement, puisque les bans étaient en cours de publication. Les choses en étant à ce point, les jeunes gens se considéraient presque comme définitivement unis, et, par mesure d'économie, le cordonnier venait chaque jour prendre ses repas chez sa future.

Mercredi dernier, Louis étant venu, comme à l'ordinaire, souper chez la piqueuse de bottines, une contestation survint à propos d'une futilité ; on s'obstina de part et d'autre, et les choses en vinrent au point que Louis quitta la table et partit en jurant de ne plus jamais revenir.

Le lendemain pourtant, le cordonnier, tout penaud, venait mettre les pouces et demander pardon : la nuit porte conseil, on le sait ; mais l'ouvrière, préjugeant peut-être, d'après la scène de la veille, ce qui pourrait survenir quand il ne serait plus temps de se dédire, refusa de se réconcilier, et, protestations, larmes, désespoir, rien ne put la fléchir. Avant-hier au soir, cependant, comme plusieurs jours s'étaient écoulés depuis celui de la brouille, Louis, espérant que sa bien-aimée serait plus traitable, voulut tenter une dernière démarche : il arrive donc et frappe de façon à se faire connaître, mais on refuse de lui ouvrir ; alors nouvelles supplications de la part du pauvre évincé, nouvelles protestations à travers la porte, mais rien ne put toucher l'implacable prétendue. « Adieu donc, méchante ! s'écrie enfin le pauvre garçon, adieu pour toujours ! Tâchez de rencontrer un mari qui vous aime autant que moi ! » En même temps la jeune fille entend une sorte de gémissement étouffé, puis comme le bruit d'un corps qui tombe en glissant le long de sa porte, et tout rentre dans le silence ; alors elle s'imagine que Louis s'est installé sur le seuil pour attendre sa première sortie, mais elle se promet bien de ne pas mettre le pied dehors tant qu'il sera là.

Il y avait à peine un quart d'heure que ceci avait eu lieu, lorsqu'un locataire qui passait sur le palier avec de la lumière, pousse une exclamation et demande du secours. Aussitôt les voisins arrivent, et Mlle Victorine, ayant également ouvert sa porte, jette un cri d'horreur en apercevant étendu sur le carreau son prétendu pâle et inanimé. Chacun s'empresse de lui porter secours, on s'enquiert d'un médecin, mais on s'aperçoit bientôt que tout est inutile, et qu'il a cessé d'exister. Le malheureux jeune homme s'était plongé son tranchet dans la région du coeur, et le fer était resté dans la plaie.

Ce fait, que nous trouvons dans le *Siècle* du 7 avril dernier, a suggéré la pensée d'adresser à un Esprit supérieur quelques questions sur ses conséquences morales. Les voici, ainsi que les réponses qui nous ont été données par l'Esprit de saint Louis dans la séance de la Société du 10 août 1858.

1. La jeune fille, cause involontaire de la mort de son amant, en a-t-elle la responsabilité ? - R. Oui, car elle ne l'aimait pas.

2. Pour prévenir ce malheur devait-elle l'épouser malgré sa répugnance ? - R. Elle cherchait une occasion pour se séparer de lui ; elle a fait au commencement de sa liaison ce qu'elle aurait fait plus tard.

3. Ainsi sa culpabilité consiste à avoir entretenu chez lui des sentiments qu'elle ne partageait pas, sentiments qui ont été la cause de la mort du jeune homme ? - R. Oui, c'est cela.

4. Sa responsabilité, dans ce cas, doit être proportionnée à sa faute ; elle ne doit pas être aussi grande que si elle eût provoqué volontairement la mort ? - R. Cela saute aux yeux.

5. Le suicide de Louis trouve-t-il une excuse dans l'égarement où l'a plongé l'obstination de Victorine ? - R. Oui, car son suicide, qui provient de l'amour, est moins criminel aux yeux de Dieu que le suicide de l'homme qui veut s'affranchir de la vie par un motif de lâcheté.

Remarque. En disant que ce suicide est *moins* criminel aux yeux de Dieu, cela signifie évidemment qu'il y a criminalité, quoique moins grande. La faute consiste dans la faiblesse qu'il n'a pas su vaincre. C'était sans doute une épreuve sous laquelle il a succombé ; or, les Esprits nous apprennent que le mérite consiste à lutter victorieusement contre les épreuves de toutes sortes qui sont l'essence même de notre vie terrestre.

L'Esprit de Louis C... ayant été évoqué une autre fois, on lui adressa les questions suivantes :

1. Que pensez-vous de l'action que vous avez commise ? - R. Victorine est une ingrate ; j'ai eu tort de me tuer pour elle, car elle ne le méritait pas.

2. Elle ne vous aimait donc pas ? - R. Non ; elle l'a cru d'abord ; elle se faisait illusion ; la scène que je lui ai faite lui a ouvert les yeux ; alors elle a été contente de ce prétexte pour se débarrasser de moi.

3. Et vous, l'aimiez-vous sincèrement ? - R. J'avais de la passion pour elle ; voilà tout, je crois ; si je l'avais aimée d'un amour pur, je n'aurais pas voulu lui faire de la peine.

4. Si elle avait su que vous vouliez réellement vous tuer, aurait-elle persisté dans son refus ? - R. Je ne sais ; je ne crois pas, car elle n'est pas méchante ; mais elle aurait été malheureuse ; il vaut encore mieux pour elle que cela se soit passé ainsi.

5. En arrivant à sa porte aviez-vous l'intention de vous tuer en cas de refus ? - R. Non ; je n'y pensais pas ; je ne croyais pas qu'elle serait si obstinée ; ce n'est que quand j'ai vu son obstination, qu'alors un vertige m'a pris.

6. Vous semblez ne regretter votre suicide que parce que Victorine ne le méritait pas ; est-ce le seul sentiment que vous éprouvez ? - R. En ce moment, oui ; je suis encore tout troublé ; il me semble être à sa porte ; mais je sens autre chose que je ne puis définir.

7. Le comprendrez-vous plus tard ? - R. Oui, quand je serai débrouillé... C'est mal ce que j'ai fait ; j'aurais dû la laisser tranquille... J'ai été faible et j'en porte la peine... Voyez-vous, la passion aveugle l'homme et lui fait faire bien des sottises. Il les comprend quand il n'est plus temps.

8. Vous dites que vous en portez la peine ; quelle peine souffrez-vous ? - R. J'ai eu tort d'abréger ma vie ; je ne le devais pas ; je devais tout supporter plutôt que d'en finir avant le temps ; et puis je suis malheureux ; je souffre ; c'est toujours elle qui me fait souffrir ; il me semble être encore là, à sa porte ; l'ingrate ! Ne m'en parlez plus ; je n'y veux plus penser ; cela me fait trop de mal. Adieu.

Observation sur le dessin de la maison de Mozart

Un de nos abonnés nous écrit ce qui suit à propos du dessin que nous avons publié dans notre dernier numéro :

« L'auteur de l'article dit, page 231 : *La clé de* SOL *y est fréquemment répétée, et, chose bizarre, jamais la clé de* FA. Il paraîtrait que les yeux du médium n'auraient pas aperçu tous les détails du riche dessin que sa main a exécuté, car un musicien nous assure qu'il est facile de reconnaître, droite et renversée, la clé de *fa* dans l'ornementation du bas de l'édifice, au milieu de laquelle plonge la partie inférieure de l'archet, ainsi que dans le prolongement de cette ornementation à gauche de la pointe du téorbe. Le même musicien prétend en outre que la clé d'*ut*, ancienne forme, figure, elle aussi, sur les dalles qui avoisinent l'escalier de droite. »

Remarque. - Nous insérons d'autant plus volontiers cette observation, qu'elle prouve jusqu'à quel point la pensée du médium est restée étrangère à la confection du dessin. En examinant les détails des parties signalées, on y reconnaît en effet des clés de *fa* et d'*ut* dont l'auteur a orné son dessin sans s'en douter. Quand on le voit à l'oeuvre, on conçoit aisément l'absence de toute conception préméditée et de toute volonté ; sa main, entraînée par une force occulte, donne au crayon ou au burin la marche la plus irrégulière et la plus contraire aux préceptes les plus élémentaires de l'art, allant sans cesse avec une rapidité inouïe d'un bout à l'autre de la planche sans la quitter, pour revenir cent fois au même point ; toutes les parties sont ainsi commencées et continuées à la fois, sans qu'aucune soit achevée avant d'en entreprendre une autre. Il en résulte, au premier abord, un ensemble incohérent dont on ne comprend le but que lorsque tout est terminé. Cette marche singulière n'est point le propre de M. Sardou ; nous avons vu tous les médiums dessinateurs procéder de la même manière. Nous connaissons une dame, peintre de mérite et professeur de dessin, qui jouit de cette faculté. Quand elle dessine comme médium, elle opère, malgré elle, contre les règles, et par un procédé qu'il lui serait impossible de suivre lorsqu'elle travaille sous sa propre inspiration et dans son état normal. Ses élèves, nous disait-elle, riraient bien si elle leur enseignait à dessiner à la façon des Esprits.

ALLAN KARDEC.

REVUE SPIRITE

JOURNAL

D'ETUDES PSYCHOLOGIQUES

Octobre 1858

Des Obsédés et des Subjugués

On a souvent parlé des dangers du Spiritisme, et il est à remarquer que ceux qui se sont le plus récriés à cet égard sont précisément ceux qui ne le connaissent guère que de nom. Nous avons déjà réfuté les principaux arguments qu'on lui oppose, nous n'y reviendrons pas ; nous ajouterons seulement que si l'on voulait proscrire de la société tout ce qui peut offrir des dangers et donner lieu à des abus, nous ne savons trop ce qui resterait, même des choses de première nécessité, à commencer par le feu, cause de tant de malheurs, puis les chemins de fer, etc., etc.. Si l'on croit que les avantages compensent les inconvénients, il doit en être de même de tout ; l'expérience indique au fur et à mesure les précautions à prendre pour se garantir du danger des choses qu'on ne peut éviter.

Le Spiritisme présente en effet un danger réel, mais ce n'est point celui que l'on croit, et il faut être initié aux principes de la science pour le bien comprendre. Ce n'est point à ceux qui y sont étrangers que nous nous adressons ; c'est aux adeptes mêmes, à ceux qui pratiquent, parce que le danger est pour eux. Il importe qu'ils le connaissent, afin de se tenir sur leurs gardes : danger prévu, on le sait, est à moitié évité. Nous dirons plus : ici, pour quiconque est bien pénétré de la science, il n'existe pas ; il n'est que pour ceux qui croient savoir et ne savent pas ; c'est-à-dire, comme en toutes choses, pour ceux qui manquent de l'expérience nécessaire.

Un désir bien naturel chez tous ceux qui commencent à s'occuper du Spiritisme, c'est d'être médium, mais surtout médium écrivain. C'est en effet le genre qui offre le plus d'attrait par la facilité des communications, et qui peut le mieux se développer par l'exercice. On comprend la satisfaction que doit éprouver celui qui, pour la première fois, voit se former sous sa main des lettres, puis des mots, puis des phrases qui répondent à sa pensée. Ces réponses qu'il trace machinalement sans savoir ce qu'il fait, qui sont le plus souvent en dehors de toutes ses idées personnelles, ne peuvent lui laisser aucun doute sur l'intervention d'une intelligence occulte ; aussi sa joie est grande de pouvoir s'entretenir avec les êtres d'outre-tombe, avec ces êtres mystérieux et invisibles qui peuplent les espaces ; ses parents et ses amis ne sont plus absents ; s'il ne les voit pas par les yeux, ils n'en sont pas moins là ; ils causent avec lui, il les voit par la pensée ; il peut savoir s'ils sont heureux, ce qu'ils font, ce qu'ils désirent, échanger avec eux de bonnes paroles ; il comprend que sa séparation d'avec eux n'est point éternelle, et il hâte de ses voeux l'instant où il pourra les rejoindre dans un monde meilleur. Ce n'est pas tout ; que ne va-t-il pas savoir par le moyen des Esprits qui se communiquent à lui ! Ne vont-ils pas lever le voile de toutes choses ? Dès lors plus de mystères ; il n'a qu'à interroger, il va tout connaître. Il voit déjà l'antiquité secouer devant lui la poussière des temps, fouiller les ruines, interpréter les écritures symboliques et faire revivre à ses yeux les siècles passés. Celui-ci, plus prosaïque, et peu soucieux de sonder l'infini où sa pensée se perd, songe tout simplement à exploiter les Esprits pour faire fortune. Les Esprits qui doivent tout voir, tout savoir, ne peuvent refuser de lui faire découvrir quelque trésor caché ou quelque secret merveilleux. Quiconque s'est donné la peine d'étudier la science spirite ne se laissera jamais séduire par ces beaux rêves ; il sait à quoi s'en tenir sur le pouvoir des Esprits, sur leur nature et sur le but des relations que l'homme peut établir avec eux. Rappelons d'abord, en peu de mots, les points principaux qu'il ne faut jamais perdre de vue, parce qu'ils sont comme la clef de voûte de l'édifice.

1° Les Esprits ne sont égaux ni en puissance, ni en savoir, ni en sagesse. N'étant autre chose que les âmes humaines débarrassées de leur enveloppe corporelle, ils présentent encore plus de variété que nous n'en trouvons parmi les hommes sur la terre, parce qu'ils viennent de tous les mondes ; et que parmi les mondes, la terre n'est ni le plus arriéré, ni le plus avancé. Il y a donc des Esprits très supérieurs, et d'autres très inférieurs ; de très bons et de très mauvais, de très savants et de très ignorants ; il y en a de légers, de malins, de menteurs, de rusés, d'hypocrites, de facétieux, de spirituels, de moqueurs, etc.

2° Nous sommes sans cesse entourés d'un essaim d'Esprits qui, pour être invisibles à nos yeux matériels, n'en sont pas moins dans l'espace, autour de nous, à nos côtés, épiant nos actions, lisant dans nos pensées, les uns pour nous faire du bien, les autres pour nous faire du mal, selon qu'ils sont plus ou moins bons.

3° Par l'infériorité physique et morale de notre globe dans la hiérarchie des mondes, les Esprits inférieurs y sont plus nombreux que les Esprits supérieurs.

4° Parmi les Esprits qui nous entourent, il en est qui s'attachent à nous, qui agissent plus particulièrement sur notre pensée, nous conseillent, et dont nous suivons l'impulsion à notre insu ; heureux si nous n'écoutons que la voix de ceux qui sont bons.

5° Les Esprits inférieurs ne s'attachent qu'à ceux qui les écoutent, auprès desquels ils ont accès, et sur lesquels ils trouvent prise. S'ils parviennent à prendre de l'empire sur quelqu'un, ils s'identifient avec son propre Esprit, le fascinent, l'obsèdent, le subjuguent et le conduisent comme un véritable enfant.

6° L'obsession n'a jamais lieu que par les Esprits inférieurs. Les bons Esprits ne font éprouver aucune contrainte ; ils conseillent, combattent l'influence des mauvais, et si on ne les écoute pas, ils s'éloignent.

7° Le degré de la contrainte et la nature des effets qu'elle produit marquent la différence entre l'obsession, la subjugation et la fascination.

L'obsession est l'action presque permanente d'un Esprit étranger, qui fait qu'on est sollicité par un besoin incessant d'agir dans tel ou tel sens, de faire telle ou telle chose.

La subjugation est une étreinte morale qui paralyse la volonté de celui qui la subit, et le pousse aux actes les plus déraisonnables et souvent les plus contraires à ses intérêts.

La fascination est une sorte d'illusion produite, soit par l'action directe d'un Esprit étranger, soit par ses raisonnements captieux, illusion qui donne le change sur les choses morales, fausse le jugement et fait prendre le mal pour le bien.

8° L'homme peut toujours, par sa volonté, secouer le joug des Esprits imparfaits, parce qu'en vertu de son libre arbitre, il a le choix entre le bien et le mal. Si la contrainte est arrivée au point de paralyser sa volonté, et si la fascination est assez grande pour oblitérer son jugement, la volonté d'une autre personne peut y suppléer.

On donnait jadis le nom de *possession* à l'empire exercé par de mauvais Esprits, lorsque leur influence allait jusqu'à l'aberration des facultés ; mais l'ignorance et les préjugés ont souvent fait prendre pour une possession ce qui n'était que le résultat d'un état pathologique. La possession serait, pour nous, synonyme de la subjugation. Si nous n'adoptons pas ce terme, c'est pour deux motifs : le premier, qu'il implique la croyance à des êtres créés pour le mal et perpétuellement voués au mal, tandis qu'il n'y a que des êtres plus ou moins imparfaits qui tous peuvent s'améliorer ; le second, qu'il implique également l'idée d'une prise de possession du corps par un Esprit étranger, une sorte de cohabitation, tandis qu'il n'y a que contrainte. Le mot *subjugation* rend parfaitement la pensée. Ainsi, pour nous, il n'y a pas de *possédés* dans le sens vulgaire du mot, il n'y a que des *obsédés*, des *subjugués* et des *fascinés*.

C'est par un motif semblable que nous n'adoptons pas le mot *démon* pour désigner les Esprits imparfaits, quoique ces Esprits ne valent souvent pas mieux que ceux qu'on appelle démons ; c'est uniquement à cause de l'idée de spécialité et de perpétuité qui est attachée à ce mot. Ainsi, quand nous disons qu'il n'y a pas de démons, nous ne prétendons pas dire qu'il n'y a que de bons Esprits ; loin de là ; nous savons pertinemment qu'il y en a de mauvais et de très mauvais, qui nous sollicitent au mal, nous tendent des pièges, et cela n'a rien d'étonnant puisqu'ils ont été des hommes ; nous voulons dire qu'ils ne forment pas une classe à part dans l'ordre de la création, et que Dieu laisse à toutes ses créatures le pouvoir de s'améliorer.

Ceci étant bien entendu, revenons aux médiums. Chez quelques-uns les progrès sont lents, très lents même, et mettent souvent la patience à une rude épreuve. Chez d'autres ils sont rapides, et en peu de temps le médium arrive à écrire avec autant de facilité et quelquefois plus de promptitude qu'il ne le fait dans l'état ordinaire. C'est alors qu'il peut se prendre d'enthousiasme, et là est le danger, car l'enthousiasme rend faible, et avec les Esprits il faut être fort. Dire que l'enthousiasme rend faible, semble un paradoxe ; et pourtant rien de plus vrai. L'enthousiaste, dira-t-on, marche avec une conviction et une confiance qui lui font surmonter tous les obstacles, donc il a plus de force. Sans doute ; mais on s'enthousiasme pour le faux aussi bien que pour le vrai ; abondez dans les idées les plus absurdes de l'enthousiaste et vous en ferez tout ce que vous voudrez ; l'objet de son enthousiasme est donc son côté faible, et par là vous pourrez toujours le dominer. L'homme froid et impassible, au contraire, voit les choses sans miroitage ; il les combine, les pèse, les mûrit et n'est séduit par aucun subterfuge : c'est ce qui lui donne de la force. Les Esprits malins qui savent cela aussi bien et mieux que nous, savent aussi le mettre à profit pour subjuguer ceux qu'ils veulent tenir sous leur dépendance, et la faculté d'écrire comme médium les sert merveilleusement, car c'est un moyen puissant de capter la confiance, aussi ne s'en font-ils pas faute si l'on ne sait se mettre en garde contre eux ; heureusement, comme nous le verrons plus tard, le mal porte en soi son remède.

Soit enthousiasme, soit fascination des Esprits, soit amour-propre, le médium écrivain est généralement porté à croire que les Esprits qui se communiquent à lui sont des Esprits supérieurs, et cela d'autant mieux que ces Esprits, voyant sa propension, ne manquent pas de se parer de titres pompeux, prennent au besoin et selon les circonstances des noms de saints, de savants, d'anges, de la Vierge Marie même, et jouent leur rôle, comme des comédiens affublés du costume des personnages qu'ils représentent ; arrachez-leur le masque, et ils deviennent Gros-Jean comme devant ; c'est là ce qu'il faut savoir faire avec les Esprits comme avec les hommes.

De la croyance aveugle et irréfléchie en la supériorité des Esprits qui se communiquent, à la confiance en leurs paroles, il n'y a qu'un pas, toujours comme parmi les hommes. S'ils parviennent à inspirer cette confiance, ils l'entretiennent par les sophismes et les raisonnements les plus captieux, dans lesquels on donne souvent tête baissée. Les Esprits grossiers sont moins dangereux : on les reconnaît tout de suite, et ils n'inspirent que de la répugnance ; ceux qui sont le plus à craindre, dans leur monde, comme dans le nôtre, sont les Esprits hypocrites ; ils ne parlent jamais qu'avec douceur, flattent les penchants ; ils sont câlins, patelins, prodigues de termes de tendresse, de protestations de dévouement. Il faut être vraiment fort pour résister à de pareilles séductions. Mais où est le danger, dira-t-on, avec des Esprits impalpables ? Le danger est dans les conseils pernicieux qu'ils donnent sous l'apparence de la bienveillance, dans les démarches ridicules, intempestives ou funestes qu'ils font entreprendre. Nous en avons vu faire courir certains individus de pays en pays à la poursuite des choses les plus fantastiques, au risque de compromettre leur santé, leur fortune et même leur vie. Nous en avons vu dicter, avec toutes les apparences de la gravité, les choses les plus burlesques, les maximes les plus étranges. Comme il est bon de mettre l'exemple à côté de la théorie, nous allons rapporter l'histoire d'une personne de notre connaissance qui s'est trouvée sous l'empire d'une fascination semblable.

M. F..., jeune homme instruit, d'une éducation soignée, d'un caractère doux et bienveillant, mais un peu faible et sans résolution prononcée, était devenu promptement très habile médium écrivain. Obsédé par l'Esprit qui s'était emparé de lui et ne lui laissait aucun repos, il écrivait sans cesse ; dès qu'une plume, un crayon lui tombaient sous la main, il les saisissait par un mouvement convulsif et se mettait à remplir des pages entières en quelques minutes. A défaut d'instrument, il faisait le simulacre d'écrire avec son doigt, partout où il se trouvait, dans les rues, sur les murs, sur les portes, etc. Entre autres choses qu'on lui dictait, était celle-ci : « L'homme est composé de trois choses : l'homme, le mauvais Esprit et le bon Esprit. Vous avez tous votre mauvais Esprit qui est attaché au corps par des liens matériels. Pour chasser le mauvais Esprit, il faut briser ces liens, et pour cela il faut affaiblir le corps. Quand le corps est suffisamment affaibli, le lien se rompt, le mauvais Esprit s'en va, et il ne reste que le bon. » En conséquence de cette belle théorie, ils l'ont fait jeûner pendant cinq jours consécutifs et veiller la nuit. Lorsqu'il fut exténué, ils lui dirent : « Maintenant l'affaire est faite, le lien est rompu ; ton mauvais Esprit est parti, il ne reste plus que nous, qu'il faut croire sans réserve. » Et lui, persuadé que son mauvais Esprit avait pris la fuite, ajoutait une foi aveugle à toutes leurs paroles. La subjugation était arrivée à ce point, que s'ils lui eussent dit de se jeter à l'eau ou de partir pour les antipodes, il l'aurait fait. Lorsqu'ils voulaient lui faire faire quelque chose à quoi il répugnait, il se sentait poussé par une force invisible. Nous donnons un échantillon de leur morale ; par là on jugera du reste.

« Pour avoir les meilleures communications, il faut : 1° Prier et jeûner pendant plusieurs jours, les uns plus, les autres moins ; ce jeûne relâche les liens qui existent entre le *moi* et un démon particulier attaché à chaque *moi* humain. Ce démon est lié à chaque personne par l'enveloppe qui unit le corps et l'âme. Cette enveloppe, affaiblie par le manque de nourriture, permet aux Esprits d'*arracher* ce démon. Jésus descend alors dans le coeur de la personne possédée à la place du mauvais Esprit. Cet état de posséder Jésus en soi est le seul moyen d'atteindre toute la vérité, et bien d'autres choses.

« Quand la personne a réussi à remplacer le démon par Jésus, elle n'a pas encore la vérité. Pour avoir la vérité, il faut croire ; Dieu ne donne jamais la vérité à ceux qui doutent : ce serait faire quelque chose d'inutile, et Dieu ne fait rien en vain. Comme la plupart des nouveaux médiums doutent de ce qu'ils disent ou écrivent, les bons Esprits sont forcés, à leur regret, par l'ordre formel de Dieu, de *mentir, et ne peuvent que mentir tant que le médium n'est pas convaincu* ; mais vient-il à croire fermement un de ces mensonges, aussitôt les Esprits élevés s'empressent de lui dévoiler les secrets du ciel : la vérité tout entière dissipe en un instant ce nuage d'erreurs dont ils avaient été forcés de couvrir leur protégé.

« Le médium arrivé à ce point n'a plus rien à craindre ; les bons Esprits ne le quitteront jamais. Qu'il ne croie point cependant avoir toujours la vérité et rien que la vérité. De bons Esprits, soit pour l'éprouver, soit pour le punir de ses fautes passées, soit pour le châtier des questions égoïstes ou curieuses, lui infligent *des corrections physiques et morales*, viennent le tourmenter de la part de Dieu. Ces Esprits élevés se plaignent souvent de la triste mission qu'ils accomplissent : un père persécute son fils des semaines entières, un ami son ami, le tout pour le plus grand bonheur du médium. Les *nobles* Esprits disent alors des folies, des blasphèmes, des turpitudes même. Il faut que le médium se raidisse et dise : Vous me tentez ; je sais que je suis entre les mains charitables d'Esprits doux et affectueux ; que les mauvais ne peuvent plus m'approcher. Bonnes âmes qui me tourmentez, vous ne m'empêcherez pas de croire ce que vous m'aurez dit et ce que vous me direz encore.

« Les catholiques chassent plus facilement le démon (ce jeune homme est protestant), parce qu'il s'est éloigné un instant le jour du baptême. Les catholiques sont jugés par Christ, et les autres par Dieu ; il vaut mieux être jugé par Christ. Les protestants ont tort de ne pas admettre cela : aussi faut-il te faire catholique le plus tôt possible ; en attendant, va prendre de l'eau bénite : ce sera ton baptême. »

Le jeune homme en question étant guéri plus tard de l'obsession dont il était l'objet, par les moyens que nous relaterons, nous lui avions demandé de nous en écrire l'histoire et de nous donner le texte même des préceptes qui lui avaient été dictés. En les transcrivant, il ajouta sur la copie qu'il nous a remise : *Je me demande si je n'offense pas Dieu et les bons Esprits en transcrivant de pareilles sottises.* A cela nous lui répondîmes : Non, vous n'offensez pas Dieu ; loin de là, puisque vous reconnaissez maintenant le piège dans lequel vous étiez tombé. Si je vous ai demandé la copie de ces maximes perverses, c'est pour les flétrir comme elles le méritent, démasquer les Esprits hypocrites, et mettre sur ses gardes quiconque en recevrait de pareilles.

Un jour ils lui font écrire : *Tu mourras ce soir* ; à quoi il répond : Je suis fort ennuyé de ce monde ; mourons s'il le faut, je ne demande pas mieux ; que je ne souffre pas, c'est tout ce que je désire. - Le soir il s'endort croyant fermement ne plus se réveiller sur la terre. Le lendemain il est tout surpris et même désappointé de se trouver dans son lit ordinaire. Dans la journée il écrit : « Maintenant que tu as passé par l'épreuve de la mort, que tu as cru fermement mourir, tu es comme mort pour nous ; nous pouvons te dire toute la vérité ; tu sauras tout ; il n'y a rien de caché pour nous ; il n'y aura non plus rien de caché pour toi. Tu es Shakespeare réincarné. Shakespeare n'est-il pas ta bible à toi ? (M. F... sait parfaitement l'anglais, et se complaît dans la lecture des chefs-d'oeuvre de cette langue.)

Le jour suivant il écrit : Tu es Satan. - Ceci devient par trop fort, répond M. F... - N'as-tu pas fait... n'as-tu pas dévoré le *Paradis perdu* ? Tu as appris la *Fille du diable* de Béranger ; tu savais que Satan se convertirait : ne l'as-tu pas toujours cru, toujours dit, toujours écrit ? Pour se convertir, il se réincarne. - Je veux bien avoir été un ange rebelle quelconque ; mais le roi des anges... ! - Oui, tu étais l'ange de la fierté ; tu n'es pas mauvais, tu es fier en ton coeur ; c'est cette fierté qu'il faut abattre ; tu es l'ange de l'orgueil, et les hommes l'appellent Satan, qu'importe le nom ! Tu fus le mauvais génie de la terre. Te voilà abaissé... Les hommes vont prendre leur essor... Tu verras des merveilles. Tu as trompé les hommes ; tu as trompé la femme dans la personnification d'Eve, la femme pécheresse. Il est dit que Marie, la personnification de la femme sans tache, t'écrasera la tête ; Marie va venir. - Un instant après il écrit lentement et comme avec douceur : « Marie vient te voir ; Marie, qui a été te chercher au fond de ton royaume de ténèbres, ne t'abandonnera pas. Elève-toi, Satan, et Dieu est prêt à te tendre les bras. Lis *l'Enfant prodigue*. Adieu. »

Une autre fois il écrit : « Le serpent dit à Eve : Vos yeux seront ouverts et vous serez comme des dieux. Le démon dit à Jésus : Je te donnerai toute puissance. Toi, je te le dis, puisque tu crois à nos paroles : nous t'aimons ; tu sauras tout... Tu seras roi de Pologne.

« Persévère dans les bonnes dispositions où nous t'avons mis. *Cette leçon fera faire un grand pas à la science spirite*. On verra que les bons Esprits peuvent dire des futilités et des mensonges pour se jouer des sages. Allan Kardec a dit que c'était un mauvais moyen de reconnaître les Esprits, que de leur faire confesser Jésus en chair. Moi je dis que les bons Esprits confessent seuls Jésus en chair et je le confesse. Dis ceci à Kardec. »

L'Esprit a pourtant eu la pudeur de ne pas conseiller à M. F... de faire imprimer ces belles maximes ; s'il le lui eût dit, il l'eût fait sans aucun doute, et c'eût été une mauvaise action, parce qu'il les eût données comme une chose sérieuse.

Nous remplirions un volume de toutes les sottises qui lui furent dictées et de toutes les circonstances qui s'ensuivirent. On lui fit, entre autres choses, dessiner un édifice dont les dimensions étaient telles que les feuilles de papier nécessaires, collées ensemble, occupaient la hauteur de deux étages.

On remarquera que dans tout ceci il n'y a rien de grossier, rien de trivial ; c'est une suite de raisonnements sophistiques qui s'enchaînent avec une apparence de logique. Il y a, dans les moyens employés pour circonvenir, un art vraiment infernal, et si nous avions pu rapporter tous ces entretiens, on aurait vu jusqu'à quel point était poussée l'astuce, et avec quelle adresse les paroles mielleuses étaient prodiguées à propos.

L'Esprit qui jouait le principal rôle dans cette affaire prenait le nom de François Dillois, quand il ne se couvrait pas du masque d'un nom respectable. Nous sûmes plus tard ce que ce Dillois avait été de son vivant, et alors rien ne nous étonna plus dans son langage. Mais au milieu de toutes ces extravagances il était aisé de reconnaître un bon Esprit qui luttait en faisant entendre de temps à autre quelques bonnes paroles pour démentir les absurdités de l'autre ; il y avait combat évident, mais la lutte était inégale ; le jeune homme était tellement subjugué, que la voix de la raison était impuissante sur lui. L'Esprit de son père lui fit notamment écrire ceci : « Oui, mon fils, courage ! Tu subis une rude épreuve qui est pour ton bien à venir ; je ne puis malheureusement rien en ce moment pour t'en affranchir, et cela me coûte beaucoup. Va voir Allan Kardec ; écoute-le, et il te sauvera. »

M. F... vint en effet me trouver ; il me raconta son histoire ; je le fis écrire devant moi, et, dès l'abord, je reconnus sans peine l'influence pernicieuse sous laquelle il se trouvait, soit aux paroles, soit à certains signes matériels que l'expérience fait connaître et qui ne peuvent tromper. Il revint plusieurs fois ; j'employai toute la force de ma volonté pour appeler de bons Esprits par son intermédiaire, toute ma rhétorique, pour lui prouver qu'il était le jouet d'Esprits détestables ; que ce qu'il écrivait n'avait pas le sens commun, et de plus était profondément immoral ; je m'adjoignis pour cette oeuvre charitable un de mes collègues les plus dévoués, M. T..., et, à nous deux, nous parvînmes petit à petit à lui faire écrire des choses sensées. Il prit son mauvais génie en aversion, le repoussa, par sa volonté, chaque fois qu'il tentait de se manifester, et peu à peu les bons Esprits seuls prirent le dessus. Pour détourner ses idées, il se livra du matin au soir, d'après le conseil des Esprits, à un rude travail qui ne lui laissait pas le temps d'écouter les mauvaises suggestions. Dillois lui-même finit par s'avouer vaincu et par exprimer le désir de s'améliorer dans une nouvelle existence ; il confessa le mal qu'il avait voulu faire, et en témoigna du regret. La lutte fut longue, pénible, et offrit des particularités vraiment curieuses pour l'observateur. Aujourd'hui que M. F... se sent délivré, il est heureux ; il lui semble être soulagé d'un fardeau ; il a repris sa gaieté, et nous remercie du service que nous lui avons rendu.

Certaines personnes déplorent qu'il y ait de mauvais Esprits. Ce n'est pas en effet sans un certain désenchantement qu'on trouve la perversité dans ce monde où l'on aimerait à ne rencontrer que des êtres parfaits. Puisque les choses sont ainsi, nous n'y pouvons rien : il faut les prendre telles qu'elles sont. C'est notre propre infériorité qui fait que les Esprits imparfaits pullulent autour de nous ; les choses changeront quand nous serons meilleurs, ainsi que cela a lieu dans les mondes plus avancés. En attendant, et tandis que nous sommes encore dans les bas-fonds de l'univers moral, nous sommes avertis : c'est à nous de nous tenir sur nos gardes et de ne pas accepter, sans contrôle, tout ce que l'on nous dit. L'expérience, en nous éclairant, doit nous rendre circonspects. Voir et comprendre le mal est un moyen de s'en préserver. N'y aurait-il pas cent fois plus de danger à se faire illusion sur la nature des êtres invisibles qui nous entourent ? Il en est de même ici-bas, où nous sommes chaque jour exposés à la malveillance et aux suggestions perfides : ce sont autant d'épreuves auxquelles notre raison, notre conscience et notre jugement nous donnent les moyens de résister. Plus la lutte aura été difficile, plus le mérite du succès sera grand : « A vaincre sans péril, on triomphe sans gloire. »

Cette histoire, qui malheureusement n'est pas la seule à notre connaissance, soulève une question très grave. N'est-ce pas pour ce jeune homme, dira-t-on, une chose fâcheuse d'avoir été médium ? N'est-ce pas cette faculté qui est cause de l'obsession dont il était l'objet ? En un mot, n'est-ce pas une preuve du danger des communications spirites ?

Notre réponse est facile, et nous prions de la méditer avec soin.

Ce ne sont pas les médiums qui ont créé les Esprits, ceux-ci existent de tout temps, et de tout temps ils ont exercé leur influence salutaire ou pernicieuse sur les hommes. Il n'est donc pas besoin d'être médium pour cela. La faculté médianimique n'est pour eux qu'un moyen de se manifester ; à défaut de cette faculté ils le font de mille autres manières. Si ce jeune homme n'eût pas été médium, il n'en aurait pas moins été sous l'influence de ce mauvais Esprit qui lui aurait sans doute fait commettre des extravagances que l'on eût attribuées à toute autre cause. Heureusement pour lui, sa faculté de médium permettant à l'Esprit de se communiquer par des paroles, c'est par ses paroles que l'Esprit s'est trahi ; elles ont permis de connaître la cause d'un mal qui eût pu avoir pour lui des conséquences funestes, et que nous avons détruit, comme on l'a vu, par des moyens bien simples, bien rationnels, et sans exorcisme. La faculté médianimique a permis de voir l'ennemi, si on peut s'exprimer ainsi, face à face et de le combattre avec ses propres armes. On peut donc dire avec une entière certitude, que c'est elle qui l'a sauvé ; quant à nous, nous n'avons été que les médecins, qui, ayant jugé la cause du mal, avons appliqué le remède. Ce serait une grave erreur de croire que les Esprits n'exercent leur influence que par des communications écrites ou verbales ; cette influence est de tous les instants, et ceux qui ne croient pas aux Esprits y sont exposés comme les autres, y sont même plus exposés que d'autres, parce qu'ils n'ont pas de contre-poids. A combien d'actes n'est-on pas poussé pour son malheur, et que l'on eût évités si l'on avait eu un moyen de s'éclairer ! Les plus incrédules ne croient pas être si vrais quand ils disent d'un homme qui se fourvoie avec obstination : C'est son mauvais génie qui le pousse à sa perte.

Règle générale. Quiconque a de mauvaises communications spirites écrites ou verbales est sous une mauvaise influence ; cette influence s'exerce sur lui qu'il écrive ou n'écrive pas, c'est-à-dire qu'il soit ou non médium. L'écriture donne un moyen de s'assurer de la nature des Esprits qui agissent sur lui, et de les combattre, ce que l'on fait encore avec plus de succès quand on parvient à connaître le motif qui les fait agir. S'il est assez aveuglé pour ne pas le comprendre, d'autres peuvent lui ouvrir les yeux. Est-il besoin d'ailleurs d'être médium pour écrire des absurdités ? Et qui dit que parmi toutes les élucubrations ridicules ou dangereuses, il n'en est pas auxquelles les auteurs sont poussés par quelque Esprit malveillant ? Les trois quarts de nos mauvaises actions et de nos mauvaises pensées sont le fruit de cette suggestion occulte.

Si M. F... n'avait pas été médium, demandera-t-on, auriez-vous pu de même faire cesser l'obsession ? Assurément ; seulement les moyens eussent différé selon les circonstances ; mais alors les Esprits n'eussent pas pu nous l'adresser comme ils l'ont fait, et il est probable qu'on se serait mépris sur la cause, s'il n'y avait pas eu de manifestation spirite ostensible. Tout homme qui en a la volonté, et qui est sympathique aux bons Esprits, peut toujours, avec l'aide de ceux-ci, paralyser l'influence des mauvais. Nous disons qu'il doit être sympathique aux bons Esprits, car s'il en attire lui-même d'inférieurs, il est évident que c'est vouloir chasser des loups avec des loups.

En résumé, le danger n'est pas dans le spiritisme en lui-même, puisqu'il peut, au contraire, servir de contrôle, et préserver de celui que nous courons sans cesse à notre insu ; il est dans la propension de certains médiums à se croire trop légèrement les instruments exclusifs d'Esprits supérieurs, et dans l'espèce de fascination qui ne leur permet pas de comprendre les sottises dont ils sont les interprètes. Ceux mêmes qui ne sont pas médiums peuvent s'y laisser prendre. Nous terminerons ce chapitre par les considérations suivantes :

1° Tout médium doit se défier de l'entraînement irrésistible qui le porte à écrire sans cesse et dans les moments inopportuns ; il doit être maître de lui-même et n'écrire que quand il le veut ;

2° On ne maîtrise pas les Esprits supérieurs, ni même ceux qui, sans être supérieurs, sont bons et bienveillants, mais on peut maîtriser et dompter les Esprits inférieurs. Quiconque n'est pas maître de soi-même ne peut l'être des Esprits ;

3° Il n'y a pas d'autre critérium pour discerner la valeur des Esprits que le bon sens. Toute formule donnée à cet effet par les Esprits eux-mêmes est absurde, et ne peut émaner d'Esprits supérieurs ;

4° On juge les Esprits comme les hommes, à leur langage. Toute expression, toute pensée, toute maxime, toute théorie morale ou scientifique qui choque le bon sens, ou ne répond pas à l'idée qu'on se fait d'un Esprit pur et élevé, émane d'un Esprit plus ou moins inférieur ;

5° Les Esprits supérieurs tiennent toujours le même langage avec la même personne et ne se contredisent jamais ;

6° Les Esprits supérieurs sont toujours bons et bienveillants ; il n'y a jamais, dans leur langage, ni acrimonie, ni arrogance, ni aigreur, ni orgueil, ni forfanterie, ni sotte présomption. Ils parlent simplement, conseillent, et se retirent si on ne les écoute pas ;

7° Il ne faut pas juger les Esprits sur la forme matérielle et la correction de leur langage, mais en sonder le sens intime, scruter leurs paroles, les peser froidement, mûrement et sans prévention. Tout écart de bon sens, de raison et de sagesse, ne peut laisser de doute sur leur origine, quel que soit le nom dont s'affuble l'Esprit ;

8° Les Esprits inférieurs redoutent ceux qui scrutent leurs paroles, démasquent leurs turpitudes, et ne se laissent pas prendre à leurs sophismes. Ils peuvent quelquefois essayer de tenir tête, mais ils finissent toujours par lâcher prise quand ils se voient les plus faibles ;

9° Quiconque agit en toutes choses en vue du bien, s'élève par la pensée au-dessus des vanités humaines, chasse de son coeur l'égoïsme, l'orgueil, l'envie, la jalousie, la haine, pardonne à ses ennemis et met en pratique cette maxime du Christ : « Faire aux autres ce qu'on voudrait qui fût fait à soi-même, » sympathise avec les bons Esprits ; les mauvais le craignent et s'écartent de lui.

En suivant ces préceptes on se garantira des mauvaises communications, de la domination des Esprits impurs, et, profitant de tout ce que nous enseignent les Esprits vraiment supérieurs, on contribuera, chacun pour sa part, au progrès moral de l'humanité.

Emploi officiel du magnétisme animal

On écrit de Stockholm, 10 septembre 1858, au *Journal des Débats* :

« Je n'ai malheureusement rien de bien consolant à vous annoncer au sujet de la maladie dont souffre, depuis bientôt deux ans, notre souverain. Tous les traitements et remèdes que les gens de l'art ont prescrits dans cet intervalle, n'ont apporté aucun soulagement aux souffrances qui accablent le roi Oscar. *D'après le conseil de ses médecins,* M. Klugenstiern, qui jouit de quelque réputation comme magnétiseur, a été récemment appelé au château de Drottningholm, où continue à résider la famille royale, pour faire subir à l'auguste malade un traitement périodique de magnétisme. On croit même ici que, par une coïncidence assez singulière, le siège de la maladie du roi Oscar se trouve précisément établi dans cet endroit de la tête où est placé le cervelet, comme cela paraît malheureusement être le cas aujourd'hui chez le roi Frédéric-Guillaume IV de Prusse. »

Nous demandons si, il y a vingt-cinq ans seulement, des médecins auraient osé proposer publiquement un pareil moyen, même à un simple particulier, à plus forte raison à une tête couronnée ? A cette époque, toutes les Facultés scientifiques et tous les journaux n'avaient pas assez de sarcasmes pour dénigrer le magnétisme et ses partisans. Les choses ont bien changé dans ce court espace de temps ! Non-seulement on ne rit plus du magnétisme, mais le voilà officiellement reconnu comme agent thérapeutique. Quelle leçon pour ceux qui se rient des idées nouvelles ! Leur fera-t-elle enfin comprendre combien il est imprudent de s'inscrire en faux contre les choses qu'on ne comprend pas ? Nous avons une foule de livres écrits contre le magnétisme par des hommes en évidence ; or, ces livres resteront comme une tache indélébile sur leur haute intelligence. N'eussent-ils pas mieux fait de se taire et d'attendre ? Alors, comme aujourd'hui pour le Spiritisme, on leur opposait l'opinion des hommes les plus éminents, les plus éclairés, les plus consciencieux : rien n'ébranlait leur scepticisme. A leurs yeux, le magnétisme n'était qu'une jonglerie indigne des gens sérieux. Quelle action pouvait avoir un agent occulte, mû par la pensée et la volonté, et dont on ne pouvait faire l'analyse chimique ? Hâtons-nous de dire que les médecins suédois ne sont pas les seuls qui soient revenus sur cette idée étroite, et que partout, en France comme ailleurs, l'opinion a complètement changé à cet égard ; et cela est si vrai que, lorsqu'il se passe un phénomène inexpliqué, on dit : c'est un effet magnétique. On trouve donc dans le magnétisme la raison d'être d'une foule de choses que l'on mettait sur le compte de l'imagination, cette raison si commode pour ceux qui ne savent que dire.

Le magnétisme guérira-t-il le roi Oscar ? C'est une autre question. Il a sans doute opéré des cures prodigieuses et inespérées, mais il a ses limites, comme tout ce qui est dans la nature ; et, d'ailleurs, il faut tenir compte de cette circonstance, qu'on n'y recourt en général qu'*in extremis* et en désespoir de cause, alors souvent que le mal a fait des progrès irrémédiables, ou a été aggravé par une médication contraire. Quand il triomphe de tels obstacles, il faut qu'il soit bien puissant !

Si l'action du fluide magnétique est aujourd'hui un point généralement admis, il n'en est pas de même à l'égard des facultés somnambuliques, qui rencontrent encore beaucoup d'incrédules dans le monde officiel, surtout en ce qui touche les questions médicales. Toutefois, on conviendra que les préjugés sur ce point se sont singulièrement affaiblis, même parmi les hommes de science : nous en avons la preuve dans le grand nombre de médecins qui font partie de toutes les sociétés magnétiques, soit en France, soit à l'étranger. Les faits se sont tellement vulgarisés, qu'il a bien fallu céder à l'évidence et suivre le torrent, bon gré, mal gré. Il en sera bientôt de la lucidité intuitive comme du fluide magnétique.

Le Spiritisme tient au magnétisme par des liens intimes (ces deux sciences sont solidaires l'une de l'autre) ; et pourtant, qui l'aurait cru ? il rencontre des adversaires acharnés même parmi certains magnétiseurs qui, eux, n'en comptent point parmi les Spirites. Les Esprits ont toujours préconisé le magnétisme, soit comme moyen curatif, soit comme cause première d'une foule de choses ; ils défendent sa cause et viennent lui prêter appui contre ses ennemis. Les phénomènes spirites ont ouvert les yeux à bien des gens, qu'ils ont en même temps ralliés au magnétisme. N'est-il pas bizarre de voir des magnétiseurs oublier sitôt ce qu'ils ont eu à souffrir des préjugés, nier l'existence de leurs défenseurs, et tourner contre eux les traits qu'on leur lançait jadis ? Cela n'est pas grand, cela n'est pas digne d'hommes auxquels la nature, en leur dévoilant un de ses plus sublimes mystères, ôte plus qu'à personne le droit de prononcer le fameux *nec plus ultra*. Tout prouve, dans le développement rapide du Spiritisme, que lui aussi aura bientôt son droit de bourgeoisie ; en attendant, il applaudit de toutes ses forces au rang que vient de conquérir le magnétisme, comme à un signe incontestable du progrès des idées.

Le magnétisme et le somnambulisme enseignés par l'Eglise

Nous venons de voir le magnétisme reconnu par la médecine, mais voici une autre adhésion qui, à un autre point de vue, n'en a pas une importance moins capitale, en ce qu'elle est une preuve de l'affaiblissement des préjugés que des idées plus saines font disparaître chaque jour, c'est celle de l'Eglise. Nous avons sous les yeux un petit livre intitulé : *Abrégé, en forme de catéchisme*, du Cours élémentaire d'instruction chrétienne ; A L'USAGE DES CATECHISMES ET ECOLES CHRETIENNES, *par l'abbé Marotte, vicaire général de Mgr. l'évêque de Verdun* ; 1853. Cet ouvrage, rédigé par demandes et par réponses, contient tous les principes de la doctrine chrétienne sur le dogme, l'Histoire Sainte, les commandements de Dieu, les sacrements, etc. Dans un des chapitres sur le premier commandement où il est traité des péchés opposés à la religion, et après avoir parlé de la superstition, de la magie et des sortilèges, nous lisons ce qui suit :

« D. Qu'est-ce que le magnétisme ?

« R. C'est une influence réciproque qui s'opère parfois entre des individus, d'après une harmonie de rapports ; soit par la volonté ou l'imagination, soit par la sensibilité physique, et dont les principaux phénomènes sont la somnolence, le sommeil, le somnambulisme, et un état convulsif.

« D. Quels sont les effets du magnétisme ?

« R. Le magnétisme produit ordinairement, dit-on, deux effets principaux : 1° un état de somnambulisme dans lequel le magnétisé, entièrement privé de l'usage de ses sens, voit, entend, parle et répond à toutes les questions qu'on lui adresse ; 2° *une intelligence et un savoir qu'il n'a que dans la crise ; il connaît son état, les remèdes convenables à ses maladies, ce que font certaines personnes même éloignées.*

« D. Est-il permis en conscience de magnétiser et de se faire magnétiser ?

« R. Si, pour l'opération magnétique, on emploie des moyens, ou si par elle on obtient des effets qui supposent une intervention diabolique, elle est une oeuvre superstitieuse et ne peut jamais être permise ; 2° il en est de même lorsque les communications magnétiques offensent la modestie ; 3° en supposant qu'on prenne soin d'écarter de la pratique du magnétisme tout abus, tout danger pour la foi ou pour les moeurs, tout pacte avec le démon, il est *douteux* qu'il soit *permis* d'y recourir comme à un remède naturel et utile. »

Nous regrettons que l'auteur ait mis ce dernier correctif, qui est en contradiction avec ce qui précède. En effet, pourquoi l'usage d'une chose reconnue salutaire ne serait-il pas permis, alors qu'on en écarte tous les inconvénients qu'il signale à son point de vue ? Il est vrai qu'il n'exprime pas une défense formelle, mais un simple *doute* sur la permission. Quoi qu'il en soit, ceci ne se trouve point dans un livre savant, dogmatique, à l'usage des seuls théologiens, mais dans un livre élémentaire, *à l'usage des catéchismes*, par conséquent destiné à l'instruction religieuse des masses ; ce n'est point par conséquent une opinion personnelle, c'est une vérité consacrée et reconnue que le magnétisme existe, qu'il produit le somnambulisme, que le somnambule jouit de facultés spéciales, qu'au nombre de ces facultés est celle de voir sans le secours des yeux, même à distance, d'entendre sans le secours des oreilles, de posséder des connaissances qu'il n'a pas dans l'état normal, d'indiquer les remèdes qui lui sont salutaires. La qualité de l'auteur est ici d'un grand poids. Ce n'est pas un homme obscur qui parle, un simple prêtre qui émet son opinion, c'est un vicaire général qui enseigne. Nouvel échec et nouvel avertissement pour ceux qui jugent avec trop de précipitation.

Le mal de la peur

Problème physiologique adressé à l'Esprit de saint Louis, dans la séance de la Société parisienne des études spirites du 14 septembre 1858.

On lit dans le *Moniteur* du 26 novembre 1857 :

« On nous communique le fait suivant, qui vient confirmer les observations déjà faites sur l'influence de la peur.

« M. le docteur F..., rentrait hier chez lui après avoir fait quelques visites à ses clients. Dans ses courses on lui avait remis, comme échantillon, une bouteille d'excellent rhum venant authentiquement de la Jamaïque. Le docteur oublia dans la voiture la précieuse bouteille. Mais quelques heures plus tard il se rappelle cet oubli et se rend à la remise, où il déclare au chef de la station qu'il a laissé dans un de ses coupés une bouteille d'un poison très violent, et l'engage à prévenir les cochers de faire la plus grande attention à ne pas faire usage de ce liquide mortel.

« Le docteur F..., était à peine rentré dans son appartement, qu'on vint le prévenir en toute hâte que trois cochers de la station voisine souffraient d'horribles douleurs d'entrailles. Il eut le plus grand mal à les rassurer et à leur persuader qu'ils avaient bu d'excellent rhum, et que leur indélicatesse ne pouvait avoir de suites plus graves qu'une sévère mise à pied, infligée à l'instant même aux coupables. »

1. - Saint Louis pourrait-il nous donner une explication physiologique de cette transformation des propriétés d'une substance inoffensive ? Nous savons que, par l'action magnétique, cette transformation peut avoir lieu ; mais dans le fait rapporté ci-dessus, il n'y a pas eu émission de fluide magnétique ; l'imagination a seule agi et non la volonté.

R. - Votre raisonnement est très juste sous le rapport de l'imagination. Mais les Esprits malins qui ont engagé ces hommes à commettre cet acte d'indélicatesse, font passer dans le sang, dans la matière, un frisson de crainte que vous pourriez appeler frisson magnétique, lequel tend les nerfs, et amène un froid dans certaines régions du corps. Or, vous savez que tout froid dans les régions abdominales peut produire des coliques. C'est donc un moyen de punition qui amuse en même temps les Esprits qui ont fait commettre le larcin, et les fait rire aux dépens de celui qu'ils ont fait pécher. Mais, dans tous les, cas, la mort ne s'ensuivrait pas : il n'y a que leçon pour les coupables et plaisir pour les Esprits légers. Aussi se hâtent-ils de recommencer toutes les fois que l'occasion s'en présente ; ils la cherchent même pour leur satisfaction. Nous pouvons éviter cela (je parle pour vous), en nous élevant vers Dieu par des pensées moins matérielles que celles qui occupaient l'esprit de ces hommes. Les Esprits malins aiment à rire ; prenez-y garde : tel qui croit dire en face une saillie agréable aux personnes qui l'environnent, tel qui amuse une société par ses plaisanteries ou ses actes, se trompe souvent, et même très souvent, lorsqu'il croit que tout cela vient de lui. Les Esprits légers qui l'entourent s'identifient avec lui-même, et souvent tour à tour le trompent sur ses propres pensées, ainsi que ceux qui l'écoutent. Vous croyez dans ce cas avoir affaire à un homme d'esprit, tandis que ce n'est qu'un ignorant. Descendez en vous-même, et vous jugerez mes paroles. Les Esprits supérieurs ne sont pas, pour cela, ennemis de la gaieté ; ils aiment quelquefois à rire aussi pour vous être agréables ; mais chaque chose a son temps.

Remarque. En disant que dans le fait rapporté il n'y avait pas d'émission de fluide magnétique, nous n'étions peut-être pas tout à fait dans le vrai. Nous hasardons ici une supposition. On sait, comme nous l'avons dit, quelle transformation des propriétés de la matière peut s'opérer par l'action du fluide magnétique dirigé par la pensée. Or, ne pourrait-on pas admettre que, par la pensée du médecin qui voulait faire croire à l'existence d'un toxique, et donner aux voleurs les angoisses de l'empoisonnement, il y a eu, quoique à distance, une sorte de magnétisation du liquide qui aurait acquis ainsi de nouvelles propriétés, dont l'action se serait trouvée corroborée par l'état moral des individus, rendus plus impressionnables par la crainte. Cette théorie ne détruirait pas celle de saint Louis sur l'intervention des Esprits légers en pareille circonstance ; nous savons que les Esprits agissent physiquement par des moyens physiques ; ils peuvent donc se servir, pour accomplir leurs desseins, de ceux qu'ils provoquent, ou que nous leur fournissons nous-mêmes à notre insu.

Théorie du mobile de nos actions

M. R..., correspondant de l'Institut de France, et l'un des membres les plus éminents de la Société parisienne des Etudes spirites, a développé les considérations suivantes, dans la séance du 14 septembre, comme corollaire de la théorie qui venait d'être donnée à propos du mal de la peur, et que nous avons rapportée plus haut :

« Il résulte de toutes les communications qui nous sont faites par les Esprits, qu'ils exercent une influence directe sur nos actions, en nous sollicitant, les uns au bien, les autres au mal. Saint Louis vient de nous dire : « Les Esprits malins aiment à rire ; prenez-y garde ; tel qui croit dire en face une saillie agréable aux personnes qui l'environnent, tel qui amuse une société par ses plaisanteries ou ses actes, se trompe souvent, et même très souvent, lorsqu'il croit que tout cela vient de lui. Les Esprits légers qui l'entourent s'identifient avec lui-même, et souvent tour à tour le trompent sur ses propres pensées, ainsi que ceux qui l'écoutent. » Il s'ensuit que ce que nous disons ne vient pas toujours de nous ; que souvent nous ne sommes, comme les médiums parlants, que les interprètes de la pensée d'un Esprit étranger qui s'est identifié avec le nôtre. Les faits viennent à l'appui de cette théorie, et prouvent que très souvent aussi nos actes sont la conséquence de cette pensée qui nous est suggérée. L'homme qui fait mal cède donc à une suggestion, quand il est assez faible pour ne pas résister, et quand il ferme l'oreille à la voix de la conscience qui peut être la sienne propre, ou celle d'un bon Esprit qui combat en lui, par ses avertissements, l'influence d'un mauvais Esprit.

« Selon la doctrine vulgaire, l'homme puiserait tous ses instincts en lui-même ; ils proviendraient, soit de son organisation physique dont il ne saurait être responsable, soit de sa propre nature, dans laquelle il peut chercher une excuse à ses propres yeux, en disant que ce n'est pas sa faute s'il est créé ainsi. La doctrine spirite est évidemment plus morale ; elle admet chez l'homme le libre arbitre dans toute sa plénitude ; et en lui disant que s'il fait mal, il cède à une mauvaise suggestion étrangère, elle lui en laisse toute la responsabilité, puisqu'elle lui reconnaît le pouvoir de résister, chose évidemment plus facile que s'il avait à lutter contre sa propre nature. Ainsi, selon la doctrine spirite, il n'y a pas d'entraînement irrésistible : l'homme peut toujours fermer l'oreille à la voix occulte qui le sollicite au mal dans son for intérieur, comme il peut la fermer à la voix matérielle de celui qui lui parle ; il le peut par sa volonté, en demandant à Dieu la force nécessaire, et en réclamant à cet effet l'assistance des bons Esprits. C'est ce que Jésus nous apprend dans la sublime prière du *Pater*, quand il nous fait dire : « Ne nous laissez pas succomber à la tentation, mais délivrez-nous du mal. »

Lorsque nous avons pris pour texte d'une de nos questions la petite anecdote que nous avons rapportée, nous ne nous attendions pas aux développements qui allaient en découler. Nous en sommes doublement heureux, par les belles paroles qu'elle nous a values de saint Louis et de notre honorable collègue. Si nous n'étions édifiés depuis longtemps sur la haute capacité de ce dernier, et sur ses profondes connaissances en matière de Spiritisme, nous serions tenté de croire qu'il a été lui-même l'application de sa théorie, et que saint Louis s'est servi de lui pour compléter son enseignement. Nous allons y joindre nos propres réflexions :

Cette théorie de la cause excitante de nos actes ressort évidemment de tout l'enseignement donné par les Esprits ; non seulement elle est sublime de moralité, mais nous ajouterons qu'elle relève l'homme à ses propres yeux ; elle le montre libre de secouer un joug obsesseur, comme il est libre de fermer sa maison aux importuns : ce n'est plus une machine agissant par une impulsion indépendante de sa volonté, c'est un être de raison, qui écoute, qui juge et qui choisit librement entre deux conseils. Ajoutons que, malgré cela, l'homme n'est point privé de son initiative ; il n'en agit pas moins de son propre mouvement, puisqu'en définitive il n'est qu'un Esprit incarné qui conserve, sous l'enveloppe corporelle, les qualités et les défauts qu'il avait comme Esprit. Les fautes que nous commettons ont donc leur source première dans l'imperfection de notre propre Esprit qui n'a pas encore atteint la supériorité morale qu'il aura un jour, mais qui n'en a pas moins son libre arbitre ; la vie corporelle lui est donnée pour se purger de ses imperfections par les épreuves qu'il y subit, et ce sont précisément ces imperfections qui le rendent plus faible et plus accessible aux suggestions des autres Esprits imparfaits, qui en profitent pour tâcher de le faire succomber dans la lutte qu'il a entreprise. S'il sort vainqueur de cette lutte, il s'élève ; s'il échoue, il reste ce qu'il était, ni plus mauvais, ni meilleur : c'est une épreuve à recommencer, et cela peut durer longtemps ainsi. Plus il s'épure, plus ses côtés faibles diminuent, et moins il donne de prise à ceux qui le sollicitent au mal ; sa force morale croît en raison de son élévation, et les mauvais Esprits s'éloignent de lui.

Quels sont donc ces mauvais Esprits ? Sont-ce ce qu'on appelle les démons ? Ce ne sont pas des démons dans l'acception vulgaire du mot, parce qu'on entend par là une classe d'êtres créés pour le mal, et perpétuellement voués au mal. Or, les Esprits nous disent que tous s'améliorent dans un temps plus ou moins long, selon leur volonté ; mais tant qu'ils sont imparfaits, ils peuvent faire le mal, comme l'eau qui n'est pas épurée peut répandre des miasmes putrides et morbides. Dans l'état d'incarnation, ils s'épurent s'ils font ce qu'il faut pour cela ; à l'état d'Esprits, ils subissent les conséquences de ce qu'ils ont fait ou n'ont pas fait pour s'améliorer, conséquences qu'ils subissent aussi sur terre, puisque les vicissitudes de la vie sont à la fois des expiations et des épreuves. Tous ces Esprits, plus ou moins bons, alors qu'ils sont incarnés, constituent l'espèce humaine, et, comme notre terre est un des mondes les moins avancés, il s'y trouve plus de mauvais Esprits que de bons, voilà pourquoi nous y voyons tant de perversité. Faisons donc tous nos efforts pour n'y pas revenir après cette station, et pour mériter d'aller nous reposer dans un monde meilleur, dans un de ces mondes privilégiés où le bien règne sans partage, et où nous ne nous souviendrons de notre passage ici-bas que comme d'un mauvais rêve.

Meurtre de cinq enfants par un enfant de douze ans

PROBLEME MORAL

On lit dans la *Gazette de Silésie* :

« On écrit de Bolkenham, 20 octobre 1857, qu'un crime épouvantable vient d'être commis par un jeune garçon de douze ans. Dimanche dernier, 25 du mois, trois enfants de M. Hubner, cloutier, et deux enfants de M. Fritche, bottier, jouaient ensemble dans le jardin de M. Fritche. Le jeune H..., connu par son mauvais caractère, s'associe à leurs jeux et leur persuade d'entrer dans un coffre déposé dans une maisonnette du jardin, et qui servait au cordonnier à transporter ses marchandises à la foire. Les cinq enfants y peuvent tenir à peine, mais ils s'y pressent et se mettent les uns sur les autres en riant. Sitôt qu'ils y sont entrés, le monstre ferme le coffre, s'assied dessus et reste trois quarts d'heure à écouter d'abord leurs cris, puis leurs gémissements.

« Quand enfin leurs râles ont cessé, qu'il les croit morts, il ouvre le coffre ; les enfants respiraient encore. Il referme le coffre, le verrouille et s'en va jouer au cerf-volant. Mais il fut vu en sortant du jardin par une petite fille. On conçoit l'anxiété des parents, quand ils s'aperçurent de la disparition de leurs enfants, et leur désespoir, quand après de longues recherches, ils les trouvèrent dans le coffre. Un des enfants vivait encore, mais il ne tarda pas à rendre l'âme. Dénoncé par la petite fille qui l'avait vu sortir du jardin, le jeune H... avoua son crime avec le plus grand sang-froid et sans manifester aucun repentir. Les cinq victimes, un garçon et quatre filles de quatre à neuf ans, ont été enterrées ensemble aujourd'hui. »

Remarque. - L'Esprit interrogé est celui de la soeur du médium, morte à douze ans, mais qui a toujours montré de la supériorité comme Esprit.

1. Avez-vous entendu le récit que nous venons de lire du meurtre commis en Silésie par un enfant de douze ans sur cinq autres enfants ? - R. Oui ; ma peine exige que j'écoute encore les abominations de la terre.

2. Quel motif a pu pousser un enfant de cet âge à commettre une action aussi atroce et avec autant de sang-froid ? - R. La méchanceté n'a pas d'âge ; elle est naïve dans un enfant ; elle est raisonnée chez l'homme fait.

3. Lorsqu'elle existe chez un enfant, sans raisonnement, cela ne dénote-t-il pas l'incarnation d'un Esprit très inférieur ? - R. Elle vient alors directement de la perversité du coeur ; c'est son Esprit à lui qui le domine et le pousse à la perversité.

4. Quelle avait pu être l'existence antérieure d'un pareil Esprit ? - R. Horrible.

5. Dans son existence antérieure, appartenait-il à la terre ou à un monde encore plus inférieur ? - R. Je ne le vois pas assez ; mais il devait appartenir à un monde bien plus inférieur que la terre : il a *osé* venir sur la terre ; il en sera doublement puni.

6. A cet âge l'enfant avait-il bien conscience du crime qu'il commettait, et en a-t-il la responsabilité comme Esprit ? - R. Il avait l'âge de la conscience, c'est assez.

7. Puisque cet esprit avait *osé* venir sur la terre, qui est trop élevée pour lui, peut-il être contraint de retourner dans un monde en rapport avec sa nature ? - R. La punition est justement de rétrograder ; c'est l'enfer lui-même. C'est la punition de Lucifer, de l'homme spirituel abaissé jusqu'à la matière, c'est-à-dire le voile qui lui cache désormais les dons de Dieu et sa divine protection. Efforcez-vous donc de reconquérir ces biens perdus ; vous aurez regagné le paradis que le Christ est venu vous ouvrir. C'est la présomption, l'orgueil de l'homme qui voulait conquérir ce que Dieu seul pouvait avoir.

Remarque. - Une observation est faite à propos du mot *osé* dont s'est servi l'Esprit, et des exemples sont cités concernant la situation d'Esprits qui se sont trouvés dans des mondes trop élevés pour eux et qui ont été obligés de revenir dans un monde plus en rapport avec leur nature. Une personne fait remarquer, à ce sujet, qu'il a été dit que les Esprits ne peuvent rétrograder. A cela il est répondu qu'en effet les Esprits ne peuvent rétrograder en ce sens qu'ils ne peuvent perdre ce qu'ils ont acquis en science et en moralité ; mais ils peuvent déchoir comme position. Un homme qui usurpe une position supérieure à celle que lui confèrent ses capacités ou sa fortune peut être contraint de l'abandonner et de revenir à sa place naturelle ; or, ce n'est pas là ce qu'on peut appeler déchoir, puisqu'il ne fait que rentrer dans sa sphère, d'où il était sorti par ambition ou par orgueil. Il en est de même à l'égard des Esprits qui veulent s'élever trop vite dans les mondes où ils se trouvent déplacés.

Des Esprits supérieurs peuvent également s'incarner dans des mondes inférieurs, pour y accomplir une mission de progrès ; cela ne peut s'appeler rétrograder, car c'est du dévouement.

8. En quoi la terre est-elle supérieure au monde auquel appartient l'Esprit dont nous venons de parler ? - R. On y a une faible idée de la justice ; c'est un commencement de progrès.

9. Il en résulte que, dans ces mondes inférieurs à la terre, on n'a aucune idée de la justice ? - R. Non ; les hommes n'y vivent que pour eux, et n'ont pour mobile que la satisfaction de leurs passions et de leurs instincts.

10. Quelle sera la position de cet Esprit dans une nouvelle existence ? - R. Si le repentir vient effacer, sinon entièrement, du moins en partie, l'énormité de ses fautes, alors il restera sur terre ; si, au contraire, il persiste dans ce que vous appelez l'impénitence finale, il ira dans un séjour où l'homme est au niveau de la brute.

11. Ainsi il peut trouver, sur cette terre, les moyens d'expier ses fautes sans être obligé de retourner dans un monde inférieur ? - R. Le repentir est sacré aux yeux de Dieu ; car c'est l'homme qui se juge lui-même, ce qui est rare sur votre planète.

Questions de Spiritisme légal

Nous empruntons le fait suivant au *Courrier du Palais* que M. Frédéric Thomas, avocat à la Cour impériale, a publié dans *la Presse* du 2 août 1858. Nous citons textuellement, pour ne pas décolorer la narration du spirituel écrivain. Nos lecteurs feront aisément la part de la forme légère qu'il sait si agréablement donner aux choses les plus sérieuses. Après le compte rendu de plusieurs affaires, il ajoute :

« Nous avons un procès bien plus étrange que celui-là à vous offrir dans une perspective prochaine : nous le voyons déjà poindre à l'horizon, à l'horizon du Midi ; mais où aboutira-t-il ? Les fers sont au feu, nous écrit-on ; mais cette assurance ne nous suffit pas. Voici de quoi il s'agit :

Un Parisien lit dans un journal qu'un vieux château est à vendre dans les Pyrénées : il l'achète, et, dès les premiers beaux jours de la belle saison, il va s'y installer avec ses amis.

On soupe gaiement, puis on va se coucher plus gaiement encore. Reste la nuit à passer : la nuit dans un vieux château perdu dans la montagne. Le lendemain, tous les invités se lèvent les yeux hagards, les figures effarées ; ils vont trouver leur hôte, et tous lui font la même question d'un air mystérieux et lugubre : N'avez-vous rien vu cette nuit ?

Le propriétaire ne répond pas, tant il est épouvanté lui-même ; il se contente de faire un signe de tête affirmatif.

Alors on se confie à voix basse les impressions de la nuit : l'un a entendu des voix lamentables, l'autre des bruits de chaînes ; celui-ci a vu la tapisserie se mouvoir, celui-là un bahut le saluer ; plusieurs ont senti des chauves-souris gigantesques s'accroupir sur leurs poitrines : c'est un château de la Dame blanche. Les domestiques déclarent que, comme le fermier Dickson, des fantômes les ont tirés par les pieds. Quoi encore ? Les lits se promènent, les sonnettes carillonnent toutes seules, des mots fulgurants sillonnent les vieilles cheminées.

Décidément ce château est inhabitable : les plus épouvantés prennent la fuite immédiatement, les plus intrépides bravent l'épreuve d'une seconde nuit.

Jusqu'à minuit tout va bien ; mais dès que l'horloge de la tour du nord a jeté dans l'espace ses douze sanglots, aussitôt les apparitions et les bruits recommencent ; de tous les coins s'élancent des fantômes, des monstres à l'oeil de feu, aux dents de crocodile, aux ailes velues : tout cela crie, bondit, grince et fait un sabbat de l'enfer.

Impossible de résister à cette seconde expérience. Cette fois tout le monde quitte le château, et aujourd'hui le propriétaire veut intenter une action en résolution pour vices cachés.

Quel étonnant procès que celui-là ! et quel triomphe pour le grand évocateur des Esprits, M. Home ! Le nommera-t-on expert en ces matières ? Quoi qu'il en soit, comme il n'y a rien de nouveau sous le soleil de la justice, ce procès, qui se croira peut-être une nouveauté, ne sera qu'une vieillerie : il a un pendant qui, pour être âgé de deux cent soixante-trois années, n'en est pas moins curieux.

Donc, en l'an de grâce 1595, devant le sénéchal de Guienne, un locataire, nommé Jean Latapy, plaida contre son propriétaire, Robert de Vigne. Jean Latapy prétendait que la maison que de Vigne lui avait louée, une vieille maison d'une vieille rue de Bordeaux, était inhabitable et qu'il avait dû la quitter ; après quoi il demandait que la résiliation du bail fût prononcée par justice.

Pour quels motifs ? Latapy les donne très naïvement dans ses conclusions.

« Parce qu'il avait trouvé cette maison infestée par des Esprits qui se présentaient tantôt sous la forme de petits enfants, tantôt sous d'autres formes terribles et épouvantables, lesquels opprimaient et inquiétaient les personnes, remuaient les meubles, excitaient des bruits et tintamarres par tous les coins et, avec force et violence, rejetaient des lits ceux qui y reposaient. »

Le propriétaire de Vigne s'opposait très énergiquement à la résiliation du bail. « Vous décriez injustement ma maison, disait-il à Latapy ; vous n'avez probablement que ce que vous méritez, et loin de me faire des reproches, vous devriez au contraire me remercier, car je vous fais gagner le Paradis. »

Voici comment l'avocat du propriétaire établissait cette singulière proposition : « Si les Esprits viennent tourmenter Latapy et l'affliger par la permission de Dieu, il en doit porter la juste peine et dire comme saint Hierosme : *Quidquid patimur nostris peccatis meremur*, et ne s'en point prendre au propriétaire qui est du tout innocent, mais encore avoir gratitude envers celui-ci qui lui a fourni ainsi matière à se sauver dans ce monde des punitions qui attendaient ses démérites dans l'autre. »

L'avocat, pour être conséquent, aurait dû demander que Latapy payât quelque redevance à de Vigne pour le service rendu. Une place en Paradis ne vaut-elle pas son pesant d'or ? Mais le propriétaire généreux se contentait de conclure à ce que le locataire fût déclaré non recevable en son action, par ce motif qu'avant de l'intenter, Latapy aurait dû commencer lui-même par combattre et chasser les Esprits par les moyens que *Dieu et la nature nous ont donnés*.

« Que n'usait-il, s'écriait l'avocat du propriétaire, que n'usait-il du laurier, de la rue plantée ou du sel pétillant dans les flammes et charbons ardents, des plumes de la huppe, de la composition de l'herbe dite *aerolus vetulus*, avec la rhubarbe, avec du vin blanc, du saux suspendu au seuil de la porte de la maison, du cuir du front de l'hyène, du fiel de chien, que l'on dit estre d'une merveilleuse vertu pour chasser les démons ? Que n'usait-il de l'herbe Moly, laquelle Mercure ayant baillé à Ulysse, il s'en servit comme antidote contre les charmes de Circé ?... »

Il est évident que le locataire Latapy avait manqué à tous ses devoirs en ne jetant pas du *sel pétillant* dans les flammes, et en ne faisant pas usage de fiel de chien et de quelques plumes de la huppe. Mais comme il eût été obligé de se procurer aussi *du cuir du front de l'hyène,* le sénéchal de Bordeaux trouva que cet objet n'était pas assez commun pour que Latapy ne fût pas excusable d'avoir laissé les hyènes tranquilles, et il ordonna bel et bien la résiliation du bail.

Vous voyez que, dans tout cela, ni propriétaire, ni locataire, ni juges ne mettent en doute l'existence et les *tintamarres* des Esprits. Il paraîtrait donc qu'il y a plus de deux siècles les hommes étaient déjà presque aussi crédules qu'aujourd'hui ; nous les dépassons en crédulité, cela est dans l'ordre : il faut bien que la civilisation et le progrès se révèlent en quelque endroit. »

Cette question, au point de vue légal, et abstraction faites des accessoires dont le narrateur l'a ornée, ne laisse pas d'avoir son côté embarrassant, car la loi n'a pas prévu le cas où des Esprits tapageurs rendraient une maison inhabitable. Est-ce là un vice rédhibitoire ? A notre avis il y a pour et contre : cela dépend des circonstances. Il s'agit d'abord d'examiner si le tapage est sérieux ou s'il n'est pas simulé dans un intérêt quelconque : question préalable et de bonne foi qui préjuge toutes les autres. Admettant les faits comme réels, il faut savoir s'ils sont de nature à troubler le repos. S'il se passait, par exemple, des choses comme à Bergzabern[23], il est évident que la position ne serait pas tenable. Le père Senger supporte cela, parce que c'est chez lui et qu'il ne peut pas faire autrement ; mais un étranger ne s'accommoderait nullement d'une habitation où l'on entend constamment des bruits assourdissants, où les meubles sont bousculés et renversés, où les portes et les fenêtres s'ouvrent et se ferment sans rime ni raison, où les objets vous sont lancés à la tête par des mains invisibles, etc. Il nous semble qu'en pareille occurrence, il y a incontestablement lieu à réclamation, et qu'en bonne justice, un tel marché ne saurait être validé, si le fait avait été dissimulé. Ainsi, en thèse générale, le procès de 1595 nous semble avoir été bien jugé, mais il est une question subsidiaire importante à éclaircir, et la science spirite pouvait seule la soulever et la résoudre.

Nous savons que les manifestations spontanées des Esprits peuvent avoir lieu sans but déterminé, et sans être dirigées contre tel ou tel individu ; qu'il y a effectivement des lieux hantés par les Esprits tapageurs qui paraissent y élire domicile, et contre lesquels toutes les conjurations mises en usage ont échoué. Disons, en forme de parenthèse, qu'il y a des moyens efficaces de s'en débarrasser, mais que ces moyens ne consistent pas dans l'intervention des personnes connues pour produire à volonté de semblables phénomènes, parce que les Esprits qui sont à leurs ordres, sont précisément de la nature de ceux que l'on veut expulser. Leur présence, loin de les éloigner, ne pourrait qu'en attirer d'autres. Mais nous savons aussi que dans une foule de cas ces manifestations sont dirigées contre certains individus, comme à Bergzabern, par exemple. Les faits ont prouvé que la famille, mais surtout la jeune Philippine, en était l'objet direct ; de telle sorte que nous sommes convaincu que, si cette famille quittait sa demeure, de nouveaux habitants n'auraient rien à redouter, la famille porterait avec elle ses tribulations dans son nouveau domicile. Le point à examiner dans une question légale serait donc celui-ci : les manifestations avaient-elles lieu avant l'entrée ou seulement depuis l'entrée du nouveau propriétaire ? Dans ce dernier cas, il demeurerait évident que c'est celui-ci qui a importé les Esprits perturbateurs, et que la responsabilité lui incombe tout entière ; si, au contraire, les perturbations avaient lieu

[23] Voir les numéros de mai, juin et juillet de la *Revue spirite*.

antérieurement et persistent, c'est qu'elles tiennent au local même, et alors la responsabilité en est au vendeur. L'avocat du propriétaire raisonnait dans la première hypothèse, et son argument ne manquait pas de logique. Reste à savoir si le locataire avait amené avec lui ces hôtes importuns, c'est ce que le procès ne dit pas. Quant au procès actuellement pendant, nous croyons que le moyen de rendre bonne justice serait de faire les constatations dont nous venons de parler. Si elles amènent la preuve de l'antériorité des manifestations, et si le fait a été dissimulé par le vendeur, le cas est celui de tout acquéreur trompé sur la qualité de la chose vendue. Or, maintenir le marché en pareille occurrence, c'est peut-être ruiner l'acquéreur par la dépréciation de l'immeuble ; c'est tout au moins lui causer un préjudice notable, en le contraignant à garder une chose dont il ne peut pas plus faire usage que d'un cheval aveugle qu'on lui aurait vendu pour un bon cheval. Quel qu'il soit, le jugement à intervenir doit avoir des conséquences graves ; que le marché soit résilié, ou qu'il soit maintenu faute de preuves suffisantes, c'est également reconnaître l'existence des faits de manifestations. Repousser la demande de l'acquéreur comme fondée sur une idée ridicule, c'est s'exposer à recevoir tôt ou tard un démenti de l'expérience, comme en ont tant de fois reçu les hommes les plus éclairés qui se sont trop hâtés de nier les choses qu'ils ne comprenaient pas. Si l'on peut reprocher à nos pères d'avoir péché par trop de crédulité, nos descendants nous reprocheront sans doute d'avoir péché par l'excès contraire.

En attendant, voici ce qui vient de se passer sous nos yeux, et dont nous avons été à même de constater la réalité ; nous citons la chronique de la *Patrie* du 4 septembre 1858 :

« La rue du Bac est en émoi. Il se passe encore par-là quelque diablerie !

« La maison qui porte le n° 65 se compose de deux bâtiments : l'un, qui donne sur la rue, a deux escaliers qui se font face.

« Depuis une semaine, à diverses heures du jour et de la nuit, à tous les étages de cette maison, les sonnettes s'agitent et tintent avec violence ; on va ouvrir : personne sur le palier.

« On crut d'abord à une plaisanterie, et chacun se mit en observation pour en découvrir l'auteur. Un les locataires prit le soin de dépolir une vitre de sa cuisine et fit le guet. Pendant qu'il veillait avec le plus d'attention, sa sonnette s'ébranla : il mit l'oeil à son judas, personne ! Il courut sur l'escalier, personne !

« Il rentra chez lui et enleva le cordon de sa sonnette. Une heure après, au moment où il commençait à triompher, la sonnette se mit à carillonner de plus belle. Il la regarda faire et demeura muet et consterné.

« A d'autres portes, les cordons de sonnettes sont tordus et noués comme des serpents blessés. On cherche une explication, on appelle la police ; quel est donc ce mystère ? On l'ignore encore. »

Phénomène d'apparition

Le *Constitutionnel* et la *Patrie* ont rapporté, il y a quelque temps, le fait suivant, d'après les journaux des Etats-Unis :

« La petite ville de Lichtfield, dans le Kentucky, compte de nombreux adeptes aux doctrines de spiritualisme magnétique. Un fait incroyable, qui vient de s'y passer, ne contribuera pas peu, sans doute, à augmenter le nombre des partisans de la religion nouvelle.

« La famille Park, composée du père, de la mère et de trois enfants qui ont déjà l'âge de raison, était fortement imbue des croyances spiritualistes. Par contre, une soeur de madame Park, miss Harris, n'ajoutait aucune foi aux prodiges surnaturels dont on l'entretenait sans cesse. C'était pour la famille tout entière un véritable sujet de chagrin, et plus d'une fois la bonne harmonie des deux soeurs en fut troublée.

« Il y a quelques jours, madame Park fut atteinte tout à coup d'un mal subit que les médecins déclarèrent dès l'abord ne pouvoir pas conjurer. La patiente était en proie à des hallucinations, et une fièvre affreuse la tourmentait constamment. Miss Harris passait toutes les nuits à la veiller. Le quatrième jour de sa maladie, madame Park se leva subitement sur son séant, demanda à boire, et commença à causer avec sa soeur. Circonstance singulière, la fièvre l'avait quittée tout à coup, son pouls était régulier, elle s'exprimait avec la plus grande facilité, et miss Harris, tout heureuse, crut que sa soeur était désormais hors de danger.

« Après avoir parlé de son mari et de ses enfants, madame Park se rapproche encore plus près de sa soeur et lui dit :

« Pauvre soeur, je vais te quitter ; je sens que la mort s'approche. Mais au moins mon départ de ce monde servira à te convertir. Je mourrai dans une heure et l'on m'enterrera demain. Aie grand soin de ne pas suivre mon corps au cimetière, car mon Esprit, revêtu de sa dépouille mortelle, t'apparaîtra encore une fois avant que mon cercueil soit recouvert de terre. Alors tu croiras enfin au spiritualisme. »

« Après avoir achevé ces paroles, la malade se recoucha tranquillement. Mais une heure après, comme elle l'avait annoncé, miss Harris s'apercevait avec douleur que le coeur avait cessé de battre.

« Vivement émue par la coïncidence étonnante qui existait entre cet événement et les paroles prophétiques de la défunte, elle se décida à suivre l'ordre qui lui avait été donné, et le lendemain elle resta seule à la maison pendant que tout le monde prenait le chemin du cimetière. Après avoir fermé les volets de la chambre mortuaire, elle s'établit sur un fauteuil placé près du lit que venait de quitter le corps de sa soeur.

« Cinq minutes étaient à peine écoulées, - raconta plus tard miss Harris, - lorsque je vis comme un nuage blanc se détacher au fond de l'appartement. Peu à peu cette forme se dessina mieux : c'était celle d'une femme à demi voilée ; elle s'approchait lentement de moi ; je discernais le bruit de pas légers sur le plancher ; enfin, mes yeux étonnés se trouvèrent en présence de ma soeur...

« Sa figure, loin d'avoir cette pâleur mate qui frappe si péniblement chez les morts, était radieuse ; ses mains, dont je sentis bientôt la pression sur les miennes, avaient conservé toute la chaleur de la vie. Je fus comme transportée dans une sphère nouvelle par cette merveilleuse apparition. Croyant faire partie déjà du monde des Esprits, je me tâtai la poitrine et la tête pour m'assurer de mon existence ; mais il n'y avait rien de pénible dans cette extase.

« Après être ainsi demeurée devant moi, souriante mais muette, l'espace de quelques minutes, ma soeur, semblant faire un violent effort, me dit d'une voix douce :

« Il est temps que je parte : mon ange conducteur m'attend. Adieu ! J'ai rempli ma promesse. Crois et espère ! »

« Le journal, ajoute la *Patrie*, auquel nous empruntons ce merveilleux récit, ne dit pas que miss Harris se soit convertie aux doctrines du spiritualisme. Supposons-le, cependant, car beaucoup de gens se laisseraient convaincre à moins. »

Nous ajoutons, pour notre propre compte, que ce récit n'a rien qui doive étonner ceux qui ont étudié les effets et les causes des phénomènes spirites. Les faits authentiques de ce genre sont assez nombreux, et trouvent leur explication dans ce que nous avons dit à ce sujet en maintes circonstances ; nous aurons occasion d'en citer qui viennent de moins loin que celui-ci.

ALLAN KARDEC

REVUE SPIRITE

JOURNAL

D'ETUDES PSYCHOLOGIQUES

Novembre 1858

Polémique spirite

On nous a plusieurs fois demandé pourquoi nous ne répondions pas, dans notre journal, aux attaques de certaines feuilles dirigées contre le Spiritisme en général, contre ses partisans, et quelquefois même contre nous. Nous croyons que, dans certains cas, le silence est la meilleure réponse. Il est d'ailleurs un genre de polémique dont nous nous sommes fait une loi de nous abstenir, c'est celle qui peut dégénérer en personnalités ; non seulement elle nous répugne, mais elle nous prendrait un temps que nous pouvons employer plus utilement, et serait fort peu intéressante pour nos lecteurs, qui s'abonnent pour s'instruire et non pour entendre des diatribes plus ou moins spirituelles ; or, une fois engagé dans cette voie, il serait difficile d'en sortir, c'est pourquoi nous préférons n'y pas entrer, et nous pensons que le Spiritisme ne peut qu'y gagner en dignité. Nous n'avons jusqu'à présent qu'à nous applaudir de notre modération ; nous n'en dévierons pas, et ne donnerons jamais satisfaction aux amateurs de scandale.

Mais il y a polémique et polémique ; il en est une devant laquelle nous ne reculerons jamais, c'est la discussion sérieuse des principes que nous professons. Toutefois, il est ici même une distinction à faire ; s'il ne s'agit que d'attaques générales dirigées contre la doctrine, sans autre but déterminé que celui de critiquer, et de la part de gens qui ont un parti pris de rejeter tout ce qu'ils ne comprennent pas, cela ne mérite pas qu'on s'en occupe ; le terrain que gagne chaque jour le Spiritisme est une réponse suffisamment péremptoire et qui doit leur prouver que leurs sarcasmes n'ont pas produit grand effet ; aussi remarquons-nous que le feu roulant de plaisanteries dont les partisans de la doctrine étaient naguère l'objet, s'éteint peu à peu ; on se demande si, lorsqu'on voit tant de gens éminents adopter ces idées nouvelles, il y a de quoi rire ; quelques-uns ne rient que du bout des lèvres et par habitude, beaucoup d'autres ne rient plus du tout et attendent.

Remarquons encore que, parmi les critiques, il y a beaucoup de gens qui parlent sans connaître la chose, sans s'être donné la peine de l'approfondir ; pour leur répondre il faudrait sans cesse recommencer les explications les plus élémentaires et répéter ce que nous avons écrit, chose que nous croyons inutile. Il n'en est pas de même de ceux qui ont étudié et qui n'ont pas tout compris, de ceux qui veulent sérieusement s'éclairer, qui soulèvent des objections en connaissance de cause et de bonne foi ; sur ce terrain nous acceptons la controverse, sans nous flatter de résoudre toutes les difficultés, ce qui serait par trop présomptueux. La science spirite est à son début, et ne nous a pas encore dit tous ses secrets, quelques merveilles qu'elle nous ait dévoilées. Quelle, est la science qui n'a pas des faits encore mystérieux et inexpliqués ? Nous confesserons donc sans honte notre insuffisance sur tous les points auxquels il ne nous sera pas possible de répondre. Ainsi, loin de repousser les objections et les questions, nous les sollicitons, pourvu qu'elles ne soient pas oiseuses et ne nous fassent pas perdre notre temps en futilités, parce que c'est un moyen de s'éclairer.

C'est là ce que nous appelons une polémique utile, et elle le sera toujours quand elle aura lieu entre des gens sérieux qui se respecteront assez pour ne pas s'écarter des convenances. On peut penser différemment et ne s'en estimer pas moins. Que cherchons-nous tous, en définitive, dans cette question si palpitante et si féconde du Spiritisme ? à nous éclairer ; nous, tout le premier, nous cherchons la lumière, de quelque part qu'elle vienne, et, si nous émettons notre manière de voir, ce n'est qu'une opinion individuelle que nous ne prétendons imposer à personne ; nous la livrons à la discussion, et nous sommes tout prêt à y renoncer s'il nous est démontré que nous sommes dans l'erreur. Cette polémique, nous la faisons tous les jours dans notre *Revue* par les réponses ou les réfutations collectives que nous saisissons l'occasion de faire à propos de tel ou tel article, et ceux qui nous font l'honneur de nous écrire y trouveront toujours la réponse à ce qu'ils nous demandent, lorsqu'il ne nous est pas possible de la donner individuellement par écrit, ce que le temps matériel ne nous permet pas toujours. Leurs questions et leurs objections sont autant de sujets d'étude dont nous profitons pour nous-même et dont nous sommes heureux de faire profiter nos lecteurs en les traitant à mesure que les circonstances amènent les faits qui peuvent y avoir rapport. Nous nous faisons également un plaisir de donner verbalement les explications qui peuvent nous être demandées par les personnes qui nous honorent de leur visite, et dans ces conférences empreintes d'une bienveillance réciproque on s'éclaire mutuellement.

De la pluralité des existences corporelles

(PREMIER ARTICLE)

Des diverses doctrines professées par le Spiritisme, la plus controversée est sans contredit celle de la pluralité des existences corporelles, autrement dit de la réincarnation. Bien que cette opinion soit maintenant partagée par un très grand nombre de personnes, et que nous ayons déjà traité la question à plusieurs reprises, nous croyons devoir, en raison de son extrême gravité, l'examiner ici d'une manière plus approfondie, afin de répondre aux diverses objections qu'elle a suscitées. Avant d'entrer dans le fond de la question, quelques observations préliminaires nous paraissent indispensables.

Le dogme de la réincarnation, disent certaines personnes, n'est point nouveau ; il est ressuscité de Pythagore. Nous n'avons jamais dit que la doctrine spirite fût d'invention moderne ; le Spiritisme étant une loi de nature a dû exister dès l'origine des temps, et nous nous sommes toujours efforcé de prouver qu'on en retrouve les traces dans la plus haute antiquité. Pythagore, comme on le sait, n'est pas l'auteur du système de la métempsycose ; il l'a puisée chez les philosophes indiens et chez les Egyptiens, où elle existait de temps immémorial. L'idée de la transmigration des âmes était donc une croyance vulgaire admise par les hommes les plus éminents. Par quelle voie leur est-elle venue ? est-ce par révélation ou par intuition ? nous ne le savons pas ; mais, quoi qu'il en soit, une idée ne traverse pas les âges et n'est pas acceptée par les intelligences d'élite, sans avoir un côté sérieux. L'antiquité de cette doctrine serait donc plutôt une preuve qu'une objection. Toutefois, comme on le sait également, il y a entre la métempsycose des anciens et la doctrine moderne de la réincarnation cette grande différence que les Esprits rejettent de la manière la plus absolue la transmigration de l'homme dans les animaux et réciproquement.

Vous étiez sans doute, disent aussi quelques contradicteurs, imbu de ces idées, et voilà pourquoi les Esprits ont abondé dans votre manière de voir. C'est là une erreur qui prouve une fois de plus le danger des jugements précipités et sans examen. Si ces personnes se fussent donné la peine, avant de juger, de lire ce que nous avons écrit sur le Spiritisme, elles se seraient épargné la peine d'une objection faite un peu trop légèrement. Nous répéterons donc ce que nous avons dit à ce sujet, savoir que, lorsque la doctrine de la réincarnation nous a été enseignée par les Esprits, elle était si loin de notre pensée que nous nous étions fait sur les antécédents de l'âme un système tout autre, partagé, du reste, par beaucoup de personnes. La doctrine des Esprits, sous ce rapport, nous a donc surpris ; nous dirons plus, contrarié, parce qu'elle renversait nos propres idées ; elle était loin, comme on le voit, d'en être le reflet. Ce n'est pas tout ; nous n'avons pas cédé au premier choc ; nous avons combattu, défendu notre opinion, élevé des objections, et ce n'est qu'à l'évidence que nous nous sommes rendu, et lorsque nous avons vu l'insuffisance de notre système pour résoudre toutes les questions que ce sujet soulève.

Aux yeux de quelques personnes le mot *évidence* paraîtra sans doute singulier en pareille matière ; mais il ne semblera pas impropre à ceux qui sont habitués à scruter les phénomènes spirites. Pour l'observateur attentif, il y a des faits qui, bien qu'ils ne soient pas d'une nature absolument matérielle, n'en constituent pas moins une véritable évidence, ou tout au moins une évidence morale. Ce n'est pas ici le lieu d'expliquer ces faits ; une étude suivie et persévérante peut seule les faire comprendre ; notre but était uniquement de réfuter l'idée que cette doctrine n'est que la traduction de notre pensée. Nous avons encore une autre réfutation à opposer : c'est que ce n'est pas à nous seul qu'elle a été enseignée ; elle l'a été en maints autres endroits, en France et à l'étranger : en Allemagne, en Hollande, en Russie, etc., et cela avant même la publication du *Livre des Esprits*. Ajoutons encore que, depuis que nous nous sommes livré à l'étude du Spiritisme, nous avons eu des communications par plus de cinquante médiums, écrivains, parlants, voyants, etc., plus ou moins éclairés, d'une intelligence normale plus ou moins bornée, quelques-uns même complètement illettrés, et par conséquent tout à fait étrangers aux matières philosophiques, et que, dans aucun cas, les Esprits ne se sont démentis sur cette question ; il en est de même dans tous les cercles que nous connaissons, où le même principe a été professé. Cet argument n'est point sans réplique, nous le savons, c'est pourquoi nous n'y insisterons pas plus que de raison.

Examinons la chose sous un autre point de vue, et abstraction faite de toute intervention des Esprits ; mettons ceux-ci de côté pour un instant ; supposons que cette théorie ne soit pas leur fait ; supposons même qu'il n'ait jamais été question d'Esprits. Plaçons-nous donc momentanément sur un terrain neutre, admettant au même degré de probabilité l'une et l'autre hypothèse, savoir : la pluralité et l'unité des existences corporelles, et voyons de quel côté nous portera la raison et notre propre intérêt.

Certaines personnes repoussent l'idée de la réincarnation par ce seul motif qu'elle ne leur convient pas, disant qu'elles ont bien assez d'une existence et qu'elles n'en voudraient pas recommencer une pareille ; nous en connaissons que la seule pensée de reparaître sur la terre fait bondir de fureur. Nous n'avons qu'une chose à leur demander, c'est si elles pensent que Dieu ait pris leur avis et consulté leur goût pour régler l'univers. Or, de deux choses l'une : ou la réincarnation existe, ou elle n'existe pas ; si elle existe, elle a beau les contrarier, il leur faudra la subir, Dieu ne leur en demandera pas la permission. Il nous semble entendre un malade dire : J'ai assez souffert aujourd'hui, je ne veux plus souffrir demain. Quelle que soit sa mauvaise humeur, il ne lui faudra pas moins souffrir le lendemain et les jours suivants, jusqu'à ce qu'il soit guéri ; donc, s'ils doivent revivre corporellement, ils revivront, ils se réincarneront ; ils auront beau se mutiner comme un enfant qui ne veut pas aller à l'école, ou un condamné en prison, il faudra qu'ils en passent par là. De pareilles objections sont trop puériles pour mériter un plus sérieux examen. Nous leur dirons cependant, pour les rassurer, que la doctrine spirite sur la réincarnation n'est pas aussi terrible qu'ils le croient, et s'ils l'avaient étudiée à fond ils n'en seraient pas si effrayés ; ils sauraient que la condition de cette nouvelle existence dépend d'eux ; elle sera heureuse ou malheureuse selon ce qu'ils auront fait ici-bas, et *ils peuvent dès cette vie s'élever si haut, qu'ils n'auront plus à craindre de retomber dans le bourbier.*

Nous supposons que nous parlons à des gens qui croient à un avenir quelconque après la mort, et non à ceux qui se donnent le néant pour perspective, ou qui veulent noyer leur âme dans un tout universel, sans individualité, comme les gouttes de pluie dans l'Océan, ce qui revient à peu près au même. Si donc vous croyez à un avenir quelconque, vous n'admettrez pas, sans doute, qu'il soit le même pour tous, autrement où serait l'utilité du bien ? Pourquoi se contraindre ? pourquoi ne pas satisfaire toutes ses passions, tous ses désirs, fût-ce même aux dépens d'autrui, puisqu'il n'en serait ni plus ni moins ? Vous croyez que cet avenir sera plus ou moins heureux ou malheureux selon ce que nous aurons fait pendant la vie ; vous avez alors le désir d'y être aussi heureux que possible, puisque ce doit être pour l'éternité ? Auriez-vous, par hasard, la prétention d'être un des hommes les plus parfaits qui aient existé sur la terre, et d'avoir ainsi droit d'emblée à la félicité suprême des élus ? Non. Vous admettez ainsi qu'il y a des hommes qui valent mieux que vous et qui ont droit à une meilleure place, sans pour cela que vous soyez parmi les réprouvés. Eh bien ! placez-vous un instant par la pensée dans cette situation moyenne qui sera la vôtre, puisque vous venez d'en convenir, et supposez que quelqu'un vienne vous dire : Vous souffrez, vous n'êtes pas aussi heureux que vous le pourriez être, tandis que vous avez devant vous des êtres qui jouissent d'un bonheur sans mélange, voulez-vous changer votre position contre la leur ? - Sans doute, direz-vous ; que faut-il faire ? - Moins que rien, recommencer ce que vous avez mal fait et tâcher de faire mieux. - Hésiteriez-vous à accepter, fût-ce même au prix de plusieurs existences d'épreuve ? Prenons une comparaison plus prosaïque. Si, à un homme qui, sans être dans la dernière des misères, éprouve néanmoins des privations par suite de la médiocrité de ses ressources, on venait dire : Voilà une immense fortune, vous pouvez en jouir, il faut pour cela travailler rudement pendant une minute. Fût-il le plus paresseux de la terre, il dira sans hésiter : Travaillons une minute, deux minutes, une heure, un jour s'il le faut ; qu'est-ce que cela pour finir ma vie dans l'abondance ? Or, qu'est-ce qu'est la durée de la vie corporelle par rapport à l'éternité ? moins qu'une minute, moins qu'une seconde.

Nous avons entendu faire ce raisonnement : Dieu, qui est souverainement bon, ne peut imposer à l'homme de recommencer une série de misères et de tribulations ? Trouverait-on, par hasard, qu'il y a plus de bonté à condamner l'homme à une souffrance perpétuelle pour quelques moments d'erreur plutôt qu'à lui donner les moyens de réparer ses fautes ? « Deux fabricants avaient chacun un ouvrier qui pouvait aspirer à devenir l'associé du chef. Or il arriva que ces deux ouvriers employèrent une fois très mal leur journée et méritèrent d'être renvoyés. L'un des deux fabricants chassa son ouvrier malgré ses supplications, et celui-ci n'ayant pas trouvé d'ouvrage mourut de misère. L'autre dit au sien : Vous avez perdu un jour, vous m'en devez un en compensation ; vous avez mal fait votre ouvrage, vous m'en devez la réparation, je vous permets de le recommencer ; tâchez de bien faire et je vous conserverai, et vous pourrez toujours aspirer à la position supérieure que je vous ai promise. » Est-il besoin de demander quel est celui des deux fabricants qui a été le plus humain ? Dieu, la clémence même, serait-il plus inexorable qu'un homme ? La pensée que notre sort est à jamais fixé par quelques années d'épreuve, alors même qu'il n'a pas toujours dépendu de nous d'atteindre à la perfection sur la terre, a quelque chose de navrant, tandis que l'idée contraire est éminemment consolante ; elle nous laisse l'espérance. Ainsi, sans nous prononcer pour ou contre la pluralité des existences, sans admettre une hypothèse plutôt que l'autre, nous disons que, si nous avions le choix, il n'est personne qui préférât un jugement sans appel. Un philosophe a dit que si Dieu n'existait pas il faudrait l'inventer pour le bonheur du genre humain ; on pourrait en dire autant de la pluralité des existences. Mais, comme nous l'avons dit, Dieu ne nous demande pas notre permission ; il ne consulte pas notre goût ; cela est ou cela n'est pas ; voyons de quel côté sont les probabilités, et prenons la chose à un autre point de vue, toujours abstraction faite de l'enseignement des Esprits, et uniquement comme étude philosophique.

S'il n'y a pas de réincarnation, il n'y a qu'une existence corporelle, cela est évident ; si notre existence corporelle actuelle est la seule, l'âme de chaque homme est créée à sa naissance, à moins que l'on n'admette l'antériorité de l'âme, auquel cas on se demanderait ce qu'était l'âme avant la naissance, et si cet état ne constituait pas une existence sous une forme quelconque. Il n'y a pas de milieu : ou l'âme existait, ou elle n'existait pas avant le corps ; si elle existait, quelle était sa situation ? avait-elle ou non conscience d'elle-même ; si elle n'en avait pas conscience, c'est à peu près comme si elle n'existait pas ; si elle avait son individualité, elle était progressive ou stationnaire ; dans l'un et l'autre cas, à quel degré est-elle arrivée dans le corps ? En admettant, selon la croyance vulgaire, que l'âme prend naissance avec le corps, ou, ce qui revient au même, qu'antérieurement à son incarnation elle n'a que des facultés négatives, nous posons les questions suivantes :

1. Pourquoi l'âme montre-t-elle des aptitudes si diverses et indépendantes des idées acquises par l'éducation ?

2. D'où vient l'aptitude extra-normale de certains enfants en bas âge pour tel art ou telle science, tandis que d'autres restent inférieurs ou médiocres toute leur vie ?

3. D'où viennent, chez les uns, les idées innées ou intuitives qui n'existent pas chez d'autres ?

4. D'où viennent, chez certains enfants, ces instincts précoces de vices ou de vertus, ces sentiments innés de dignité ou de bassesse qui contrastent avec le milieu dans lequel ils sont nés ?

5. Pourquoi certains hommes, abstraction faite de l'éducation, sont-ils plus avancés les uns que les autres ?

6. Pourquoi y a-t-il des sauvages et des hommes civilisés ? Si vous prenez un enfant hottentot à la mamelle, et si vous l'élevez dans nos lycées les plus renommés, en ferez-vous jamais un Laplace ou un Newton ?

Nous demandons quelle est la philosophie ou la théosophie qui peut résoudre ces problèmes ? Ou les âmes à leur naissance sont égales, ou elles sont inégales, cela n'est pas douteux. Si elles sont égales, pourquoi ces aptitudes si diverses ? Dira-t-on que cela dépend de l'organisme ? mais alors c'est la doctrine la plus monstrueuse et la plus immorale. L'homme n'est plus qu'une machine, le jouet de la matière ; il n'a plus la responsabilité de ses actes ; il peut tout rejeter sur ses imperfections physiques. Si elles sont inégales, c'est que Dieu les a créées ainsi ; mais alors pourquoi cette supériorité innée accordée à quelques-unes ? Cette partialité est-elle conforme à la justice de Dieu et à l'égal amour qu'il porte à toutes ses créatures ?

Admettons au contraire une succession d'existences antérieures progressives, et tout est expliqué. Les hommes apportent en naissant l'intuition de ce qu'ils ont acquis ; ils sont plus ou moins avancés, selon le nombre d'existences qu'ils ont parcourues, selon qu'ils sont plus ou moins éloignés du point de départ : absolument comme dans une réunion d'individus de tous âges, chacun aura un développement proportionné au nombre d'années qu'il aura vécu ; les existences successives seront, pour la vie de l'âme, ce que les années sont pour la vie du corps. Rassemblez un jour mille individus, depuis un an jusqu'à quatre-vingts ; supposez qu'un voile soit jeté sur tous les jours qui ont précédé, et que, dans votre ignorance, vous les croyiez ainsi tous nés le même jour : vous vous demanderez naturellement comment il se fait que les uns soient grands et les autres petits, les uns vieux et les autres jeunes, les uns instruits et les autres encore ignorants ; mais si le nuage qui vous cache le passé vient à se lever, si vous apprenez qu'ils ont tous vécu plus ou moins longtemps, tout vous sera expliqué. Dieu, dans sa justice, n'a pu créer des âmes plus ou moins parfaites ; mais, avec la pluralité des existences, l'inégalité que nous voyons n'a plus rien de contraire à l'équité la plus rigoureuse : c'est que nous ne voyons que le présent et non le passé. Ce raisonnement repose-t-il sur un système, une supposition gratuite ? Non ; nous partons d'un fait patent, incontestable : l'inégalité des aptitudes et du développement intellectuel et moral, et nous trouvons ce fait inexplicable par toutes les théories qui ont cours, tandis que l'explication en est simple, naturelle, logique, par une autre théorie. Est-il rationnel de préférer celle qui n'explique pas à celle qui explique ?

A l'égard de la sixième question, on dira sans doute que le Hottentot est d'une race inférieure : alors nous demanderons si le Hottentot est un homme ou non. Si c'est un homme, pourquoi Dieu l'a-t-il, lui et sa race, déshérité des privilèges accordés à la race caucasique ? Si ce n'est pas un homme, pourquoi chercher à le faire chrétien ? La doctrine spirite est plus large que tout cela ; pour elle, il n'y a pas plusieurs espèces d'hommes, il n'y a que des hommes dont l'esprit est plus ou moins arriéré, mais susceptible de progresser : cela n'est-il pas plus conforme à la justice de Dieu ?

Nous venons de voir l'âme dans son passé et dans son présent ; si nous la considérons dans son avenir, nous trouvons les mêmes difficultés.

1. Si notre existence actuelle doit seule décider de notre sort à venir, quelle est, dans la vie future, la position respective du sauvage et de l'homme civilisé ? Sont-ils au même niveau, ou sont-ils distancés dans la somme du bonheur éternel ?

2. L'homme qui a travaillé toute sa vie à s'améliorer est-il au même rang que celui qui est resté inférieur, non par sa faute, mais parce qu'il n'a eu ni le temps ni la possibilité de s'améliorer ?

3. L'homme qui fait mal parce qu'il n'a pu s'éclairer est-il passible d'un état de choses qui n'a pas dépendu de lui ?

4. On travaille à éclairer les hommes, à les moraliser, à les civiliser ; mais pour un que l'on éclaire, il y en a des millions qui meurent chaque jour avant que la lumière soit parvenue jusqu'à eux ; quel est le sort de ceux-ci ? Sont-ils traités comme des réprouvés ? Dans le cas contraire, qu'ont-ils fait pour mériter d'être sur le même rang que les autres ?

5. Quel est le sort des enfants qui meurent en bas âge avant d'avoir pu faire ni bien ni mal ? S'ils sont parmi les élus, pourquoi cette faveur sans avoir rien fait pour la mériter ? Par quel privilège sont-ils affranchis des tribulations de la vie ?

Y a-t-il une doctrine qui puisse résoudre ces questions ? Admettez des existences consécutives, et tout est expliqué conformément à la justice de Dieu. Ce que l'on n'a pu faire dans une existence, on le fait dans une autre ; c'est ainsi que personne n'échappe à la loi du progrès, que chacun sera récompensé selon son mérite *réel*, et que nul n'est exclu de la félicité suprême, à laquelle il peut prétendre, quels que soient les obstacles qu'il ait rencontrés sur sa route.

Ces questions pourraient être multipliées à l'infini, car les problèmes psychologiques et moraux, qui ne trouvent leur solution que dans la pluralité des existences, sont innombrables ; nous nous sommes borné aux plus généraux. Quoi qu'il en soit, dira-t-on peut-être, la doctrine de la réincarnation n'est point admise par l'Eglise ; ce serait donc le renversement de la religion. Notre but n'est pas de traiter cette question en ce moment ; il nous suffit d'avoir démontré quelle est éminemment morale et rationnelle. Plus tard nous montrerons que la religion en est peut-être moins éloignée qu'on ne le pense, et qu'elle n'en souffrirait pas plus qu'elle n'a souffert de la découverte du mouvement de la terre et des périodes géologiques qui, au premier abord, ont paru donner un démenti aux textes sacrés. L'enseignement des Esprits est éminemment chrétien ; il s'appuie sur l'immortalité de l'âme, les peines et les récompenses futures, le libre arbitre de l'homme, la morale du Christ ; donc il n'est pas antireligieux.

Nous avons raisonné, comme nous l'avons dit, abstraction faite de tout enseignement spirite qui, pour certaines personnes, n'est pas une autorité. Si nous et tant d'autres avons adopté l'opinion de la pluralité des existences, ce n'est pas seulement parce qu'elle nous vient des Esprits, c'est parce qu'elle nous a paru la plus logique, et qu'elle seule résout des questions jusqu'alors insolubles. Elle nous serait venue d'un simple mortel que nous l'aurions adoptée de même, et que nous n'aurions pas hésité davantage à renoncer à nos propres idées ; du moment qu'une erreur est démontrée, l'amour-propre a plus à perdre qu'à gagner à s'entêter dans une idée fausse. De même, nous l'eussions repoussée, quoique venant des Esprits, si elle nous eût semblé contraire à la raison, comme nous en avons repoussé bien d'autres, car nous savons par expérience qu'il ne faut pas accepter en aveugle tout ce qui vient de leur part, pas plus que ce qui vient de la part des hommes. Il nous reste donc à examiner la question de la pluralité des existences au point de vue de l'enseignement des Esprits, de quelle manière on doit l'entendre, et à répondre enfin aux objections les plus sérieuses qu'on puisse y opposer ; c'est ce que nous ferons dans un prochain article.

Problèmes moraux

Sur le Suicide

Questions adressées à saint Louis, par l'intermédiaire de M. C..., médium parlant et voyant, dans la Société parisienne des études spirites, séance du 12 octobre 1858.

1. Pourquoi l'homme qui a la ferme intention de se détruire se révolterait-il à l'idée d'être tué par un autre, et se défendrait-il contre les attaques au moment même où il va accomplir son dessein ? R. Parce que l'homme a toujours peur de la mort ; lorsqu'il se la donne lui-même, il est surexcité, il a la tête dérangée, et il accomplit cet acte sans courage ni crainte, et sans, pour ainsi dire, avoir la connaissance de ce qu'il fait, tandis que, s'il avait le choix, vous ne verriez pas autant de suicides. L'instinct de l'homme le porte à défendre sa vie, et, pendant le temps qui s'écoule entre l'instant où son semblable s'approche pour le tuer et celui où l'acte est commis, il y a toujours un mouvement de répulsion instinctif de la mort qui le porte à repousser ce fantôme, qui n'est effrayant que pour l'Esprit coupable. L'homme qui se suicide n'éprouve pas ce sentiment, parce qu'il est entouré d'Esprits qui le poussent, qui l'aident dans ses désirs, et lui font complètement perdre le souvenir de ce qui n'est pas lui, c'est-à-dire de ses parents et de ceux qui l'aiment, et d'une autre existence. L'homme dans ce moment est tout égoïsme.

2. Celui qui, dégoûté de la vie, mais ne veut pas se l'ôter et veut que sa mort serve à quelque chose, est-il coupable de la chercher sur un champ de bataille en défendant son pays ? - R. Toujours. L'homme doit suivre l'impulsion qui lui est donnée ; quelle que soit la carrière qu'il embrasse, quelle que soit la vie qu'il mène, il est toujours assisté d'Esprits qui le conduisent et le dirigent à son insu ; or chercher à aller contre leurs conseils est un crime, puisqu'ils sont placés là pour nous diriger, et que ces bons Esprits, lorsque nous voulons agir par nous-mêmes, sont là pour nous aider. Mais cependant, si l'homme entraîné par son Esprit à lui, veut quitter cette vie, on l'abandonne, et il reconnaît sa faute plus tard lorsqu'il se trouve obligé de recommencer une autre existence. L'homme doit être éprouvé pour s'élever ; arrêter ses actes, mettre une entrave à son libre arbitre, serait aller contre Dieu, et les épreuves, dans ce cas, deviendraient inutiles, puisque les Esprits ne commettraient pas de fautes. L'Esprit a été créé simple et ignorant ; il faut donc, pour

arriver aux sphères heureuses, qu'il progresse, s'élève en science et en sagesse, et ce n'est que dans l'adversité que l'Esprit puise l'élévation du coeur et comprend mieux la grandeur de Dieu.

3. Un des assistants fait observer qu'il croit voir une contradiction entre ces dernières paroles de saint Louis et les précédentes, quand il a dit que l'homme peut être poussé au suicide par certains Esprits qui l'y excitent. Dans ce cas, il céderait à une impulsion qui lui serait étrangère. - R. Il n'y a pas de contradiction. Lorsque j'ai dit que l'homme poussé au suicide était entouré d'Esprits qui l'y sollicitent, je n'ai pas parlé des bons Esprits qui font tous leurs efforts pour l'en détourner ; cela devait être sous-entendu ; nous savons tous que nous avons un ange gardien, ou, si vous aimez mieux, un guide familier. Or l'homme a son libre arbitre ; si, malgré les bons conseils qui lui sont donnés, il persévère dans cette idée qui est un crime, il l'accomplit et il est aidé en cela par les Esprits légers et impurs qui l'entourent, qui sont heureux de voir que l'homme, ou l'Esprit incarné, manque aussi, lui, de courage pour suivre les conseils de son bon guide, et souvent de l'Esprit de ses parents morts qui l'entourent, surtout dans des circonstances semblables.

Entretiens familiers d'outre-tombe

Méhémet-Ali

(Deuxième entretien.)

1. Au nom de Dieu tout-puissant, je prie l'Esprit de Méhémet-Ali de vouloir bien se communiquer à nous. - R. Oui ; je sais pourquoi.

2. Vous nous avez promis de revenir parmi nous pour nous instruire ; serez-vous assez bon pour nous écouter et nous répondre ? - R. Non pas promis ; je ne me suis pas engagé.

3. Soit ; au lieu de *promis*, mettons que vous nous avez fait espérer. - R. C'est-à-dire pour contenter votre curiosité ; n'importe ! je m'y prêterai un peu.

4. Puisque vous avez vécu du temps des Pharaons, pourriez-vous nous dire dans quel but ont été construites les Pyramides ? - R. Ce sont des sépulcres ; sépulcres et temples : là avaient lieu les grandes manifestations.

5. Avaient-elles aussi un but scientifique ? - R. Non ; l'intérêt religieux absorbait tout.

6. Il fallait que les Egyptiens fussent dès ce temps-là très avancés dans les arts mécaniques pour accomplir des travaux qui exigeaient des forces si considérables. Pourriez-vous nous donner une idée des moyens qu'ils employaient ? - R. Des masses d'hommes ont gémi sous le faix de ces pierres qui ont traversé des siècles : l'homme était la machine.

7. Quelle classe d'hommes occupait-on à ces grands travaux ? - R. Ce que vous appelez le peuple.

8. Le peuple était-il à l'état d'esclavage, ou recevait-il un salaire ? - R. La force.

9. D'où venait aux Egyptiens le goût des choses colossales plutôt que celui des choses gracieuses qui distinguait les Grecs quoique ayant la même origine. - R. L'Egyptien était frappé de la grandeur de Dieu ; il cherchait à s'égaler à lui en surpassant ses forces. Toujours l'homme !

10. Puisque vous étiez prêtre à cette époque, veuillez nous dire quelque chose de la religion des anciens Egyptiens. Quelle était la croyance du peuple à l'égard de la Divinité ? - R. Corrompus, ils croyaient à leurs prêtres ; c'étaient des dieux pour eux, ceux-là qui les tenaient courbés.

11. Que pensait-il de l'état de l'âme après la mort ? - R. Il en croyait ce que lui disaient les prêtres.

12. Les prêtres avaient-ils, au double point de vue de Dieu et de l'âme, des idées plus saines que le peuple ? - R. Oui, ils avaient la lumière entre leurs mains ; en la cachant aux autres, ils la voyaient encore.

13. Les grands de l'Etat partageaient-ils les croyances du peuple ou celles des prêtres ? - R. Entre les deux.

14. Quelle était l'origine du culte rendu aux animaux ? - R. Ils voulaient détourner l'homme de Dieu, l'abaisser sous lui-même en lui donnant pour dieux des êtres inférieurs.

15. On conçoit, jusqu'à un certain point, le culte des animaux utiles, mais on ne comprend pas celui des animaux immondes et nuisibles, tels que les serpents, les crocodiles, etc. ! - R. L'homme adore ce qu'il craint. C'était un joug pour le peuple. Les prêtres pouvaient-ils croire à des dieux faits de leurs mains !

16. Par quelle bizarrerie adoraient-ils à la fois le crocodile ainsi que les reptiles, et l'ichneumon et l'ibis qui les détruisaient ? - R. Aberration de l'esprit ; l'homme cherche partout des dieux pour se cacher celui qui est.

17. Pourquoi Osiris était-il représenté avec une tête d'épervier et Anubis avec une tête de chien ? - R. L'Egyptien aimait à personnifier sous de clairs emblèmes : Anubis était bon ; l'épervier qui déchire représentait le cruel Osiris.

18. Comment concilier le respect des Egyptiens pour les morts, avec le mépris et l'horreur qu'ils avaient pour ceux qui les ensevelissaient et les momifiaient ? - R. Le cadavre était un instrument de manifestations : l'Esprit, selon eux, revenait dans le corps qu'il avait animé. Le cadavre, l'un des instruments du culte, était sacré, et le mépris poursuivait celui qui osait violer la sainteté de la mort.

19. La conservation des corps donnait-elle lieu à des manifestations plus nombreuses ?- R. Plus longues ; c'est-à-dire que l'Esprit revenait plus longtemps, tant que l'instrument était docile.

20. La conservation des corps n'avait-elle pas aussi une cause de salubrité, en raison des débordements du Nil ? - R. Oui, pour ceux du peuple.

21. L'initiation aux mystères se faisait-elle en Egypte avec des pratiques aussi rigoureuses qu'en Grèce ? - R. Plus rigoureuses.

22. Dans quel but imposait-on aux initiés des conditions aussi difficiles à remplir ? - R. Pour n'avoir que des âmes supérieures : celles-là savaient comprendre et se taire.

23. L'enseignement donné dans les mystères avait-il pour but unique la révélation des choses extra-humaines, ou bien y enseignait-on aussi les préceptes de la morale et de l'amour du prochain ? - R. Tout cela était bien corrompu. Le but des prêtres était de dominer : ce n'était pas d'instruire.

Le docteur Muhr

Mort au Caire le 4 juin 1857. - Evoqué sur la prière de M. Jobard. C'était, dit-il, un Esprit très élevé de son vivant ; médecin-homéopathe ; un véritable apôtre spirite ; il doit être au moins dans Jupiter.

1. Evocation. - R. Je suis là.

2. Auriez-vous la bonté de nous dire où vous êtes ? - R. Je suis errant.

3. Est-ce le 4 juin de cette année que vous êtes mort ? - R. C'est l'année passée.

4. Vous rappelez-vous votre ami M. Jobard ? - R. oui, et je suis souvent près de lui.

5. Lorsque je lui transmettrai cette réponse, cela lui fera plaisir, car il a toujours pour vous une grande affection. - R. Je le sais ; cet Esprit m'est des plus sympathiques.

6. Qu'entendiez-vous de votre vivant par les gnomes ? - R. J'entendais des êtres qui pouvaient se matérialiser et prendre des formes fantastiques.

7. Y croyez-vous toujours ? - R. Plus que jamais ; j'en ai la certitude maintenant ; mais gnome est un mot qui peut sembler tenir trop de la magie ; j'aime mieux dire maintenant *Esprit* que gnome.

Remarque. De son vivant il croyait aux Esprits et à leurs manifestations ; seulement il les désignait sous le nom de *gnomes*, tandis que maintenant il se sert de l'expression plus générique d'*Esprit.*

8. Croyez-vous encore que ces Esprits, que vous appeliez *gnomes* de votre vivant, puissent prendre des formes matérielles fantastiques ? - R. Oui, mais je sais que cela ne se

fait pas souvent, car il y a des gens qui pourraient devenir fous s'ils voyaient les apparences que ces Esprits peuvent prendre.

9. Quelles apparences peuvent-ils prendre ? - R. Animaux, diables.

10. Est-ce une apparence matérielle tangible, ou une pure apparence comme dans les rêves ou les visions ? - R. Un peu plus matérielle que dans les rêves ; les apparitions qui pourraient trop effrayer ne peuvent pas être tangibles ; Dieu ne le permet pas.

11. L'apparition de l'Esprit de Bergzabern, sous forme d'homme ou d'animal, était-elle de cette nature ? - R. Oui, c'est dans ce genre.

Remarque. Nous ne savons si, de son vivant, il croyait que les Esprits pouvaient prendre une forme tangible ; mais il est évident que maintenant il entend parler de la forme vaporeuse et impalpable des apparitions.

12. Croyez-vous que lorsque vous vous réincarnerez vous irez dans Jupiter ? - R. J'irai dans un monde qui n'égale pas encore Jupiter.

13. Est-ce de votre propre choix que vous irez dans un monde inférieur à Jupiter, ou est-ce parce que vous ne méritez pas encore d'aller dans cette planète ? - R. J'aime mieux croire ne pas le mériter, et remplir une mission dans un monde moins avancé. Je sais que j'arriverai à la perfection, c'est ce qui fait que j'aime mieux être modeste.

Remarque. Cette réponse est une preuve de la supériorité de cet Esprit ; elle concorde avec ce que nous a dit le P. Ambroise : qu'il y a plus de mérite à demander une mission dans un monde inférieur qu'à vouloir avancer trop vite dans un monde supérieur.

14. M. Jobard nous prie de vous demander si vous êtes satisfait de l'article nécrologique qu'il a écrit sur vous ? - R. Jobard m'a donné une nouvelle preuve de sympathie en écrivant cela ; je le remercie bien, et désire que le tableau, un peu exagéré, des vertus et des talents qu'il a fait, puisse servir d'exemple à ceux d'entre vous qui suivent les traces du progrès.

15. Puisque, de votre vivant, vous étiez homéopathe, que pensez-vous maintenant de l'homéopathie ? - R. L'homéopathie est le commencement des découvertes des fluides latents. Bien d'autres découvertes aussi précieuses se feront et formeront un tout harmonieux qui conduira votre globe à la perfection.

16. Quel mérite attachez-vous à votre livre intitulé : *le Médecin du peuple ?* - R. C'est la pierre de l'ouvrier que j'ai apportée à l'oeuvre.

Remarque. - La réponse de cet Esprit sur l'homéopathie vient à l'appui de l'idée des *fluides latents* qui nous a déjà été donnée par l'Esprit de M. Badel, au sujet de son image photographiée. Il en résulterait qu'il y a des fluides dont les propriétés nous sont inconnues ou passent inaperçues parce que leur action n'est pas ostensible, mais n'en est pas moins réelle ; l'humanité s'enrichit de connaissances nouvelles à mesure que les circonstances lui font connaître ses *propriétés*.

Madame de Staël

Dans la séance de la Société parisienne des études spirites, du 28 septembre 1858, l'Esprit de madame de Staël se communique spontanément et sans être appelé, sous la main de mademoiselle E..., médium écrivain ; il dicte le passage suivant :

Vivre c'est souffrir ; oui, mais l'espérance ne suit-elle pas la souffrance ? Dieu n'a-t-il pas mis dans le coeur des plus malheureux la plus grande dose d'espérance ? Enfant, le chagrin et la déception suivent la naissance ; mais devant lui marche l'Espérance qui lui dit : Avance, au but est le bonheur : Dieu est clément.

Pourquoi, disent les esprits forts, pourquoi venir nous enseigner une nouvelle religion, quand le Christ a posé les bases d'une charité si grandiose, d'un bonheur si certain ? Nous n'avons pas l'intention de changer ce que le grand réformateur a enseigné. Non : nous venons seulement raffermir notre conscience, agrandir nos espérances. Plus le monde se civilise, plus il devrait avoir confiance, et plus aussi nous avons besoin de le soutenir. Nous ne voulons pas changer la face de l'univers, nous venons aider à le rendre meilleur ; et si dans ce siècle on ne vient pas en aide à l'homme, il serait trop malheureux par le manque de confiance et d'espérance. Oui, homme savant qui lis dans les autres, qui cherches à connaître ce qui t'importe peu, et rejettes loin de toi ce qui te concerne, ouvre les yeux, ne désespère pas ; ne dis pas : Le néant peut être possible, quand, dans ton coeur, tu devrais sentir le contraire. Viens t'asseoir à cette table et attends : tu t'y instruiras de ton avenir, tu seras heureux. Ici, il y a du pain pour tout le monde : esprit, vous vous développerez ; corps, vous vous nourrirez ; souffrances, vous vous calmerez ; espérances, vous fleurirez et embellirez la vérité pour la faire supporter.

STAEL.

Remarque. L'Esprit fait allusion à la table où sont assis les médiums.

Questionnez-moi, je répondrai à vos questions.

1. N'étant pas prévenus de votre visite, nous n'avons pas de sujet préparé. - R. Je sais très bien que des questions particulières ne peuvent être résolues par moi ; mais que de choses générales on peut demander, même à une femme qui a eu un peu d'esprit et a maintenant beaucoup de coeur !

A ce moment, une dame qui assistait à la séance paraît défaillir ; mais ce n'était qu'une sorte d'extase qui, loin d'être pénible, lui était plutôt agréable. On offre de la magnétiser : alors l'Esprit de madame de Staël dit spontanément : « Non, laissez-la tranquille ; il faut laisser agir l'influence. » Puis, s'adressant à la dame : « Ayez confiance, un coeur veille près de vous ; il veut vous parler ; un jour viendra... ne précipitons pas les émotions. »

L'Esprit qui se communiquait à cette dame, et qui était celui de sa soeur, écrit alors spontanément : « Je reviendrai. »

Madame de Staël, s'adressant de nouveau d'elle-même à cette dame, écrit : « Un mot de consolation à un coeur souffrant. Pourquoi ces larmes de femme à soeur ? ces retours vers le passé, quand toutes vos pensées ne devraient aller que vers l'avenir ? Votre coeur souffre, votre âme a besoin de se dilater. Eh bien ! que ces larmes soient un soulagement et non produites par les regrets ! Celle qui vous aime et que vous pleurez est heureuse de son bonheur ! et espérez la rejoindre un jour. Vous ne la voyez pas ; mais pour elle il n'y a pas de séparation, car constamment elle peut être près de vous. »

2. Voudriez-vous nous dire ce que vous pensez actuellement de vos écrits ? - R. Un seul mot vous éclairera. Si je revenais et que je pusse recommencer, j'en changerais les deux tiers et ne garderais que l'autre tiers.

3. Pourriez-vous signaler les choses que vous désapprouvez ? - R. Pas trop d'exigence, car ce qui n'est pas juste, d'autres écrivains le changeront : je fus trop homme pour une femme.

4. Quelle était la cause première du caractère viril que vous avez montré de votre vivant ? - R. Cela dépend de la phase de l'existence où l'on est.

Dans la séance suivante, du 12 octobre, on lui adressa les questions suivantes par l'intermédiaire de M. D..., médium écrivain.

5. L'autre jour, vous êtes venue spontanément parmi nous, par l'intermédiaire de mademoiselle E... Auriez-vous la bonté de nous dire quel motif a pu vous engager à nous favoriser de votre présence sans que nous vous ayons appelée ? - R. La sympathie que j'ai pour vous tous ; c'est en même temps l'accomplissement d'un devoir qui m'est imposé dans mon existence actuelle, ou plutôt dans mon existence passagère, puisque je suis appelée à revivre : c'est du reste la destinée de tous les Esprits.

6. Vous est-il plus agréable de venir spontanément ou d'être évoquée ? - R. J'aime mieux être évoquée, parce que c'est une preuve qu'on pense à moi ; mais vous savez aussi qu'il est doux pour l'Esprit délivré de pouvoir converser avec l'Esprit de l'homme : c'est pourquoi vous ne devez pas vous étonner de m'avoir vue venir tout à coup parmi vous.

7. Y a-t-il de l'avantage à évoquer les Esprits plutôt qu'à attendre leur bon plaisir ? - R. En évoquant on a un but ; en les laissant venir, on court grand risque d'avoir des communications imparfaites sous beaucoup de rapports, parce que les mauvais viennent tout aussi bien que les bons.

8. Vous êtes-vous déjà communiquée dans d'autres cercles ? - R. Oui ; mais on m'a souvent fait paraître plus que je ne l'aurais voulu ; c'est-à-dire que l'on a souvent pris mon nom.

9. Auriez-vous la bonté de venir quelquefois parmi nous nous dicter quelques-unes de vos belles pensées, que nous serons heureux de reproduire pour l'instruction générale ? - R. Bien volontiers : je vais avec plaisir parmi ceux qui travaillent sérieusement pour s'instruire : mon arrivée de l'autre jour en est la preuve.

Médium peintre

(Extrait du Spiritualiste de la Nouvelle-Orléans.)

Tout le monde ne pouvant être convaincu par le même genre de manifestations spirituelles, il a dû se développer des médiums de bien des sortes. Il y en a, aux Etats-Unis, qui font des portraits de personnes mortes depuis longtemps, et qu'ils n'ont jamais connues ; et comme la ressemblance est constatée ensuite, les gens sensés qui sont témoins de ces faits ne manquent guère de se convertir. Le plus remarquable de ces médiums est peut-être M. Rogers, que nous avons déjà cité (vol. I, p. 239), et qui habitait alors Columbus, où il exerçait sa profession de tailleur ; nous aurions pu ajouter qu'il n'a pas eu d'autre éducation que celle de son état.

Aux hommes instruits qui ont dit ou répété, à propos de la théorie spiritualiste : « Le recours aux Esprits n'est qu'une hypothèse ; un examen attentif prouve qu'elle n'est ni la plus rationnelle ni la plus vraisemblable, » à ceux-là surtout nous offrons la traduction ci-après, que nous abrégeons, d'un article écrit le 27 juillet dernier, par M. Lafayette R. Gridley, d'Attica (Indiana), aux éditeurs du *Spiritual Age*, qui l'ont publié en entier dans leur feuille du 14 août.

Au mois de mai dernier, M. E. Rogers, de Cardington (Ohio), qui, comme vous savez, est médium peintre et fait des portraits de personnes qui ne sont plus de ce monde, vint passer quelques jours chez moi. Pendant ce court séjour, il fut *entransé* par un artiste invisible qui se donna pour Benjamin West, et il peignit quelques beaux portraits, de grandeur naturelle, ainsi que d'autres moins satisfaisants.

Voici quelques particularités relatives à deux de ces portraits. Ils ont été peints par ledit E. Rogers, dans une chambre obscure, chez moi, dans le court intervalle d'une heure et trente minutes, dont une demi-heure environ se passa sans que le médium fût influencé, et j'en profitai pour examiner son travail, qui n'était pas encore achevé. Rogers fut entransé de nouveau, et il termina ces portraits. Alors, et sans aucune indication quant aux sujets ainsi représentés, l'un des portraits fut de suite reconnu comme étant celui de mon grand-père, Elisha Gridley ; ma femme, ma soeur, madame Chaney, et ensuite mon père et ma mère, tous furent unanimes à trouver la ressemblance bonne : c'est un *fac-similé* du vieillard, avec toutes les particularités de sa chevelure, de son col de chemise, etc. Quant à l'autre portrait, aucun de nous ne le reconnaissant, je le suspendis dans mon magasin, à la vue des passants, et il y resta une semaine sans être reconnu de personne. Nous nous attendions à ce que quelqu'un nous aurait dit qu'il représentait un ancien habitant d'Attica. Je perdais l'espoir d'apprendre qui on avait voulu peindre, lorsqu'un soir, ayant formé un cercle spiritualiste chez moi, un Esprit se manifesta et me fit la communication que voici :

« Mon nom est Horace Gridley. Il y a plus de cinq ans que j'ai laissé ma dépouille. J'ai demeuré plusieurs années à Natchez (Mississippi), où j'ai occupé la place de chérif. Mon unique enfant demeure là. Je suis cousin de votre père. Vous pouvez avoir d'autres renseignements sur mon compte en vous adressant à votre oncle, M. Gridley, de Brownsville (Tennessee). Le portrait que vous avez dans votre magasin est le mien, à l'époque où je vivais sur terre, peu de temps avant de passer à cette autre existence, plus élevée, plus heureuse et meilleure ; il me ressemble, *autant du moins que j'ai pu reprendre ma physionomie d'alors*, car cela est indispensable lorsqu'on nous peint, et nous le faisons le mieux que nous pouvons nous en souvenir et suivant que les conditions du moment le permettent. Le portrait en question n'est pas fini comme je l'aurais souhaité ; il y a quelques légères imperfections que M. West dit provenir des conditions dans lesquelles se trouvait le médium. Cependant, envoyez ce portrait à Natchez, pour qu'on l'examine ; je crois qu'on le reconnaîtra. »

Les faits mentionnés dans cette communication étaient parfaitement ignorés de moi, aussi bien que de tous les habitants de notre endroit. Une fois cependant, il y a plusieurs années, j'avais entendu dire que mon père avait eu un parent quelque part dans cette partie de la vallée du Mississippi ; mais aucun de nous ne savait le nom de ce parent, ni l'endroit où il avait vécu, ni même s'il était mort, et ce ne fut que plusieurs jours ensuite que j'appris de mon père (qui habitait Delphi, à quarante milles d'ici) quel avait été le lieu de résidence de son cousin, dont il n'avait presque pas entendu parler depuis soixante ans. Nous n'avions point songé à demander des portraits de famille ; j'avais simplement posé devant le médium une note écrite contenant les noms d'une vingtaine d'anciens habitants d'Attica, partis de ce monde, et nous désirions obtenir le portrait de quelqu'un d'entre eux. Je pense donc que tous les gens raisonnables admettront que le portrait ni la communication d'Horace Gridley n'ont pu résulter d'une transmission de pensée de nous au médium ; il est d'ailleurs certain que M. Rogers n'a jamais connu aucun des deux hommes dont il a fait les portraits, et très probablement il n'en avait jamais entendu parler, car il est Anglais de naissance ; il vint en Amérique, il y a dix ans, et il n'est jamais allé plus sud que Cincinnati, tandis qu'Horace Gridley, à ce que j'apprends, ne vint jamais plus nord que Memphis (Tenn), dans les dernières trente ou trente-cinq années de sa vie terrestre. J'ignore s'il visita jamais l'Angleterre ; mais ce n'aurait pu être qu'avant la naissance de Rogers, car celui-ci n'a pas plus de vingt-huit à trente ans. Quant à mon grand-père, mort depuis environ dix-neuf ans, il n'était jamais sorti des Etats-Unis, et son portrait n'avait jamais été fait d'aucune manière.

Dès que j'eus reçu la communication que j'ai transcrite plus haut, j'écrivis à M. Gridley, de Brownsville, et sa réponse vint corroborer ce que nous avait appris la communication de l'Esprit ; j'y trouvai en outre le nom de l'unique enfant d'Horace Gridley, qui est madame L. M. Patterson, habitant encore Natchez, où son père demeura longtemps, et qui mourut, à ce que pense mon oncle, il y a environ six ans, à Houston (Texas).

J'écrivis alors à madame Patterson, ma cousine nouvellement découverte, et lui envoyai une copie daguerréotypée du portrait que l'on nous disait être celui de son père. Dans ma lettre à mon oncle, de Brownsville, je n'avais rien dit de l'objet principal de mes recherches, et je n'en dis rien non plus à madame Patterson ; ni pourquoi j'envoyais ce portrait, ni comment je l'avais eu, ni quelle était la personne qu'il représentait ; je demandai simplement à ma cousine si elle y reconnaissait quelqu'un. Elle me répondit qu'elle ne pouvait certainement pas dire de qui était ce portrait, mais elle m'assurait qu'il *ressemblait à son père à l'époque de sa mort*. Je lui écrivis ensuite que nous l'avions pris aussi pour le portrait de son père, mais sans lui dire comment je l'avais eu. La réplique de ma cousine portait, en substance, que dans l'ambrotype que je lui avais envoyé, ils avaient tous reconnu son père, avant que je lui eusse dit que c'est lui qu'il représente. Ma cousine témoigna beaucoup de surprise de ce que j'avais un portrait de son père, lorsqu'elle même n'en avait jamais eu, et de ce que son père ne lui eût jamais dit qu'il eût fait faire son portrait pour n'importe qui. Elle n'avait pas cru qu'il en existât aucun. Elle se montra bien satisfaite de mon envoi, surtout à cause de ses enfants, qui ont beaucoup de vénération pour la mémoire de son père.

Alors je lui envoyai le portrait original, en l'autorisant à le garder, s'il lui plaisait ; mais je ne lui dis pas encore comment je l'avais eu. Les principaux passages de ce qu'elle m'écrivit en retour, sont les suivants :

« J'ai reçu votre lettre, ainsi que le portrait de mon père, que vous me permettez de garder, s'il est assez ressemblant. Il l'est certainement beaucoup ; et comme je n'ai jamais eu d'autre portrait de lui, je le garde, puisque vous y consentez ; je l'accepte avec beaucoup de reconnaissance, quoiqu'il me semble que mon père fût mieux que cela, quand il se trouvait en bonne santé. »

Avant la réception des deux dernières lettres de madame Patterson, le hasard voulut que M. Hedges, aujourd'hui de Delphi, mais autrefois de Natchez, et M. Ewing, venu récemment de Vicksburg (Mississippi), vissent le portrait en question et le reconnussent pour celui d'Horace Gridley avec qui tous les deux avaient eu des relations.

Je trouve que ces faits ont trop de signification pour être passés sous silence, et j'ai cru devoir vous les communiquer pour être publiés. Je vous assure qu'en écrivant cet article j'ai bien pris garde que tout y soit correct.

Remarque. Nous connaissons déjà les médiums dessinateurs ; outre les remarquables dessins dont nous avons donné un spécimen, mais qui nous retracent des choses dont nous ne pouvons vérifier l'exactitude, nous avons vu exécuter sous nos yeux, par des médiums tout à fait étrangers à cet art, des croquis très reconnaissables de personnes mortes qu'ils n'avaient jamais connues ; mais de là à un portrait peint dans les règles, il y a de la distance. Cette faculté se rattache à un phénomène fort curieux dont nous sommes témoin en ce moment, et dont nous parlerons prochainement.

Indépendance somnambulique

Beaucoup de personnes, qui acceptent parfaitement aujourd'hui le magnétisme, ont longtemps contesté la lucidité somnambulique ; c'est qu'en effet cette faculté est venue dérouter toutes les notions que nous avions sur la perception des choses du monde extérieur, et pourtant, depuis longtemps on avait l'exemple des somnambules naturels, qui jouissent de facultés analogues et que, par un contraste bizarre, on n'avait jamais cherché à approfondir. Aujourd'hui, la clairvoyance somnambulique est un fait acquis, et, s'il est encore contesté par quelques personnes, c'est que les idées nouvelles sont longues à prendre racine, surtout quand il faut renoncer à celles que l'on a longtemps caressées ; c'est aussi que beaucoup de gens ont cru, comme on le fait encore pour les manifestations spirites, que le somnambulisme pouvait être expérimenté comme une machine, sans tenir compte des conditions spéciales du phénomène ; c'est pourquoi n'ayant pas obtenu à leur gré, et à point nommé, des résultats toujours satisfaisants, ils en ont conclu à la négative. Des phénomènes aussi délicats exigent une observation longue, assidue et persévérante, afin d'en saisir les nuances souvent fugitives. C'est également par suite d'une observation incomplète des faits que certaines personnes, tout en admettant la clairvoyance des somnambules, contestent leur indépendance ; selon eux leur vue ne s'étend pas au-delà de la pensée de celui qui les interroge ; quelques-uns même prétendent qu'il n'y a pas vue, mais simplement intuition et transmission de pensée, et ils citent des exemples à l'appui. Nul doute que le somnambule voyant la pensée, peut quelquefois la traduire et en être l'écho ; nous ne contestons même pas qu'elle ne puisse en certains cas l'influencer : n'y aurait-il que cela dans le phénomène, ne serait-ce pas déjà un fait bien curieux et bien digne d'observation ? La question n'est donc pas de savoir si le somnambule est ou peut être influencé par une pensée étrangère, cela n'est pas douteux, mais bien de savoir s'il est toujours influencé : ceci est un résultat d'expérience. Si le somnambule ne dit jamais que ce que vous savez, il est incontestable que c'est votre pensée qu'il traduit ; mais si, dans certains cas, il dit ce que vous ne savez pas, s'il contredit votre opinion, votre manière de voir, il est évident qu'il est indépendant et ne suit que sa propre impulsion. Un seul fait de ce genre bien caractérisé suffirait pour prouver que la sujétion du somnambule à la pensée d'autrui n'est pas une chose absolue ; or il y en a des milliers ; parmi ceux qui sont à notre connaissance personnelle, nous citerons les deux suivants :

M. Marillon, demeurant à Bercy, rue de Charenton, n° 43, avait disparu le 13 janvier dernier. Toutes les recherches pour découvrir ses traces avaient été infructueuses, aucune des personnes chez lesquelles il avait l'habitude d'aller ne l'avait vu ; aucune affaire ne pouvait motiver une absence prolongée ; d'un autre côté, son caractère, sa position, son état mental, écartaient toute idée de suicide. On en était réduit à penser qu'il avait péri victime d'un crime ou d'un accident ; mais, dans cette dernière hypothèse, il aurait pu être facilement reconnu et ramené à son domicile, ou, tout au moins, porté à la Morgue. Toutes les probabilités étaient donc pour le crime ; c'est à cette pensée que l'on s'arrêta, d'autant mieux qu'on le croyait sorti pour aller faire un payement ; mais où et comment le crime avait-il été commis ? c'est ce que l'on ignorait. Sa fille eut alors recours à une somnambule, Mme Roger, qui en maintes autres circonstances semblables avait donné des preuves d'une lucidité remarquable que nous avons pu constater par nous-même. Mme Roger suivit M. Morillon depuis sa sortie de chez lui, à 3 heures de l'après-midi, jusque vers 7 heures du soir, au moment où il se disposait à rentrer ; elle le vit descendre ait bord de la Seine pour un motif pressant ; là, dit-elle, il a eu une attaque d'apoplexie, je le vois tomber sur une pierre, se faire une fente au front, puis couler dans l'eau ; ce n'est donc ni un suicide ni un crime ; je vois encore son argent et une clef dans la poche de son paletot. Elle indiqua l'endroit de l'accident ; mais, ajouta-t-elle, ce n'est pas là qu'il est maintenant, il a été facilement entraîné par le courant ; on le trouvera à tel endroit. C'est en effet ce qui eut lieu ; il avait la blessure au front indiquée ; la clef et l'argent étaient dans sa poche, et la position de ses vêtements indiquait suffisamment que la somnambule ne s'était pas trompée sur le motif qui l'avait conduit au bord de la rivière. Nous demandons où, dans tous ces détails, on peut voir la transmission d'une pensée quelconque. Voici un autre fait où l'indépendance somnambulique n'est pas moins évidente.

M. et Mme Belhomme, cultivateurs à Rueil, rue Saint-Denis, n° 19, avaient en réserve une somme d'environ 8 à 900 francs. Pour plus de sûreté, Mme Belhomme la plaça dans une armoire dont une partie était consacrée au vieux linge, l'autre au linge neuf, c'est dans cette dernière que l'argent fut placé ; à ce moment quelqu'un entra et Mme Belhomme se hâta de refermer l'armoire. A quelque temps de là, ayant eu besoin d'argent, elle se persuada l'avoir mis dans le vieux linge, parce que telle avait été son intention, dans l'idée que le vieux tenterait moins les voleurs ; mais, dans sa précipitation, à l'arrivée du visiteur, elle l'avait mis dans l'autre case. Elle était tellement convaincue de l'avoir placé dans le vieux linge, que l'idée de le chercher ailleurs ne lui vint même pas ; trouvant la place vide, et se rappelant la visite, elle crut avoir été remarquée et volée, et, dans cette persuasion, ses soupçons se portaient naturellement sur le visiteur.

Mme Belhomme se trouvait connaître Mlle Marillon, dont nous avons parlé plus haut, et lui conta sa mésaventure. Celle-ci lui ayant appris par quel moyen son père avait été retrouvé, l'engagea à s'adresser à la même somnambule, avant de faire aucune démarche. M. et Mme Belhomme se rendirent donc chez Mme Roger, bien convaincus d'avoir été volés, et dans l'espoir qu'on allait leur indiquer le voleur qui, dans leur opinion, ne pouvait être que le visiteur. Telle était donc leur pensée exclusive ; or la somnambule, après une description minutieuse de la localité, leur dit : « Vous n'êtes pas volés ; votre argent est intact dans votre armoire, seulement vous avez cru le mettre dans le vieux linge, tandis que vous l'avez mis dans le neuf ; retournez chez vous et vous l'y trouverez. » C'est en effet ce qui eut lieu.

Notre but, en rapportant ces deux faits, et nous pourrions en citer bien d'autres tout aussi concluants, a été de prouver que la clairvoyance somnambulique n'est pas toujours le reflet d'une pensée étrangère ; que le somnambule peut ainsi avoir une lucidité propre, tout à fait indépendante. Il en ressort des conséquences d'une haute gravité au point de vue psychologique ; nous y trouvons la clef de plus d'un problème que nous examinerons ultérieurement en traitant des rapports qui existent entre le somnambulisme et le Spiritisme, rapports qui jettent un jour tout nouveau sur la question.

Une nuit oubliée ou la sorcière Manouza

Mille deuxième nuit des Contes arabes,

Dictée par l'Esprit de Frédéric Soulié

PREFACE DE L'EDITEUR.

Dans le courant de l'année 1856, les expériences de manifestations spirites que l'on faisait chez M. B..., rue Lamartine, y attiraient une société nombreuse et choisie. Les Esprits qui se communiquaient dans ce cercle étaient plus ou moins sérieux ; quelques-uns y ont dit des choses admirables de sagesse, d'une profondeur remarquable, ce dont on peut juger par le *Livre des Esprits*, qui y fut commencé et fait en très grande partie. D'autres étaient moins graves ; leur humeur joviale se prêtait volontiers à la plaisanterie, mais à une plaisanterie de bonne compagnie et qui jamais ne s'est écartée des convenances. De ce nombre était Frédéric Soulié, qui est venu de lui-même et sans y être convié, mais dont les visites inattendues étaient toujours pour la société un passe-temps agréable. Sa conversation était spirituelle, fine, mordante, pleine d'à-propos, et n'a jamais démenti l'auteur des *Mémoires du diable* ; du reste, il ne s'est jamais flatté, et quand on lui adressait quelques questions un peu ardues de philosophie, il avouait franchement son insuffisance pour les résoudre, disant qu'il était encore trop attaché à la matière, et qu'il préférait le gai au sérieux.

Le médium qui lui servait d'interprète était Mlle Caroline B..., l'une des filles du maître de la maison, médium du genre exclusivement passif, n'ayant jamais la moindre conscience de ce qu'elle écrivait, et pouvant rire et causer à droite et à gauche, ce qu'elle faisait volontiers, pendant que sa main marchait. Le moyen mécanique employé a été pendant fort longtemps la *corbeille-toupie* décrite dans notre *Livre des Médiums*. Plus tard le médium s'est servi de la psychographie directe.

On demandera sans doute quelle preuve nous avions que l'Esprit qui se communiquait était celui de Frédéric Soulié plutôt que de tout autre. Ce n'est point ici le cas de traiter la question de l'identité des Esprits ; nous dirons seulement que celle de Soulié s'est révélée par ces mille circonstances de détail qui ne peuvent échapper à une observation attentive ; souvent un mot, une saillie, un fait personnel rapporté, venaient nous confirmer que c'était bien lui ; il a plusieurs fois donné sa signature, qui a été confrontée avec des originaux. Un jour on le pria de donner son portrait, et le médium, qui ne sait pas dessiner, qui ne l'a jamais vu, a tracé une esquisse d'une ressemblance frappante.

Personne, dans la réunion, n'avait eu des relations avec lui de son vivant ; pourquoi donc y venait-il sans y être appelé ? C'est qu'il s'était attaché à l'un des assistants sans jamais avoir voulu en dire le motif ; il ne venait que quand cette personne était présente ; il entrait avec elle et s'en allait avec elle ; de sorte que, quand elle n'y était pas, il n'y venait pas non plus, et, chose bizarre, c'est que quand il était là, il était très difficile, sinon impossible, d'avoir des communications avec d'autres Esprits ; l'Esprit familier de la maison lui-même cédait la place, disant que, par politesse, il devait faire les honneurs de *chez lui*.

Un jour, il annonça qu'il nous donnerait un roman de sa façon, et en effet, quelque temps après, il commença un récit dont le début promettait beaucoup ; le sujet était druidique et la scène se passait dans l'Armorique au temps de la domination romaine ; malheureusement, il paraît qu'il fut effrayé de la tâche qu'il avait entreprise, car, il faut bien le dire, un travail assidu n'était pas son fort, et il avouait qu'il se complaisait plus volontiers dans la paresse. Après quelques pages dictées, il laissa là son roman, mais il annonça qu'il nous en écrirait un autre qui lui donnerait moins de peine : c'est alors qu'il écrivit le conte dont nous commençons la publication. Plus de trente personnes ont assisté à cette production et peuvent en attester l'origine. Nous ne la donnons point comme une oeuvre de haute portée philosophique, mais comme un curieux échantillon d'un travail de longue haleine obtenu des Esprits. On remarquera comme tout est suivi, comme tout s'y enchaîne avec un art admirable. Ce qu'il y a de plus extraordinaire, c'est que ce récit a été repris à cinq ou six fois différentes, et souvent après des interruptions de deux ou trois semaines ; or, à chaque reprise, le récit se suivait comme s'il eût été écrit tout d'un trait, sans ratures, sans renvois et sans qu'on eût besoin de rappeler ce qui avait précédé. Nous le donnons tel qu'il est sorti du crayon du médium, sans avoir rien changé, ni au style, ni aux idées, ni à l'enchaînement des faits. Quelques répétitions de mots et quelques petits péchés d'orthographe avaient été signalés, Soulié nous a personnellement chargé de les rectifier, disant qu'il nous assisterait en cela ; quand tout a été terminé, il a voulu revoir l'ensemble, auquel il n'a fait que quelques rectifications sans importance, et donné l'autorisation de le publier comme on l'entendrait, faisant, dit-il, volontiers l'abandon de ses droits d'auteur. Toutefois, nous n'avons pas cru devoir l'insérer dans notre *Revue* sans le consentement formel de son ami posthume à qui il appartenait de droit, puisque c'est à sa présence et à sa sollicitation que nous étions redevable de cette production d'outre-tombe. Le titre a été donné par l'Esprit de Frédéric Soulié lui-même. A. K.

Une nuit oubliée

I

Il y avait, à Bagdad, une femme du temps d'Aladin ; c'est son histoire que je vais te conter :

Dans un des faubourgs de Bagdad demeurait, non loin du palais de la sultane Shéhérazad, une vieille femme nommée Manouza. Cette vieille femme était un sujet de terreur pour toute la ville, car elle était sorcière et des plus effrayantes. Il se passait la nuit, chez elle, des choses si épouvantables que, sitôt le soleil couché, personne ne se serait hasardé à passer devant sa demeure, à moins que ce ne fût un amant à la recherche d'un philtre pour une maîtresse rebelle, ou une femme abandonnée en quête d'un baume pour mettre sur la blessure que son amant lui avait faite en la délaissant.

Un jour donc que le sultan était plus triste que d'habitude, et que la ville était dans une grande désolation, parce qu'il voulait faire périr la sultane favorite, et qu'à son exemple tous les maris étaient infidèles, un jeune homme quitta une magnifique habitation située à côté du palais de la sultane. Ce jeune homme portait une tunique et un turban de couleur sombre ; mais sous ces simples habits il avait un grand air de distinction. Il cherchait à se cacher le long des maisons comme un voleur ou un amant craignant d'être surpris. Il dirigeait ses pas du côté de Manouza la sorcière. Une vive anxiété était peinte sur ses traits, qui décelaient la préoccupation dont il était agité. Il traversait les rues, les places avec rapidité, et pourtant avec une grande précaution.

Arrivé près de la porte, il hésite quelques minutes, puis se décide à frapper. Pendant un quart d'heure il eut de mortelles angoisses, car il entendit des bruits que nulle oreille humaine n'avait encore entendus ; une meute de chiens hurlant avec férocité, des cris lamentables, des chants d'hommes et de femmes, comme à la fin d'une orgie, et, pour éclairer tout ce tumulte, des lumières courant du haut en bas de la maison, des feux follets de toutes les couleurs ; puis, comme par enchantement, tout cessa : les lumières s'éteignirent et la porte s'ouvrit.

II

Le visiteur resta un instant interdit, ne sachant s'il devait entrer dans le couloir sombre qui s'offrait à sa vue. Enfin, s'armant de courage, il y pénétra hardiment. Après avoir marché à tâtons l'espace de trente pas, il se trouva en face d'une porte donnant dans une salle éclairée seulement par une lampe de cuivre à trois becs, suspendue au milieu du plafond.

La maison qui, d'après le bruit qu'il avait entendu de la rue, semblait devoir être très habitée, avait maintenant l'air désert ; cette salle qui était immense, et devait par sa construction être la base de l'édifice, était vide, si l'on en excepte les animaux empaillés de toutes sortes dont elle était garnie.

Au milieu de cette salle était une petite table couverte de grimoires, et devant cette table, dans un grand fauteuil, était assise une petite vieille, haute à peine de deux coudées, et tellement emmitouflée de châles et de turbans, qu'il était impossible de voir ses traits. A l'approche de l'étranger, elle releva la tête et montra à ses yeux le plus effroyable visage qu'il se peut imaginer.

« Te voilà, seigneur Noureddin, dit-elle en fixant ses yeux d'hyène sur le jeune homme qui entrait ; approche ! Voilà plusieurs jours que mon crocodile aux yeux de rubis m'a annoncé ta visite. Dis si c'est un philtre qu'il te faut ; dis si c'est une fortune. Mais, que dis-je, une fortune ! la tienne ne fait-elle pas envie au sultan lui-même ? N'es-tu pas le plus riche comme tu es le plus beau ? C'est probablement un philtre que tu viens chercher. Quelle est donc la femme qui ose t'être cruelle ? Enfin je ne dois rien dire ; je ne sais rien, je suis prête à écouter tes peines et à te donner les remèdes nécessaires, si toutefois ma science a le pouvoir de t'être utile. Mais que fais-tu donc là à me regarder ainsi sans avancer ? Aurais-tu peur ? Je t'effraye peut-être ? Telle que tu me vois, j'étais belle autrefois ; plus belle que toutes les femmes existantes aujourd'hui dans Bagdad ; ce sont les chagrins qui m'ont rendue si laide. Mais que te font mes souffrances ? Approche ; je t'écoute ; seulement je ne puis te donner que dix minutes, ainsi dépêche-toi. »

Noureddin n'était pas très rassuré ; cependant, ne voulant pas montrer aux yeux d'une vieille femme le trouble qui l'agitait, il s'avança et lui dit : Femme, je viens pour une chose grave ; de ta réponse dépend le sort de ma vie ; tu vas décider de mon bonheur ou de ma mort. Voici ce dont il s'agit :

« Le sultan veut faire mourir Nazara ; je l'aime ; je vais te conter d'où vient cet amour, et je viens te demander d'apporter un remède, non à ma douleur, mais à sa malheureuse position, car je ne veux pas qu'elle meure. Tu sais que mon palais est voisin de celui du sultan ; nos jardins se touchent. Il y a environ six lunes qu'un soir, me promenant dans ces jardins, j'entendis une charmante musique accompagnant la plus délicieuse voix de femme qui se soit jamais entendue. Voulant savoir d'où cela provenait, je m'approchai des jardins voisins, et je reconnus que c'était d'un cabinet de verdure habité par la sultane favorite. Je restai plusieurs jours absorbé par ces sons mélodieux ; nuit et jour je rêvais à la belle inconnue dont la voix m'avait séduit ; car il faut te dire que, dans ma pensée, elle ne pouvait être que belle. Je me promenais chaque soir dans les mêmes allées où j'avais entendu cette ravissante harmonie ; pendant cinq jours ce fut en vain ; enfin le sixième jour la musique se fit entendre de nouveau ; alors n'y pouvant plus tenir, je m'approchai du mur et je vis qu'il fallait peu d'efforts pour l'escalader.

« Après quelques moments d'hésitation, je pris un grand parti : je passai de chez moi dans le jardin voisin ; là, je vis, non une femme, mais une houri, la houri favorite de Mahomet, une merveille enfin ! A ma vue elle s'effaroucha bien un peu, mais, me jetant à ses pieds, je la conjurai de n'avoir aucune crainte et de m'écouter ; je lui dis que son chant m'avait attiré et l'assurai qu'elle ne trouverait dans mes actions que le plus profond respect ; elle eut la bonté de m'entendre.

« La première soirée se passa à parler de musique. Je chantais aussi, je lui offris de l'accompagner ; elle y consentit, et nous nous donnâmes rendez-vous pour le lendemain à la même heure. A cette heure elle était plus tranquille ; le sultan était à son conseil, et la surveillance moins grande. Les deux ou trois premières nuits se passèrent tout à la musique ; mais la musique est la voix des amants, et dès le quatrième jour nous n'étions plus étrangers l'un à l'autre : nous nous aimions. Qu'elle était belle ! Que son âme était belle aussi ! Nous fîmes maintes fois le projet de nous évader. Hélas ! pourquoi ne l'avons-nous pas exécuté ? Je serais moins malheureux, et elle ne serait pas près de succomber. Cette belle fleur ne serait pas au moment d'être moissonnée par la faux qui va la ravir à la lumière.

(*La suite au prochain numéro*)

Variétés

Le général Marceau

La *Gazette de Cologne* publie l'histoire suivante, qui lui est communiquée par son correspondant de Coblentz, et qui forme actuellement le sujet de toutes les conversations. Le fait est rapporté par la *Patrie* du 10 octobre 1858.

« On sait qu'au-dessous du fort de l'Empereur François, auprès de la route de Cologne, se trouve le monument du général français Marceau, qui tomba à Altenkirchen et fut enseveli à Coblentz, sur le mont Saint-Pierre, où se trouve maintenant la partie principale du fort. Le monument du général, qui est une pyramide tronquée, fut plus tard enlevé lorsqu'on commença les fortifications de Coblentz. Toutefois, sur l'ordre exprès du feu roi Frédéric III, il fut reconstruit à la place où il se trouve actuellement.

« M. de Stramberg, qui dans son *Reinischen antiquarius* donne une biographie très détaillée de Marceau, raconte que des personnes prétendent avoir vu le général, de nuit, à différentes reprises, monté sur un cheval et portant le manteau blanc des chasseurs français. Depuis quelque temps on se disait dans Coblentz que Marceau quittait son tombeau, et que nombre de gens assuraient l'avoir vu. Il y a quelques jours, un soldat, en faction sur le Pétersberg (le mont Saint-Pierre), voit venir à lui un cavalier blanc, monté sur un cheval blanc. Il crie : Qui vive ? N'ayant pas reçu de réponse à trois interpellations, il tire, et tombe évanoui. Une patrouille accourt au coup de feu et trouve la sentinelle sans connaissance. Portée à l'hôpital où elle tomba dangereusement malade, elle put cependant faire le récit de ce qu'elle avait vu. Une autre version dit qu'elle mourut des suites de l'aventure. Voilà l'anecdote telle qu'elle peut être certifiée par toute la ville de Coblentz. »

ALLAN KARDEC

REVUE SPIRITE

JOURNAL

D'ETUDES PSYCHOLOGIQUES

Décembre 1858

Des apparitions

Le phénomène des apparitions se présente aujourd'hui sous un aspect en quelque sorte nouveau, et qui jette une vive lumière sur les mystères de la vie d'outre-tombe. Avant d'aborder les faits étranges que nous allons rapporter, nous croyons devoir revenir sur l'explication qui en a été donnée, et la compléter.

Il ne faut point perdre de vue que, pendant la vie, l'Esprit est uni au corps par une substance semi-matérielle qui constitue une première enveloppe que nous avons désignée sous le nom de périsprit. L'Esprit a donc deux enveloppes : l'une grossière, lourde et *destructible* : c'est le corps ; l'autre éthérée, vaporeuse et indestructible : c'est le périsprit. La mort n'est que la destruction de l'enveloppe grossière, c'est l'habit de dessus usé que l'on quitte ; l'enveloppe semi-matérielle persiste, et constitue, pour ainsi dire, un nouveau corps pour l'Esprit. Cette matière éthérée n'est point l'âme, remarquons-le bien, ce n'est que la première enveloppe de l'âme. La nature intime de cette substance ne nous est pas encore parfaitement connue, mais l'observation nous a mis sur la voie de quelques-unes de ses propriétés. Nous savons qu'elle joue un rôle capital dans tous les phénomènes spirites ; après la mort c'est l'agent intermédiaire entre l'Esprit et la matière, comme le corps pendant la vie. Par là s'expliquent une foule de problèmes jusqu'alors insolubles. On verra dans un article subséquent le rôle qu'il joue dans les sensations de l'Esprit. Aussi la découverte, si l'on peut s'exprimer ainsi, du périsprit, a-t-elle fait faire un pas immense à la science spirite ; elle l'a fait entrer dans une voie toute nouvelle. Mais ce périsprit, direz-vous, n'est-il pas une création fantastique de l'imagination ? n'est-ce pas une de ces suppositions comme on en fait souvent dans la science pour expliquer certains effets ? Non, ce n'est pas une oeuvre d'imagination, parce que ce sont les Esprits eux-mêmes qui l'ont révélé ; ce n'est pas une idée fantastique, parce qu'il peut être constaté par les sens, parce qu'on peut *le voir* et *le toucher*. La chose existe, le mot seul est de nous. Il faut bien des mots nouveaux pour exprimer les choses nouvelles. Les Esprits eux-mêmes l'ont adopté dans les communications que nous avons avec eux.

Par sa nature et dans son état normal le périsprit est indivisible pour nous, mais il peut subir des modifications qui le rendent perceptible à la vue, soit par une sorte de condensation, soit par un changement dans la disposition moléculaire : c'est alors qu'il nous apparaît sous une forme vaporeuse. La condensation (il ne faudrait pas prendre ce mot à la lettre, nous ne l'employons que faute d'autre), la condensation, disons-nous, peut être telle que le périsprit acquière les propriétés d'un corps solide et tangible ; mais il peut instantanément reprendre son état éthéré et invisible. Nous pouvons nous rendre compte de cet effet par celui de la vapeur, qui peut passer de l'invisibilité à l'état brumeux, puis liquide, puis solide, et *vice versa*. Ces différents états du périsprit sont le produit de la volonté de l'Esprit, et non d'une cause physique extérieure. Quand il nous apparaît, c'est qu'il donne à son périsprit la propriété nécessaire pour le rendre visible, et cette propriété, il peut l'étendre, la restreindre, la faire cesser à son gré.

Une autre propriété de la substance du périsprit est celle de la pénétrabilité. Aucune matière ne lui fait obstacle : il les traverse toutes, comme la lumière traverse les corps transparents.

Le périsprit séparé du corps affecte une forme déterminée et limitée, et cette forme normale est celle du corps humain, mais elle n'est pas constante ; l'Esprit peut lui donner à sa volonté les apparences les plus variées, voire même celle d'un animal ou d'une flamme. On le conçoit du reste très facilement. Ne voit-on pas des hommes donner à leur figure les expressions les plus diverses, imiter à s'y méprendre la voix, la figure d'autres personnes, paraître bossus, boiteux, etc. ? Qui reconnaîtrait à la ville certains acteurs que l'on n'aurait vus que grimés sur la scène ? Si donc l'homme peut ainsi donner à son corps matériel et rigide des apparences si contraires, à plus forte raison l'Esprit peut-il le faire avec une enveloppe éminemment souple, flexible et qui peut se prêter à tous les caprices de la volonté.

Les Esprits nous apparaissent donc généralement sous une forme humaine ; dans leur état normal, cette forme n'a rien de bien caractéristique, rien qui les distingue les uns des autres d'une manière très tranchée ; chez les bons Esprits, elle est ordinairement belle et régulière : de longs cheveux flottent sur leurs épaules, des draperies enveloppent le corps. Mais s'ils veulent se faire reconnaître, ils prennent exactement tous les traits sous lesquels on les a connus, et jusqu'à l'apparence des vêtements si cela est nécessaire. Ainsi Esope, par exemple, comme Esprit n'est pas difforme ; mais si on l'évoque, en tant qu'Esope, aurait-il eu plusieurs existences depuis, il apparaîtra laid et bossu, avec le costume traditionnel. Le costume est peut-être ce qui étonne le plus, mais si l'on considère qu'il fait partie intégrante de l'enveloppe semi-matérielle, on conçoit que l'Esprit peut donner à cette enveloppe l'apparence de tel ou tel vêtement, comme celle de telle ou telle figure.

Les Esprits peuvent apparaître soit en rêve, soit à l'état de veille : Les apparitions à l'état de veille ne sont ni rares ni nouvelles ; il y en a eu de tous temps ; l'histoire en rapporte un grand nombre ; mais sans remonter si haut, de nos jours elles sont très fréquentes, et beaucoup de personnes en ont eu qu'elles ont prises au premier abord pour ce qu'on est convenu d'appeler des hallucinations. Elles sont fréquentes surtout dans les cas de mort de personnes absentes qui viennent visiter leurs parents ou amis. Souvent elles n'ont pas de but déterminé, mais on peut dire qu'en général, les Esprits qui nous apparaissent ainsi sont des êtres attirés vers nous par la sympathie. Nous connaissons une jeune dame qui voyait très souvent chez elle, dans sa chambre, avec ou sans lumière, des hommes qui y pénétraient et s'en allaient malgré les portes fermées. Elle en était très effrayée, et cela l'avait rendue d'une pusillanimité qu'on trouvait ridicule. Un jour elle vit distinctement son frère qui est en Californie et qui n'est point mort du tout ; preuve que l'Esprit des vivants peut aussi franchir les distances et apparaître dans un endroit tandis que le corps est ailleurs. Depuis que cette dame est initiée au spiritisme, elle n'a plus peur, parce qu'elle se rend compte de ses visions, et qu'elle sait que les Esprits qui viennent la visiter ne peuvent lui faire de mal. Lorsque son frère lui est apparu, il est probable qu'il était endormi ; si elle s'était expliqué sa présence, elle aurait pu lier conversation avec lui, et ce dernier, à son réveil, aurait pu en conserver un vague souvenir. Il est probable, en outre, qu'à ce moment il rêvait qu'il était près de sa sœur.

Nous avons dit que le périsprit peut acquérir la tangibilité ; nous en avons parlé à propos des manifestations produites par M. Home. On sait qu'il a plusieurs fois fait apparaître des mains que l'on pouvait palper comme des mains vivantes, et qui tout à coup s'évanouissaient comme une ombre ; mais on n'avait pas encore vu de corps entier sous cette forme tangible ; ce n'est pourtant point une chose impossible. Dans une famille de la connaissance intime d'un de nos abonnés, un Esprit s'est attaché à la fille de la maison, enfant de 10 à 11 ans, sous la forme d'un joli petit garçon du même âge. Il est visible pour elle comme une personne ordinaire, et se rend à volonté visible ou invisible à d'autres personnes ; il lui rend toutes sortes de bons offices, lui apporte des jouets, des bonbons, fait le service de la maison, va acheter ce dont on a besoin, et qui plus est le paie. Ceci n'est point une légende de la mystique Allemagne, ce n'est point une histoire du moyen-âge, c'est un fait actuel, qui se passe au moment où nous écrivons, dans une ville de France, et dans une famille très honorable. Nous avons été à même de faire sur ce fait des études pleines d'intérêt et qui nous ont fourni les révélations les plus étranges et les plus inattendues. Nous en entretiendrons nos lecteurs d'une manière plus complète dans un article spécial que nous publierons prochainement.

M. Adrien, médium voyant

Toute personne pouvant voir les Esprits sans secours étranger, est par cela même médium voyant ; mais en général les apparitions sont fortuites, accidentelles. Nous ne connaissions encore personne apte à les voir d'une manière permanente, et à volonté. C'est de cette remarquable faculté dont est doué M. Adrien, l'un des membres de la Société parisienne des Etudes spirites. Il est à la fois médium voyant, écrivain, auditif et sensitif. Comme médium écrivain il écrit sous la dictée des Esprits, mais rarement d'une manière mécanique comme les médiums purement passifs ; c'est-à-dire que, quoiqu'il écrive des choses étrangères à sa pensée, il a la conscience de ce qu'il écrit. Comme médium auditif il entend les voix occultes qui lui parlent. Nous avons dans la Société deux autres médiums qui jouissent de cette dernière faculté à un très haut degré. Ils sont en même temps très bons médiums écrivains. Enfin, comme médium sensitif, il ressent les attouchements des Esprits, et la pression qu'ils exercent sur lui ; il en ressent même des commotions électriques très violentes qui se communiquent aux personnes présentes. Lorsqu'il magnétise quelqu'un, il peut à volonté, lorsque cela est nécessaire à la santé, produire sur lui les secousses de la pile voltaïque.

Une nouvelle faculté vient de se révéler en lui, c'est la double vue ; sans être somnambule, et quoiqu'il soit parfaitement éveillé, il voit à volonté, à une distance illimitée, même au-delà des mers ce qui se passe dans une localité ; il voit les personnes et ce qu'elles font ; il décrit les lieux et les faits avec une précision dont l'exactitude a été vérifiée. Hâtons-nous de dire que M. Adrien n'est point un de ces hommes faibles et crédules qui se laissent aller à leur imagination ; c'est au contraire un homme d'un caractère très froid, très calme, et qui voit tout cela avec le sang-froid le plus absolu, nous ne disons pas avec indifférence, loin de là, car il prend ses facultés au sérieux, et les considère comme un don de la Providence qui lui a été accordé pour le bien, aussi ne s'en sert-il que pour les choses utiles, et *jamais* pour satisfaire une vaine curiosité. C'est un jeune homme d'une famille distinguée, très honorable, d'un caractère doux et bienveillant, et dont l'éducation soignée se révèle dans son langage et dans toutes ses manières. Comme marin et comme militaire, il a parcouru une partie de l'Afrique, de l'Inde et de nos colonies.

De toutes ses facultés comme médium, la plus remarquable, et à notre avis la plus précieuse, c'est celle de médium voyant. Les Esprits lui apparaissent sous la forme que nous avons décrite dans notre précédent article sur les apparitions ; il les voit avec une précision dont on peut juger par les portraits que nous donnons ci-après de la veuve du Malabar et de la Belle Cordière de Lyon. Mais, dira-t-on, qu'est-ce qui prouve qu'il voit bien et qu'il n'est pas le jouet d'une illusion ? Ce qui le prouve, c'est que lorsqu'une personne qu'il ne connaît pas, évoquant par son intermédiaire un parent, un ami qu'il n'a jamais vu, il en fait un portrait saisissant de ressemblance et que nous avons été à même de constater ; il n'y a donc pour nous aucun doute sur cette faculté dont il jouit à l'état de veille, et non comme somnambule.

Ce qu'il y a de plus remarquable encore, peut-être, c'est qu'il ne voit pas seulement les Esprits que l'on évoque ; il voit en même temps tous ceux qui sont présents, évoqués ou non ; il les voit entrer, sortir, aller, venir, écouter ce qui se dit, en rire ou le prendre au sérieux, suivant leur caractère ; chez les uns il y a de la gravité, chez d'autres un air moqueur et sardonique ; quelques fois l'un d'eux s'avance vers l'un des assaillants, et lui met la main sur l'épaule ou se place à ses côtés, quelques-uns se tiennent à l'écart ; en un mot, dans toute réunion, il y a toujours une assemblée occulte composée des Esprits attirés par leur sympathie pour les personnes, et pour les choses dont on s'occupe. Dans les rues il en voit une foule, car outre les Esprits familiers qui accompagnent leurs protégés, il y a là, comme parmi nous, la masse des indifférents et des flâneurs. Chez lui, nous dit-il, il n'est jamais seul, et ne s'ennuie jamais ; il a toujours une société avec laquelle il s'entretient.

Sa faculté s'étend non seulement aux Esprits des morts, mais à ceux des vivants ; quand il voit une personne, il peut faire abstraction du corps ; alors l'Esprit lui apparaît comme s'il en était séparé, et il peut converser avec lui. Chez un enfant, par exemple, il peut voir l'Esprit qui est incarné en lui, apprécier sa nature, et savoir ce qu'il était avant son incarnation.

Cette faculté, poussée à ce degré, nous initie mieux que toutes les communications écrites à la nature du monde des Esprits ; elle nous le montre tel qu'il est, et si nous ne le voyons pas par nos yeux, la description qu'il nous en donne nous le fait voir par la pensée ; les Esprits ne sont plus des êtres abstraits, ce sont des êtres réels, qui sont là à nos côtés, qui nous coudoient sans cesse, et comme nous savons maintenant que leur contact peut être matériel, nous comprenons la cause d'une foule d'impressions que nous ressentons sans nous en rendre compte. Aussi plaçons-nous M. Adrien au nombre des médiums les plus remarquables, et au premier rang de ceux qui ont fourni les éléments les plus précieux pour la connaissance du monde spirite. Nous le plaçons surtout au premier rang par ses qualités personnelles, qui sont celles d'un homme de bien par excellence, et qui le rendent éminemment sympathique aux Esprits de l'ordre le plus élevé, ce qui n'a pas toujours lieu chez les médiums à influences purement physiques. Sans doute il y en a parmi ces derniers qui feront plus de sensation, qui captiveront mieux la curiosité, mais pour l'observateur, pour celui qui veut sonder les mystères de ce monde merveilleux, M. Adrien est l'auxiliaire le plus puissant que nous ayons encore vu. Aussi avons-nous mis sa faculté et sa complaisance à profit pour notre instruction personnelle, soit dans l'intimité, soit dans les séances de la société, soit enfin, dans la visite de divers lieux de réunion. Nous avons été ensemble dans les théâtres, dans les bals, dans les promenades, dans les hôpitaux, dans les cimetières, dans les églises ; nous avons assisté à des enterrements, à des mariages, à des baptêmes, à des sermons : partout nous avons observé la nature des Esprits qui venaient s'y grouper, nous avons lié conversation avec quelques-uns, nous les avons interrogés et nous avons appris beaucoup de choses dont nous ferons profiter nos lecteurs, car notre but est de les faire pénétrer comme nous dans ce monde si nouveau pour nous. Le microscope nous a révélé le monde des infiniment petits que nous ne soupçonnions pas, quoiqu'il fût sous nos doigts, le télescope nous a révélé l'infinité des mondes célestes que nous ne soupçonnions pas davantage ; le spiritisme nous découvre le monde des Esprits qui est partout, à nos côtés comme dans les espaces ; monde réel qui réagit incessamment sur nous.

Un Esprit au convoi de son corps

Etat de l'âme au moment de la mort

Les Esprits nous ont toujours dit que la séparation de l'âme et du corps ne se fait pas instantanément ; elle commence quelquefois avant la mort réelle pendant l'agonie ; quand la dernière pulsation s'est fait sentir, le dégagement n'est pas encore complet ; il s'opère plus ou moins lentement selon les circonstances, et jusqu'à son entière délivrance l'âme éprouve un trouble, une confusion qui ne lui permettent pas de se rendre compte de sa situation ; elle est dans l'état d'une personne qui s'éveille et dont les idées sont confuses. Cet état n'a rien de pénible pour l'homme dont la conscience est pure ; sans trop s'expliquer ce qu'il voit, il est calme et attend sans crainte le réveil complet ; il est au contraire plein d'angoisses et de terreur pour celui qui redoute l'avenir. La durée de ce trouble, disons-nous, est variable ; elle est beaucoup moins longue chez celui qui, pendant sa vie, a déjà élevé ses pensées et purifié son âme ; deux ou trois jours lui suffisent, tandis que chez d'autres il en faut quelquefois huit et plus. Nous avons souvent assisté à ce moment solennel, et toujours nous avons vu la même chose ; ce n'est donc pas une théorie, mais un résultat d'observations, puisque c'est l'Esprit qui parle et qui peint sa propre situation. En voici un exemple d'autant plus caractéristique et d'autant plus intéressant pour l'observateur qu'il ne s'agit plus d'un Esprit invisible écrivant par un médium, mais bien d'un Esprit vu et entendu en présence de son corps, soit dans la chambre mortuaire, soit dans l'église pendant le service funèbre.

M. X... venait d'être frappé d'une attaque d'apoplexie ; quelques heures après sa mort, M. Adrien, un de ses amis, se trouvait dans sa chambre avec la femme du défunt ; il vit distinctement l'Esprit de celui-ci se promener de long en large, regarder alternativement son corps et les personnes présentes, puis s'asseoir dans un fauteuil ; il avait exactement la même apparence que de son vivant ; il était vêtu de même, redingote noire, pantalon noir ; il avait les mains dans ses poches et l'air soucieux.

Pendant ce temps, sa femme cherchait un papier dans le secrétaire, son mari la regarde et dit : Tu as beau chercher, tu ne trouveras rien. Elle ne se doutait nullement de ce qui se passait, car M. X... n'était visible que pour M. Adrien.

Le lendemain, pendant le service funèbre, M. Adrien vit de nouveau l'Esprit de son ami errer à côté du cercueil, mais il n'avait plus le costume de la veille ; il était enveloppé d'une sorte de draperie. La conversation suivante s'engagea entre eux. Remarquons, en passant, que M. Adrien n'est point somnambule ; qu'à ce moment, comme le jour précédent, il était parfaitement éveillé, et que l'Esprit lui apparaissait comme s'il eut été un des assistants au convoi.

- D. Dis-moi un peu, cher Esprit, que ressens-tu maintenant. - R. Du bien et de la souffrance. - D. Je ne comprends pas cela. - R. Je sens que je suis vivant de ma véritable vie, et cependant je vois mon corps ici, dans cette boite ; je me palpe et ne me sens pas, et cependant je sens que je vis, que j'existe ; je suis donc deux êtres ? Ah ! laissez-moi me tirer de cette nuit, j'ai le cauchemar.

- D. En avez-vous pour longtemps à rester ainsi ? - R. Oh ! non ; Dieu merci, mon ami ; je sens que je me réveillerai bientôt ; ce serait horrible autrement ; j'ai les idées confuses ; tout est brouillard ; songe *à la grande division* qui vient de se faire... je n'y comprends encore rien.

- D. Quel effet vous fit la mort ? - R. La mort ! je ne suis pas mort, mon enfant, tu te trompes. Je me levais et fus frappé tout d'un coup par un brouillard qui me descendit sur les yeux ; puis, je me réveillai, et juge de mon étonnement, de me voir, de me sentir vivant, et de voir à côté, sur le carreau, mon autre *ego* couché. Mes idées étaient confuses ; j'errais pour me remettre, mais je ne pus ; je vis ma femme venir, me veiller, se lamenter, et je me demandais pourquoi ? Je la consolais, je lui parlais, et elle ne me répondait ni ne me comprenait ; c'est là ce qui me torturait et rendait mon Esprit plus troublé. Toi seul m'as fait du bien, car tu m'as entendu et tu comprends ce que je veux ; tu m'aides à débrouiller mes idées, et tu me fais grand bien ; mais pourquoi les autres ne font-ils pas de même ? Voilà ce qui me torture... Le cerveau est écrasé devant cette douleur... Je m'en vais la voir, peut-être m'entendra-t-elle maintenant... Au revoir, cher ami ; appelle-moi et j'irai te voir... Je te ferai même visite en ami... Je te surprendrai... au revoir.

M. Adrien le vit ensuite aller près de son fils qui pleurait : il se pencha vers lui, resta un moment dans cette situation et partit rapidement. Il n'avait pas été entendu, et se figurait sans doute produire un son ; moi, je suis persuadé, ajoute M. Adrien, que ce qu'il disait arrivait au coeur de l'enfant ; je vous prouverai cela. Je l'ai revu depuis, il est plus calme.

Remarque. Ce récit est d'accord avec tout ce que nous avions déjà observé sur le phénomène de la séparation de l'âme ; il confirme avec des circonstances toutes spéciales, cette vérité qu'après la mort, l'Esprit est encore là présent. On croit n'avoir devant soi qu'un corps inerte, tandis qu'il voit et entend tout ce qui se passe autour de lui, qu'il pénètre la pensée des assistants, qu'il n'y a entre eux et lui que la différence de la visibilité et de l'invisibilité ; les pleurs hypocrites d'avides héritiers ne peuvent lui en imposer. Que de déceptions les Esprits doivent éprouver à ce moment !

Phénomène de bi-corporéité

Un des membres de la société nous communique une lettre d'un de ses amis de Boulogne-sur-Mer, dans laquelle on lit le passage suivant. Cette lettre est datée du 26 juillet 1856.

« Mon fils, depuis que je l'ai magnétisé par les ordres de nos Esprits, est devenu un médium très rare, du moins c'est ce qu'il m'a révélé dans son état somnambulique dans lequel je l'avais mis sur sa demande le 14 mai dernier, et quatre ou cinq fois depuis.

Pour moi, il est hors de doute que mon fils éveillé converse librement avec les Esprits qu'il désire, par l'intermédiaire de son guide, qu'il appelle familièrement son ami ; qu'à sa volonté il se transporte en Esprit où il désire, et je vais vous en citer un fait dont j'ai les preuves écrites entre les mains.

Il y a juste aujourd'hui un mois, nous étions tous deux dans la salle à manger. Je lisais le cours de magnétisme de M. Du Potet, quand mon fils prend le livre et le feuillette ; arrivé à un certain endroit, son guide lui dit à l'oreille : Lis cela. C'était l'aventure d'un docteur d'Amérique dont l'Esprit avait visité un ami à 15 ou 20 lieues de là pendant qu'il dormait. Après l'avoir lu, mon fils dit : Je voudrais bien faire un petit voyage semblable. - Eh bien ! où veux-tu aller ? lui dit son guide. - A Londres, répond mon fils, voir mes amis, et il désigna ceux qu'il voudrait visiter.

C'est demain dimanche, lui fut-il répondu ; tu n'es pas obligé de te lever de bonne heure pour travailler. Tu t'endormiras à huit heures et tu iras voyager à Londres jusqu'à huit heures et demie. Vendredi prochain tu recevras une lettre de tes amis, qui te feront des reproches d'être resté si peu de temps avec eux.

Effectivement, le lendemain matin à l'heure indiquée il s'endormit d'un sommeil de plomb ; à huit heures et demie je l'éveillai, il ne se rappelait de rien ; de mon côté, je ne dis pas un mot, attendant la suite.

Le vendredi suivant, je travaillais à une de mes machines et, suivant mon habitude, je fumais, car c'était après déjeuner ; mon fils regarde la fumée de ma pipe et me dit : Tiens ! il y a une lettre dans ta fumée. - Comment vois-tu une lettre dans ma fumée ? - Tu vas le voir, reprend-il, car voilà le facteur qui l'apporte. Effectivement, le facteur vint remettre une lettre de Londres dans laquelle les amis de mon fils lui faisaient un reproche de n'avoir passé avec eux que quelques instants, le dimanche précédent de huit heures à huit heures et demie, avec une foule de détails qu'il serait trop long de répéter ici, entre autres le fait singulier d'avoir déjeuné avec eux. J'ai la lettre, comme je vous l'ai dit, qui prouve que je n'invente rien. »

Le fait ci-dessus ayant été raconté, un des assistants dit que l'histoire rapporte plusieurs faits semblables. Il cite saint Alphonse de Ligurie qui fut canonisé avant le temps voulu pour s'être ainsi montré simultanément en deux endroits différents, ce qui passa pour un miracle.

Saint Antoine de Padoue était en Espagne, et au moment où il prêchait, son père (à Padoue) allait au supplice accusé d'un meurtre. A ce moment saint Antoine paraît, démontre l'innocence de son père, et fait connaître le véritable criminel, qui plus tard subit le châtiment. Il fut constaté que saint Antoine prêchait dans le même moment en Espagne.

Saint Alphonse de Ligurie ayant été évoqué, il lui fut adressé les questions suivantes :

1. Le fait pour lequel vous avez été canonisé est-il réel ? - R. Oui.

2. Ce phénomène est-il exceptionnel ? - R. Non ; il peut se présenter chez tous les individus dématérialisés.

3. Etait-ce un juste motif de vous canoniser ? - R. Oui, puisque par ma vertu, je m'étais élevé vers Dieu ; sans cela, je n'eusse pu me transporter dans deux endroits à la fois.

4. Tous les individus chez lesquels ce phénomène se présente, mériteraient-ils d'être canonisés ?- R. Non, parce que tous ne sont pas également vertueux.

5. Pourriez-vous nous donner l'explication de ce phénomène ? - R. Oui ; l'homme, lorsqu'il s'est complètement dématérialisé par sa vertu, qu'il a élevé son âme vers Dieu, peut apparaître en deux endroits à la fois, voici comment. L'Esprit incarné, en sentant le sommeil venir, peut demander à Dieu de se transporter dans un lieu quelconque. Son Esprit, ou son âme, comme vous voudrez l'appeler, abandonne alors son corps, suivi d'une partie de son périsprit, et laisse la matière immonde dans un état voisin de la mort. Je dis voisin de la mort, parce qu'il est resté dans le corps un lien qui rattache le périsprit et l'âme à la matière, et ce lien ne peut être défini. Le corps apparaît donc dans l'endroit demandé. Je crois que c'est tout ce que vous désirez savoir.

6. Ceci ne nous donne pas l'explication de la visibilité et de la tangibilité du périsprit. - R. L'Esprit se trouvant dégagé de la matière suivant son degré d'élévation, peut se rendre tangible à la matière.

7. Cependant certaines apparitions tangibles de mains et autres parties du corps, appartiennent évidemment à des Esprits d'un ordre inférieur. - R. Ce sont des Esprits supérieurs qui se servent d'Esprits inférieurs pour prouver la chose.

8. Le sommeil du corps est-il indispensable pour que l'Esprit apparaisse en d'autres endroits ? - R. L'âme peut se diviser lorsqu'elle se sent portée dans un lieu différent de celui où se trouve le corps.

9. Un homme étant plongé dans le sommeil tandis que son Esprit apparaît ailleurs, qu'arriverait-il s'il était réveillé subitement ? - R. Cela n'arriverait pas, parce que si

quelqu'un avait l'intention de l'éveiller, l'Esprit rentrerait dans le corps, et préviendrait l'intention, attendu que l'Esprit lit dans la pensée.

Tacite rapporte un fait analogue :

Pendant les mois que Vespasien passa dans Alexandrie pour attendre le retour périodique des vents d'été et la saison où la mer devient sûre, plusieurs prodiges arrivèrent, par où se manifesta la faveur du ciel et l'intérêt que les dieux semblaient prendre à ce prince...

Ces prodiges redoublèrent dans Vespasien le désir de visiter le séjour sacré du dieu, pour le consulter au sujet de l'empire. Il ordonne que le temple soit fermé à tout le monde : entré lui-même et tout entier à ce qu'allait prononcer l'oracle, il aperçoit derrière lui un des principaux Egyptiens, nommé Basilide, qu'il savait être retenu malade à plusieurs journées d'Alexandrie. Il s'informe aux prêtres si Basilide est venu ce jour-là dans le temple ; il s'informe aux passants si on l'a vu dans la ville, enfin il envoie des hommes à cheval, et il s'assure que dans ce moment-là même il était à quatre-vingts milles de distance. Alors, il ne douta plus que la vision ne fût surnaturelle, et le nom de Basilide lui tint lieu d'oracle. (TACITE. Histoires, liv. IV, chap. 81 et 82. *Traduction de Burnouf.*)

Depuis que cette communication nous a été faite, plusieurs faits du même genre, dont la source est authentique, nous ont été racontés, et dans le nombre il en est de tout récents, qui ont lieu, pour ainsi dire, au milieu de nous, et qui se sont présentés avec les circonstances les plus singulières. Les explications auxquelles ils ont donné lieu élargissent singulièrement le champ des observations psychologiques.

La question des hommes doubles, reléguée jadis parmi les contes fantastiques, paraît avoir ainsi un fond de vérité. Nous y reviendrons très prochainement.

Sensations des esprits

Les esprits souffrent-ils ? quelles sensations éprouvent-ils ? Telles sont les questions que l'on s'adresse naturellement et que nous allons essayer de résoudre. Nous devons dire, tout d'abord, que pour cela nous ne nous sommes pas contenté des réponses des Esprits ; nous avons dû, par de nombreuses observations, prendre en quelque sorte, la sensation sur le fait.

Dans une de nos réunions, et peu après que St-Louis nous eût donné la belle dissertation sur l'avarice que nous avons insérée dans notre numéro du mois de février, un de nos sociétaires raconta le fait suivant, à propos de cette même dissertation.

« Nous étions, dit-il, occupés d'évocations dans une petite réunion d'amis, lorsque se présenta, inopinément et sans que nous l'ayons appelé, l'Esprit d'un homme que nous avions beaucoup connu, et qui, de son vivant, aurait pu servir de modèle au portrait de l'avare tracé par St-Louis ; un de ces hommes qui vivent misérablement au milieu de la fortune, qui se privent, non pour les autres, mais pour amasser sans profit pour personne. C'était en hiver, nous étions près du feu ; tout-à-coup cet esprit nous rappelle son nom, auquel nous ne songions nullement et nous demande la permission de venir pendant trois jours se chauffer à notre foyer, disant qu'il souffre horriblement du froid qu'il a volontairement enduré pendant sa vie, et qu'il a fait endurer aux autres par son avarice. C'est, ajoute-t-il, un adoucissement que j'ai obtenu, si vous voulez bien me l'accorder. »

Cet Esprit éprouvait donc une sensation pénible de froid ; mais comment l'éprouvait-il ? là était la difficulté. Nous adressâmes à St-Louis les questions suivantes à ce sujet.

Voudriez-vous bien nous dire comment cet esprit d'avare, qui n'avait plus de corps matériel, pouvait ressentir le froid et demander à se chauffer ? - R. Tu peux te représenter les souffrances de l'Esprit par les souffrances morales.

- Nous concevons les souffrances morales, comme les regrets, les remords, la honte ; mais le chaud et le froid, la douleur physique, ne sont pas des effets moraux ; les Esprits éprouvent-ils ces sortes de sensations ? - R. Ton âme ressent-elle le froid ? non ; mais elle a la conscience de la sensation qui agit sur le corps.

- Il semblerait résulter de là que cet esprit avare ne ressentait pas un froid effectif ; mais qu'il avait le souvenir de la sensation du froid qu'il avait enduré, et que ce souvenir étant pour lui comme une réalité, devenait un supplice. - R. C'est à peu près cela. Il est bien entendu qu'il y a une distinction que vous comprenez parfaitement entre la douleur physique et la douleur morale ; il ne faut pas confondre l'effet avec la cause.

- Si nous comprenons bien, on pourrait, ce nous semble, expliquer la chose ainsi qu'il suit :

Le corps est l'instrument de la douleur ; c'est sinon la cause première, au moins la cause immédiate. L'âme a la perception de cette douleur : cette perception est l'effet. Le souvenir quelle en conserve peut être aussi pénible que la réalité, mais ne peut avoir d'action physique. En effet, un froid ni une chaleur intenses ne peuvent désorganiser les tissus : l'âme ne peut ni se geler, ni brûler. Ne voyons-nous pas tous les jours le souvenir ou l'appréhension d'un mal physique produire l'effet de la réalité ? occasionner même la mort ? Tout le monde sait que les personnes amputées ressentent de la douleur dans le membre qui n'existe plus. Assurément ce n'est point ce membre qui est le siège, ni même le point de départ de la douleur. Le cerveau en a conservé l'impression, voilà tout. On peut donc croire qu'il y a quelque chose d'analogue dans les souffrances de l'esprit après la mort. Ces réflexions sont-elles justes ?

R. Oui ; mais plus tard vous comprendrez mieux encore. Attendez que de nouveaux faits soient venus vous fournir de nouveaux sujets d'observation, et alors vous pourrez en tirer des conséquences plus complètes.

Ceci se passait au commencement de l'année 1858 ; depuis lors, en effet, une étude plus approfondie du périsprit qui joue un rôle si important dans tous les phénomènes spirites, et dont il n'avait pas été tenu compte, les apparitions vaporeuses ou tangibles, l'état de l'Esprit au moment de la mort, l'idée si fréquente chez l'Esprit qu'il est encore vivant, le tableau si saisissant des suicidés, des suppliciés, des gens qui se sont absorbés dans les jouissances matérielles, et tant d'autres faits sont venus jeter la lumière sur cette question, et ont donné lieu à des explications dont nous donnons ici le résumé.

Le périsprit est le lien qui unit l'Esprit à la matière du corps : il est puisé dans le milieu ambiant, dans le fluide universel ; il tient à la fois de l'électricité, du fluide magnétique et, jusqu'à un certain point, de la matière inerte. On pourrait dire que c'est la quintessence de la matière : c'est le principe de la vie organique, mais ce n'est pas celui de la vie intellectuelle : la vie intellectuelle est dans l'Esprit. C'est, en outre, l'agent des sensations extérieures. Dans le corps, ces sensations sont localisées par les organes qui leur servent de canaux. Le corps détruit, les sensations sont générales. Voilà pourquoi l'Esprit ne dit pas qu'il souffre plutôt de la tête que des pieds. Il faut du reste se garder de confondre les sensations du périsprit, rendu indépendant, avec celles du corps : nous ne pouvons prendre ces dernières que comme terme de comparaison et non comme analogie. Un excès de chaleur ou de froid peut désorganiser les tissus du corps et ne peut porter aucune atteinte au périsprit. Dégagé du corps, l'Esprit peut souffrir, mais cette souffrance n'est pas celle du corps : ce n'est cependant pas une souffrance exclusivement morale, comme le remords, puisqu'il se plaint du froid et du chaud ; il ne souffre pas plus en hiver qu'en été : nous en avons vu passer à travers les flammes sans rien éprouver de pénible ; la température ne fait donc sur eux aucune impression. La douleur qu'ils ressentent n'est donc pas une douleur physique proprement dite : c'est un vague sentiment intime dont l'Esprit lui-même ne se rend pas toujours un compte parfait, précisément, parce que la douleur n'est pas localisée et qu'elle n'est pas produite par les agents extérieurs : c'est plutôt un souvenir qu'une réalité, mais un souvenir tout aussi pénible. Il y a cependant quelquefois plus qu'un souvenir, comme nous allons le voir.

L'expérience nous apprend qu'au moment de la mort le périsprit se dégage plus ou moins lentement du corps ; pendant les premiers instants, l'Esprit ne s'explique pas sa situation ; il ne croit pas être mort ; il se sent vivre ; il voit son corps d'un côté, il sait qu'il est à lui, et il ne comprend pas qu'il en soit séparé : cet état dure aussi longtemps qu'il existe un lien entre le corps et le périsprit. Qu'on veuille bien se reporter à l'évocation du suicidé des bains de la Samaritaine que nous avons rapportée dans notre numéro de juin. Comme tous les autres, il disait : Non, je ne suis pas mort, et il ajoutait : Et cependant je sens les vers qui me rongent. Or, assurément, les vers ne rongeaient pas le périsprit, et encore moins l'Esprit, ils ne rongeaient que le corps. Mais comme la séparation du corps et du périsprit n'était pas complète, il en résultait une sorte de répercussion morale qui lui transmettait la sensation de ce qui se passait dans le corps. Répercussion n'est peut-être pas le mot, il pourrait faire croire à un effet trop matériel ; c'est plutôt la vue de ce qui se passait dans son corps auquel se rattachait son périsprit qui produisait en lui une illusion qu'il prenait pour une réalité. Ainsi ce n'était pas un souvenir, puisque, pendant sa vie, il n'avait pas été rongé par les vers : c'était le sentiment de l'actualité. On voit par là les déductions que l'on peut tirer des faits, lorsqu'ils sont observés attentivement. Pendant la vie, le corps reçoit les impressions extérieures et les transmet à l'Esprit par l'intermédiaire du périsprit qui constitue, probablement, ce qu'on appelle fluide nerveux. Le corps étant mort ne ressent plus rien, parce qu'il n'y a plus en lui ni Esprit ni périsprit. Le périsprit, dégagé du corps, éprouve la sensation ; mais comme elle ne lui arrive plus par un canal limité, elle est générale. Or, comme il n'est en réalité qu'un agent de transmission, puisque c'est l'Esprit qui a la conscience, il en résulte que s'il pouvait exister un périsprit sans Esprit, il ne ressentirait pas plus que le corps lorsqu'il est mort ; de même que si l'Esprit n'avait point de périsprit, il serait inaccessible à toute sensation pénible ; c'est ce qui a lieu pour les Esprits complètement épurés. Nous savons que plus ils s'épurent, plus l'essence du périsprit devient éthérée ; d'où il suit que l'influence matérielle diminue à mesure que l'Esprit progresse, c'est-à-dire à mesure que le périsprit lui-même devient moins grossier.

Mais, dira-t-on, les sensations agréables sont transmises à l'Esprit par le périsprit, comme les sensations désagréables ; or, si l'Esprit pur est inaccessible aux unes, il doit l'être également aux autres. Oui, sans doute, pour celles qui proviennent uniquement de l'influence de la matière que nous connaissons ; le son de nos instruments, le parfum de nos fleurs ne lui font aucune impression, et pourtant il y a chez lui des sensations intimes, d'un charme indéfinissable dont nous ne pouvons nous faire aucune idée, parce que nous sommes à cet égard comme des aveugles de naissance à l'égard de la lumière ; nous savons que cela existe ; mais par quel moyen ? là s'arrête pour nous la science. Nous savons qu'il y a perception, sensation, audition, vision, que ces facultés sont des attributs de tout l'être, et non, comme chez l'homme, d'une partie de l'être, mais encore une fois par quel intermédiaire ? c'est ce que nous ne savons pas. Les Esprits eux-mêmes ne peuvent nous en rendre compte, parce que notre langue n'est pas faite pour exprimer des idées que nous n'avons pas, pas plus que chez un peuple d'aveugles, il n'y aurait de termes pour exprimer les effets de la lumière ; pas plus que dans la langue des sauvages, il n'y a de termes pour exprimer nos arts, nos sciences et nos doctrines philosophiques.

En disant que les Esprits sont inaccessibles aux impressions de notre matière, nous voulons parler des Esprits très élevés dont l'enveloppe éthérée n'a pas d'analogue ici-bas. Il n'en est pas de même de ceux dont le périsprit est plus dense ; ceux-là perçoivent nos sons et nos odeurs, mais non pas par une partie limitée de leur individu, comme de leur vivant. On pourrait dire que les vibrations molliculaires se font sentir dans tout leur être et arrivent ainsi à leur *sensorium commune*, qui est l'Esprit lui-même, quoique d'une manière différente, et peut-être aussi avec une impression différente, ce qui produit une modification dans la perception. Ils entendent le son de notre voix, et pourtant ils nous comprennent sans le secours de la parole, par la seule transmission de la pensée, et ce qui vient à l'appui de ce que nous disions, c'est que cette pénétration est d'autant plus facile que l'Esprit est plus dématérialisé. Quant à la vue, elle est indépendante de notre lumière. La faculté de voir est un attribut essentiel de l'âme : pour elle il n'y a pas d'obscurité ; mais elle est plus étendue, plus pénétrante chez ceux qui sont plus épurés. L'âme, ou l'Esprit, a donc en elle-même la faculté de toutes les perceptions ; dans la vie corporelle, elles sont oblitérées par la grossièreté de nos organes ; dans la vie extra-corporelle elles le sont de moins en moins à mesure que s'éclaircit l'enveloppe semi-matérielle.

Cette enveloppe puisée dans le milieu ambiant varie suivant la nature des mondes. En passant d'un monde à l'autre, les esprits changent d'enveloppe comme nous changeons d'habit en passant de l'hiver à l'été, ou du pôle à l'équateur. Les Esprits les plus élevés, lorsqu'ils viennent nous visiter, revêtent donc le périsprit terrestre, et dès lors leurs perceptions s'opèrent comme chez nos esprits vulgaires ; mais tous, inférieurs comme supérieurs, n'entendent et ne sentent que ce qu'ils veulent entendre ou sentir. Sans avoir des organes sensitifs, ils peuvent rendre à volonté leurs perceptions actives ou nulles ; il n'y a qu'une chose qu'ils sont forcés d'entendre, ce sont les conseils des bons Esprits. La vue est toujours active, mais ils peuvent réciproquement se rendre invisibles les uns pour les autres. Selon le rang qu'ils occupent, ils peuvent se cacher de ceux qui leur sont inférieurs, mais non de ceux qui leur sont supérieurs. Dans les premiers moments qui suivent la mort, la vue de l'Esprit est toujours trouble et confuse ; elle s'éclaircit à mesure qu'il se dégage, et peut acquérir la même clarté que pendant la vie, indépendamment de sa pénétration à travers les corps qui sont opaques pour nous. Quant à son extension à travers l'espace indéfini, dans l'avenir et dans le passé, elle dépend du degré de pureté et d'élévation de l'Esprit.

Toute cette théorie, dira-t-on, n'est guère rassurante. Nous pensions qu'une fois débarrassés de notre grossière enveloppe, instrument de nos douleurs, nous ne souffrions plus, et voilà que vous nous apprenez que nous souffrons encore ; que ce soit d'une manière ou d'une autre, ce n'en est pas moins souffrir. Hélas ! oui, nous pouvons encore souffrir, et beaucoup, et longtemps, mais nous pouvons aussi ne plus souffrir, même dès l'instant où nous quittons cette vie corporelle.

Les souffrances d'ici-bas sont quelquefois indépendantes de nous, mais beaucoup sont les conséquences de notre volonté. Qu'on remonte à la source, et l'on verra que le plus grand nombre est la suite de causes que nous aurions pu éviter. Que de maux, que d'infirmités, l'homme ne doit-il pas à ses excès, à son ambition, à ses passions en un mot ? L'homme qui aurait toujours vécu sobrement, qui n'aurait abusé de rien, qui aurait toujours été simple dans ses goûts, modeste dans ses désirs, s'épargnerait bien des tribulations. Il en est de même de l'Esprit ; les souffrances qu'il endure sont toujours la conséquence de la manière dont il a vécu sur la terre ; il n'aura plus sans doute la goutte et les rhumatismes, mais il aura d'autres souffrances qui ne valent pas mieux. Nous avons vu que ses souffrances sont le résultat des liens qui existent encore entre lui et la matière ; que plus il est dégagé de l'influence de la matière, autrement dit, plus il est dématérialisé, moins il a de sensations pénibles ; or il dépend de lui de s'affranchir de cette influence dès cette vie ; il a son libre arbitre, et par conséquent le choix entre faire et ne pas faire ; qu'il dompte ses passions animales, qu'il n'ait ni haine, ni envie, ni jalousie, ni orgueil ; qu'il ne soit pas dominé par l'égoïsme, qu'il purifie son âme par les bons sentiments, qu'il fasse le bien, qu'il n'attache aux choses de ce monde que l'importance qu'elles méritent, alors, même sous son enveloppe corporelle, il est déjà épuré, il est déjà dégagé de la matière, et quand il quitte cette enveloppe, il n'en subit plus l'influence ; les souffrances physiques qu'il a éprouvées ne lui laissent aucun souvenir pénible ; il ne lui en reste aucune impression désagréable, parce qu'elles n'ont affecté que le corps et non l'Esprit ; il est heureux d'en être délivré, et le calme de sa conscience l'affranchit de toute souffrance morale. Nous en avons interrogé des milliers, ayant appartenu à tous les rangs de la société, à toutes les positions sociales ; nous les avons étudiés à toutes les périodes de leur vie spirite, depuis l'instant où ils ont quitté leur corps ; nous les avons suivis pas à pas dans cette vie d'outre-tombe pour observer les changements qui s'opéraient en eux, dans leurs idées, dans leurs sensations, et sous ce rapport les hommes les plus vulgaires ne sont pas ceux qui nous ont fourni les sujets d'étude les moins précieux. Or, nous avons toujours vu que les souffrances sont en rapport avec la conduite dont ils subissent les conséquences, et que cette nouvelle existence est la source d'un bonheur ineffable pour ceux qui ont suivi la bonne route ; d'où il suit que ceux qui souffrent, c'est qu'ils l'ont bien voulu, et qu'ils ne doivent s'en prendre qu'à eux, tout aussi bien dans l'autre monde que dans celui-ci.

Quelques critiques ont ridiculisé certaines de nos évocations, celle de l'assassin Lemaire, par exemple, trouvant singulier qu'on s'occupât d'êtres aussi ignobles, alors qu'on a tant d'Esprits supérieurs à sa disposition. Ils oublient que c'est par là que nous avons en quelque sorte pris la nature sur le fait, ou, pour mieux dire, dans leur ignorance de la science spirite, ils ne voient dans ces entretiens qu'une causerie plus ou moins amusante dont ils ne comprennent pas la portée. Nous avons lu quelque part qu'un philosophe disait, après s'être entretenu avec un paysan : J'ai plus appris avec ce rustre qu'avec tous les savants ; c'est qu'il savait voir autre chose que la surface. Pour l'observateur rien n'est perdu, il trouve d'utiles enseignements jusque dans le cryptogame qui croît sur le fumier. Le médecin recule-t-il à toucher une plaie hideuse, quand il s'agit d'approfondir la cause d'un mal ?

Ajoutons encore un mot à ce sujet. Les souffrances d'outre-tombe ont un terme ; nous savons qu'il est donné à l'Esprit le plus inférieur de s'élever et de se purifier par de nouvelles épreuves ; cela peut être long, très long, mais il dépend de lui d'abréger ce temps pénible, car Dieu l'écoute toujours s'il se soumet à sa volonté. Plus l'Esprit est dématérialisé, plus ses perceptions sont vastes et lucides ; plus il est sous l'empire de la matière, ce qui dépend entièrement de son genre de vie terrestre, plus elles sont bornées et comme voilées ; autant la vue morale de l'un est étendue vers l'infini, autant celle de l'autre est restreinte. Les Esprits inférieurs n'ont donc qu'une notion vague, confuse, incomplète et souvent nulle de l'avenir ; ils ne voient pas le terme de leurs souffrances, c'est pourquoi ils croient souffrir toujours, et c'est encore pour eux un châtiment. Si la position des uns est affligeante, terrible même, elle n'est pas désespérée ; celle des autres est éminemment consolante ; c'est donc à nous de choisir. Ceci est de la plus haute moralité. Les sceptiques doutent du sort qui nous attend après la mort, nous leur montrons ce qu'il en est, et en cela nous croyons leur rendre service ; aussi en avons-nous vu plus d'un revenir de leur erreur, ou tout au moins se prendre à réfléchir sur ce dont ils glosaient auparavant. Il n'est rien de tel que de se rendre compte de la possibilité des choses. S'il en avait toujours été ainsi, il n'y aurait pas tant d'incrédules, et la religion et la morale publique y gagneraient. Le doute religieux ne vient, chez beaucoup, que de la difficulté pour eux de comprendre certaines choses ; ce sont des esprits positifs non organisés pour la foi aveugle, qui n'admettent que ce qui, pour eux, a une raison d'être. Rendez ces choses accessibles à leur intelligence, et ils les acceptent, parce qu'au fond ils ne demandent pas mieux de croire, le doute étant pour eux une situation plus pénible qu'on ne croit ou qu'ils veulent bien le dire.

Dans tout ce qui précède il n'y a point de système, point d'idées personnelles ; ce ne sont pas même quelques Esprits privilégiés qui nous ont dicté cette théorie, c'est un résultat d'études faites sur les individualités, corroborées et confirmées par des Esprits dont le langage ne peut laisser de doute sur leur supériorité. Nous les jugeons à leurs paroles et non pas sur le nom qu'ils portent ou qu'ils peuvent se donner.

Dissertations d'outre-tombe

Le sommeil

Pauvres hommes, que vous connaissez peu les phénomènes les plus ordinaires qui font votre vie ! Vous croyez être bien savants, vous croyez posséder une vaste érudition, et à cette question de tous les enfants : qu'est-ce nous faisons quand nous dormons ? Qu'est-ce que c'est que les rêves ? Vous restez interdits. Je n'ai pas la prétention de vous faire comprendre ce que je vais vous expliquer, car il y a des choses auxquelles votre esprit ne peut encore se soumettre, n'admettant que ce qu'il comprend.

Le sommeil délivre entièrement l'âme du corps. Quand on dort, on est momentanément dans l'état ou l'on se trouve d'une manière fixe après la mort. Les Esprits qui sont tôt dégagés de la matière à leur mort, ont eu des sommeils intelligents ; ceux-là, quand ils dorment, rejoignent la société des autres êtres supérieurs à eux : ils voyagent, causent et s'instruisent avec eux ; ils travaillent même à des ouvrages qu'ils trouvent tout faits en mourant. Ceci doit nous apprendre une fois de plus à ne pas craindre la mort, puisque vous mourez tous les jours selon la parole d'un saint.

Voilà pour les Esprits élevés ; mais pour la masse des hommes qui, à la mort doivent rester de longues heures dans ce trouble, dans cette incertitude dont ils vous ont parlé, ceux-là vont, soit dans des mondes inférieurs à la terre, où d'anciennes affections les rappellent, soit chercher des plaisirs peut-être encore plus bas que ceux qu'ils ont ici ; ils vont puiser des doctrines encore plus viles, plus ignobles, plus nuisibles que celles qu'ils professent au milieu de vous. Et ce qui fait la sympathie sur la terre n'est pas autre chose que ce fait, qu'on se sent, au réveil rapproché par le coeur de ceux avec qui on vient de passer 8 ou 9 heures de bonheur ou de plaisir. Ce qui explique aussi ces antipathies invincibles, c'est qu'on sait au fond de son coeur que ces gens-là ont une autre conscience que la nôtre, parce qu'on les connaît sans les avoir jamais vus avec les yeux. C'est encore ce qui explique l'indifférence, puisqu'on ne tient pas à faire de nouveaux amis, lorsqu'on sait qu'on en a d'autres qui vous aiment et vous chérissent. En un mot, le sommeil influe plus que vous ne pensez sur votre vie.

Par l'effet du sommeil, les Esprits incarnés sont toujours en rapport avec le monde des Esprits, et c'est ce qui fait que les Esprits supérieurs consentent, sans trop de répulsion, à s'incarner parmi vous. Dieu a voulu que pendant leur contact avec le vice, ils puissent aller se retremper à la source du bien, pour ne pas faillir eux-mêmes, eux qui venaient instruire les autres. Le sommeil est la porte que Dieu leur a ouverte vers les amis du ciel ; c'est la récréation après le travail, en attendant la grande délivrance, la libération finale qui doit les rendre à leur vrai milieu.

Le rêve est le souvenir de ce que votre Esprit a vu pendant le sommeil, mais remarquez que vous ne rêvez pas toujours, parce que vous ne vous souvenez pas toujours de ce que vous avez vu, ou de tout ce que vous avez vu. Ce n'est pas votre âme dans tout son développement ; ce n'est souvent que le souvenir du trouble qui accompagne votre départ ou votre rentrée auquel se joint celui de ce que vous avez fait ou de ce qui vous préoccupe dans l'état de veille ; sans cela comment expliqueriez-vous ces rêves absurdes que font les plus savants comme les plus simples ? Les mauvais Esprits se servent aussi des rêves pour tourmenter les âmes faibles et pusillanimes.

Au reste, vous verrez dans peu, se développer une nouvelle espèce de rêves ; elle est aussi ancienne que celle que vous connaissez, mais vous l'ignoriez. Le rêve de Jeanne, le rêve de Jacob, le rêve des prophètes juifs et de quelques devins indiens : ce rêve-là est le souvenir de l'âme entièrement dégagée du corps, le souvenir de cette seconde vie dont je vous parlais tout à l'heure.

Cherchez bien à distinguer ces deux sortes de rêves dans ceux dont vous vous souviendrez, sans cela vous tomberiez dans des contradictions et dans des erreurs qui seraient funestes à votre foi.

Remarque. - L'Esprit qui a dicté cette communication ayant été prié de dire son nom, répondit : « A quoi bon ? Croyez-vous donc qu'il n'y a que les Esprits de vos grands hommes qui viennent vous dire de bonnes choses ? Comptez-vous donc pour rien tous ceux que vous ne connaissez pas ou qui n'ont point de noms sur votre terre ? Sachez que beaucoup ne prennent un nom que pour vous contenter. »

Les Fleurs

Remarque. - Cette communication et la suivante ont été obtenues par M. F..., le même dont nous avons parlé dans notre numéro d'octobre, à propos des Obsédés et des Subjugués ; on peut juger par là de la différence qu'il y a entre la nature de ses communications actuelles et celles d'autrefois. Sa volonté a complètement triomphé de l'obsession dont il était l'objet, et son mauvais Esprit n'a pas reparu. Ces deux dissertations lui ont été dictées par Bernard Palissy.

Les fleurs ont été créées sur les mondes comme les symboles de la beauté, de la pureté et de l'espérance.

Comment l'homme qui voit les corolles s'entrouvrir tous les printemps, et les fleurs se faner pour porter des fruits délicieux, comment l'homme ne pense-t-il pas que sa vie se flétrira aussi, mais pour porter des fruits éternels ? Que vous importent donc les orages et les torrents ? Ces fleurs ne périront jamais, ni le plus frêle ouvrage du Créateur. Courage donc, hommes qui tombez sur la route, relevez-vous comme le lis après la tempête, plus purs et plus radieux. Comme les fleurs, les vents vous secouent à droite et à gauche, les vents vous renversent, vous êtes traînés dans la boue, mais quand le soleil reparaît, relevez aussi vos têtes plus nobles et plus grandes.

Aimez donc les fleurs, elles sont les emblèmes de votre vie, et n'ayez pas à rougir de leur être comparés. Ayez-en dans vos jardins, dans vos maisons, dans vos temples même, elles sont bien partout ; en tous lieux elles portent à la poésie ; elles élèvent l'âme de celui qui sait les comprendre. N'est-ce pas dans les fleurs que Dieu a déployé toutes ses magnificences ? D'où connaîtriez-vous les couleurs suaves dont le Créateur a égayé la nature sans les fleurs ? Avant que l'homme eût fouillé les entrailles de la terre pour trouver le rubis et la topaze, il avait les fleurs devant lui, et cette variété infinie de nuances le consolait déjà de la monotonie de la surface terrestre. Aimez-donc les fleurs : vous serez plus purs, vous serez plus aimants ; vous serez peut-être plus enfants, mais vous serez les enfants chéris de Dieu, et vos âmes simples et sans tache seront accessibles à tout son amour, à toute la joie dont il embrasera vos coeurs.

Les fleurs veulent être soignées par des mains éclairées ; l'intelligence est nécessaire pour leur prospérité ; vous avez eu tort longtemps sur terre de laisser ce soin à des mains inhabiles qui les mutilaient, croyant les embellir. Rien n'est plus triste que les arbres ronds ou pointus de quelques-uns de vos jardins : pyramides de verdure qui font l'effet de tas de foin. Laissez la nature prendre son essor sous mille formes diverses : la grâce est là. Heureux celui qui sait admirer la beauté d'une tige qui se balance en semant sa poussière fécondante ; heureux celui qui voit dans leurs teintes brillantes un infini de grâce, de finesse, de coloris, de nuances qui se fuient et se cherchent, se perdent et se retrouvent. Heureux celui qui sait comprendre la beauté de la gradation des tons ! Depuis la racine brune qui se marie avec la terre, comme les couleurs se fondent jusqu'au rouge écarlate de la tulipe et du coquelicot ! (Pourquoi ces noms rudes et bizarres ?) Etudiez tout cela, et remarquez les feuilles qui sortent les unes des autres comme des générations infinies jusqu'à leur épanouissement complet sous le dôme du ciel.

Les fleurs ne semblent-elles pas quitter la terre pour s'élancer vers les autres mondes ? Ne paraissent-elles pas souvent baisser la tête de douleur de ne pouvoir s'élever plus haut encore ? Ne les croit-on pas dans leur beauté plus près de Dieu ? Imitez-les donc, et devenez toujours de plus en plus grands, de plus en plus beaux.

Votre manière d'apprendre la botanique est aussi défectueuse ; ce n'est pas tout de savoir le nom d'une plante. Je t'engagerai, quand tu auras le temps, à travailler aussi un ouvrage de ce genre. Je remets donc à plus tard les leçons que je voulais te donner ces jours-ci ; elles seront plus utiles quand nous aurons l'application sous la main. Nous y parlerons du genre de culture, des places qui leur conviennent, de l'arrangement de l'édifice pour l'aération et la salubrité des habitations.

Si tu fais imprimer ceci, passe les derniers paragraphes ; on les prendrait pour des annonces.

Du rôle de la Femme.

La femme étant plus finement dessinée que l'homme, indique naturellement une âme plus délicate ; c'est ainsi que, dans les milieux semblables, dans tous les mondes, la mère sera plus jolie que le père ; car c'est elle que l'enfant voit la première ; c'est vers la figure angélique d'une jeune femme que l'enfant tourne ses yeux sans cesse ; c'est vers la mère que l'enfant sèche ses pleurs, appuie ses regards encore faibles et incertains. L'enfant a donc ainsi une intuition naturelle du beau.

La femme sait surtout se faire remarquer par la délicatesse de ses pensées, la grâce de ses gestes, la pureté de ses paroles ; tout ce qui vient d'elle doit s'harmoniser avec sa personne que Dieu a créée belle.

Ses longs cheveux qui ondoient sur son cou, sont l'image de la douceur, et de la facilité avec laquelle sa tête plie sans rompre sous les épreuves. Ils reflètent la lumière des soleils, comme l'âme de la femme doit refléter la lumière plus pure de Dieu. Jeunes personnes, laissez vos cheveux flotter ; Dieu les créa pour cela : vous paraîtrez à la fois plus naturelles et plus ornées.

La femme doit être simple dans son costume ; elle s'est élancée assez belle de la main du Créateur pour n'avoir pas besoin d'atours. Que le blanc et le bleu se marient sur vos épaules. Laissez aussi flotter vos vêtements ; que l'on voie vos robes s'étendre derrière vous en un long trait de gaze, comme un léger nuage qui indique que tout à l'heure vous étiez là.

Mais que font la parure, le costume, la beauté, les cheveux ondoyants ou flottants, noués ou serrés, si le sourire si doux des mères et des amantes ne brillent pas sur vos lèvres ! Si vos yeux ne sèment pas la bonté, la charité, l'espérance dans les larmes de joie qu'ils laissent couler, dans les éclairs qui jaillissent de ce brasier d'amour inconnu !

Femmes, ne craignez pas de ravir les hommes par votre beauté, par vos grâces, par votre supériorité ; mais que les hommes sachent que pour être dignes de vous, il faut qu'ils soient aussi grands que vous êtes belles, aussi sages que vous êtes bonnes, aussi instruits que vous êtes naïves et simples. Il faut qu'ils sachent qu'ils doivent vous mériter, que vous êtes le prix de la vertu et de l'honneur ; non de cet honneur qui se couvrait d'un casque et d'un bouclier et brillait dans les joutes et les tournois, le pied sur le front d'un ennemi renversé ; non, mais de l'honneur selon Dieu.

Hommes, soyez utiles, et quand les pauvres béniront votre nom, les femmes seront vos égales ; vous formerez alors un tout : vous serez la tête et les femmes seront le coeur ; vous serez la pensée bienfaisante, et les femmes seront les mains libérales. Unissez-vous donc, non-seulement par l'amour, mais encore par le bien que vous pouvez faire à deux. Que ces bonnes pensées et ces bonnes actions accomplies par deux coeurs aimants soient les anneaux de cette chaîne d'or et de diamant qu'on appelle le mariage, et alors quand les anneaux seront assez nombreux, Dieu vous appellera près de lui, et vous continuerez à ajouter encore des boucles aux boucles précédentes, mais sur la terre les boucles étaient d'un métal pesant et froid, dans le ciel elles seront de lumière et de feu.

Poésie spirite

Le réveil d'un Esprit

NOTA. - Ces vers ont été écrits spontanément au moyen d'une corbeille tenue par une jeune dame et un enfant. Nous pensons que plus d'un poète pourrait s'en faire honneur. Ils nous sont communiqués par un de nos abonnés.

Que la nature est belle et combien l'air est doux !

Seigneur ! je te rends grâce et t'admire à genoux.

Puisse l'hymne joyeux de ma reconnaissance

Monter comme l'encens vers ta toute-puissance,

Ainsi, devant les yeux de ses deux soeurs en deuil,

Tu fis sortir jadis Lazare du cercueil ;

De Jaïre éperdu la fille bien-aimée

Fut sur son lit de mort par ta voix ranimée.

De même, Dieu puissant ! tu m'as tendu la main ;

Lève-toi ! m'as-tu dit : tu n'as pas dit en vain.

Pourquoi ne suis-je, hélas, qu'un vil monceau de fange ?

Je voudrais te louer avec la voix d'un ange ;

Ton ouvrage jamais ne m'a paru si beau !

C'est à celui qui sort de la nuit du tombeau

Que le jour paraît pur, la lumière éclatante,

Le soleil radieux et la vie enivrante.

Alors l'air est plus doux que le lait et le miel ;

Chaque son semble un mot dans les concerts du ciel.

La voix sourde des vents exhale une harmonie

Qui grandit dans le vague et devient infinie.

Ce que l'Esprit conçoit, ce qui frappe les yeux,

Ce qu'on peut deviner dans le livre des cieux,

Dans l'espace des mers, sous les vagues profondes,

Dans tous les océans, les abîmes, les mondes,

Tout s'arrondit en sphère, et l'on sent qu'au milieu

Ces rayons convergents aboutissent à Dieu.

Et toi, dont le regard plane sur les étoiles,

Qui te caches au ciel comme un roi sous ses voiles,

Quelle est donc ta grandeur, si ce vaste univers

N'est qu'un point à tes yeux, et l'espace des mers

N'est pas même un miroir pour ta splendeur immense ?

Quelle est donc ta grandeur, quelle est donc ton essence ?

Quel palais assez vaste as-tu construit, ô roi !

Les astres ne sauraient nous séparer de toi.

Le soleil à tes pieds, puissance sans mesure,

Semble l'onyx qu'un prince attache à sa chaussure

Ce que j'admire en toi surtout, ô majesté !

C'est bien moins ta grandeur que l'immense bonté

Qui se révèle à tout, ainsi que la lumière,

Et d'un être impuissant exauce la prière.

JODELLE

Entretiens familiers d'outre-tombe

Une veuve du Malabar

Nous avions le désir d'interroger une de ces femmes de l'Inde qui sont dans l'usage de se brûler sur le corps de leur mari. N'en connaissant pas, nous avions demandé à saint Louis s'il voudrait nous en envoyer une qui fût en état de répondre à nos questions d'une manière un peu satisfaisante. Il nous répondit qu'il le ferait volontiers dans quelque temps. Dans la séance de la Société du 2 novembre 1858, M. Adrien, médium voyant, en vit une toute disposée à parler et dont il fit le portrait suivant :

Yeux grands, noirs, teinte jaune dans le blanc ; figure arrondie ; joues rebondies et grasses ; peau jaune safran bruni ; cils longs, sourcils arqués, noirs, nez un peu fort et légèrement aplati ; bouche grande et sensuelle ; belles dents, larges et plates ; cheveux plats, abondants, noirs et épais de graisse. Corps assez gros, trapu et gras. Des foulards l'enveloppent en laissant la moitié de la poitrine nue. Bracelets aux bras et aux jambes.

1. Vous rappelez-vous à peu près à quelle époque vous viviez dans l'Inde, et où vous vous êtes brûlée sur le corps de votre mari ? - R. Elle fait signe qu'elle ne se le rappelle pas. - Saint Louis répond qu'il y a environ cent ans.

2. Vous rappelez-vous le nom que vous portiez ? - R. Fatime.

3. Quelle religion professiez-vous ? - R. Le mahométisme.

4. Mais le mahométisme ne commande pas de tels sacrifices ? - R. Je suis née musulmane, mais mon mari était de la religion de Brahma. J'ai dû me conformer à l'usage du pays que j'habitais. Les femmes ne s'appartiennent pas.

5. Quel âge aviez-vous quand vous êtes morte ? - R. J'avais, je crois environ vingt ans.

Remarque. - M. Adrien fait observer qu'elle en paraît avoir au moins vingt-huit à trente ; mais que dans ce pays les femmes vieillissent plus vite.

6. Vous êtes-vous sacrifiée volontairement ? - R. J'aurais préféré me marier à un autre. Réfléchissez bien, et vous concevrez que nous pensons toutes de même. J'ai suivi la coutume ; mais au fond j'aurais préféré ne pas le faire. J'ai attendu plusieurs jours un autre mari, et personne n'est venu ; alors j'ai obéi à la loi.

7. Quel sentiment a pu dicter cette loi ? - R. Idée superstitieuse. On se figure qu'en se brûlant on est agréable à la Divinité ; que nous rachetons les fautes de celui que nous perdons, et que nous allons l'aider à vivre heureux dans l'autre monde.

8. Votre mari vous a-t-il su gré de votre sacrifice ? - R. Je n'ai jamais cherché à revoir mon mari.

9. Y a-t-il des femmes qui se sacrifient ainsi de gaîté de coeur ? - R Il y en a peu ; une sur mille, et encore, au fond, elles ne voudraient pas le faire.

10. Que s'est-il passé en vous au moment où la vic corporcllc s'est éteinte ? - R. Le trouble ; j'ai eu un brouillard, et puis je ne sais ce qui s'est passé. Mes idées n'ont été débrouillées que bien longtemps après. J'allais partout, et cependant je ne voyais pas bien ; et encore maintenant, je ne suis pas entièrement éclairée ; j'ai encore bien des incarnations à subir pour m'élever ; mais je ne brûlerai plus... Je ne vois pas la nécessité de se brûler, de se jeter au milieu des flammes pour s'élever..., surtout pour des fautes que l'on n'a pas commises ; et puis on ne m'en a pas su plus de gré... Du reste je n'ai pas cherché à le savoir. Vous me ferez plaisir en priant un peu pour moi ; car je comprends qu'il n'y a que la prière pour supporter avec courage les épreuves qui nous sont envoyées... Ah ! si j'avais la foi !

11. Vous nous demandez de prier pour vous ; mais nous sommes chrétiens, et nos prières pourraient-elles vous être agréables ? - R. Il n'y a qu'un Dieu pour tous les hommes.

Remarque. - Dans plusieurs des séances suivantes, la même femme a été vue parmi les Esprits qui y assistaient. Elle a dit qu'elle venait pour s'instruire. Il paraît qu'elle a été sensible à l'intérêt qu'on lui a témoigné, car elle nous a suivis plusieurs fois dans d'autres réunions et même dans la rue.

La belle Cordière.

Notice. - Louise Charly, dite Labé, surnommée la Belle Cordière, née à Lyon sous François I°. Elle était d'une beauté accomplie et reçut une éducation très soignée ; elle savait le grec et le latin, partait l'espagnol et l'italien avec une pureté parfaite, et faisait, dans ces langues, des poésies que n'auraient pas désavouées des écrivains nationaux. Formée à tous les exercices du corps, elle connaissait l'équitation, la gymnastique et le maniement des armes. Douée d'un caractère très énergique, elle se distingua, à côté de son père, parmi les plus vaillants combattants, au siège de Perpignan, en 1542, sous le nom du capitaine Loys. Ce siège n'ayant pas réussi, elle renonça au métier des armes et revint à Lyon avec son père. Elle épousa un riche fabricant de cordages, nommé Ennemond Perrin, et bientôt elle ne fut connue que sous le nom de la Belle Cordière, nom qui est resté à la rue qu'elle habitait, et sur l'emplacement de laquelle étaient les ateliers de son mari. Elle institua chez elle des réunions littéraires où étaient conviés les esprits les plus éclairés de la province. On a d'elle un recueil de poésies. Sa réputation de beauté et de femme d'esprit, en attirant chez elle l'élite des hommes, excita la jalousie des dames lyonnaises qui cherchèrent à s'en venger par la calomnie ; mais sa conduite a toujours été irréprochable.

L'ayant évoquée dans la séance de la société parisienne des études spirites du 26 octobre 1858, il nous fut dit qu'elle ne pouvait venir encore par des motifs qui n'ont pas été expliqués. Le 9 novembre elle se rendit à notre appel, et voilà le portrait qu'en fit M. Adrien, notre médium voyant :

Tête ovale ; teint pâle, mat ; yeux noirs, beaux et fiers, sourcils arqués ; front développé et intelligent, nez grec, mince ; bouche moyenne, lèvres indiquant la bonté d'esprit ; dents fort belles, petites, bien rangées ; cheveux noir de jais, légèrement crêpés. Beau port de tête ; taille grande et bien élancée. Vêtement de draperies blanches.

Remarque. - Rien sans doute ne prouve que ce portrait et le précédent ne sont pas dans l'imagination du médium, parce que nous n'avons pas de contrôle ; mais lorsqu'il le fait avec des détails aussi précis de personnes contemporaines qu'il n'a jamais vues et qui sont reconnues par des parents ou amis, on ne peut douter de la réalité ; d'où l'on peut conclure, que puisqu'il voit les uns avec une vérité incontestable, il peut en voir d'autres. Une autre circonstance qui doit être prise en considération, c'est qu'il voit toujours le même esprit, sous la même forme, et que, fût-ce à plusieurs mois d'intervalle, le portrait ne varie pas. Il faudrait supposer chez lui une mémoire phénoménale, pour croire qu'il pût se souvenir ainsi des moindres traits de tous les Esprits dont il a fait la description et que l'on compte par centaines.

1. Evocation. - R. Je suis là.

2. Voudriez-vous avoir la bonté de répondre à quelques questions que nous voudrions vous adresser ? - R. Avec plaisir.

3. Vous rappelez-vous l'époque où vous étiez connue sous le nom de la Belle Cordière ? - R. Oui.

4. D'où pouvaient provenir les qualités viriles qui vous ont fait embrasser la profession des armes qui est plutôt, selon les lois de la nature, dans les attributions des hommes ? - R. Cela souriait à mon esprit avide de grandes choses ; plus tard il se tourna vers un autre genre d'idée plus sérieux. Les idées avec lesquelles on naît viennent certainement des existences antérieures dont elles sont le reflet, cependant elles se modifient beaucoup, soit par de nouvelles résolutions, soit par la volonté de Dieu.

5. Pourquoi ces goûts militaires n'ont-ils pas persisté chez vous, et comment ont-ils pu si promptement céder la place à ceux de la femme ? - R. J'ai vu des choses que je ne vous souhaite pas de voir.

6. Vous étiez contemporaine de François I° et de Charles-Quint ; voudriez-vous nous dire votre opinion sur ces deux hommes et en faire le parallèle ? - R. Je ne veux point juger ; ils eurent des défauts, vous les connaissez ; leurs vertus sont peu nombreuses : quelques traits de générosité et c'est tout. Laissez cela, leur coeur pourrait saigner encore : ils souffrent assez !

7. Quelle était la source de cette haute intelligence qui vous a rendue apte à recevoir une éducation si supérieure à celle des femmes de votre temps ? - R. *De pénibles existences* et la volonté de Dieu !

8. Il y avait donc chez vous un progrès antérieur ? - R. Cela ne peut être autrement.

9. Cette instruction vous a-t-elle fait progresser comme Esprit ? - R. Oui.

10. Vous paraissez avoir été heureuse sur la terre : l'êtes-vous davantage maintenant ? - R. Quelle question ! Si heureuse que l'on soit sur la terre, le bonheur du Ciel est bien autre chose ! Quels trésors et quelles richesses que vous connaîtrez un jour, et dont vous ne vous doutez pas ou que vous ignorez complètement !

11. Qu'entendez-vous par *Ciel* ? - R. J'entends par *Ciel* les autres mondes.

12. Quel monde habitez-vous maintenant ? - R. J'habite un monde que vous ne connaissez pas ; mais j'y suis peu attachée : la matière nous lie peu.

13. Est-ce Jupiter ? - R. Jupiter est un monde heureux ; mais pensez-vous que seul entre tous il soit favorisé de Dieu ? Ils sont aussi nombreux que les grains de sable de l'Océan.

14. Avez-vous conservé le génie poétique que vous aviez ici-bas ? - R. Je vous répondrais avec plaisir, mais je craindrais de choquer d'autres Esprits, ou je me porterais au-dessous de ce que je suis : ce qui fait que ma réponse vous deviendrait inutile, tombant à faux.

15. Pourriez-vous nous dire quel rang nous pourrions vous assigner parmi les Esprits ?

- Pas de réponse.

(A Saint-Louis). Saint-Louis pourrait-il nous répondre à ce sujet ? - R. Elle est là : je ne puis dire ce qu'elle ne veut pas dire. Ne voyez-vous pas qu'elle est des plus élevées, parmi les Esprits que vous vous évoquez ordinairement ? Au reste, nos Esprits ne peuvent apprécier exactement les distances qui les séparent : elles sont incompréhensibles pour vous, et pourtant elles sont immenses !

16. (A Louise-Charly). Sous quelle forme êtes-vous, parmi eux ? - R. Adrien vient de me dépeindre.

17. Pourquoi cette forme plutôt qu'une autre ? Car enfin, dans le monde où vous êtes, vous n'êtes pas telle que vous étiez sur la terre ? - R. Vous m'avez évoquée poète, je viens poète.

18. Pourriez-vous nous dicter quelques poésies ou un morceau quelconque de littérature. Nous serions heureux d'avoir quelque chose de vous ? - R. Cherchez à vous procurer mes anciens écrits. Nous n'aimons pas ces épreuves, et surtout en public : je le ferai pourtant une autre fois.

Remarque. On sait que les Esprits n'aiment pas les épreuves, et les demandes de cette nature ont toujours plus ou moins ce caractère, c'est sans doute pourquoi ils n'y obtempèrent presque jamais. Spontanément et au moment où nous nous y attendons le moins, ils nous donnent souvent les choses les plus surprenantes, les preuves que nous aurions sollicitées en vain ; mais il suffit presque toujours qu'on leur demande une chose pour qu'on ne l'obtienne pas, si surtout elle dénote un sentiment de curiosité. Les Esprits, et principalement les Esprits élevés, veulent nous prouver par là qu'ils ne sont pas à nos ordres.

La belle cordière fit spontanément écrire le lendemain ce qui suit, par le médium écrivain qui lui avait servi d'interprète.

« Je vais te dicter ce que je t'ai promis ; ce ne sont pas des vers, je n'en veux plus faire ; d'ailleurs je ne me souviens plus de ceux que je fis, et vous ne les goûteriez pas : ce sera de la plus modeste prose.

« Sur la terre j'ai vanté l'amour, la douceur et les bons sentiments : je parlais un peu de ce que je ne connaissais pas. Ici, ce n'est pas de l'amour qu'il faut, c'est une charité large, austère, éclairée ; une charité forte et constante *qui n'a qu'un exemple sur la terre.*

« Pensez, ô hommes ! qu'il dépend de vous d'être heureux et de faire de votre monde l'un des plus avancés du ciel : vous n'avez qu'à faire taire haines et inimitiés, qu'à oublier rancunes et colères, qu'à perdre orgueil et vanité. Laissez tout cela comme un fardeau qu'il vous faudra abandonner tôt ou tard. Ce fardeau est pour vous un trésor sur la terre, je le sais ; c'est pourquoi vous auriez du mérite à le délaisser et à le perdre, mais dans le ciel ce fardeau devient un obstacle à votre bonheur. Croyez-moi donc : hâtez vos progrès, le bonheur qui vient de Dieu est la vraie félicité. Où trouverez-vous des plaisirs qui vaillent les joies qu'il donne à ses élus, à ses anges ?

« Dieu aime les hommes qui cherchent à avancer dans sa voie, comptez donc sur son appui. N'avez-vous pas confiance en lui ? Le croyez-vous donc parjure, que vous ne vous livrez pas à lui entièrement, sans restriction ? Malheureusement vous ne voulez pas entendre, ou peu d'entre vous entendent ; vous préférez le jour au lendemain ; votre vue bornée borne vos sentiments, votre coeur et votre âme, et vous souffrez pour avancer, au lieu d'avancer naturellement et facilement par le chemin du bien, par votre propre volonté, car la souffrance est le moyen que Dieu emploie pour vous moraliser. Que n'évitez-vous cette route sûre, mais terrible pour le voyageur. Je finirai en vous exhortant à ne plus regarder la mort comme un fléau, mais comme la porte de la vraie vie et du vrai bonheur.

LOUISE CHARLY. »

Variétés

Monomanie.

On lit dans la *Gazette de Mons* : « Un individu atteint de monomanie religieuse, séquestré depuis sept ans dans l'établissement de M. Stuart, et qui jusque-là s'était montré d'un naturel fort doux, était parvenu à tromper la vigilance de ses gardiens et à s'emparer d'un couteau. Ceux-ci n'avant pu se faire remettre cette arme, informèrent le directeur de ce qui se passait.

« M. Stuart se rendit aussitôt auprès de ce furieux, et, ne consultant que son courage, il voulut le désarmer ; mais à peine avait-il fait quelques pas à la rencontre du fou, que celui-ci se rua sur lui avec la rapidité de l'éclair et le frappa à coups redoublés. Ce n'est qu'avec beaucoup de peine qu'on parvint à se rendre maître du meurtrier.

« Des sept blessures dont M. Stuart était atteint, une était mortelle : celle qu'il avait reçue au bas-ventre ; et lundi, à trois heures et demie, il succombait aux suites d'une hémorragie qui s'était déclarée dans cette cavité. »

Que dirait-on si cet individu eût été atteint d'une monomanie spirite, ou même si, dans sa folie, il eût parlé des Esprits ? Et pourtant cela se pourrait, puisqu'il y a bien des monomanies religieuses, et que toutes les sciences ont fourni leur contingent. Que pourrait-on raisonnablement en conclure contre le spiritisme, sinon que, par suite de la fragilité de son organisation, l'homme peut s'exalter sur ce point comme sur tant d'autres ? Le moyen de prévenir cette exaltation n'est pas de combattre l'idée ; autrement on courrait risque de voir se renouveler les prodiges des Cévennes. Si jamais on organisait une croisade contre le spiritisme, on le verrait se propager de plus belle ; car, comment s'opposer à un phénomène qui n'a ni lieu ni temps de prédilection ; qui peut se reproduire dans tous les pays, dans toutes les familles, dans l'intimité, dans le secret le plus absolu mieux encore qu'en public ! Le moyen de prévenir les inconvénients, nous l'avons dit dans notre *Instruction pratique*, c'est de le faire comprendre de telle sorte qu'on n'y voie plus qu'un phénomène naturel, même dans ce qu'il offre de plus extraordinaire.

Une Question de priorité en fait de Spiritisme.

Un de nos abonnés, M. Ch. Renard, de Rambouillet, nous adresse la lettre suivante :

« Monsieur et digne frère en spiritisme, je lis ou plutôt je dévore avec un plaisir indicible les numéros de votre Revue à mesure que je les reçois. Cela n'est pas étonnant de ma part, vu que mes parents étaient devins de génération en génération. Une de mes grand et très grand-tantes avait même été condamnée au feu par contumace pour crime de Vauldrie et d'assistante au sabbat ; elle n'évita la brûlure qu'en se réfugiant chez une de ses soeurs, abbesse de religieuses cloîtrées. Cela fait que j'ai hérité de quelques bribes des sciences occultes, ce qui ne m'a pas empêché de passer par la croyance, si foi il y a, au matérialisme, et par le scepticisme. Enfin fatigué, malade de négation, les oeuvres du célèbre extatique Swedenborg m'ont ramené au vrai et au bien ; devenu moi-même extatique, je me suis assuré *ad vivum* des vérités que les Esprits matérialisés de notre globe ne peuvent comprendre. J'ai eu des communications de toutes sortes ; des faits de visibilité, de tangibilité, d'apports d'objets perdus, etc. Auriez-vous, bon frère, la bonté d'insérer la note ci-après dans un de vos numéros ; ce n'est certes pas par amour-propre, mais à cause de ma qualité de Français.

« Les petites causes produisent parfois de grands effets. Vers 1840, j'avais fait connaissance avec M. Cahagnet, tourneur ébéniste, venu à Rambouillet pour raison de santé. Cet ouvrier hors ligne par son intelligence, je l'appréciai et l'initiai au magnétisme humain ; je lui dis un jour : J'ai presque la certitude qu'un somnambule lucide est apte à voir les âmes des décédés et à lier conversation avec eux ; il fut étonné. Je l'engageai à faire cette expérience lorsqu'il aurait un lucide ; il réussit et publia un premier volume d'expériences nécromantiques suivi d'autres volumes et brochures qui furent traduits en Amérique sous le titre de *Télégraphe céleste*. Ensuite l'extatique Davis publia ses visions ou excursions dans le monde spirite. Franklin fit sur les dématérialisés des recherches qui aboutirent à des manifestations et à des communications plus faciles qu'autrefois. Les premières personnes qu'il médiatisa aux Etats Unis furent une dame veuve Fox et ses deux demoiselles. Il y a une coïncidence assez singulière entre ce nom et le mien, puisque le mot anglais *fox* signifie renard.

« Depuis assez longtemps les Esprits m'avaient dit que l'on pouvait communiquer avec les Esprits des autres globes et en recevoir des dessins et des descriptions. J'exposai cette chose à M. Cahagnet, mais il ne fut pas plus loin que notre satellite.

« Je suis, etc.

CH. RENARD. »

Remarque. La question de priorité en matière de spiritisme est sans contredit une question secondaire ; mais il n'en est pas moins remarquable que depuis l'importation des phénomènes américains, une foule de faits authentiques, ignorés du public, ont révélé la production de phénomènes semblables soit en France, soit dans d'autres contrées de l'Europe à une époque contemporaine ou antérieure. Il est à notre connaissance que beaucoup de personnes s'occupaient de communications spirites bien avant qu'il ne fût question des tables tournantes, et nous en avons la preuve par des dates certaines. M. Renard paraît être de ce nombre, et selon lui ses essais n'auraient pas été étrangers à ceux qui ont été faits en Amérique. Nous enregistrons son observation comme intéressant l'histoire du spiritisme et pour prouver une fois de plus que cette science a ses racines dans le monde entier, ce qui ôte à ceux qui voudraient lui opposer une barrière toute chance de réussite. Si on l'étouffe sur un point, elle renaîtra plus vivace en cent autres jusqu'au moment où le doute n'étant plus permis, elle prendra son rang parmi les croyances usuelles ; il faudra bien alors que bon gré, mal gré, ses adversaires en prennent leur parti.

Aux lecteurs de la Revue spirite.

Conclusion de l'année 1858.

La revue spirite vient d'accomplir sa première année, et nous sommes heureux d'annoncer que son existence étant désormais assurée par le nombre de ses abonnés qui augmente chaque jour, elle poursuivra le cours de ses publications. Les témoignages de sympathie que nous recevons de toutes parts, le suffrage des hommes les plus éminents par leur savoir et par leur position sociale, sont pour nous un puissant encouragement dans la tâche laborieuse que nous avons entreprise ; que ceux donc qui nous ont soutenus dans l'accomplissement de notre oeuvre, reçoivent ici le témoignage de toute notre gratitude. Si nous n'avions rencontré ni contradictions, ni critiques, ce serait un fait inouï dans les fastes de la publicité, alors surtout qu'il s'agit d'émissions d'idées aussi nouvelles ; mais si nous devons nous étonner d'une chose, c'est d'en avoir rencontré si peu en comparaison des marques d'approbation qui nous ont été données, et ceci est dû, bien moins sans doute, au mérite de l'écrivain qu'à l'attrait du sujet même que nous traitons, au crédit qu'il prend chaque jour jusque dans les plus hautes régions de la société ; nous le devons aussi, nous en sommes convaincus, à la dignité que nous avons toujours conservée vis-à-vis de nos adversaires, laissant le public juge entre la modération d'une part, et l'inconvenance de l'autre. Le spiritisme marche à pas de géant dans le monde entier ; tous les jours il rallie quelques dissidents par la force des choses, et si, pour notre part, nous pouvons jeter quelques grains dans la balance de ce grand mouvement qui s'opère et qui marquera notre époque comme une ère nouvelle, ce ne serait pas en froissant, en heurtant de front ceux-là même que l'on vent ramener ; c'est par le raisonnement qu'on se fait écouter et non par des injures. Les Esprits supérieurs qui nous assistent nous donnent à cet égard le précepte et l'exemple ; il serait indigne d'une doctrine qui ne prêche qu'amour et bienveillance de s'abaisser jusqu'à l'arène de la personnalité ; nous laissons ce rôle à ceux qui ne la comprennent pas. Rien ne nous fera donc dévier de la ligne que nous avons suivie, du calme et du sang-froid que nous ne cesserons d'apporter dans l'examen raisonné de toutes les questions, sachant que par là nous faisons plus de partisans sérieux au spiritisme que par l'aigreur et l'acrimonie.

Dans l'introduction que nous avons publiée en tête de notre premier numéro, nous avons tracé le plan que nous nous proposions de suivre : citer les faits, mais aussi les scruter et y porter le scalpel de l'observation ; les apprécier et en déduire les conséquences. Au début, toute l'attention s'est concentrée sur les phénomènes matériels, qui alimentaient alors la curiosité publique, mais la curiosité n'a qu'un temps ; une fois satisfaite, on en laisse l'objet, comme un enfant laisse son jouet. Les esprits nous dirent alors : « Ceci est la première période, elle passera bientôt pour faire place à des idées plus élevées ; de nouveaux faits vont se révéler qui en marqueront une nouvelle, la période philosophique, et la doctrine grandira en peu de temps, comme l'enfant qui quitte son berceau. Ne vous inquiétez pas des railleries, les railleurs seront raillés eux-mêmes, et vous trouverez demain de zélés défenseurs parmi vos plus ardents adversaires d'aujourd'hui. Dieu veut qu'il en soit ainsi, et nous sommes chargés d'exécuter sa volonté ; le mauvais vouloir de quelques hommes ne prévaudra pas contre elle ; l'orgueil de ceux qui veulent en savoir plus que lui, sera abaissé. »

Nous sommes loin, en effet, des tables tournantes qui n'amusent plus guère, parce qu'on se lasse de tout ; il n'y a que ce qui parle à notre jugement dont on ne se fatigue pas, et le spiritisme vogue à pleines voiles dans sa seconde période ; chacun a compris que c'est tout une science qui se fonde, tout une philosophie, tout un nouvel ordre d'idées ; il fallait suivre ce mouvement, y contribuer même, sous peine d'être bientôt débordé ; voilà pourquoi nous nous sommes efforcé de nous maintenir à cette hauteur sans nous renfermer dans les étroites limites et d'un bulletin anecdotique. En s'élevant au rang de doctrine philosophique, le spiritisme a conquis d'innombrables adhérents, parmi ceux même qui n'ont été témoins d'aucun fait matériel ; c'est que l'homme aime ce qui parle à sa raison, ce dont il peut se rendre compte, et qu'il trouve dans la philosophie spirite autre chose qu'un amusement, quelque chose qui comble, en lui, le vide poignant de l'incertitude. En pénétrant dans le monde extra-corporel par la voie de l'observation, nous avons voulu y faire pénétrer nos lecteurs, et le leur faire comprendre ; c'est à eux de juger si nous avons atteint notre but. Nous poursuivrons donc notre tâche pendant l'année qui va commencer et que tout annonce devoir être féconde. De nouveaux faits d'un ordre étrange surgissent à ce moment et nous révèlent de nouveaux mystères ; nous les enregistrerons soigneusement, et nous y chercherons la lumière avec autant de persévérance que par le passé, car tout présage que le spiritisme va entrer dans une nouvelle phase plus grandiose et plus sublime encore.

ALLAN KARDEC.

NOTA. L'abondance des matières nous oblige à renvoyer au prochain numéro la suite de notre article, sur la Pluralité des existences et celle du conte de Frédéric Soulié.

ALLAN KARDEC.

TABLE DES MATIERES